第 2 卷
菲尼斯
文集

联合国计划署在华项目

国家预防灾害培训体验和法治保障文化基地建设（项号编号：CPR/13/303）

菲尼斯文集 ✦ 第 2 卷

意图与身份

〔英〕约翰·菲尼斯 （John Finnis） - 著

徐航 王志勇 杨茜 - 译

中国政法大学出版社

2018·北京

Intention and Identity: Collected Essays Volume II
by John Finnis
Copyright © J. M. Finnis, 2011
Intention and Identity: Collected Essays Volume II was originally published in English in 2011.
This translation is published by arrangement with Oxford University Press.
《意图与身份》一书英文版首次出版于 2011 年，该书中译本经牛津大学出版社授权出版。
版权登记号：图字 01-2015-6137 号

图书在版编目（ＣＩＰ）数据

意图与身份/(英) 约翰·菲尼斯著；徐航，王志勇，杨茜译
北京：中国政法大学出版社，2018.9
（菲尼斯文集；第二卷）
ISBN 978-7-5620-7268-3

Ⅰ.①意… Ⅱ.①约… ②徐… ③王… ④杨… Ⅲ.①菲尼斯－哲学思想－文集
Ⅳ.①B561.6-53

中国版本图书馆CIP数据核字(2018)第195210号

出 版 者	中国政法大学出版社
地 址	北京市海淀区西土城路 25 号
邮寄地址	北京 100088 信箱 8034 分箱　邮编 100088
网 址	http://www.cuplpress.com（网络实名：中国政法大学出版社）
电 话	010-58908524(编辑部) 58908334(邮购部)
承 印	固安华明印业有限公司
开 本	720mm×960mm　　1/16
印 张	29.5
字 数	430 千字
版 次	2018 年 9 月第 1 版
印 次	2018 年 9 月第 1 次印刷
定 价	78.00 元

声　明　1. 版权所有，侵权必究。
　　　　2. 如有缺页、倒装问题，由出版社负责退换。

序

这五卷本中所收集的论文，最早写于 1967 年，最晚则为 2010 年。每卷的最后，都有一份我出版作品的编年目录；该目录显示了我的论文在各卷当中的分布情况。但是，各卷又都包含了一些我先前没有发表的论文。

许多篇论文以新标题出现。凡内容变化重大的，原先的标题就会在该文的开头处标注出来；当然，在作品编年目录中也可以找到原文。

对于以前发表的作品，所作修改仅限于澄清说明。凡看上去需要进行实质性限定或撤回的，我都已在该篇论文的尾注中说明，或偶尔以一个加括号的脚注作如是交代。除非上下文另有说明，方括号均表示为该卷论文集所作的插入。另外，具体论文的尾注还被用于说明某种更新，尤其是相关法律的更新。一般而言，每篇论文都是从它撰写的那个时间谈起的，尽管目录表中给出的年份均为发表年份（如适用），而非写作年份——这有时要较发表年份早上一到两年。

我尽力按照主题对文集分组，无论跨卷还是不跨卷。但仍有不少重叠，因而各卷主题的某些重要内容会在其他几卷的每一主题中有所发现。索引，就像适用于各卷的作品编年目录（但非"其他引用作品"）一样，对此给出了某种进一步的说明，尽管它仅仅是根据人名追求其完备性。各卷的导论用以详述和解释该卷的卷名，以及该卷有关那一主题的各篇论文之间的关系。

对于平装版来说，所有卷共用的索引在其主题所覆盖的范围内都得到显著增强。

缩略语表

AAS	《宗座公报》(*Acta Apostolicae Sedis*)(Rome)
AJJ	《美国法理学杂志》(*American Journal of Jurisprudence*)
AII ER	《全英判例汇编》(All England Law Reports)
Aquinas	1998d：约翰·菲尼斯：《阿奎那：道德、政治和法律理论》(牛津大学出版社)[1998d: John Finnis, *Aquinas: Moral, Political and Legal Theory* (OUP)]
CCC	《天主教教理》[(1997)，伦敦：杰弗里·查普曼，1999][*Catechism of the Catholic Church* ([1997] London: Geoffrey Chapman, 1999)]
CL	H. L. A. 哈特：《法律的概念》(牛津大学出版社，1961)[H. L. A. Hart, *The Concept of Law* ([1961] 2nd edn, OUP, 1994)]
CLR	(澳大利亚高等法院判决的)《联邦法律报告》[Commonwealth Law Reports (of decisions of the High Court of Australia)]
CUP	剑桥：剑桥大学出版社 (Cambridge: Cambridge University Press)
DS	辛瑞克·丹泽尔：《信仰和道德的界定与阐释》(34th edn, 巴塞罗那和纽约：赫德，1967)[H. Denzinger, *Enchiridion Symbolorum Definitionum et Declarationum de rebus fidei et morum* (ed. A. Schönmetzer) (34th edn, Barcelona and New York: Herder, 1967)]
EJP	哈特：《法理学与哲学论文集》(牛津大学出版社，1983)[H. L. A. Hart, *Essays in Jurisprudence & Philosophy* (OUP, 1983)]
EPD	拉兹：《公共领域的道德规范》(牛津大学出版社，1994)[Joseph Raz, *Ethics in the Public Domain* (OUP, 1994)]

FHG	玛丽·吉奇和卢克·戈尔马利编：《硬土地里的信仰：G. E. M. 安斯库姆的宗教、哲学与伦理论文集》（英国埃克塞特和弗吉尼亚夏洛茨维尔：印记学术出版社，2008）［Mary Geach and Luke Gormally （eds）, *Faith in a Herd Ground*: *Essays on Religion*, *Philosophy and Ethics by G. E. M. Anscombe* (Charlottesville, VA and Exeter, UK: Imprint Academic, 2008)］
FoE	1983a：约翰·菲尼斯：《伦理学基础》（牛津大学出版社；华盛顿特区：乔治城大学出版社）［1983b：John Finnis, Fundamentals of Ethics (OUP; Washington, DC: Georgetown University Press)］
HLAE	玛丽·吉奇、卢克·戈尔马利编：《人生、行动与伦理》（英国埃克塞特和弗吉尼亚夏洛茨维尔：印记学术出版社，2005）［Mary Geach and Luke Gormally （eds）, *Human Life*, *Action and Ethics* (Charlottesville, VA and Exeter, UK: Imprint Academic, 2005）］
HUP	哈佛大学出版社（Harvard University Press）
In Eth.	阿奎那：《〈尼各马可伦理学〉评注》［Aquinas, *Sententia Libri Ethicorum* (Commentary on *NE*) (ed. Gauthier) (1969)］
LCL	杰曼·格里塞茨：《主耶稣的道路》卷二《活出基督徒的生命》（昆西：方济各会出版社，1993）［Germain Grisez, *The Way of the Lord Jesus*, *vol. 2*, *Living a Christian Life* (Quincy: Franciscan Press, 1993)］
LE	罗纳德·德沃金：《法律帝国》（哈佛大学出版社；伦敦：芳塔纳出版社）［Ronald Dworkin, *Law's Empire* (HUP; London: Fontana, 1986)］
LQR	《法律评论季刊》（*Law Quarterly Review*）
MA	1991c：约翰·菲尼斯：《绝对道德：传统、修正和真理》（美国天主教大学出版社）［1991c: John Finnis, *Moral Absolute*: *Tradition*, *Revision*, *and Truth* (Catholic University of America Press)］
MoP	罗纳德·德沃金：《原则问题》（哈佛大学出版社，1985）［Ronald Dworkin, *A Matter of Principle* (HUP, 1985)］
NDMR	1987g：约翰·菲尼斯、约瑟夫·波义尔、杰曼·格里塞茨：《核威慑、道德与现实主义》（牛津大学出版社，1987）［1987g: John Finnis, Joseph Boyle, and Germain Grisez, *Nuclear Deterrence*,*Morality and Realism* (OUP)］

NE	亚里士多德:《尼各马可伦理学》(Aristotle, *Nicomachean Ethics*)
NLNR	1980a: 约翰·菲尼斯:《自然法与自然权利》(第 2 版,牛津大学出版社, 2011) [1980a: John Finnis, *Natural Law and Natural Rights* (2nd edn, OUP, 2001)]
OUP	牛津: 牛津大学出版社 (包括克拉兰登出版社) [Oxford: Oxford University Press (including Clarendon Press)]
Pol.	亚里士多德:《政治学》(Aristotle, *Politcis*)
ScG	阿奎那:《反异教大全》[Aquinas, *Summa contra Gentiles* (A Summary against the Pagans) (c. 1259 – 65)]
Sent.	阿奎那:《彼得·伦巴都〈教父嘉言录〉注释》, Aquinas, *Scriptum super Libros Sententiarum Petri Lombardiensis* [Commentary on the Sentences (Opinions or Positions of the Church Fathers) of Peter Lombard] (c. 1255)
ST	阿奎那:《神学大全》[Aquinas, *Summa Theologiae* (A Summary of Theology) (c. 1265 – 73)]
TRS	罗纳德·德沃金:《认真对待权利》(1977 年修订补充对批判的回应)(剑桥大学出版社;伦敦: 达克沃斯, 1978) [Ronald Dworkin, *Taking Rights Seriously* ([1977] rev edn with Reply to Critics) (HUP, London: Duckworth, 1978)]
US	《美国最高法院判例汇编》[United States Reports (decisions of the Supreme Court of the United State)]

目　录

第三部分　行动和意图

第四部分　个体的诞生与死亡

导 论

实践理性的主体（subject）不是人类基本善（the basic human goods），而是
人（human persons）和共同体（communities）。这些人和共同体，在人类基本善
之中兴盛（flourish），同时，也会因被剥夺人类基本善而受损。实践推理
（practical reasoning）和审议（deliberation）是个人（individuals）和团体（groups）
超个人化（supremely personal）的行为。而且，审慎（deliberate）抉择和行动中
的实践合理性（practical reasonableness）是关键性美德，无此，则人权将不被尊
重，也没有任何共同善（common good）能够实现。就像邪恶一样，美德将构
成一种自我型构的第二本性（a kind of self‑constituted second nature）；它们型塑身
份（identity），在此，作为部分的创造者和整体的所有者，我们每一个人、我
们每一个群体，都有责任正确地朝着人类自我完善（human fulfilment）的方向
前进。由此，本卷论文的论题是如下内容之间的基本衔接：（卷一）关于行
动中的理性［实践理性（practical reason）］的论文和其他卷关于人权与共同善
（卷三）、法律（卷四）以及宗教（卷五）的论文。在《自然法与自然权
利》中，我并未充分清晰地或者深刻地研究这些主题，甚或在某些情况下都
没有清楚地注意到它们。本卷论文都是在 1987 年之后发表的。[1]

---

〔1〕 通过关注行动的不及物性和自由选择的实在性（reality）与不可剥夺性，《伦理学基础》
对《自然法与自然权利》中的内容做了实质性的延伸拓展。

I. 人格同一性（Personal Identity）* 中的
自然（Nature）和自由

应该意味着**能**。一个人没有义务去做不可能办到的事。一个人也没有义务甚或尝试去做不可能办到的事（尽管有时候可能存在与巨大困难做斗争的义务，以便于实现其他的可能，比如他人逃离，或者学习，或者其他行为）。但是，与"应该意味着能"相比，上述时常被探究的思想更为无趣。只有涉及那些拥有或曾经拥有选择权之人的时候，规范（norms）与规范性主张（normative claims）（包括"我本不应该做某事"）才有意义。那是一个**在**某事与某事**之间**的选择。称这些选项（可能同时具有两个以上的选项）为待选项（options）。** 一个人作出选择（作出取舍）就是让一个选项优于其他（多个）选项，从而终结该人对于众多选项的审慎考虑；其他（多个）选项被抛弃，如同不被考虑一样；并且，被优先之待选项被视为现在就**要被做之事**——一个人将要做的事情。[2] 选择就是行使自由；这里的自由是"意志的""选择的"自由，不仅仅是从被阻碍，或者从被束缚，或者从被约束中解脱而来的自由。**我们**的自然本性包括此种选择的自由：更为精确地讲，我们能够并且某些时候确实作出了自由的选择，尽管自由地作出的多数选择乃是执行我们在过去作出的、未被撤回的且仍然相关的自由选择。而且，我们自由地所做的某些事乃是在此类自发性——就此，选择的需要无从产生（或早先已选择）——之下完成的。

当然，说选择的能力是我们自然本性的一部分，这就相当于说，（除了

---

* 关于本书的关键术语"identity"，其有时指称"身份"，有时指称"同一性"，所以本章根据具体语境分别将之翻译为"身份"与"同一性"。——译者注

** 此处涉及同时具有"选择"含义的英文单词"choice""alternative""option"，为了显示区分，我大致将其分别翻译为"选择""选项""待选项"，但也会根据具体语境进行适当调整。——译者注

〔2〕 此决定清楚地呈现于阿奎那称之为个人对其自身的**统治权**（*impertum*）〔命令（order）〕之中（*NLNR* 337－42）——可能是有条件的："如果（或者当）X，这是我将要做的事"〔正如具有当下效果的选择和**统治权**，此"将"（will）并非一个预测〕：参见第11篇论文。

其他事情外）我们在待选项之间进行选择的能力并非我们选择拥有的东西。在此方面，这如同我们身体中的血液循环和消化系统，它们既不需要经历选择亦不需要对审慎考虑（这是**导向**作出选择的推理）而言非常重要的事情。

待选项通常具有两个要素或面向：一是某些利益（benefit），由此原因，某些选项可能被优先选择；二是某些为了上述利益而可能被做的事情。我们分别称之为**目的**和**手段**。当然，利益可能是多重的，而且某些被做之事可能"根本未做任何事"（就像当一个人通过站着、一动不动，从而为一个提案投票那样）。当然，那些所构想的利益事实上可能根本不是利益；然而，如果这对于审慎考虑之人变得明显的话，则待选项看起来将不再值得选择，也不再具有可选择性（如同那个待选项）。而且，每个手段——包括从"终极目的"（如恢复健康）直到一个人自己首先要竭力去做的事（如起床去找医生）——也是目的。这些事情预示了使得一个（多个）目的（健康和回归工作）更近乎能够被达致所产生的利益，由此，所选择的待选项被给予优先地位（如回去睡觉）。同样，当然，一直到上面刚刚提到的目的，被渴求、追求和获致的一个（多个）目的（如赶上去往医生所在城镇的公交班车）也都是手段。[3]

无论在哪里，只要存在一个利益（与阻碍、负担和糟糕的副效应）的对比和优先选择（以果断的方式为行动清除障碍，即使其尚未开始行动），就存在审慎考虑和选择（choosing）。在此处进行一点儿拓展可能是及时的：一个人可能决定以逃避来回复询问者的问题——或者针对一个学生的问题给予一个仔细而精确计算的雄心勃勃的答案——并且如思维那样敏捷地如此去做（然后再次改变其思想！），没有停顿或者犹豫。无需任何选择的意识或经历，仅仅需要一个比较和优先选择，由此，以至于从某个特定视角来看，一个人对其正在做（或准备去做）之事的解释具有——或将具有如果它们被追求——新的内容。但是，无论像哪样，或者存在一个选择的意识和来自比较

_____

〔3〕 这个在哲学上被忽视的行动特征，隐藏但内含于"手段"一词之中。就此，参见本书第9篇论文第2部分和第14篇论文第273－274页（边码）的内容。

的张力中的慰藉，通常存在这样的情形：在某种程度上，我们能够分析地区分出作为被比较的待选项与作为被选择的待选项，我们可以将前者称为建议（proposal）[4]（待选项的一类同义词），将后者称为一个人的如下意图（intention），即要**做**（或决心要做）那些他已经选择要做的事。[5]

　　审慎考虑是个理性的过程，尽管像所有人类思维一样，它（而且我们需要它）伴随着想象（images），这可能是或可能不是记忆或对被回想之事的修正。想象并非理念（ideas）（理念亦非想象的精致形式），但它们帮助我们型构或者展开我们的理念，甚至当理念在某些方面与想象相矛盾时，亦是如此；这正如直线的理念（没有宽度的长度）与任何已被划出的线段相矛盾那样（除非其具有一定的宽度，否则无法被看见、记起或想象）。我们在实践推理中关注某些理念从而达致型构值得选择的待选项，伴随这些理念的想象能够支持如下内容：其一，处于风险中的各自利益的可理解性（intelligible）之吸引力（可欲性）；其二，关于幸福感觉、健康状态下的有趣、精力充沛的活动或凄惨疾病之回忆；其三，一个人对关于生命和健康的可理解性的善之兴趣。或者，某些想象，比如令人恶心的药物或治疗所产生的疼痛，能转移和打断对这些利益或者获致它们的机会和障碍的明智理解（the intelligent appreciation）。因为情感（emotions）尤其作用于想象，而且情感性欲望、厌恶和惯性不仅起到支持的作用，也起到偏移或打断的作用。进一步而言，我们称之为**意志**（will）的事物乃是

─────────

〔4〕 安斯库姆（Anscombe）在《亚里士多德作品中的思想和行动》的第69页讲道："〔亚里士多德〕说〔该人〕将得到其所'建议'（proposes）（protithetai）之事物"；而且这个动词表达了意志力（a volition），或者更可能为意图。我们可以说，亚里士多德本应注意到他此处正在使用一个于行为理论至为关键的概念，但他并没有这样做；所使用的此单纯的、未被注意的动词没有引起他的任何注意。"在自由被选择的行为的理论中，杰曼·格里塞茨（Germain Grisez）将"建议"作为核心概念使用：例如，他的作品《选择和后果主义》也提供了一个针对选择的极易理解的描述。

〔5〕 从"打算"（intend）、"意向"（intent）等意义上讲，这里所意指的乃是手段和一个（多个）目的的整体集合，它们被包含在建议之中，而且通过如下方式被纳入：优先于一个（多个）替代性待选项而挑选（或选择）那个建议。但是，通过探讨据之某事得以被完成的意向（意图），"意向"等词可被赋予更为具体的含义，意指相关手段之所以正在（或过去）被执行所要达到的目的。而且，以稳定的、部分为规定性的词汇来表述，我们可能以同样的方式区分意图和目标（object），以至于"目标"意味着手段（近的内在目的），"意图"意味着一个（多个）（远的外在）目的——即使恰恰在相反的细微差别上，"目标（目的）"〔object(ive)〕也是一个可用来表示不同于手段之目的的词语。

我们理性能力中的面向，该面向包含在以利益、意愿、意向等对前瞻性的**可理解性**利益的回应之中。

那就是，为什么那个最为关注考察审慎考虑和选择的过程——意志的过程（the process of will）——的传统。用如下说法总结上述实在的一个基本面向：意志处于理性之中（voluntas in ratione）。而且，这不仅仅适用于那些直接关涉推理的待选项和选择——考察、通过思考想出对策、反思（所有这些都是行动之类型）；这也适用于如下诸多选择：在其中，此类推理的选择服务于一个人行动之中的利益和外在于理性的利益，诸如驾驶、打印、阅读、维持生命和健康、生产、清除物理障碍，以及与推理之外的外在世界联系在一起的无以穷尽的其他活动。

但是，尽管意志的运行全都处于我们的理性范围之内，却不同于推理，因为它是作为我们达致选择、最终通过选择而终结审慎考虑所凭借的因素；即使理性（和对可及的可理解性利益的理解）并不**要求**利益、意愿或选择，意志也会终结审慎考虑。[6] 诸如此类的理性——超越其第一阶段即理解——寻求必然性、强有力的证据、有效的论证等；若前提给定，则这些事物使得结论成为必然。在无以穷尽的、自由选择得以可能的情形下，实践推理并不强制发生作用或成为必要。所以，对于可理解性的利益的回应性——也被称作**意志**——提供了理性自身不能提供的东西：决定（选择）和行动：努力（trying）、做（doing）、完成（accomplishing）……

这就是人类自由之结构的某些主要部分。它可能被称作本体论的结构，因为它属于如下事物：这是一种发现自我的方式；在一个多元存在类型的世界中，我们发现自己处于那种类型的**存在**方式。这是我们自然本性的基本面向，而且是——或可能是——一个将我们区别于已然经历过的每一个其他类型的存在面向。我们对它非常熟悉，但相较于物理实在，又非常奇异。此种奇异之处在于如下两个面向：（1）存在非物质性、精神性的奇异性。我们

---

〔6〕 关于理解和理性作为动机因素［蒙休谟恩准（pace Hume）］，参见第一部分第 1 篇论文的第 2、3 部分。

可以发现，此种类型的实在展现于词语中，在此，有形的标志或声音承载着意义。一方面，该奇异性不能脱离物质（符号、可见的记号、可听的声音等）而被交流。但是，另一方面，其能脱离任何特定的物质实在，它的含义可能一点儿没变，它可能作为同样的命题或表达，它历经无限不同的有形实在（不同的符号、声音、标记）而保持恒定，而且它可以跨越时空的遥远距离而被分享。至少就柏拉图、修昔底德、西塞罗、乌尔比安（Ulpian）、路德（Luther）或者约翰·F. 肯尼迪（John F. Kennedy）的某些言辞来说，我们有充分的信心相信，我们精确地理解了他们想要表达的意思。（2）在可理解性上具有吸引力的待选项之间进行选择时，我们发现我们所拥有的自由的奇异性（the strangeness of the freedom）是存在的，上述待选项提供了不尽相同、部分不可通约的利益。这是这样一种自由，即当一个人确实作出一个选择时，除作为选择的自身之外，没有任何其他东西来确定那个选项被选择。

当维特根斯坦写到如下内容（其弟子伊丽莎白·安斯库姆总结）时，他谈到第一种类型的奇异性，间接地也谈到第二种类型的奇异性：

> 在《纸条集》（*Zettel*）第 608 – 610 页，维特根斯坦说："没有任何推测相较于如下内容更为自然，即大脑中不存在与联想（associating）或思考相关联的过程。"而且他进一步问道："为什么不应该有一个没有任何生理上的规律性与之相符的心灵上的规律性呢？"他写道："如果这推翻了我们关于因果律的概念，则这正是它们应该被推翻的时刻。"[7]

安斯库姆对思维的精湛考察，为此处理解维特根斯坦做好了准备。利用一个又一个例子，她厘清了如下情形的程度和频繁度，即思考某些事情，或者对某些事情的思考，或者将某些事情和另一些事情联系起来，都并非属于经验范畴之事："此［思考**某事**，或者**其他**诸如此类的事情］是一个事件，而非经验；我们称之为其内容的东西乃由词语所赋予，这些词语并不描述一

---

[7] Anscombe, "Ludwig Wittgenstein" at 406.

个内在的经验（除非那就是思维所涉及的事物），但是它们具有其主要的作用（primary application）",[8] 比如"这里有一处雪景""我还没有将打算给约翰的明信片寄出去"，或者"如果在肯尼迪按下按钮后，幸运地有人阻止了他的指令传递到核弹"，这并非次级作用（the secondary application）。当所考虑的是一个想象或经验时（"我以心灵之眼看见了一幅雪景""我突然想到肯尼迪按下了那个按钮"），词语**能够**拥有的事物就是上面讲到的次级作用。[9] 这对于计划（intending）同样为真，它"毕竟无需成为思想，因为我们能够计划我们没有想到的事情，如同当我们为了一个特定的旅行而计划一大段时间，但事实上很少思考过它时；而且，甚至当我们思考过它时，我们的思想也并非等同于我们将要实施那个旅行"。[10] 相反，它们是针对如下内容进行的思考：船只是否备妥，或普鲁士政府是否将授予它们移民证书等。然而，如果我们被问到或者我们反思的话，我们通常能够说（和想！）我们所意图的东西；并且，由此，辨析出我们所致力的事情和正在做的事情。这不是搞间谍活动或逃跑或旅行，而是移民（而且，怀有以自己的信仰教育自己后代的最终意图）。

我们熟悉的、通常的选择自由的奇异性，在阿奎那的著作中被明确表

6

---

　〔8〕　Anscombe, "Events in the Mind" at 63.

　〔9〕　《心灵中的事件》开始于（第57页）这样一个例子，即一个人意识到其尚未寄出明信片，并且主张（第59页）：

　希望不是这样，即绝不存在任何如下事物：它们在一个人身上发生，并且意味着"噢，天啊，我还没有寄出那张明信片"。希望是这样，即他仅仅在一念之间具有那个思想（thought），这由如下词语表达，这也是一个人所回忆的内容：质问它包含什么，这没有用处，因为它不包含任何事物或任何工具，它仅仅是思想本身。然而，一旦被剥夺工具以及能够表达其最为细小的火花，当一个人试图回想它为何物时，赤裸裸的思想似乎像一个空白（a nothing）。从另外一个意义上讲，一个人能够非常完美地说，一个人单单给出表达它的词语。

　（而且，她可能已经说过，在任何语言当中，这些可能是被用以表达它的任何词语）。她的一般结论（第63页）是："一个事物，并非笛卡尔（Descarates）意义上的'思想'，它赋予了拉丁语[cogitatio]和法语中'思想'的内涵，这个事物就是：思想。"

　〔10〕　Ibid. at 59.

达。考察因果律和自由时，安斯库姆无疑想要论证、支持阿奎那的理论。[11]
在其文章中，阿奎那说：（a）积极思考某事要求一个人的意志的**意图**（*inten-tio*）［一个这样的渴求和试图：思考之、关注事件和秩序或者开始整理（重整）或者详述其关于它的想法］；和（b）此类"［人类］意志的活动**并不依赖或联系于任何自然原因**"。[12] 关于（a）：尽管此种思考 X 的意图并不意味着存在一个审慎考虑或选择（因为一个人能够而且经常性地只是自发开始思考某些事情），它确实包含阿奎那将在（b）中明显主张的自由；而且，某些替代性的可能性不兼容于思想（或对诸如此类事物之思考），一旦其进入大脑并且看起来似乎具有吸引力，以至于一个人需要选择是否要思考 X，则上述自由就变成了**选择的**自由。关于（b）：阿奎那于此处主张维特根斯坦所仅仅暗示的东西。没有哲学家认为，我们的思维（thinking）不具有自然的因果关系和真正的物理性（化学的、电的等）前提条件——一个运行良好的大脑——如同他们中的任何人所认为的那样，我们能够在没有符号或声音——这完全是物理性条件——的情况下交流。在透彻反思思维（和意图）的现象之后，他们指出，思维（和意图）的关键之处——其意义、相关性、可论证的合理性、为真等——简单地超越、逃离、超出我们可概述为生理性的、自然的、物质性因果律，等等；可理解性、合理性等标准完全独立于任何自然、物质的原因，而且不能通过任何关于自然、物质的知识而被改进。一个人公共地或私下地**意指**什么中起作用的非物质性实在，乃是我们称之为精神或心理的实在。当我们作出自由选择时，源于自由选择的自然因果律中的自由，仅仅是如下类型差异之间最为明显的呈现：精神的和我们称之为其他的创造和/或自然的因果律，后者正是自然科学（包括神经心理学和经验

7

---

〔11〕 第 3 篇论文的第 71 – 72 页。例如，参见安斯库姆在剑桥的就职演讲《因果律和决定》（Causality and Determination），第 145 – 147 页；Anscombe, "Soft Determinism"［第 172 页 "……温和的决定论者（the soft determinist）……确实认为自由兼容于物理上的不可能性……因为，作为一个决定论者，他认为，除了事实上发生的事，每一件事通常都是不可能的……恕我冒昧直言：我认为'自由的监牢'——面对物理上的不可能时仍保持不变——是一个纯粹无意义的事物"〕。

〔12〕 De Veritate q. 8 a. 13c: "motus autem voluntatis non habet dependentiam nec connexionem ad aliquam causam natural lem"; 以及第 3 篇论文中第 12 个引注所引的文本。

心理学）所关注的内容。

　　较之在自然科学中起作用的"自然"的含义，更为特定化的是形而上学意义上的"自然"，它隐含在被亚里士多德——更为广泛而言，被阿奎那——所使用的认识论的自明之理当中：一个存在物的自然本性（a being's nature）在于，通过理解其能力而理解的东西、通过理解其活动而理解的东西、通过理解其目标（目的）而理解的东西。该自明之理是认识论上的，因为它开启了我们在其中得以开始明理的秩序（order）。在那个秩序中，自然本性最后到来，因为关于某物的自然本性的真正知识是推导过程的终点。在那个本体论层面的秩序中，也就是实在（存在）的结构中，秩序是对立的：因为某物具有其所具有的自然本性，以至于具有以如下方式采取行动的能力，即它针对其活动的目标所采取的方式。

　　正如同它之于人类自由选择和意图而言的意涵那样，该自明之理的一个意涵在于：我们将不会理解人是哪种类型的存在，除非我们充分地认真对待自由选择的能力。我们在如下活动中详尽地并稳妥地（intimately and securely）注意到上述能力：其一，对具有吸引力的替代性不兼容之待选项（在审慎考虑中形成的目标）之关注，其中的每一项对我们的选择而言都可以被完全获致；其二，选择本身，无论是作为一个独立的事件而被经历，还是仅仅在回溯之中被识别。那种意识是这样一种意识：没有任何事物——不是理由、内在力量、外在压力——能够**安顿**我们的选择，除非选择自身。［**应该**意味着**不能**：即使当理性的考量并非不足以说明证立（under - determined），而是相反，它表达了一个响亮的**你应该**，或者在其他情况下，一个响亮的**你不应该**；理性上较不优越的待选项可能很好地具有某些可理解的吸引力，某些可欲性在较优越的待选项中并不存在；由此，尽管带有错误的专断，一个人也能够真正地选择它。］所谓具有充分理性的法，事实上并非一个形而上或本体论意义上的法，而仅仅是一个认识论意义上的假设。最终，该假设被证明并非不可反驳——一条理性规范

8 (a rationality norm)。[13] 因为，其普遍适用性被自由选择所否决。当自由选择发生时，自由选择中不存在任何充足的动机性因素以排除未被选择的选项，或者在那时那地，阻止它优先于已选项而被选择。

正如同显现在健康和成熟中的那样，人并没有沉浸在自然本性之领域。在该领域，充分理由的原则得以被合理地视为普遍适用（如同牛顿式的自然科学那样富有成效）。人的健康成熟仅仅是这样的，即从一开始就呈现出来的能力——如同根本的（基础的）能力——的实现，从该人或他人存在的开始就呈现出来的能力，均可被稳妥地从关于他们（存在之物的）发展的未被破坏的过程中推导出来，且被独特的人类基因组构成所确认。

这些人之自然本性的显著面向，在本卷最初两篇内容广泛的论文中被考察。第一篇是为一个法理学的文集而写，所以其将人多面向的实在和状态视为法的基础。在此，主体（subjects）从来没有被恰当地（正当地）降低为客体（objects）。该论文没有使用术语"精神（的）"，除非在一个特定的语境下，即"精神—人"（spirit - person）表示一个不可接受的、二元论的概念。在这个概念中，人的身体—心灵的统一性被分割，而且人被吸收到精神之中，而非身体之中。这样一个二元论被安斯库姆利用一套论证性策略所抨击，在第1篇论文的第7部分，第2篇论文的第2、9部分，第5篇论文的第1部分以及其他论文中也给予二元论补充性策略的抨击。第2篇论文第

---

〔13〕 关于不切实际的莱布尼茨式（Leibnizian）的"法"以及合理理性之规范，参见 *NLNR* 384 – 5, 412. 对于那些文章，加之莱布尼茨于 1686 年 7 月 14 日给阿尔诺（Arnauld）的第一封信，他主张由复杂性引入的唯一的无知阻止我们了解如下内容：以下正是他（G. W. 莱布尼茨）观点的一部分（或者关于 1839 年的几百个普鲁士老路德教徒），即他将去巴黎进行特定的旅行［他们将移民送至巴若萨的彼若尼（Bethanien in the Barossal）］。而且，如果他［这些德国人］没有做到，则因为没有做到，他［他们］将不是完成此事的他［他们］，而是其他人［其他民族］：Montgomery（ed.），*Leibniz. . . Correspondence with Arnauld*, 125 – 7；莱布尼茨在 1689 年 5 月的脚注（*ibid.* , 105 – 19 esp. at 112 – 13）中清楚阐述了如下联系：与其理由充分的联系和与其对命题中的悖论的认知的联系，在这之中，唯有以维持人格同一性为代价，选择的自由才得以被保留（或者相反）。而且，在第 105 页，当他谈到"道德原则……即每一个心灵都**将**追求对其而言最好的事物"时，我们要注意如下内容：他关于我们的自由与道德上的"应该"之间的联系的相关不解（该句中的强调由作者添加）。莱布尼茨的关注是神学的，参见 Grisez, *Christian Moral Principles*, ch. 2（"Free Choice, Self - Determination, Community, and Character"，esp. App. 2 "The compatibility of God's causality with free choice"）.

66－67页表明，关于"心灵—身体"的"形式—物质"的阐述（第1篇论文所接受的阐述），可能会淡化人的自然本性（human nature）与存在的本性（the nature of being）之间的差异，后者更为彻底地沉浸在物质性自然本性的领域中。"形式因"（formal cause）——其并非仅仅相关于"物质"——在此可能是一个本可被利用的更好范畴，如果任何此类范畴将起到如下作用：描述那些将人的存在统一起来的事物。非常明显，它不仅存在于自然的秩序（the order of nature）中，也存在于逻辑的秩序（the order of logic）（其间，我们筹划意义并将意义排序）、技术的秩序（the order of technique）（其间，我们掌握物质材料，包括我们自己身心构成之物质）、道德上有意义的选择的秩序（the order of morally significant choice）［在其中，我们以自我决定的方式而行动，渠道则是通过未决的选择，这些选择在我们的性格中持续，除非（如果曾经）被一个相反的选择所否决］。（就此四种类型的秩序，参见第2篇论文的第1部分；关于我们存在于它们之中，参见第9部分。）

9

有这样一种经验主义的哲学文化，在其中，如下内容被普遍假定：通过审查"在我面前，我看见一个红色的斑点"而明晓人类的理解，人们将会取得进步；与上述经验主义的哲学文化相关，利用诸如指向某物的外貌而非其颜色的例子，安斯库姆展开了对如下内容的挑战：唯物主义者、行为主义者（behaviourist）和其他还原主义者（reductivist）对于实在的误解（第3篇论文的第1部分）。[14] 该策略有其功效，正如在第1篇论文的第6部分分析［曼纳伊投资案（*Mannai Investment*）］的可比较（相关）的简洁性那样。然而，第2篇论文对围绕在人格身份周围的哲学问题进行的全景式考察的一个目的，在于展现如下内容：精神对单单隶属于物质的和单单隶属于动物之属性进入人之中的型构，如何以及多大程度多元性地例示在远远更为详尽的和精细的意图与意义的方式之中，上述方式在具有现实复杂类型的人类行为中被发现，这些人类行为为极端和/或诗性的表达（重述）提供了内容。该重述自身是一种类型的意图、意

---

　　〔14〕 本卷的第3、8篇论文是为具有神学兴趣的出版物而写的，尽管这仅仅影响到论文所涉及主题的范围，当它们确实（在每个例子中非常次要地）产生时，将影响到对神学主题的处理。

义和交流，它们的可计算的复杂性成倍增加。以至于说，公开地或者暗指地，根据精神行为和所呈现的性情，意图逃避、戏弄审查者和鼓励、安慰并告知被威胁者的**地下出版物**（Samizdat）形式的作品，是一个比意图性的三倍更为丰富（intentionality）的事物，是一个便于我们理解如下内容的精神—身体实在（spiritual – bodily reality）：曼纳伊投资案的简单主张即**人民所想**（people mean）蕴含了多少内容。第 2 篇论文的第 5 部分所触及的诗和谜语，第 4、6、7 部分所论及的自我意识、真实性、谦虚和后悔，极端的断言（在同一篇论文中被重复注意到的）即许诺是可能的、可理解的和通常合理的，这些都是传统标签之下的深厚含义的提示：我们都是**理性的动物**，我们中的每个人都是**具有理性自然本性的个体性存在**（individual substance of a rational nature）。

因为，正如阿奎那对波伊提乌（Boethius）的人之简明定义（上面刚刚给出的）中的术语**个体性存在**（individual substantia）的娴熟处理中所说，存在许多类型的个体性存在，但如果"存在"不仅仅是如同动物那样的器官之发育，而10 是具有"能够作出**自由**选择"所蕴含的自我控制，其中，选择的作出和执行不是依靠一个人的被作用（one's being acted upon），而是一个人自我的主动性、意图和责任；那么，我们就具有我们称之为人的存在的那个更为具体和完美的类型。[15] 较之在动物和有机领域内所有亚个人（sub – personal）的事物，人的这一卓越的充分意义只有在如下时候才得以被理解：当阐述在所有类型的意图性行为中都予以呈现时，这些行为包括表达滑稽、许诺、耻辱、希望、爱、欺骗、忠诚等行为。但**在适当的过程中**，像这样行动的能力已经区分出：人的早期形态与我们知道的其他物种的胚胎生命。

自由和自我控制中的这一卓越性的意涵在于，阿奎那自己对如下事物的阐述存在错误：**习惯**，一个人在选择和行动中所获得的（邪恶的或高尚的）性情。因为他太轻易地接受了如下内容的惯常表述：习惯化（habituation）、经由不断重复的行为（acts）或行动（actions）所获得的性情，这正如其他动物通过

---

〔15〕 *ST* I q. 29 a. 1c; cf. *Sent.* I d. 25 q. 1 a. d. 关于作为自己行动的主人及其在伦理思想中的战略性地位，参见 *Aquinas* 20.

定型化的重复而被驯服。在人类的选择和行动中，一个人性格中选择的持续性——如同行动中持久的不及物面向。其中，该行动的及物、外在世界影响的表现已经被完成——可能是构成一个"习惯"、一个持久的性情；不论任何选择或执行，都没有任何重复，或者在任何的重复之前就已经存在。[16] 这就是相对少的一个例子，在这些例子中，阿奎那并没有充分考虑到，或者至少充分地坚持从我们自然本性的奇异之处进行推导，这些奇异之处乃是由以下内容所致：我们能够打算并选择意义、其他事件以及成就。

Ⅱ. 团体身份和团体行动

在借鉴阿诺瑞（Honoré）对团体身份和行动之澄清的基础上，通过参照着眼于共享目标的共享行动，《自然法与自然权利》阐述了或大或小的社会存在。[17] 该书并没有完全忽视共享的自然本性、理解、符号、同情和性情的本源（substrata），诸如上述所讲的自然本性等，通常就如下事物的分享而言是必要前提：作为团体构成部分的目标和行动之协调。但在此语境下，其针对这些本源的明显考量，将更多或更少的核心家族作为其典范。而且，尽管绝非限制于甚或关注于作为正式团体的行为或团体行动，其对被协调行动之分析也是沉默的，或者就关于它们所建议的内容而言至少是踌躇的。就此踌躇或沉默而言，一方面，它来自一个可被证成的拒绝，即任何团体在本体论上都是一个人、一个个体化的具有理性本质的物质，它具有有机统一性和非凡的尊严或荣耀，而这是非隐喻意义上的人格所蕴含的。另一方面，它来自我的叙述在如下方面的失败：将共享或协调的行动以及共享的目的或目标带入充分精确的关系之中。因为现实的情况是：在许多语境下那种关系是如此亲密和直接，以至于如下说法并不为过：团体自己在行动，尽管这并非完全独立于其成员的行为。

我忽视了建议。当其被充分留意时，对于达致自由选择的审慎考虑的分析

---

〔16〕 See *FoE* 138 – 42；essay 8 at n. 10 and sec. Ⅲ.

〔17〕 *NLNR* 150 – 3, 160.

引导人们关注建议的策略性角色；当和其他替代性建议（待选项）竞争时，如果任何事情要被确定下来或完成，则待选项必须被选择或拒绝、优先喜欢或不优先喜欢。正如前述，建议挑选出一个目标（目的），其中，这个目标（目的）作为一个目的或一组目的的一个手段或一组手段；建议要通过其设定的手段来追求其设定的一个（多个）目的；较之其他某个选项或某些选项，选择正是对该偏好的建议之采纳，其中上述建议就是一个（多个）目的和手段的整体特定集合。目的和手段的这一明确表述之结构，也可被称作计划（通常在非正式意义上），它在形式上必然是命题式的；就其被采纳而言，它可被正式或非正式地向他人交流。如同第 4、5 篇论文所言，单单就其向他们交流（公布）的程度来讲，建议可能被称作公共建议（a public proposal）。依照此被采纳的建议而协调之行动统一体是团体行为的统一体，上述团体行为区别（尽管不可分割）于遵循单独、公共建议的个体［或亚团体（sub－groups）］行为（当然，对非成员或者——就完成团体的建议而言，并不需要其合作的——成员，这可能事先是完全秘密的）。

在个案中，通过在关键点上对如下内容的可能性（不可能性）之反思，即经由或在任何共同体存在一个恐吓的团体，其过大以至于成员之间共享的秘密不能做到对非成员保密；第 4、5 篇论文清楚阐述了上述内容。在上述两篇论文中，针对社会本体（实在）的非规范性点（non－normative point）而言的规范语境是核威慑，这在《核威慑、道德与现实主义》（*Nuclear Deterrence，Morality and Realism*）中被充分探讨并载入该书。该书由我、杰曼·格里塞茨和约瑟夫·波义尔（Joseph Boyle）于写作这些论文不久之前完成。该书的规范性结论在第五卷第 20 篇论文（1998b）和该卷的导言中被探讨。在第四卷第 11 篇论文（2009b）中的第三部分和第四部分所谈论的道德和文化革命的压力下，在接下来的第 6、7 篇论文中所涉及的多文化和多种族移民的压力下，我们的许多国家已经变得越来越不适合甚至以"消极"抵抗的方式来行动；由此，从那时到现在的几十年间，它们极度令人不安的特性至少是增加的。

这两篇论文分别论及团体身份的诸多面向，上述团体身份被复杂化、协调化之意向所预设，没有这些意向，政治共同体的成员就不可能接受如下内容：

对于一个接一个的个体或一个接一个的亚团体而言，存在充分理由采纳和帮助执行针对团体行动——诸如建构和维持一个构成性法律体系（constituted legal system）、福利国家、国家边界等的行动——的公共建议。在一个高度规范性语境下，第 6 篇论文关注于共享的语言（shared language）。关于正派法律秩序（a decent legal order）内容的适当来源与结构的争议问题被逐一考察，不适当的解决方案被识别，直到一个国家共同体内最为勉强地涉及语言的问题被解决。该论文主张，这是一个未被尊重的要求和侮辱的谴责所很好解决的问题，它们误解了包含在建议中的意图，这些建议捍卫了作为对如下事物而言事实上不可或缺的内容的国家身份：维持其共同善并在政治上或经济上促进其他种族的共同善。此类捍卫性的公共建议是更为深层次、更少被阐述的建议的附属性展现：成为**此**民族，使得其自身的自我被决定（self‑determined）和自我决定（self‑determining）的选择成为关于如下内容的选择，即其自身的宪政秩序和民事行为准则、权利。

像所有的实践推理一样，刚才所提及的论证包含两种不同类型的前提：一种为规范性的，另一种为事实性的（包含被视为或多或少可能实现的事情的偶发事态，这包括"风险"和"机遇"）。给定特定目的，需要什么手段以及手段对于获致其可及性和可服务性（serviceablity），这些在很大程度上是关于事实、预言、经验教导下的猜测（empirically educated guesswork）等诸如此类的问题。第 7 篇论文进一步谈论了卡罗尔·沃依蒂拉（Karol Wojtyla）（约翰·保罗二世）作品和约翰·罗尔斯同时代的晚期作品《万民法》（*The Law of Peoples*）中有关民族国家的实在和得体性（propriety）；在上述谈论中，多元文化移民当紧的事实性前提被给予了深入的考量。除了其他对理解适宜政治共同体（从该术语更为基础的含义上讲，也即国家）而言必要的问题，该论文在下述不可避免的政治维度中涉及了家庭：作为威胁、不正义和分裂的来源，正如他在原初论文的其他部分那样，这是以柏拉图为中心的一篇有关柏拉图主题的论文，如今这些内容被收集在第一卷第 5 篇论文和第五卷第 8 篇论文中。

Ⅲ. 行动和意图

13　　此部分的 7 篇论文均具有规范性背景。某些是神学的，某些是法律的，某些仅仅是道德的。但是，所有这些都涉及一个非规范的真理：人类自由的结构，这正如它在审慎考虑和选择中被我们所了解的那样；当这些朝向不道德、犯罪或轻罪时，就如同当他们在私人或者公共行动中见证和加强于人类范围内的卓越那样多。安斯库姆的大作《意图》使得如下内容能够轻易地被哲学家所及，即多数的那种实在和理解实在的哲学工具，诸如更好地理解前述段落中所提及的"实践三段论"（practical syllogism）的工具，或者，再次诸如选择和"在描述之下"（under a description）行动的观念。这并非仅仅是一个合理化的过程（rationalization），而是一个人关于如下内容的审慎的真切进步：其一，适合于其目的的手段；其二，为了、由于、考虑到，或者单单**为**达致一个人所希望和（伴随这些手段）意图的利益而要做的事情。刚才所讲的本质上同义的习惯俗语之变体，见证了所涉及的结构是真实的，而非仅仅一个影子或表面语法之建构（projection of surface grammer）。

　　但是，作出一个（多个）选择——其执行是人类行动之典型所在——的行动和推理是复杂的，通常也是微妙的。它们对于真正头脑清醒的选择者是透明的；[18] 对观察者而言，它们通常或多或少是个证词中的信仰或者推导的问题，而且其反过来诱导法官和立法者以虚构代替关于意图之真理；相较于那些教义，即法庭在许多（并非全部）方面应仅仅关注"客观"的意图，这些虚构在其效果上更为令人困惑。正如在曼纳伊投资案和后来的案件中所阐述的那样，法律人所称的"客观意图"无非一个合理的观察者——被告知语境，但回避来自当事人心中所想内容的证词——将作出或已经作出的如下裁决：当事人真正所（"主观地"）意图的内容。[19] 当做道德上确定的被预见之事乃所意

---

〔18〕 See e. g. essay Ⅳ. 10 (2007b), sec. Ⅱ.

〔19〕 See essay 1, n. 64.

图之事时，这个法律人的教义却给法律强加了一个纯粹的虚构。就副效果（side effects）和所意图效果（intended effects）之间的关键不同的实在而言，这些关于"双重效果"（double effect）的神学传统是同样不真实的；在"双重效果"中，因果性和及时性代替了关于如下内容的理解：其一，针对目的而言的手段；其二，作为执行被选择的建议的行动。

对那些乐意考察刑法中证明性部分的哲学家而言，第 10 篇论文实在是就此进行了相当基础性的处理。第 13 篇论文由我、杰曼·格里塞茨和约瑟夫·波义尔合写，该文提供了丰富的例证和详尽、基础性的分析。其中的结论是：要对特定道德—神学教义密切关注。上述结论吸引了赫伯特·哈特（H. L. A. Hart）和菲力帕·福特（Philippa Foot）的批判性关注。该问题——关于胖子卡在地下洞穴口的著名假设的倒置——也吸引了安斯库姆在一个段落中的密切关注；我在第 10 篇论文第 189 – 193 页中（"但做 X **正是**在做 Y！"）对该段落进行了批判性解读，而且我坚决不赞成。

安斯库姆的《意图》及其相关作品明显地从亚里士多德那里获得了启示。我将意图领域视为鲜明的哲学领域，这见证了阿奎那的思想；毫无疑问，他已经理解了亚里士多德，并且，在我们的主流传统之下，他已经理解了许多其他事物；但他一再表明，在他自己惊人的积极[20]生命之中，他密切关注于审慎考虑、选择和行动的结构。然而，他对行动的熟练处理的文体上的复杂性，使其信徒苦苦挣扎，无论如何，这也使新经院哲学传统在某些主要线索上无法驾驭。第 9 篇论文是历史—哲学（historical – philosophical）复兴与反省的产物，尽管它们并非不可或缺，但这对此部分的几乎所有其他内容具有根本的意义，因为那些实在对我们来说，与对任何哲学大师一样，是可以通过经验来理解的。通过参考规范性压力之下我们法律中的丰富经验和反省，第 11、12、14 篇论文的内容是检测那些基础性分析的训练。但是，正如第 12 篇论文所述，在诸

———————

〔20〕 See *Aquinas* 5 – 10. 沃格林（Voegelin），既非阿奎那信仰的追随者，亦非阿奎那哲学的追随者，但他在政治思想和历史的广泛领域都很有建树，他说道：

通过其人格的奇迹，圣托马斯能够将过去和高度文明的将来进行不可思议的综合……同样，因其感官的接受性、灵魂的广度、智识的能量和精神的崇高而闻名……在他之后，没有任何人以同样宏伟的风格来呈现精神上和智识上成熟的西方人。（*History of Political Ideas* Ⅱ, 231, 207, 232.）

如参与核威慑等重大问题上的认真反省不能摒弃对如下事项的理解：其一，在同意该政策时，他所**选择**的内容；其二，在同样通用名称之下进行但在策略上不同的公共建议。

Ⅳ. 人的出生和死亡

本卷的最后五篇论文论及人类存在的某些重要的基础性原理。它们审查唯心主义者二元论的各种类型；就此而言，尤其在规范性动机的压力之下，人类个体的实在被大致属于唯物主义的哲学家所错误描述。自然本性只能以能力（capacities）的方式为我们所知，能力只能以行动为我们所知，行动只能以目标为我们所知；在此，上述这些公理在与下述人的关系中发展出新的适用领域：这些人由于不成熟、疾病或衰老，已不能够在行动中追求目标。只有第19篇论文将规范性问题当做其主要关注点（这些问题在第三卷第14–19篇论文中属于更加主题性的问题）。其他则努力设法解决关于成长、衰老和伤害的事实。我拒绝一个普遍的说法，即这些论文关于事实的主题是宗教性的，它们植根于信仰，而非证据或哲学。我认为，情况恰恰相反。当我是宗教的开明外在者之一员时，我发现：通过调查和承认这些实在——其针对它们是什么以及什么和谁在满足他人的利益、愿望和便利时利益相关——的开放性，宗教谴责这些主题，从而吸引了开明外在者的注意。

第一部分
人格同一性中的自然与自由

第 1 章
人的优先性 *

由此，因为所有的法律都是**为人类的利益**而制定，所以我们应该
首先讨论人的地位〔1〕

——查士丁尼：《学说汇纂》1.5.2

如果关于法律的知识漠视——**法律为其利益而被制定的**——人，
那么这些知识就几乎毫无价值可言〔2〕

——查士丁尼：《法学阶梯》1.2.12

人何以为人？人之为人又为什么有意义？在关于法律的一般性阐述中，上
述问题不再是主题性内容。但正是关于法律、存在和被建构的实在——其深刻
地、审慎地区别于无政府和暴政——的概念，被如下认识所形塑：（1）我们
人类都是人，就此，我们相互之间是平等的，即使在其他方面并非如此；（2）
足够成熟且健全的人，能够理解和交流自己和他人所意指的内容，也可以计划
（intend）和选择其他众多的行为方式；（3）以我们环境中的其他任何事物所不
具有的方式，人本身及其幸福和意图具有意义。本章勾勒出我们将这些问题引
介到当下关注之中——而不是在现代法理学中忽视之——的原因。

I. 法律是 "为了……的利益"

哈特拒绝了"实证主义者的命题"，即"法律可以具有任何内容"。他的

---

* 2000a（for Oxford Essays in Jurisprudence, Fourth Series）.

〔1〕 "Cum…hominum causa *omne ius constitutum sit, primo de personarum stata*…, *dicemus*"（除非另有
说明，此处和其他地方的强调都是作者加的）。

〔2〕 "*Nam parum est ius nosse si personae quarum causa statutum est ignorentur.*"

上述做法诉诸关于如下内容的"自然的必要性":"如果其要服务于由人所构成的存在物之最低目的","国内法……不可缺少的特征就是对人、财产和承诺的最低限度形式的保护"[3]* 此种类型的"自然的"必要性首先是一种理性的（rational）必要性。正如哈特自己所说，他对法律的最低限度内容[4]的讨论旨在努力发现"自然事实与法律、道德规则的内容之间明显的理性关联"[5]考虑到"像人那样的事物所构成的存在物"的"最低目的"或"自然目标"，此"联系"是"理性的"。而且，此理性（rationality）是实践推理的理性，此种推理沿着如下路径进行（比方说）：我们想生存；但是，考虑到我们是脆弱的和他人的有限利他主义，如果没有禁止滥用暴力的规则，我们就不能生存下去；**所以**，此类规则是必要的，如果没有此类规则，其他规则也就没有价值。

尽管，哈特经常充分论述人类的多元自然目标，然而，他正式载明且明确承认的目标仅仅是刚才提及的目标："生存。"[6] 对法理学而言，幸运的是，哈特关于最低限度目的——其默示地给予法律和法律体系以复杂的、形成性的本旨（point）真实清单趋于更加广泛。它包括相对于如下内容的目标或目的：人们——尤其是哈特及其预期的读者——将"前法律"情景中的特定面向视为"缺陷"。正如哈特所言，对于这些缺陷最低程度的适当回应，是授权规则

---

〔3〕 *CL* 199. 这里被省略的词语是"同样地"，指向同样的"自然事实和目标之背景，其使得在国内法体系中的制裁规定既是可能的又是必要的"（*ibid.*）。在"后记"中，哈特似乎从正文明确的和充分论证的对上述"实证主义者命题"的拒绝中退缩回来；"就像其他形式的法律实证主义，我的理论不主张替诸如此类的法律和法律体系找出意义或目的……事实上，我认为，除了指引人类行为和为人类行为提供批判性标准之外，进一步为诸如此类的法探求其所服务的任何更特定目的，都只是相当无用的尝试。"（*ibid.* , 248 – 9.）但是在《法律的概念》第 251 页，哈特重新提到"法律应该珍视〔除确定性之外〕的目的"。

* 本书涉及《法律的概念》内容的翻译，参考了许家馨、李冠宜的中译本，但也做了适当调整。参见哈特：《法律的概念》，许家馨、李冠宜译，法律出版社 2006 年版。——译者注

〔4〕 哈特称之为"自然法的最低限度内容"，但是，这反而意味着实在法的最低限度内容（这些必要的内容可称之为自然法）。

〔5〕 *Ibid.* , 193. 由此，最低限度内容的论述开始："注意到以下内容是很重要的，即在每一个案件中，我们提到的事实给了一个关于如下问题的理由：假定以自我保存为目的，为何法律和道德应该包含某些特定内容。"

〔6〕 *Ibid.* , 191. 关于哈特就此的论证，参见 *NLNR* 30 – 1, 82.

（power – conferring rules）的"便利"和"次级规则"（secondary rules）的"救济"，这些便利和救济构成了法律的本质。[7]

如此说来，法律就是为了服务于"像人那样的事物所构成的存在物"的特定目的，哈特将服务于这些目的称为法律的**本旨**。另外，对罗纳德·德沃金而言，"法律实践最抽象且最根本的本旨"在于：

> 以下述方式引导与约束政府权力，即［法律坚持］除非被源自（flowing from）如下内容的个人权利与责任所许可（licensed）或要求，否则强制力不应行使或不行使：关于"集体强制力（collective force）何时被证立（justified）"之过去的政治决定……[8]

德沃金倾向于一种"作为整全性的法"（law as integrity）之意义上的特定概念观（conception）；* 他认为，"法律坚持"集体强制力得到"源自"过去决定的个人权利与责任的许可，从而使得法律正是"通过确保公民之间某种类型的平等"，从而造福"社会"。[9] 而且，如果那个共同体的实践"不仅展现了对所有成员的关切，而且也展现了对所有成员的**平等**关切，则权利和责任就仅仅'源自'一个政治共同体（political community）的决定"。[10]

所以，就德沃金的概念观而言，法律的要旨是服务于"公民"或者（看起来同等的）"团体的成员"的利益。如果法律未能努力这样做，它就缺乏正当性（legitimacy）、权威性和义务性力量（obligatory force），也不能证成其试图证成的胁迫。德沃金将法律的要旨限制在公民或共同体的成员之间，这似乎是故

---

〔7〕　See CL 28，41 –2，196 –7（其中论述到，就由授权规则的制度所提供的"巨大而特别的便利"而言，"这是法律对于社会生活的最大贡献之一"，"其向前迈出了如此重要的一步，如同轮子的发明对社会的重要性一般"）；91 –9〔其中论述到克服下述缺陷所必要的救济：由关于义务的初级规则（primary rules）——限制滥用暴力、偷盗和欺诈——构成的社会结构中存在的缺陷〕；155（其中论述到，作为"法律的'本质'"的初级规则和次级规则的结合）。

〔8〕　LE 93.

本书涉及《法律帝国》内容的翻译，参考了李冠宜的译本，但也做了适当调整。参见德沃金：《法律帝国》，李冠宜译，时英出版社 2002 年版，第 101 页。——译者注

* 关于"concept"和"conception"的翻译，参考了李冠宜的译本，分别将之翻译为"概念"和"概念观"。参见德沃金：《法律帝国》，李冠宜译，时英出版社 2002 年版，第 75 页。——译者注

〔9〕　Ibid.，95 –6.

〔10〕　Ibid.，200.

意的（deliberate）。确实如此，关于平等条件，德沃金在其总结之一中谈道：整全性命令预设每个人与其他人都同样有价值；每个人都必须根据平等关怀而被对待。[11] 而且，他提到了如下概念："［团体的］成员平等地对团体之外的人负有一般性义务。"[12] 但是，此类一般性义务并没有在法律帝国的论述中被确认为具有一席之地，从上下文语境来看，其在总结中提及的"人"似乎仅仅是"成员"（members）的简称。而且，成员身份被视作如下事项：**通过社会实践**所识别的"基因、地理或其他历史条件"。[13]（美国法律史的某些要素使得这些限制变得显著起来，我将在第四部分提及上述因素。）

由此，在哈特和德沃金提出的——内在于法律的单纯观念（the very idea of law）中的——法律要旨的概念观之间，存在显著的差异。对德沃金而言，确保如下的平等对法律的要旨和观念十分重要：该平等被理解为与这样的行为不兼容，即视"某些成员内在地比其他人没有价值"[14] 的行为。对哈特而言，尽管对于任何此类平等的关切"深深地嵌入了**现代人之中**"，[15] 而且"在法律批判中，**目前**这通常被接受为具有明显相关性的理想之陈述"，[16] 但此种关切却外在于法律的概念。而且，对于哈特书中的这个概念，如下问题"不能被研究"：这些关切或批判是否可以被正当化？[17] 但是，两位理论家之间的对

---

〔11〕 *Ibid.*，213.
〔12〕 *Ibid.*，199.
〔13〕 *Ibid.*，201.
〔14〕 *Ibid.*，201.
〔15〕 *CL* 162.
〔16〕 *Ibid.*，206.
〔17〕 *Ibid.*，206. 注意，在《惩罚与责任》（*Punishment and Responsibility*）的第22页，哈特乐意论及此类事情，即正义仅仅包括原则……（1）通过赋予人类自主行为（human voluntary action）以特定意义，从而将所有**同等之人**都视为人；（2）禁止为了其他人的利益而利用某人，除非作为对如下行为之回应：该人反对其他人的自主行为。

立被德沃金的如下行为所缓和，即德沃金明显不情愿去断言内在于法律要旨的
平等是如下的平等：其一，所有人类的平等；其二，或者，所有人的平等；其
三，或者，在一个社会实践之前能够被识别的任何其他种类的存在物的平等，
其中，诸如法律的此实践定义了成员权，藉此道德和法律权利被"给定"。[18]

Ⅱ．论法律为了所有人的利益

　　法律要旨中的主要部分，并非仅仅为了促进"生存"，也尊重和恰当地提
升在其管辖范围内**所有人类**的生存；对于上述看法，哈特具有一个简单的回
应，他在作品中也多次使用该回应。哈特提醒我们，法律体系"长久地存在，
尽管它们公然藐视这些正义的原则"。[19] 再者，"我们可以想象，有些道德观
在这类事情上或许没有把个人放在相互平等的位置"。[20] 是的，人们并不怀疑
这些事实或者逻辑可能性。哈特将法律描述为适合被视为行为的**公共标准**的一
种**理由**，这一策略削弱了其回应的力量。尽管在论证的过程中会出现一些荒谬
的论据，并且作为实例还有可能获得一席之地，但实际上其无法构成真正的论
点；同样，在法律理论中，不合理的法律和法律体系类型恰恰应视为被法律**本
质上**反对的东西所稀释（diluted）的法律例子：某个个人或团体对另外的个人
或团体滥用其权力。德沃金在如下方面是对的：其主张"任何完整的法律理
论"[21] 都将超越哈特清晰且默示的区分法律和强权者（powerful people）的命令
的利益之论述；"任何完整的法律理论"也将包括诉诸平等及其道德延伸（en-
tailments），即"正义、公平和正当程序（procedural due process）原则"。[22] 但是，
正如我们看到的，德沃金对于如下问题并没有论述（leaves in shadow）：谁是平等
的主体？谁应被视为平等？这些又是对谁而言的呢？
　　尽管公然藐视某些正义的原则，罗马法却长久地存在过。罗马法给予其学

---

〔18〕　See Dworkin, *Life's Dominion*, 23.
〔19〕　*CL* 206.
〔20〕　*Ibid.*, 165.
〔21〕　See *LE* 110.
〔22〕　See *ibid.*, e. g. 225.

生和从业人员一个对法律要旨的更好阐述。《法学阶梯》的开篇语向我们指示：正义恰恰被理解成了某种特定类型的目的而行动之倾向："正义就是给予每个人应得之物的稳定和持久的意愿。"[23] "每个人"指谁？伯克斯（Birks）的译文非常恰当地视这些对象为"承认所有人的权利"。因为序言部分的结束语告诉我们，法律是"为人的利益"而存在，接下来的一句话开启了关于人

23 的法律的整个论述，明确阐述了基本立场：所有的人都是人（all men are persons）。[24] 奴隶制被直言不讳地定义为使"某人"成为他人的所有权或奴役的对象，这"违反了自然",[25] 事实上，更精确地讲，"违反了自然法或自然权利"。[26] "因为根据自然法或自然权利，从一开始，所有的人都是生而自由的。"[27]

由此，为人的正义（justice – for – persons）的这些要求，几乎同时被确立和公然藐视。没有人尝试拒绝这样的观点，即在人类本性上，奴隶是人，且奴隶与其主人平等。奴隶制并非作为被证成的事物而出现，而是作为一个生活之事实和战争之专横支配的产物——赤裸裸的权力——而出现。毫无疑问，坦率具有限度；如下事实被遮掩了：作为一种法律上的制度的奴隶制——在战争中或战争仲裁之后很长时间内——通过赤裸裸的权力而被维持；奴隶制是被强加在那些从来没有参与战争的人身上的。法律的要旨被罗马法的自我解释原则（self – interpretative doctrines）所表述，但是其意蕴并没有根据一贯的实践合理性（practical reasonableness）被追求。

法律的要旨——为了什么利益（或从更好的程度上讲）为了谁的利益——在《世界人权宣言》（Universal Declaration of Human Rights）（1948）第 1 款的开首语中被确认，其采用了罗马法学者的措辞："所有人生而自由，而且在尊严

---

〔23〕 Digest 1. 1. pr. ; Institutes（*Inst.*）1. 1. pr.

〔24〕 *Inst.* 1. 2. 12；1. 3. 1："在人的法律中，基本分类是这样的：所有的人，或是自由人，或是奴隶"（*summa itaque diviso de iure personarum haec est，quod omnes homines aut liberi sunt aut servi*）.

〔25〕 *Inst.* 1. 3. 2.

〔26〕 *Inst.* 1. 2. 2.

〔27〕 *Ibid.*："*serbitutes…sunt iuri naturali contrariae—iure enim naturali ab initio omnes homines liberi nascebantur.*"

和权利方面平等。"第 1 款的主语"所有人"等同于序言中的"人类大家庭的所有成员"和"人"（the human person）；由此，其余条款〔28〕中"每一个人""所有人""没人"的指称就变得清晰了。所以，正是所有的人，才是"在法律面前平等的"，被赋予法律的"平等保护"（第 7 款）；并且，"每一个人""于任何地方都具有在法律面前被承认为人的权利"（第 6 款）。

Ⅲ. 论作为审慎考虑之人与其他人关系的规则

法律的规则是什么？如同边沁所设想的那样，将之定义为"意志力表达的符号集合"，这当然并非一个好的做法。确实，法律规则不被定位为任何类型的符号的集合，因为其仅仅经由此类符号的集合被加以证明，或者在某些情形下经由此类符号的集合施为般地**被激活**（performatively effected）；同样，从根本上讲，法律规则也并非一套符号或一个表意行为（an act of signifying）的意义，因为，尽管意义保持不变，但效力和义务性可能会反复发生变化。在对法律的一般性描述中，我尝试去回答如下问题： 24

> 法律思维（如法律）将精确性和可预测性引入了人类交往的秩序之中，而这是通过如下一个特定的技术：将（通常可以确定年代的）过去行为（无论成文法、司法还是任何公共团体或个人"权力"的多面实施）视为：**现在**给出了足够的和排他性的理由去以**过去**"规定"的方式来行为。在某个重要意义上可以讲，一个法律规则的"存在"或"效力"可通过如下方式被解释：将一个法律规则视为仅仅是此种关系，就是与过去司法行为"内容"——其提供理由在当下以过去所指定和规定的方式来选择和行动——的持续关联性。〔29〕

我认为这个解释是合理的。然而，当说到一个规则是人与人之间的关系

---

〔28〕 这里有一个例外即 Art. 16，其将"充分年龄的男人和女人"作为主语，从而表明婚姻存在于异性之间（性别）。

〔29〕 *NLNR* 269.

时，我们将更加接近这个问题的实质。"一个实在法规则存在"这样的说法等同于：（i）该实在法规则的主体（即实在法规则课以义务或授予权力等所指的对象）与如下一类人处于特定的关系之中：该类人的利益将由规则主体（rule-subjects）对其义务的遵守或权力的实施等来服务；和（ii）这些规则主体之所以和那类人处于特定关系之中，因为他们（其利益在某种程度上也由此被服务）与如下一类人处在特定关系之中：其"过去司法行为"由此提供"理由在当下以过去所指定和规定的方式来选择和行动"。

为什么给予人与人之间的关系以如此解释的优先性（explanatory priority）呢？的确，任何事物，如果缺乏对如下内容的承认，即将他人的存在和价值（"尊严"）视为于存在和价值方面与自己等同，那么，它将不能充分地讲通我所关注的法律的最基本要求：**指引**我的特定选择，在某些方面**推翻**我的自利，规定在追求我的目的过程中给予我法律帮助的**条件**，以及诸如此类的要求。

就某些重要方面而言，自边沁以来的法理学历史充斥着失败和倒退。边沁主义者（Benthamite）的策略在于，将法律描述、分析和阐述为一种机械装置。这种机械装置被假定：唯有通过排他性地诉诸"意志"的源头，才得以充分地可理解；换言之，唯有排除所有对其要旨（即其基本原理）的参考，才得以充分地可理解。在20世纪的大半段时间里，凯尔森以无与伦比的执着与独创力追逐着上述策略。此种策略的**结局**（denouement）是巨大的溃败（débâcle）。其中，凯尔森正确地承认，1911-1960年间，其法哲学在如下方面失败：[30] 解释甚或融贯地描述法律的效力、规范性、基本元素（规范）以及融贯性。他割裂了法律和实践合理性之间的所有联系；欣然接受了法律规范之间的甚至最为公然的矛盾；[31] 拒绝了这样一个法律推理的可能性，即甚至将一个没有争议的事例涵射于相应的规范之下；[32] 并且，提出了一个被预设的虚构作为

---

〔30〕 关于凯尔森作品中的措辞，参见 Paulson, "Four Phases in Hans Kelsen's Theory?", 154–66 at 161.

〔31〕 Hans Kelsen, *Gneral Theory of Norms*, 214〔就一般规范之间的冲突而言，并非如我在《纯粹法理论》（*Pure Theory of Law*）中主张的那样，即不能由原则解决的规范冲突（*lex posterior dergal legi prior*）没有意义……；两个一般规范中的任何一个都有意义，而且两者都有效〕，223–5.

〔32〕 *Ibid.*, 232–8.

效力的"科学"解释。[33] 对于任何诉诸或参考实践合理性来理解、描述与解释法律的做法，凯尔森终其一生都反感，这最终也变成了轻率的逃避（a head-long flight）。归根结底，这是对将法律理解为如下含义集合的反感：就尊严和价值而言，一个人将服务——尊重和促进——他人及其利益或幸福的意义，视为与自我及其利益或幸福等同。我将表明，除此之外，没有其他方式来理解法律的主张、指令、基础、来源、强制力、限度以及病态形式。

Ⅳ. 对 "不承认人作为法的要旨" 之考量后果

凯尔森拒绝将人及其利益、幸福作为法律的要旨，这最为明显地表现在其对法律上的人的处理，最初体现于"物理（自然）人"［physical（natural）persons][34] 中；而且，自边沁以来的分析法理学普遍共享了上述拒绝的做法。"甲这个人拥有权利"这个说法"仅仅意味着，甲这个人的特定**行为**是法律权利的客体……在某种特定的方式下，甲这个人的特定行为是法律规范的内容"。[35] 当然，这同样适用于甲的义务。由此："在法学思想中，我们只是在人的**行为**进入法律秩序的内容时才涉及它。"[36] "一个人只是在他'具有'权利和义务时才存在"（谨记，这些权利仅仅适用同样的那个人自己的行为）；"离开权利和义务，就无所谓人之存在了"。[37] 所以：

> man 和 person 是两个完全不同的概念，这一点可被认为是分析法学的一个公认产物……物理（自然）人是一套法律规范的人格化。

---

〔33〕 *Ibid.*，256. "基本规范（Basic Norm）的预设——比如……法律秩序的基本规范，'每个人如同历史上第一个宪法所指定的那样来做出行为'，这不仅仅违反了现实，因为不存在此类关于意志的实际行为之内涵的规范；而且，这也自我矛盾……基本规范的认知目标……仅仅通过虚构的手段才能被获得。"

〔34〕 Kelsen，*Gneral Theory of Law and State*，95.
本书涉及《法与国家的一般理论》内容的翻译，参考了沈宗灵先生的中译本，并进行了适当调整。参见〔奥〕凯尔森：《法与国家的一般理论》，沈宗灵译，商务印书馆 2013 年版。——译者注

〔35〕 *Ibid.*，94.

〔36〕 *Ibid.*

〔37〕 *Ibid.*

由于构成了包含同一个人行为的义务与权利，这些法律规范调整着这个存在物的行为。一个所谓物理（自然）人和物理（自然）人与往往被误认为所是的人（human being）之间的关系，就在于如下事实：那些被概括在人（person）概念中的义务和权利都指向人的行为。[38]

总之，除了知悉那些在法律规范中规定的关涉人的行为外，诸如此类法律思想对人一无所知；而且，这类思想没有将此人或其他人的利益、幸福作为其主要的或些许的关切对象。

在凯尔森具有重大影响的数十年间，那些面临在革命之后识别法律和权利这样的实践问题的法官，求助于凯尔森有关革命性变迁的阐述。然而，他们并没有发现任何指引，除了一些凭借其他依据可以用来理性化的结论的素材。[39] 所以，凯尔森关于人的论述也被用来理性化如下场域中的司法退缩（judicial abdication）：对于真实的人的利益、幸福的此类缜密、关键性的关切。

当然，在没有分析法理学的支持或鼓动的情况下，上述退缩能够且不止一次地发生。这其中，最为显著的例子实属美国最高法院在 *Dred Scott v Sandford*（1857）案中臭名昭著的判决。在该案中，最高法院认为，无论是否已经获得自由，被引入或出生在美国的"非洲族群"的成员都不是美国公民，甚至，国会也永远不能行使毫无疑问的归化权使其成为美国公民。[40] 此裁决建立在如下事实之上：在《独立宣言》和美国宪法诞生时，**公众意见**（public opinion）——其足够真实，尽管法院极大地夸张了这种一致性——认为，"黑人可以被正当、合法地贬低为奴隶"从而作为"劣等物存在"。[41] 在宪法制定和通过时，"无论那些作为奴隶被贩卖的人还是他们的后代，也无论他们是否已经获得自由"，他们都没有任何"权利或特权，而主导权力、政府的人却可以选择赋予如上的权利或特权"。[42] "法院的义务就是……去实施——正如我们

---

〔38〕 *Ibid*., 94 - 5.

〔39〕 See 1968b at 83, 91 - 5; 1969b at 75, 112; (1970d) at 76 - 7.

〔40〕 60 US 393 at 417, 420, per Taney CJ for the Court (7：2).

〔41〕 60 US at 407, per Taney CJ.

〔42〕 60 US at 405, per Taney CJ.

所看到的——［他们已然构建的制度（the instrument）］，实施的方式是根据这些制度被通过时的真实意图和含义。"[43]　由此，法院的根本失败之处在于，其履行依据法律来主持正义的义务，却没有认识到：法以及整个法律事业是为了人的利益；由此，奠基者们的意图不应如同该法院所做的那样被解释，即加剧——想将之视为仅仅是财产的那些人的——背景性歧视（法院使自己与之分 27离）；相反，奠基者们的意图应该被如此解释，即只要没有抵触宪法的条款，就要尽可能有利于司法权管辖范围内每个人的基本利益和幸福。

在纽约州上诉法院关于 *Byrn v New York City Health and Hospitals*（1972）案的判决中，能够寻找到 *Dred Scott* 的一个后凯尔森式（post‑Kelsenian）版本。谈到婴儿在出生之前的地位时，该法院提出：

> 法律上的人是什么？这个问题是由法律——当然包括宪法——来决定的。这仅仅意味着：一旦赋予某个事物以法律人格（legal personality），法律就赋予其法律上的人（a legal person）的权利、特权［比如凯尔森：《法与国家的一般理论》，第 93‑109 页；佩顿（Paton）：《法理学》（第三版），第 349‑356 页，尤其是第 353‑354 页关于自然人和未出生婴儿的论述；弗里德曼（Friedmann）：《法律理论》（第五版），第 521‑523 页；格雷：《法律的性质和渊源》（*The Nature and Sources of the Law*）（第二版），第二章］。此过程确实是循环的，因为其是定义性的。法是否应该赋予法律上的人以人格？这是一个政策问题，该问题在大多数情况下委任立法机构处理，当其"合法地"（legally）被提出时，当然要服从于宪法……问题在于这是一个政策决定也即是否应该赋予法律人格，并非一个生物学或"自然本性"的符合问题。[44]

判决结论为："由此，在此诉讼中确实存在真正的问题，然而却不是法律的或正义的问题。除非立法机关另行规定，否则它们就是法律之外的问

---

〔43〕　*Ibid.*

〔44〕　286 NE 2d 887 at 889, per Breitel J for the Court（5：2）．

题。"[45] 如同最高法院在 *Dred Scott* 案中缺乏假定的（presumptionless）实证主义思想，纽约州的这个判决成为六个月后最高法院在 *Roe v Wade*（1973）案中判决的预兆。*Roe v Wade*（1973）案的判决要点为，腹中胎儿（*en ventre sa mère*）并非蕴含在"第十四修正案的含义之内"的人。[46] 该法院达致此判决的推理，简单地复述了宪法中"人"的用法；评论道："没有什么东西**可以确信地**（with any assurance）表明宪法中'人'于产前适用的任何可能性"；（非常误导地）[47] 补充道："在整个 19 世纪的大半段时间里，盛行的合法堕胎的实践远比今天更为自由"；进而，草率地说，这两个事实"说服我们"得出那个结论。[48]

在这些案件中，我们所能看到的是，关于司法推理、智识和道德责任——面对法律最为基本的要旨和意义即为人服务时——的一个明显失败。此处本是法学理论应该最为充分和仔细展开探讨的地方，我们却发现了唐突的戛然而止（ukase）。这种失败和唐突，并非为法院处理未出生胎儿时所特有。在 1886 年，最高法院被要求解决如下问题：第十四修正案的条款——禁止任何州在其管辖范围内拒绝给予任何人以法律上的平等保护——是否适用于法人（corporations）。最高法院在 *Santa Clara County v Southern Pacific Railraod Co.* 案的判决中以如下答案作为开场白："在此问题上，法院不希望听到论辩……我们所有人的意见一致：它适用于法人。"[49] 正如布莱克（Black）和道格拉斯（Douglas）法官在 1949 年所说："没有任何给定的历史、逻辑或理由支持那一观点。而且，结果也并非如此明显，以至于对其的阐释是不必要的。"[50] 尽管布莱克和道格拉斯法官的这一异议利用了强有力的反对"结果"的理由，拓展了由布莱克法官于多年前在另一异议中所持有的理由。[51] 然而，不但法院自己，就是那些

────────────

〔45〕　286 NE 2d at 890.

〔46〕　410 US 113 at 157, per Blackmun J（7：2）。在第 162 页，尽管没有承认，布莱克摩法官（Blackmun J）还是逐字地引用了 Byrn 案第 888 页中的一个完整句子。

〔47〕　See 1994 at 1 – 18, 36 – 7.

〔48〕　410 US at 157 – 8.

〔49〕　118 US 394 at 396.

〔50〕　*Wheeling Steel Corporation v Glander* 337 US 563 at 577.

〔51〕　*Connecticut General Legal Insurance Co. v Johnson* 303 US 77（1938）at 85 – 90.

支持此结果的法官，都甚至未曾为 1886 年的戛然而止附带说明哪怕一个单独的证成性意见。也许，我们不应感到惊讶，尽管我们有权对下面的事实感到沮丧：没有法官曾经努力去调和 Roe 案中的"结论"（conclusion）与在 *Santa Clara* 案中的"结果"（result）。

正如布莱克和道格拉斯法官所言：在证明法院如下判决的恣意性之后，即将第十四修正案中"人"和"公民"的几处用法适用于法人的西洋棋盘判决（checkerboard ruling）；证明了如下裁决的良好判断之后，即修正案的保护对象为自然人而非人工拟造的人（artificial persons）；"历史已经走向了另一个方向。"然而，就此，他们补充道，对法院而言，推翻自己在"对国民具有重大影响的问题"上的错误，并不算太晚。[52] 在美国绝大多数州，[53] 如下内容正逐渐被立法或司法当局所接受：胎儿有权在侵权案中获得保护和救济，即使其出生时已经死亡；而且，其同样受到刑法的保护。尽管被——最高法院在 Roe 案中所宣称的——宪法上的母亲权相当恣意地限制，这些进展标志着对如下行为的远离：武断地拒绝考量出生之前的人的存在之实在。

V. 论法律中的自然人和人工拟造的人（Artificial Persons）

在现实的道德、政治或法律关于人类联合（human associations）与行为的分析中，"人格"（personality）是一个使人迷惑的隐喻。因为它是一个经常摇晃在两个历史渊源之间的隐喻。一方面，存在作为面具的**人格面具**（persona as mask）；与之相呼应，法律任意地给如下**任何事物**赋予法律人格：构成了法律关系的主体（主题），尤其是财产和/或诉讼关系的事物，即明星偶像（idols）、基金、码头边上的多宗货物（parcels of goods）、王国等。另一方面，存在作为独

[52]　337 US 580, 581.

[53]　See e. g. Forsythe, "Human Cloning and the Constitution" at 497 – 502.

立个体的**人格面具**（*persona* as individual substance），其具有理性的自然本性；[54]
然而，并不存在与之相呼应的人类交往和联合的众多组合形式（orderings）（除
非从隐喻意义上讲），这些形式被我们称为团体[55]——除了那些作为成员的
人，不存在其他任何事物。尽管如此，在关于"人"的两个渊源和含义的两
极之间存在着一种联系，因为行动者（actor）的面具是/或创造一个假定身份
（assumed identity）。但是，在足够健全和成熟的情况下，作为理性自然本性（ra-
tional nature）的存在物能够作出选择（因为其理解不同类型的利益和达致同一
利益的不同途径）。而且，通过作出选择，一个人开始形塑其性格/身份，该
人将拥有——也在那种意义上呈现——人格身份（一个人的性格）。出生一天
的婴儿具有——全新的、尽管尚未具备实际上可用的形式——此种选择的能力
（具有自我决定、不传递效应）。不论出生一天还是已经成熟，一个老鼠都缺
乏上述全新的能力。尽管，与橡子和橡树幼苗不同，作为存活哪怕一天的胚
胎，老鼠也具有如此全新的能力跑动。

哈特建议我们"将'什么是法人'这样的问题置于一旁"，而是问："在
什么类型的条件下，法律将责任归咎于法人？"因为哈特认为，这将会澄清
"将为个体人所制定的规则扩展适用于法人机构"所产生的"确实要紧的问
题"。[56] 如下建议是合理的：寻找命题的真值条件，理解类比，并且寻找规则
从一个语境扩展到另一个语境所依赖的原则。但是，假定这些分析技术能够消
除如下潜在的问题则是错误的：法人是否与哈特通过术语"个体人"所指涉
的人（human persons）处于同一实在性的层面。即使对那个问题的压制未被哈特

---

〔54〕 "Persona est rationalis nature individual substantia"：Boethius, De Duabus Naturis, c. 3（Migne, Patrologia Latina 64, 1, 343）；see *ST* I q. 29 a. 1.

〔55〕 在本章此处和他处，就高度模糊的"团体"这个术语而言，我在其下述第二种、更为精确
的意义上使用。该词基本含义的两极是：（a）某个种类或类别，无论凝聚力、合作或者交往如何。比
如所有在巴基斯坦的妇女［出于《关于难民地位的公约》（Convention relating to the Status of Refugees）
（1951）第 1 款第 A（2）项的目的，其被认为是一个"特定的社会团体"：*R v Immigration Appeal Tribu-
nal, ex parte Shah*（1999）2AC 629］；（b）一群这样的人，为了共享的目的，在可见的时间段内通过交
往而协调行动（*NLNR* 150 - 3；Honoé, "What is a Group?" in his *Making Law Bind*）.

〔56〕 "Definition and Theory in Jurisprudence"（1953）in *EJP* at 43, also 45, 47.［本章下一句相关建
议的出处是引文第 22 页。］

所提倡，也潜在地被其所捍卫，这打开了通向如下事物的道路：不可知论、恣
意和随之而来的诸如 *Byrn v New York City Health and Hospital* 案中的不正义。

不去怀疑或质疑那些区分了法人与其成员之间权利和责任的法律规则，一
个人可以在理解相关的实在和利益方面取得更多进展；而上述进展的取得，首
先是通过超越并走到哈特背后，进而来到霍菲尔德（Hohfeld）的巧妙论证中：

> 与所谓的法人有关的形式、方法和程序之下的经营业务，无非是
> 另一种模式，通过该模式，**个体人**和**自然人**可以利用其财产并参与商
> 业活动。[57]

一个人只有理解了诸如股东、董事、雇员和其他代理人等的责任如何被涉
及和改变，才能很好地理解法人[58]的责任（或权利与义务等）。这同样适用于
诸如明星偶像、多宗货物等其他法律实体（juristic entities）的权利和责任。只有
当一个人能够直接地或通过企业中介机构（corporate intermediaries），指向那些对
于可查明（ascertainable）的基金等拥有控制权的个体时，才能很好地理解上述
权利和责任。

霍菲尔德更为著名的是对法律关系（jural relations）的分析，尽管这使得在
任何特定时候全面分析人与人之间的此类关系成为可能（有一些仍待深入说
明），但在权利的连续性和基本原理方面，仍然留下许多有待解释的事情。[59]
与之类似，他的如下证明不应被理解为证明了人之团体没有任何实在：由于它
们任何时候都存在，所以法人的权利等是可以毫无保留（without remainder）地被
分析为个体人的权利等。一个人类团体或共同体具有团体行动的所有实在性，

---

　　[57]　Hohfeld, "Nature of Stockholders' Individual Liability for Corporation Debets', in Hohfeld, *Fundamental Legal Conceptions* at 197. 就霍菲尔德对法人的论述而言，哈特的部分批判性评论看起来错失了焦点（"Definition and Theory in Jurisprudence", *EJP* at 42 n. 22）。

　　[58]　注意，正如霍菲尔德附带澄清的那样，形式上有法人地位的团体和无法人地位的团体（incorporated and unincorporatel association）之间的区别，较之通常所认为的那样，在许多方面不够清晰。在《解释法案》（Interpretation Act）（1978）第 5 部分和 sch. [改自《解释法》（1889）第 19 部分]，有上述内容的证明："在任何法案中，除非相反的意图出现……'人'包括具有法人或非法人的人之机构（body）。"还要注意，若不是术语，"人"也"包括"个体人——比如那些法人、非法人团体的人之机构的典范成员——这样的事实，此定义将陷入无限回溯的困境之中。

　　[59]　See e. g. *NLNR* 201 – 2.

这如同团体成员的——人的——行动和行动倾向，该倾向在成员参与团体的行动的意愿性和对团体行为的情感反应中展现出来，而这又因给予那个行为以意义的（多个）善之缘故。这等于说，一个团体的实在是人类的、真正的人的行为法则（order）的实在，该法则由人的选择（也包括选择的倾向以及针对选择的回应）产生和维持。一个团体的行为由其"公共"建议（public proposal）所定义，即通过向团体成员所建议的形式，由团体成员决定参与或不参与团体行为。社会行为（Social Acts）由这些行为——个体人的行为——排他性地构成，尽管其不能被化约为行动着的团体中的人的行为。[60]

VI. 论作为意义之首要承载者和解释对象的人

解释主要地并且集中地体现为如下这样一个问题：试图理解一个人或多个人，这些人的言说或其他有意义的行为处在斟酌之中。

鉴于完全由上议院的牛津学派成员（Oxford members）所决定，*Mannai Investment Co. Ltd v Eagle Star Life Investment Co.*[61] 案可被视为法理学中的一篇牛津论文。"第十二日"意味着"第十三日"吗？很明显，大多数情况并非如此。但某人使用"第十二日"这个词语，其可能事实上意指第十三日；而且，在言语相关的和妥适地被允许的语境之下，有关某人对词语的使用的妥适解释，我们可以认为：作为该人有意表达的内容和将被合理理解为其所意图表达的内容，那 * 就是该言语被妥适理解的情况下的真正含义。正如上议院议员哈弗曼（Lord Hoffmann）所说："这是一个一再重复发生的经验问题，即尽管人们使用了错误的词语，他们却可以毫无歧义地表达其意图。"确实是这样，他补充道：

> 法律并不关注言说者的主观意图（subjective intentions），但是这个

---

〔60〕 See essay 5 (1989a).

〔61〕 ［1997］AC 749, ［1997］3 ALL ER 352. 上议员的意见分为3：2，两个大学学院法官处于多数［被一个来自基督圣体学院（Corpus Christi College）的苏格兰人（a Scot）支持］。

* "第十二日"事实上意指第十三日。——译者注

观念——法律由此主要关注"词语的含义"——掩盖了一个重要的模糊之处。该模糊之处在于未能区分如下两者的差异：其一，语词的含义；其二，被理解为语词**使用者的意义**为何的问题……

当……法律人（lawyers）说，他们的关注不在于主观含义，而在于言说者所使用的语言的含义时；他们想表达的意思就是，他们关注言说者将被客观地理解其意图表达的意义。这不仅包含了考察语词和语法，而且也包含了考察背景。所以，比如在 *Doe d. Cox v Roe* (1802) 4 Esp 185, 170 ER 685 中，莱姆豪斯地区（Limehouse）公房（a public house）的房东发出通知书，告知放弃"这样的前提，即你使得我遵守（hold of）的……通常所谓的……水手胳膊（Waterman's Arms）契约"。证据显示，房客当中并没有所谓的水手胳膊契约前提；而且，确实，在莱姆豪斯地区并不存在此类前提。然而，确实有房客使得房东遵守的所谓砖匠胳膊（Bricklayer's Arms）契约前提。通过参照背景，该通知书被理解为指称砖匠胳膊契约前提。对一个理性的接收方而言，该意义是客观清晰的，即使房东使用了错误的名字……也没有必要诉诸主观意义。[62]

在一篇法理学学术论文中，没有必要运用相当误导人的律师的行话即"主观的"和"客观的"。尽管有律师般的模糊性，但上议院议员哈弗曼的含义清楚地呈现出来。正如他后来所说："词语自己不会指称任何事物；正是**使用**词语的人用来指称事物。"[63] 而且他再一次指出："在此领域［商业合同］，我们不再混淆如下两个问题：其一，词语的含义；其二，词语的使

32

---

[62] At 376. 持异议的上议院议员高夫（Lord Goff）承认，*Doe d. Cox v Roe* 案被正确地裁决，即法院在那个案件中"妥当地解释"了通知书。但他没有令人满意地解释：在 *Mannai* 案中，为什么大多数人对通知书的解释自身并非同样地"妥当"。

[63] At 378（强调是原来就有的）。

用所意图表达的意义。"[64] 议院的决定是，类似地，在考虑发出通知的所有情形（包括诸如该租约自身条款的情形）下——正如这些情形在当时对于旁观者如此明显且被旁观者认为有关系那样——一个告知在"1995 年 12 月 12 日"终止租约的通知，毫无疑义地表达了如下意图，即在 1995 年 12 月 13 日终止租约。因为那就是一个注意相关背景的理性人将会理解的意图，由此，也是发出通知者的意图。

因为法律是为了人的利益，而且其规则本质上是人与人之间的关系；所以，基于如下模式来理解法律解释是错误的：艺术作品的创造、形成、述说或者表演。[65] 所以，如果寻求理解解释在法律中的地位的法学家不得不在"对话的"（conversational）和"艺术的"（artistic）模式之间作出选择，那么他们最好寻找对话模式。但是，选择并非可穷尽。

33　　　　如同对话中的参与者，法律解释者寻求理解作者，这些作者在作出某些陈述时，运用了一个私人权力或公共权威。但是，尤其当某个陈述在立法或司法的公共权力行使过程中被作出的时候，法律解释者有权且被要求将那个陈述视为发生（take its place）在作为整体的法律体系之中——在一个人群及其制度、原则以及规则的复杂体之中，这包括起草、解释的技术以及惯习，所有这些都推定达致正义和共同善。德沃金建议，政治的、由法律组织的共

---

〔64〕　At 380. 关于解释商业合同，也参见 *Investors' Compensation Scheme Ltd v West Bromwich Building Society* ［1998］1 WLR 896 at 912－13，［1998］1 ALL ER 98 at 114e－16f, per Lord Hoffmann；and now *Chartbrook Ltd v Persimmon Homes Ltd* ［2009］UKHL 38 at paras 33，37－41, per Lord Hoffmann；contrast *A－G of Belize v Belize Telecom Ltd* ［2009］UKPC 10 at para. 16, per Lord Hoffmann. More generally, R（*Godmanchester Town Council*）*v Secretary of State for the Environment* ［2007］UKHL 28 at para. 32, per Lord Hoffmann：

我认为，对于［《高速公路法案》（the Highway Act）1980］第 s. 31（1）项的真正解释，"意图"［在这个表达中"没有意图……划拨出（土地之上的路作为高速公路）"］意味着相关的观众——道路使用者——将合理地理解土地所有者的意图。测试是……客观的：并非土地所有者主观意图的内容，也不是道路的特定使用者主观认为的内容，而是一个理性的使用者将理解的土地所有者的意图……去"使他省悟"此观念，即该道路是公共高速……在刑法和部分侵权法之外，在一种客观意义上使用"意图"一词是很常见的。这如同在议会意图中，党派达成协议的意图，以及甚至在拉丁语中，非法占有他人之物的人通过时效（limitation）而取得所有权（a title）所必须具有的**占有心素**（*animus possidendi*）。

〔65〕　See essay I. 14，secs Ⅲ－Ⅳ（＝1992a at 139－43）.

同体应该被人格化（personified），以使如下内容被视为不证自明的要求：与一个更大的整体——如个性的整全性——的融合。[66] 该建议足够生动地显示，德沃金通常将法律解释同化（assimilation）为艺术解释而非对话解释，这是一个在他提出作为备选项的两种模型之中的更不适宜的选择。确实，如同在对话中，正是作为法律所涉及的要创设或宣称的权威的概念，作者的意图在法律解释中很重要。[67] 但是，一个适当的司法解释将不情愿如其情愿视公正的含义具有权威性那样，视不公正的含义具有权威性。由此，这就区别于明智的交谈者，后者像优秀的历史学家一样能够很快捕捉到——而非轻易地忽略——其对话者可能的邪恶目的和个性缺陷。

Ⅶ. 论人的自然本性及其激进公平（radical equality）的理据

进而，"自然事实"（natural facts）——其应当影响关于法律之所以存在所要服务之人的法学思想——是什么呢？在其躯体（bodiliness）方面，在刑事、侵权案件中受损害时，人的自然本性被律师得知，并且经常被某种财产权利的解决方式所维持（无论多么矫揉造作）；在其不能化约的理智性（irreducible intellectuality）方面，人的自然本性是作为符号、标志（signatures）、意义的制造者和意图的主体被我们得知；人的上述自然本性是什么呢？在这里，法理学反思能有益地回溯到其源头，这可能追溯至柏拉图关于苏格拉底的审判、执行的反思。

比如，在与我交谈的伙伴——这可能是我作为辩护人向其陈述的法院，或者是我作为法律咨询专家向其提出建议的客户——交流说话的行为之中，我视我的言语为实现**我作出的**选择。而且，在同一行为中，我意识到我听得见的发音，看到听者记录下他们的理解，感受到诸如信心或焦虑，记下过去

34

---

[66]　*LE* 167–75；see also e. g. 225：

整全性的裁判原则向法官们指示，只要有可能，就基于下述预设识别法律权利与义务：它们皆由单一作者——人格化的共同体——所创设，表达了一个关于正义与公平的融贯概念观。

[67]　See Raz, *Between Authority & Interpretation*, 285.

的误解，并且希望我的陈述将实现我的意图。作为一个感觉、意愿、观察、记忆、理解、体力活动、物理效应的有效原动力（an effective mover）或者原因，以及同样作为此效应的承担者和接受者，关于我的存在的**统一体（包括连续性）**的此类经验是资料（datum）。只有经历了重大困难和多次陷阱，关于人和其他自然事实的哲学考察才能够充分解释清楚上述资料。而且，在上述阐述之前，如下可理解的内容之呈现是一个关于**理解**的（understanding）资料：从我的多面向的行动之我（acting self）到我自己（myself）。同一个我（one and the same I）——此人——其理解、选择和执行我的选择和感觉等，是一个实在。就此实在，我已经真正理解，尽管还未充分（解释地、详细阐述地）。（确实，唯有考虑到对一个人的理解、意愿等此种首要理解，我们才能并且通常确实**珍惜**诸如理解、自由、自愿、存在的统一性等内容。）

　　所以，正如亚里士多德和（更清晰的）阿奎那或多或少明确主张的那样，[68] 任何建议去解释这些实在的描述必须与其寻求解释的复杂的资料相一致。这些资料包括，建议者在建议过程中外在、内在的表现。如下建议是没有作用的，即建议（正如今天的许多建议）进行人格之描述，如此，精神—人（spirit‑person）和仅仅存在的身体（mere living body）是其他的和其他的（other and other），因为"精神—人"和"仅仅存在的身体"是哲学的建构物，两者都没有指向统一的自我（unified self）和已经开始去解释他/她自己的实在的人。上述两个建构物都标榜称，那些不同于却在某种程度上莫名其妙地与统一的自我相关的实在。[69]

　　满足与解释者自身实在和表现相一致的条件的唯一阐述，将是沿着由亚里士多德和阿奎那所主张的线索而展开的阐述：正是**相**（form）和终生**行为**（**实在性**）[act（uality）]构成了我的身体性构成的事物；由此，统一、能动的主体［我（me）自己（myself）］是上述事物的一个因素与实在，这在亚里士多德（柏拉图之后）处被称为**精神**（psychē），在阿奎那处被称为灵魂

---

[68] See Aquinas, *De Unitate Intellectus*, Ⅲ. 3 [79]; *Aquinas* 177 – 9.

[69] See essay 19 at 318.

(soul〔*anima*〕)。在人类动物（the human animal）——正是同样的动物，其利益在每桩个案中都平等地被予以考量——中，无论在柏拉图的伦理学还是在追求"后形而上学"（post - metaphysical）的当前伦理学中，从他或她作为人的存在刚刚开始时，正是此本质上不变的、对每个个体而言都独特的因素解释了：（a）个体活动的统一性和复杂性；（b）动态的统一性，其处于——在一个维度和过程——个体作为胚胎、胎儿、婴儿、幼儿……成年人成长过程的复杂体之中；（c）相对成熟的个体关于如下内容的理解：思想的普遍的（如一般的）、非物质性对象（如实体的类，或命题的真、假值，或推理中的合理性、不合理性）；以及（d）某独特个体与种类中每一个其他成员的一般性统一。在我们种类之内的成员中，统一、激活每一个个体鲜活的实在的因素，一度是植物的、动物的（有知觉的和自我移动的）和智识的（理解、自我理解，甚至在思考以及通过判断和选择而进行的自我决定之中）。当然，这些身体的、理性的权力之多种形式的激活因素，在不同程度上依赖于个体人身体方面的成熟和健全。但是，在他或她存在的最初，灵魂的本质和能力看起来是被完全地（作为完全未被开发的、**激进**能力的）赋予了每一个体。而且，这是我们作为人都具有的尊严的根基；无此，当面对人类所遭遇的众多不平等情形时，我们就难以捍卫权利平等的主张。

关于交谈、辩护、裁判、演讲和写作[70]活动的形而上学，使得法理学稳固了其最基本的概念：其一，善，能够并且应该是一个**共同**善，因为它是全部由人构成的团体的成员的善；其二，权利，它是正义在本质上体现于不屈不挠地尊重和促进的事物。

---

[70] 关于比如写作活动所驱动的个人统一性和同一性（personal unity and identity），参见 essay 5，sec 1.

第 2 章
阿奎那和莎士比亚作品中的人格同一性 *

I. 人格同一性的四个不可化约的独特解释

36　　关于同一性的问题就是关于如下内容的问题：其一，某些关注和探索的对象为何；其二，是否与另外的关注和探索的对象相同或相异。所以，例如，一个人在某些情况下可能关注由一个言者说出的此段落。考虑到言说（utterance）开始和结束的言说来源（speaking source），一个人可能会问：一个同一的对象，即该正在言说的人是否就是整个言说的来源？如果是这样，则如何以及为何如此？解释性断言或者对于同一性的拒绝，将如同以下事物那样不可化约地多样化：在任何探索领域，对有益地回答相关问题而言可及的解释类型。

　　《尼各马可伦理学》（the *Nicomachean Ethics*）事实上是亚里士多德论人的主要著作，尽管并没有以之命名。在开始评论时，阿奎那陈述了他所认为的解释的四个不可化约的［也即关于科学的（*scietia*）］独特类型，这对应于实在的四个不可化约的独特面向，或者更为精确而言，即秩序的真正类型（real

---

* 2005c（"The Thing I Am"：Personal Identity in Aquinas and Shakespeare）。

kinds of order)。[1]* 阿奎那的追随者们很少关注该基础性分析，为此也付出了代价。更为一般而言，这标志着哲学史和学术性论述（learned discourse）的众多失败，其中包括对如下内容的忽略：实在的根本复杂性和多样类型的解释的相应必然性。下述内容将很快变得明确，即从四种解释类型来理解，四种秩序类型在人（human person）当中被典范地例示，上述人的**这是什么**（what‐it‐is）包含作为一个**其是谁** [who‐(s)he‐is]，其既作为客体，也作为主体。

第一种类型的秩序是自然本性和事物的秩序类型，它们是独立于我们认为和理解其所是的事物；在该术语最为广泛的意义上，该秩序类型是所有自然科学的对象（这将包含此处被探究的类型之哲学考察）。就自然本性而言，我们中的每个个体、每个人都是具有天赋能力的动物，这些能力不仅针对在其他动物身上所发现的所有类型的活动，也针对理解、反思、解释判断、语言和与他人群居的共同体之类型，这是在和通过成为作为语言交流——比如这个句子——的理解性言说者（和阅读者）而向我们敞开的。在此秩序及其相应的解释模型中，作为一个给定的东西（独立于一个人关于它的思考，或者根本上就是如此），作为一个人如同该动物般的持续性（subsisting）和连续性（continuity），一个人具有自己的同一性以及人格同一性。

第二种类型的秩序是思想本身、意识、观察、注意、考量、探究、理解、推理和判断之秩序类型。在该秩序中，一个人具有自己的同一性、人格同一性，途径则是通过维持知晓、意识到如下内容之状态：其一，其记忆的童年无知；其二，其当下改进但仍不完整的理解；其三，其设想和意图的将来知识的增加。所以，首先，一个人于此秩序中同一性的首要面向是其作为知晓（和犯错）的**主体**的同一性；其中，上述主体知道（并且犯错误于）自己和相伴随的其他客体（正如我们将看到，莎士比亚通常所称的"我所

[1]　在 *Aquinas*，20‐3 中，就序言关于阿奎那的评论部分，我已经给出了阐述；也可参见 *NL-NR* 135‐9.

*　对于"Personal Identity"一词的翻译，关文运先生早年在《人类理解论》中将其翻译为"人格同一性"，参见 [英] 洛克：《人类理解论》（上），关文运译，商务印书馆 1959 年版，第 344 页。菲尼斯在该文中也多次引用洛克的《人类理解论》。所以，本章也将之翻译为"人格同一性"，但根据具体语境，在有些地方我也将之翻译为"人格身份"。——译者注

是的东西")。其次，正如同某些一个人具有的既是直接的又是推导的反思性知识的东西，次级面向正是其作为以及相关于如下方面的知晓（和犯错）的**客体**的同一性：其一，一个人的意识（和不留意）、观察（和失察）、了解（和犯错误）、选择和特征、自我表达的活动（和无能）；其二，一个人像如下之人的整体构成，即其给定的能力和在活动中对其的施展，包含所有记忆的、现在意识到的以及预测的东西。在该秩序中，可能存在自我意识（self-awareness）、自我欺骗（self-deception）和或多或少的（非）感知性的自我意识（self-consciousness）。将自我理解为客体是困难的。即使那些伟大的哲学家——阿奎那除外——也通常未能充分注意到自己作为位于其一般命题的主体事项（subject-matter）内的客体；而且，由此陷入自我推导的不连贯之中，这使得许多哲学理论不适格。这就是为什么当面对初始的所有解释秩序时，一个人理解客体的同一性要次于作为主体时其已知的和意欲发觉的任何东西的同一性。

第三种类型的秩序是那种在审慎考虑、选择和意图性行动中被预测和型构的东西；并且，因为选择在作出选择的人那里一直持续，直到被一个相反的选择所否定，由此，此种类型的秩序在一个人的自我中心（self-centred）或者慷慨、忠诚或奸诈、皈依或堕落等持续性特征中被例示。在该秩序中，一个人具有自己的人格同一性，这既作为自我决定的（self-determining），也作为自我被决定的（self-determined）。后者——具有不后悔的选择的内容的同一性——更为重要：能够起作用的是，一个人在选择**其所选择**当中变成的事物。自我决定、自决及其实施之事实，并非诸如此类的善；相反，其单单是如下的事实：其一，一个人可能并确实使得自我为善或为恶；其二，该自由对于道德善是必要条件，在此，第三种类型秩序内充分妥当的解释和解释性描述中，上述道德善是一个被部署（即使仅仅隐含地）的恰当方式。

四个不可化约的独特秩序类型中的第四个类型，关涉文化或者对物质（在最为广泛意义上的物质）的控制以及每一种类型的**技艺**（technē）。该秩序不仅包括语言，也包括所有（或者全部当中重要的部分）自我表达的技艺——修辞、诗歌、话剧、演讲、会议论文写作和审计；不仅包括作为技艺的上述事物，也包括接受一个（**或多个**）**人格面具**，由此，一个人将某些关于自己的真理或谬误传达给他人。当然，对此类"人格同一性"的接受是一个具有道德意义的行为，这发生在第三种类型的秩序中或者要受第三种类型的秩序评价。［所以，这也是一个留意自身健康，或参与智识活动，或在选择中进行自我约束（self‑discipline）的选择。］然而，该**角色**（persona）是人工创造物，作为一个交流手段，就所有适用于艺术的标准而言，它是可理解的和可评价的。

在本章中，通过指出某些由两位大师——其对于人性及其存在的复杂性和深度具有反思开放性和理解——给出的考量因素，我将阐述并证明这四种意义上的人格同一性。从 17 世纪后期开始，即使不是全部，大多数被提及的就术语"人格同一性"而言的实在面向，在莎士比亚的作品中占据了核心位置。他的戏剧和诗歌意图传达和/或事实上所表达的许多思想，在《哈姆雷特》洪亮的开场白即"谁在那里"中被传达或表达——这些词语不仅在此戏剧的整体语境中被听见或阅读，也在莎士比亚全集的整体语境中被听见或阅读。多数情况下，莎士比亚是一个以戏剧方式来表达自己对人的存在、本性和人格之理解的作家，不像亚里士多德、阿奎那、洛克或者休谟那样以说教的方式来做，甚至不像柏拉图那样以对话的方式来做。诸如这些我将在本章稍微提及和探讨的戏剧角色，并非我们可以偶然邂逅的人，而且，他们也不能自由作出选择。他们被呈现去做的任何事情，都经由剧作家使其如此做的选择从而使之成为必然之事。但是，当剧作家使我们了解其所理解之人的力量、深度的某些东西时，我们可以合理地使其角色和所做之事成为对反思而言的质料（material）。这堪比我们在传记和自传中所发现的质料；毕竟，这些传记和自传也给我们呈现了一种戏剧，在其中，所叙述的生命故事的实在或多或少被如下事物遮盖：面具、误解、虚构和形态各样的从"整体中选择出部分"的原因——无疑，其不被任何人熟知。

39

II. 阿奎那和莎士比亚作品中的身体性、
选择和同一性

在阿奎那的阐述下，一个人（one）〔2〕作为个体人的同一性的基础在于其质料，作为该身体的身体性实在，此事物既不同于其他身体（人的或非人的、动物的或无生命的），又不同于如下事物：作为有机体的物理、化学和生物的统一体、连续性而存在之物（subsisting）。有机的存在，是生命或者活生生的存在。此生命的原则——原则（principium）、根本性的成分与来源——给予有机体的流变质料以统一性和连续性，它是一个——像亚里士多德那样——阿奎那也称之为灵魂的因素：这正是那种**相**（form）和终身的**行为（现实性）**［lifelong act（cuality）］，由此，从出生到死亡，一个人身体性的构成物质被组织成统一、活跃的主体/客体、此有机体、此人类、此人。〔3〕

当她无意义地着迷于波顿（Bottom）时，纺织工神奇地被呈现为一个驴脸给除他之外的所有人，《仲夏夜之梦》（*A Midsummer Night's Dream*）中的仙后提泰妮娅（Titania）答应他说，她"将为你洗去俗体的污垢，使你身轻如一

〔2〕"一个人"（one）的英语（与美国相反）语义——在第一人称单数中被消除——非常适合阐述作为如下事物的人格存在、行动以及社会实在的哲学：个体人的存在、活动和行动倾向的功能。

〔3〕阿奎那主要从亚里士多德的经验研究中获取自然科学（生物学、胚胎学等），但他并没有意识到男性与女性配子在人类生殖中的作用。他将之设想为源自男性精子活跃的、形成性的作用加之于本质上被动的、无生命力的（尽管并非无形）女性经血上的结果。他由此假定，这必然自然地要求生殖过程花费一些时间（从怀孕开始大约40－60天），从而产生如下的躯体：该躯体被充分合成（complexionatum）和组织（organizatum），从而接受理性，特别是人的灵魂，且被理性特别是人的灵魂所组织更新。See e. g. *ScG* II c. 30 n. 12 ［1074］；c. 89 n. 6 ［1740］；IV c. 44 n. 5 ［3814］. 下面的内容是清楚的，即假如阿奎那知晓精子和卵子极精致和特殊的结构、它们在染色体上的互补性、一个或许多胚胎从卵子受孕开始的完全连续的自我导引的生长和发展，那么他将得出如下结论：特定的人，理性的（敏感的和植物性的）具有活力的形式和行为（灵魂）——并且由此人格（personhood）（*personalitas*：*ScG* IV c. 44 n. 3 ［3812］）——能够且无疑是从上述那个时刻开始的。如果在某些情况下，一个单独的胚胎分裂为双胞胎，他会同样将之理解为不正常的（尽管并非在其他任何意义上非自然）生殖方式，或者从一个现已减弱的胚胎中产生两个新胚胎，或者从一个更老的胚胎中产生一个新胚胎，上述更老的胚胎在几天前开始产生并且如今作为更新的胚胎的同胞——父母（sibling－parent）而继续存在（关于某些动物通过分裂而进行的无性生殖，参见 *ScG* II c. 86 n. 3 ［1708 （b）］）。

个精灵"（3.1.153－4）。* 但她并没有这样做，即使设想神奇转化的幻想时，40
莎士比亚也从来没有失去对如下人格同一性的把握：其作品中的每个人物都
通过成为这个活生生的人而非那个人而具有人格同一性。"我是什么"对我
们每个人来说——即使那些最高阶层的人——是（包含）针对如下事物的有
形的敏感性："那冬天的寒风张舞着冰雪的爪牙，发出狂烈的呼啸，即使当
它砭刺着我的身体，使我冷得发抖……"〔4〕** 当然，莎士比亚让其作品中的
人物阐释了基督教对于灵魂在生命——可能是天堂的、炼狱的甚至地狱
的——中能够超越死亡的通常信仰，这发生在死亡之后，但先于身体复活的
奇迹之前。所以，在为年轻的犹太情人杰西卡（Jessica）吟唱的狂想曲中，
罗兰佐（Lorenzo）使用了一种圣保罗式腔调的（a Pauline‐sounding）关于身体
和灵魂关系的想象与观念："在永生的灵魂中也有这一种音乐，可是当它套
上这一具泥土制成的俗恶易朽的皮囊之后，我们便再也听不见了"（*The Mer-
chant of Venice* 5.1.63－5）。〔5〕*** 而且，这四个戏剧中存在一个或多个鬼魂，一
种之前活着但现在已经死亡的人的重现类型。〔6〕

　　然而，《哈姆雷特》中的鬼魂是仅有的显示给舞台的超过一个人物之上

---

　　*　译文参考了［英］莎士比亚：《仲夏夜之梦》，载《莎士比亚全集》I，朱生豪等译，译林出
版社 1998 年版，第 348 页。——译者注

　　〔4〕　As You Like It 2, 1, 6－9：该著名的言语由流放的公爵继续下来：

　　即使当它砭刺着我的身体，使我冷得发抖，我也会微笑着说："这不是谄媚。它们就像忠心耿耿
的老臣一样，正谆谆提醒**我是什么身份**。"逆境厄运也有它的好处……（引用中的所有强调为作者所
加。）

　　**　译文参考了［英］莎士比亚：《皆大欢喜》，载《莎士比亚全集》II，朱生豪等译，译林出版
社 1998 年版，第 113 页。——译者注

　　〔5〕　参见 1 Corinthians 15：42, 53（Geneva Bible）［"所种的是必朽坏的，复活的是不朽坏的
……这必朽坏的总要变成不朽坏的，这必死的总要变成不死的。"拉丁文版本《圣经》对经文中
"put on"一词的表述是"*induere*"，意思是给自己或他人披上或穿上衣服；"*indumentum*"意思是一
件衣服（a garment）＝衣服（vesture）。］注意，阿奎那总结了身体－灵魂的二元论（the body‐soul
dualism），以像一个人使用衣服那样（homo utens indumento）使用身体的灵魂的隐喻方式，他将之归
属于（并非不公平：*Alcibiades* 129d－30c）柏拉图（并拒绝之）：*ScG* II c. 57 n.4〔1329〕.

　　***　译文参考了［英］莎士比亚：《威尼斯商人》，载《莎士比亚全集》I，朱生豪等译，译林出
版社 1998 年版，第 467 页。引注中的圣经译文参考了《圣经》（中英对照），中国基督教三自爱国运
动委员会、中国基督教协会 2007 年版，第 312 页。——译者注

　　〔6〕　*Richard* III, *Julius Caesar*, *Hamlet*, and *Macbeth*.

的莎士比亚式鬼魂，它在剧本的冲突解决中并没有起到作用；而且，这甚至可能是一个呈现哈姆雷特父亲外貌的魔鬼，而非一个来自炼狱的父亲本人的真正残余或者重现。[7] 总的来讲，几乎没有理由认为，莎士比亚将会反对阿奎那对于如下事物的彻底坚持：其一，身心合一；其二，身体——具有其所有的面向与活力——作为一个人灵魂的个殊化（individuality）的原则。阿奎那非常坚定地主张：

> 我的灵魂并非属于我（anima mea non est ego）；而且如此，即使［我的］灵魂在另外一个生命中获得救赎，我和其他任何人也都不会获致它。[8]

人的灵魂并非人。（所以，在死亡和重生之间，对我而言可能仅仅存在一个残余、一个人的残余。[9]）或者再次："由于身体性（Bodiliness）（corporeitas）是位于人的存在之中的实质形式，除理性灵魂之外，不可能是其他；由于它是某些**身体**的行为，这要求其自身物质具有三重维度"，而且不仅仅具有实质事物、活的器官和动物的构成，也具有人类（自然本性和物种）特定事物的构成。[10] 总之，一个人的身体性是其人格同一性的基础，这是种持续的同一性，它先于意识；即使经由延长的终期无意识，它也会持续到死亡。

在阿奎那和莎士比亚那里，对于身体性的强调都没有被模糊，他们对于一个人如下能力之敏锐的、沉思的和恰当的注意：在感知其他事物时独特地、个殊化地（"个人地"）向自己呈现的能力，这也如同在行动中一个人的反思、审慎考虑、选择和执行自己的选择那样。正是在其著述的开端，即年轻时最早作品《〈章句集〉注疏》（Commentary on the Sentences）的第一页，阿

---

〔7〕 See e. g. Morris, *Last Things in Shakespeare*, 19 – 33.

〔8〕 Aquinas, *In I Corinthians*, 15. 2 on v. 19 [924]. See further *Aquinas* 318n, 179n.

〔9〕 较之我们对时间和永恒之间相互关系的理解而言，除非我们有较之更好的理解，否则不应期待理解该残余。Compare Geach, *God and the Soul*, 17 – 29 with Geach, *The Virtues*, 57 – 66.

〔10〕 *ScG* IV c. 81 n. 7 [4152a]；see further *Aquinas* 178n. 并非身体的形式和行为的精灵（A spirit）——天使——不能够既分享其他具有同样自然本性的个体之本性，也作为区分于其他具有同样自然本性的个体之个体：所以，每个天使都是区别于其他任何天使的物种：*ST* I q. 50 a. 4.

奎那就阐述了我们有意识的生活的资料："在同一个运行方式中，我理解某些可理解的事物，并且理解我所理解的事物。"[11] 他将之称为一个人对于自己的呈现［presence（*praesentia*）］;[12] 当然，这是一个经历（experience）[13] 以及理解,[14] 其不仅仅关涉狭义上被理解的一个人的理解行为，也关涉作为如下事物的积极存在：某人感觉、[15] 以其意识感知、探究、审慎考虑、判断、选择和身体力行[16] 其选择。但是，一个人必须对该处的"经验"（experience）一词小心，以避免产生如下误解，即一个人关于诸如选择（在选择的时刻）的意识是被动的，像做梦或眩晕般地感受某事；相反，它是一个关于如下内容的意识（一个广泛的意识）：其一，自己正在做的事；其二，在 42 作出其正在作的选择的精确意义上行动。 "对自己行为的掌控（或把握）"[17] ——阿奎那使之成为其整个人事哲学（philosophy of human matters）的核心——不被理解成，好像某些鬼魂或者小矮人"从内部"控制某些身体（及其活动）的部分；相反，其被理解为站在采纳以及正在采纳——一个人自己的行动——建议的立场上，偏爱某些已然设想且感兴趣的替代性（多个）行为（自己的）。

---

〔11〕 *Sent.* Ⅰd. 1 q. 2 a. 1 ad 2; see further *Aquinas* 177n.

〔12〕 *Sent.* Ⅰd. 3 q. 4 aa. 4c and 5c; see further *Aquinas* 177–8.

〔13〕 "Experitur enim unusquisque seipsum esse qui intelligit"——我们每个人都经历，［即意识到］正是他自己在理解：*ST* Ⅰq. 76 a. 1c.

〔14〕 在 1579 年或之前与埃塞克斯伯爵（the Earl of Essex）交往时，托马斯·莱特（Thomas Wright SJ）写下了英文专著《心灵的激情》，该书明显遵循阿奎那的思想；并且，他将该书第二版（1604）献给南安普顿伯爵（the Earl of Southampton）（已故的埃塞克斯伯爵的密友）。他在该书第一章末尾谈到，古代的训诲"认识你自己"要我们去追求的东西是如下的知识："其一，主要包含每个人自己都特殊具有的完美经验知识；其二，一种关于人的共同倾向的普遍知识。前者极大地被后者支持，其知识在该论著中被表述。"阿奎那将莱特所称的"［自己的］经历"视为自身是一个理解，尽管是一个被如下内容所促进的理解：其一，基于信息的反思、哲学人类学；其二，关于人类及其一般倾向、行动的反思。

〔15〕 "ipse idem homo est qui percipit se et intelligere et sentire"——同一个人［人］（human person［man］）感知自己既去理解也去拥有感觉/感受（sensations/feelings）：*ST* Ⅰq. 76 a. 1c.

〔16〕 思考/沉思（Thinking/contemplating）也是一个物理行为，即使其大大超越了物理行为。精神祈祷（mental prayer）亦如是，不管是否被区分和分离，如同当"我的话语漫天飞，我的思想仍保持在下面"时那样（*Hamlet* 3. 3. 97）.

〔17〕 *ST* Ⅰ–Ⅱ prol. and q. 1 a. 1.

　　除了经历在肉体上（包括心理上）发生——无论自愿、强迫抑或根据自己的自由意志——的事情时所获得的知识，一个人没有直接的、非媒介的、非推导的自我知识（不同于一般意义上人类特征的知识）。[18] 该知识具有及时拓展的存在，其能够决定以反思性寻求答案的研究方式回应问题，发现什么可能是答案，将之交流告诉给质询者；而且，当这被交流时，他**知道**问题被给予了一个相关的答案——听到这个问题的我发现并给出一个答案，而且这个答案与如下答案并不一致：我于 48 年前在他国给出或者已经给出的答案，那时，我第一次遇到具有那些内容的此类问题。从其标题、起始页直到末尾，我将要关注的莎士比亚的戏剧《终成眷属》（*All's Well that Ends Well*），都渗透着对于如下内容或公开或隐含的参考，即时间和在时间之流中人类存在的流逝；这是如下内容的必要条件：我所有的奉献和成功的机会，所有的沮丧、失败、丢脸和屈辱的风险。所有这些事物的经验只有通过如下内容方得以可能：记忆、主要见证（prime witness）和一个人的人格同一性的证据。阿奎那非常乐意将其论证的真正核心诉诸人格意识——他的、你的和我的，[19] 该论证的目标在于作为由肉体、灵魂所组成的一个统一体（*corpore et anima unus*）[20] 的动物人（the animal human person）的彻底统一性；阿奎那乐意主张该统一的后果（我不是我的灵魂：*anima mea non est ego*），尽管这为谈论不朽性树立了明显的障碍；由此可以推断，阿奎那不会就如下的思想实验留下印象：这些思想曾使得洛克及其追随者不仅将记忆、"过去的意识"视为一个人持续性的人格同一性的证人和证词，也视为正是该同一性所包含的实在。[21]

43

---

　　〔18〕 该命题是阿奎那如下广泛命题的一个启示：只有通过了解其能力，一个人才能理解（开始了解）某物的本质；只有通过理解其行为（活动）［act(ivitie)s］，一个人才能够理解其能力。参见 *Aquinas* 29 – 33.

　　〔19〕 *ST* I q. 76 a. 1c.

　　〔20〕 "通过/在身体和灵魂合一［人（human being）/人（human person）］。"该表述在阿奎那的作品中并没有出现，但是在第二次梵蒂冈大公会议上，牧职宪章（1965 年）第 14 款［the Second Vatican Council, Pastoral Constitution *Gaudium et Spes* (1965), sec. 14］被作为一个正确断定为表达了阿奎那本质立场的压缩表述而使用（阿奎那第一次提出时，该立场几乎被所有神学家反对）。

　　〔21〕 John Locke, *An Essay Concerning Human Understanding* (1690), Ⅱ. xxvii.

尤其被视为一个关于作为同一个人的持续同一性的描述时，而非——如同洛克通常宣称的[22]*——一个仅仅关于其"法律上"（forensic）责任的描述时；洛克的立场藐视我们关于作为持续性存在物的自己和他人的最为基础性的知识，他的立场能够也必须承认我们是我们自己行为的作者，尽管存在记忆的腐朽或者毁灭。[23] 对于他所描述的**人格同一性**是形而上（本体论）的抑或仅仅是法律上（道德上）的问题，洛克彻底回避之，这给予如下思想以合理性：**人格同一性**可能是一个伪概念。[24] 不论就如下事物应说些什么：其一，作为理解力（intelligence）——其与身体分离，而理解力正是身体中的相和行为（现实性）——残余存在的特征；其二，被哲学的巫师塞入关

---

[22]　e. g. *Ibid.*，Ⅱ. xxvii：

21……不论人们以为"人"的本质由何成立，同一的单个的人由此成立（在这方面，人们是很少一致的），而我们觉得，人格的同一性只应存在于意识中（因为只有意识能形成所谓自我）……

26……所谓人格者，在我看来，就是这个"自我"的名称。任何人如果发现了所谓的自己，则我想其他个人就可以称"他"为同一的人格者。它是一个法律的名词，专门表示行动和行动的价值。因此，这个名称只能属于有智慧的主体，而且那个主体能受法律所支配，能感受幸福或苦难。这个人格之所以能够超越现在且扩及过去，只是因为有意识。借这种意识，它便可以关心过去的行为，对过去的行为负责，并且把过去的行为认为是自己的或归于自己的，这单单基于同样的根据，出于其目前行事所为的同样理由。这些都与人们关心幸福的心理有关，这种关心就是意识的一种必然伴随物，因为能意识到苦乐的那种主体，一定要希望那个有意识的自我得到幸福。因此，任何过去的行为，自我如果不能借意识将它们同现在的自我连为一体，则他便与它们无关，正如它们不曾存在过似的。

＊ 译文参考了［英］洛克：《人类理解论》，关文运译，商务印书馆1959年版，第344、348页。——译者注

[23]　对洛克关于人格同一性观点的经典批判，参见 George Berkeley，*Alciphron*［1732］，Ⅶ. viii；Joseph Butler, Dissertation I, "Of Personal Identity", appended to *The Analogy of Religion*, *Natural and Revealed*, *to the Constitution and Course of Nature*（2nd edn, London, 1736）；Thomas Reid, *Essays on the Intellectual Powers of Man*（Edinburgh, 1785），319 – 20，from essay Ⅲ, ch. 4, "Of Identity". 对此更为新近的表述是 Wiggins, *Sameness and Substance Renewed*.

[24]　在 Martin, "Thomas de Aquino y la Identidad Personal" 中，"这是一个伪概念"的主张并没有直接指向洛克，而是利用了阿奎那和吉奇（Geach）（其无论如何确实使用了该术语）的思想。也参见 Sokolowski, "Language, the Human Person, and Christian Faith"，其主张这样一种思想，即"人格"并非一个种类性名词。

于王子的记忆的鞋工;[25] * 其必须保留一个无力破坏人的首要经验的思辨
(a speculation),必须保留一个无力将人的同一性理解为如下人的思辨:依靠
证词来获知其出生日期,其可证实地做既被记起又被忘记的事,其开启该不
可分离的过去和现在,有意识的、可理解的以及阅读、听/写这个句子的物
理行为;而且,其应将自己视为对曾经选择去做的每一件事负责(在适当程
度上)。[26]

III.《终成眷属》中的自然、倾向、性格和荣耀

在最为明显的层面上,在莎士比亚的多数喜剧、浪漫剧以及众多悲剧
中,张冠李戴(mistaken identity)是故事情节、次情节和无数场景的枢纽。[27]
就其自己和他人的身份错误而言,特定角色的反应方式、特定角色在其下的
反应方式,传达了剧作家想要就如下内容所说的东西:对其中的每个人而言
最为个性化[28]的东西。莎士比亚并没有使用"同一性"或"个体的"或其

---

〔25〕 Locke, *Essay Concerning Human Understanding*, II. xxvii, 15:

……一个王子的灵魂,如果仍记忆其为王时的生活,而且当一个鞋工的灵魂离开鞋工以后,王
子的灵魂占据了鞋工的身体加以鼓舞,则人人可以因他有王子的行为,认为他和王子是一个人格者,
仅仅对于王子的行为负责任:不过谁能说,这就是同一个人呢?

* 译文参考了 [英] 洛克:《人类理解论》,关文运译,商务印书馆 1959 年版,第 340 页。——
译者注

〔26〕 负责是一回事;被视为负责是另外一回事,即使当每个相关的人都了解所有的事实情况,
而且每个相关的人目前都理性地行动。

〔27〕 正如 Wright, *Hearing the Measures*, 75 中谈道:

与早期伊丽莎白一世(Elizabethan)的剧作家相比,莎士比亚复杂化并多样化了虚假假定(false
suppose)。在其中,受骗的人物为其所蒙蔽;就像剧场观众——像*我们*——他们似乎渴望假定。贯穿
于其作品中,角色人物调整伪装、改变服装,被视觉上或政治路线上错误地识别、解读,犯下语言
错误、装模作样、假装具有其所不具有的信念或情感,或神奇地被转化为其从来没有想过他们会成
为的其他生物或人。谎言、欺骗、错误和伪装使其角色的戏剧生命对他们而言不可信任,对观众而
言吸引人或骇人听闻……被骗者的错误和欺骗者的伪装,反映了生活、剧场中的对应物;而且,这
在多数戏剧中的某些点上被遵循,方式则是揭露,时间则为如下时刻:在其中,那些伪装的名人继
续其原初身份、揭露或发现其真正身份,使其受害者明白真相或采用新面具。

〔28〕 "个性化"被莎士比亚在众多相关意义上使用,例如"在个人行为上,比你自己或者我并
不强大"(*Julius Caesar*, 1.3.77);"我尚不知晓任何唾弃他的个人原因"(*ibid.*, 2.1.11). 他并没
有在个人独特性的现代意义上使用"品格"(character)一词。

同源词。我在标题中引用的措辞"我所是的事物"源自《终成眷属》。此著名喜剧——以"问题戏剧"闻名于 20 世纪批评者的莎士比亚的三个戏剧之一——将人格同一性的诸多面向以如下方式予以主题化：其一，在结构上，通过一套高度定型化的人格羞辱方式，上述方式被身份错误所引进或包含身份错误；[29] 其二，在论证上（discursively），通过对多个哲学上和神学上明了易懂的角色的阐述，上述角色的陈述被作者自己的语言和想象的类型加工（patternings）极大地补充。

像几乎所有莎士比亚的戏剧，该喜剧将一个故事作为其核心，这个故事为许多精于世故且有教养的观众和那些具有良好教育背景的读者——这些戏剧显然是为他们而创作的——所熟知。此处的故事来源于薄伽丘的《十日谈》，莎士比亚充分地复制了该故事的主要情节和人物名称，为了使读者记住，因此明确显示了他给予情节、人物的重大改变和他所引入的全新（而且显然是原创的、没有来源的）次要情节（subplot），该次要情节将是下面第五部分的关注焦点。薄伽丘的故事设置在《十日谈》的如下部分：讲述了那些通过其个人主动性和聪明才智获得其想要东西的人的故事。一个医生的女儿爱上一个具有更高社会地位的年轻男子，即一个年轻的伯爵。跟随他来到法国法院，她利用自己已故父亲的秘方治愈了国王，该国王相应地履行其诺言，即授予她可以跟任何她所指定的人结婚。她指定了那个年轻的伯爵，但他冷酷地反对迎娶一个如此低贱出身的人。当国王坚持该桩婚事时，他拒绝完成。相反，他远走高飞到意大利战场中，并且扬言绝不会和她生活在一起，除非她拥有他手指上带着的戒指并给他生个孩子。因为他故意地远走高飞，这成为两件"不可能完成的事"。但她跟随他从法国来到佛罗伦萨，她在那里发现他正调戏一个贫穷但正直的年轻佛罗伦萨女子。这个被抛弃的妻

45

---

〔29〕 对于该剧直到 1964 年的许多误解，普赖斯（Price）的《不幸的戏剧》是一个有价值的阐述、一个对其众多卓越性的很好验证（133–172），显示了"该剧如何通过对比、滑稽、猜测和评论从而被紧密地编织在一起"以及如何通过荣耀而非"美德的高尚性"（171）的主题而统一起来。《新剑桥莎士比亚》（*New Cambridge Shakespeare*）版本的导引性论文显示了这"是一个伟大的戏剧，它的时代已经来临"：Fraser, *All's Well That Ends Well*, 8. 然而，普赖斯和弗雷泽（Fraser）都没有像被期望的那样充分理解帕洛（Parolles）。

子向该年轻女子及其一贫如洗的母亲透露了自己的身份，并且和她们一起安排如下行动：那个伯爵在一间漆黑的房间与事实上是其妻子的女人发生性关系，但让他以为对象是他喜欢的佛罗伦萨女子。而且，他们将如下行为作为发生性关系的自由的前提条件：他将自己的戒指作为定情信物交给此女子。以这种方式，其妻子不但得到了戒指，还给他怀上了孩子，事实上是双胞胎。所以，当他回到法国的豪宅并举行一个盛大的宴会时，她能够及时地以戒指和他的后代来面对他。由于羡慕她的"聪明才智"，他承认她为妻子，并且两人从此快乐地生活在一起。

《终成眷属》保留（尽管有些许改变）了所有上述成分，除了最后的双胞胎和丰盛的宴会。这被如下一个远远更为精致的场景所取代：年轻伯爵贝特兰（Bertram）在国王和朝臣及其母亲在场的情况下被彻底地羞辱。那个年轻的佛罗伦萨女子狄安娜（Diana）——他所认为的他带着诚挚的结婚许诺而与之上床的女子——在法国宫廷上就他作为爱情—游戏或者交换对价而赠送的戒指与他对质。由于他在佛罗伦萨的那间暗屋将妻子海伦娜（Helena）误认为狄安娜，所以，在人头攒动的法国宫廷的光天化日之下，贝特兰将狄安娜视为那个与自己上床并给予戒指的女子。他不断地就该女人和戒指的事向国王撒谎，指称狄安娜仅仅是个可以市场价格被购买的营妓。他成倍增加和煞费苦心的公开[30]谎言很快就被海伦娜在情节中的出现——她在其子宫而非如薄伽丘所描述的在胳膊上带着（一个）（未知性别的）孩子——彻底戳穿。彻底地被羞辱之后，这个年轻的伯爵开始忏悔[31]并坚决地宣称，当这

46

---

〔30〕 戏剧的观众知道贝特兰在法庭上的、观众所不知道的东西，也即狄安娜贫困但诚实以及贝特兰关于他如何交出戒指的故事都是虚假的。

〔31〕 一些人拒绝这一点，而且，当然该剧最后几分钟最为关键的任何东西都被压缩到最低限度。对观众而言，该剧的如下论据使得其忏悔的事实更为合理：海伦娜奇迹般地医治好国王的小恙，而且自己打赌能够完成该选择是凭神的力量而被允许：Price, *The Unfortunate Comedy*, 152, 161. 梯利亚德（E. M. W. Tillyard）在其作品《莎士比亚的问题戏剧》第117页中得出了同样的结论，站在"现代人"的意义上讲：

当贝特兰继续说他将爱海伦娜"深深地，永远深深地"时，我们应该潜在地相信。海伦娜已经得到了这个男人；而他需要她的道德支持，方式则是用如此可怜的明显性，即她永远无需害怕他的逃跑。

些都被解释之后，他将深深地爱她，而且永远深深地爱她。

对于《终成眷属》人格同一性中的自然本性和美德（或邪恶）之间内在联系的哲学观念上的兴趣，早早地在第一场就已经展现了。伯爵的母亲说道，海伦娜父亲作为医生的医术"几乎和他的正直一样伟大"，其在更加接近诚实（honestus）、价值、道德高尚的意义上使用"正直"；如果其医术"［如同其道德价值］延伸得那么远，则也许他真的会使世人尽得长生"（1. 1. 19 – 21）。* 这位老伯爵夫人——海伦娜的监护人——说道，这个人的女儿海伦娜正在接受如下的教育：

> 培植了她所继承的德行，而［教育］使得公平的天禀更加公平：一个心地不纯正的人，即使有几分好处，人家在称赞他的时候，也总不免带着几分惋惜。它们既是美德又是背叛。在她那里，它们因其简洁性而更好。她履行其正直并且获致善良（1. 1. 39 – 45）。**

近来，牛津和阿尔登（Arden）的编辑者认为，由不纯正的心灵（"既是美德又是背叛"）所承载的"美德的品质"是"不参考道德进行学习"的成就，这与"内在天生的坏性情"（the inborn bad disposition）形成对比。但更为可能的是，剧作家在接续古典和中世纪关于美德统一性（connexio viriuium）的问题：正如阿奎那所解释的那样，不论"据本性而在我们身上"或者通过使用而在我们身上（sive a natura sive ex assuetudine），诸如勇敢等美德是彻底不完美的，除非那些拥有它们的个体人不具有邪恶，而是具有**所有**的美德，尤其是关于实践合理性（practical reasonableness）、**审慎**（prudentia）的统一性和指引性的美德。[32] 伯爵夫人说道，在海伦娜那里可以发现，所有的美德都未曾与邪恶混杂，由此"因其简单性而更好"。伯爵夫人将如下主题与遗传、成

---

　* 译文参考了［英］莎士比亚：《终成眷属》，载《莎士比亚全集》Ⅱ，朱生豪等译，译林出版社 1998 年版，第 393 页。——译者注

　** 译文参考了［英］莎士比亚：《终成眷属》，载《莎士比亚全集》Ⅱ，朱生豪等译，译林出版社 1998 年版，第 392 页。——译者注

　［32］ *ST* I – Ⅱ q. 65 a. 1c.

就交织在一起：海伦娜"［从她父亲］那里获得正直并且［通过最广泛意义上的教育］获致良善（goodness）"，这使得其成为绝对善的人（an unqualifiedly good person）（不仅仅作为**在**某方面善的人，或者**像**……一样善的人）。[33] 稍后，伯爵夫人祈祷般地将同样的分析应用到其儿子即年轻伯爵身上："祝福你，贝特兰，愿你不但在仪表上像你的父亲，在气概风度上也能不愧为你父亲的儿子，愿你的**德行与你的高贵血统**相配！为国家而战，你的**善良与你的出生同在**"（1.1.57-60）。* 该主题——继承的品质必须被个人选择（"采纳"）占有和培育[34]——又被国王于其病愈后提及：面对这个年轻伯爵拒绝迎娶一个"贫贱医生的女儿"，国王断言称，这个年轻人将名称与实在混淆了。海伦娜所缺乏的社会地位、身份和名声（"头衔"和"荣耀"）可以由国王授予，但**值得**荣耀的东西取决于她自然本性的天赋，并且决定性地取决于她自己的行为：

> 善恶的区别，在于行为的本身，不在于地位的有无。她有天赋的青春、智慧和美貌，这一切的本身就是光荣……荣耀来源于我们的行为，而非我们的祖辈……她的贤淑美貌是她自己的嫁奁，光荣

---

〔33〕"单独为善"（good alone）的品质——**绝对的善**（good *simpliciter*），也即不受限制的——被国王再一次涉及海伦娜时所论及（2.3.122-30），国王将之等同于成为"所有具有美德的事物"。在一个大体上具有启发意义的评论中，一位剑桥主编近来说道：

我们被告知海伦娜如何继承其"性情"（disposition）和"诚实"。虽然，她获知其良善（1.1.30-5）。显然，自然性情（natural disposition）对善良而言构成一个反命题。天主教徒与清教徒强烈谴责该反命题，但他们是无能的，他们无法捕捉到所意味的东西。良善包含对于一个收息放债的节俭之人的天赋的回归……（Fraser, *All's Well That Ends Well*, 24）.

不论罗素·弗雷泽（Russell Fraser）就"强烈谴责"（come down hard on）意味为何，下面的内容是清晰的：戏剧和主流传统（"天主教"）都没有表明，一个在如下两者之间的"反命题"：自然性情与作为完美美德的**绝对**人类良善（仅仅作为"一个善人"）。天赋使得一个人倾向于美德，但仅仅通过一个人的自由选择，行为就是一个事实上具有美德、正直善的事物。相较于自由、恩典（grace）和天意（Providence）的报酬（gratuity）和超凡（transcendence），该戏剧强调了恩典的优先性：参见下文第4部分，尽管在该论文中我主要从该剧的此重要维度进行了抽象。

* 译文参考了［英〕莎士比亚：《终成眷属》，载《莎士比亚全集》Ⅱ，朱生豪等译，译林出版社1998年版，第393页。——译者注

〔34〕关于收养孩子到家庭当中，伯爵夫人宣称（1.3.145-6）"异姓的子女，有时往往胜过自己生养的子女；外来的种子，也一样可以长成优美的花木"。在其道德—人类学分析的语境下，该言论启发了对于变成好人的类比，即使当他具有令人羡慕的高尚门第、天赋和自然性情。

和财富是我给她的赏赐。*

正如剧情所示，老伯爵夫人的假定即海伦娜具有完全的**审慎**（prudentia），国王把海伦娜描述为"青春、智慧和美貌"，是简单化的描述。自然本性——她自己作为一个具有强烈欲望的理性动物的自然本性（个性）——使得她易受热恋的影响，无力判断伯爵，"一颗灿烂的明星……耀目的光华下高不可攀……雄狮……他弯曲的眉毛、敏锐的眼睛、迷人的鬓发……"（1.1.88–98）。**事实上，戏剧似乎要从不同角度展示每一个其所看重的人物的善与恶的性情之混合。该混合及其普遍性被两个法国贵族所阐述，这两个贵族是伯爵所在的、支持佛罗伦萨人的法国军队中的头领，他们以合唱的方式反思伯爵对狄安娜的引诱；正如伯爵和上述两人认为的那样，狄安娜是佛罗伦萨的良家少女，其贞洁"最为出名"，他"就要逞他的淫欲去破坏她的贞操"：

48

> 臣甲：上帝饶恕我们！**正如我们是我们自己，我们又是什么东西！**
>
> 臣乙：人不过是自己的叛徒。正像一切叛逆的行为一样，在达到罪恶的目的之前，总要泄露自己的本性。**他干这种事实际上会损害他高贵的身份，他虽然自食其果，却不以为意**（4.3.19–26）。***

稍后，更为一般地：

> 人生就像一匹用善恶的丝线交错织成的布；我们的善行必须受我们的过失之鞭挞，才不会过分趾高气昂；我们的罪恶却又赖我们的善行把它们掩盖，才不会完全绝望（4.3.71–8）。****

该戏剧在此透露结局并告诉我们，利用软弱人类这一工具（weak human instruments），天堂能够完成弥补（healing）、恢复（restoration）——为什么不呢？——和皈依（conversion）的重大工作，尤其当这些结果很少被期待时。[35] 戏剧所架构（并没有保证）的美好结局是幸福的婚姻，这是海伦娜充满活力和智慧的自我资本（self - possession）所应得的。这个婚姻也真正补救了肉体的冲动，不是压制它们或任由它们横行，而是将之整合到人对人允诺的爱的整全性之中，不再是如水通过漏勺那般涌流的渴望之爱，[36] * 亦非使得一个人泛滥其固有的小溪之欲望。

Ⅳ. 阿奎那和莎士比亚作品中的自我意识和承诺

49　　　超越对自身作为存在的身心之统一性和连续性，当一个人试图将对一个人的身份的注意力拓展到对如下事物的了解和认识上时：自己由允诺、其他选择所形塑的品格；那么，获取知识的路径将被——与其他任何知识追求的类型相比，至少一样多的——陷阱所困扰。莎士比亚在戏剧《理查二世》（Richard II）中花了很大篇幅来展示如上观点。理查王（King Richard）非常自恋，同时自我（self - conscious）、自尊（self - regarding）——在以上术语的惯用意义上——而且，他确实以自我为中心（self - centred）。然而，他将自己展示为如下这样一个人：这个人从来没有意识到，由于自己及其亲信的罪行、过失和不正义，致使他本人正在被罢黜；而且，对于上述不端行为，他自己从来没有承认过，甚至也没有真正拒绝过。他所有的遗憾在于，从来没有接近甚至思考过忏悔。在《理查三世》（Richard Ⅲ）中，他的继任者做了一个梦，

---

　　〔35〕 参见海伦娜跟国王讲的话：2. 1. 134 - 43，146 - 50，这被国王认可（2. 1. 173 - 6），被事实认可，被拉佛（Lafeu）和帕洛认可（2. 3. 1 - 39）。

　　〔36〕 "我知道我的爱是没有希望的徒劳，**可是在这罗网一样千空万眼的筛子里，依然把我如水的深情灌注下去**，永远不感到枯涸。我正像印度教徒一样虔信而执迷，我崇拜着太阳，它的光辉虽然也照到它的信徒的身上，却根本不知道有这样一个人存在。"（1. 3. 196 - 202）

　　* 译文参考了〔英〕莎士比亚：《终成眷属》，载《莎士比亚全集》Ⅱ，朱生豪等译，译林出版社 1998 年版，第 405 页。——译者注

在该梦中，之前被其谋杀的下属、朋友的鬼魂以及可见的灵魂来造访他。惊醒之后，他以非常清晰的方式阐述了内在于自我决定的（self‐determining）[37]承诺中的困难以及事实上的不融贯之处。其中，上述承诺是他在"自主行事"[38]取得王位并赢得"我的天堂"[39] 的几年前作出的。虽然，他自身内部的分裂最终被压制，但这在其对话式的独白中被很精彩地阐述：

> 啊，良心，你这个胆小鬼，你叫我多么痛苦！火光蓝幽幽的，时间已经是半夜。我浑身发抖，渗出了恐惧的冷汗。我害怕什么？害怕我自己吗？这儿并没有别人。爱理查的是理查，就是说，我才是我。这里有杀手吗？没有。啊，有的，我就是那个杀手。那就逃吧！怎么？逃避自己吗？好充足的理由：为什么？怕我对自己报仇。我会找我自己报仇吗？啊，我是爱自己的。为什么爱？因为我对自己干过什么好事吗？啊，没有！唉，我倒是因为自己作的孽厌恶自己，我才是个歹徒。我说了谎，我不是歹徒。傻瓜，你应该说自己光明磊落呀，傻瓜，别再自我安慰了。我的良心有一千条不同的舌头，每条舌头都叙述着一个不同的故事，而每个故事都谴责着我，说我是个歹徒。背誓，背誓，最严重的背誓；凶杀，残酷的凶杀，最可怕的凶杀；各种不同的罪孽，各种程度的罪孽全都涌上法庭大喊大叫说，"他有罪！他有罪！"我只有绝望。这个世界没有一个人爱我，我若死去，没有一个人会怜惜我。他们为什么怜惜我？连我自己都在自己身上找不到值得怜惜的东西。[40]*

50

---

〔37〕 "既然我在这语软声娇的美妙日子里无法谈情说爱，我只好下定决心做个歹徒，跟长期以来的无聊欢乐作对……"（*The Tragedy of Richard* Ⅲ 1，1，28 ‐ 30）.

　　注释译文参考了 ［英］莎士比亚：《理查三世》，载《莎士比亚全集》Ⅲ，孙法理译，译林出版社 1998 年版，第 275 ‐ 276 页。——译者注

〔38〕 3 *Henry* Ⅵ 3，2，139.

〔39〕 *Ibid.* ，3，2，168.

〔40〕 *Richard* Ⅲ 5，3，179 ‐ 203.

　* 译文参考了 ［英］莎士比亚：《理查三世》，载《莎士比亚全集》Ⅲ，孙法理译，译林出版社 1998 年版，第 397 页。——译者注

　　所以，理查三世也没有忏悔，甚至没有能够将忏悔视为一个严肃的选项。事实上，更为精确地讲：他拒绝忏悔；他没有真正努力去忏悔，而且他的不忏悔是（另）一个自我决定的（羞耻的）运用。如果不是完全充分地，至少他也是相当清楚地理解自己。

　　在上述所引的独白中，《莎士比亚的第一对开本》（the First Folio）（1632）的印刷工人最大化了对自我中的一个，甚或两个"自我"的明显指涉。较之英语句法和拼写法随处可能产生的浮想，拉丁句法更少对于上述浮想开放。以阿奎那对个人的一个（多个）第一自由选择的处理为例。直到一个人达到一定年龄——正如我们所讲的"理性的年龄"——之前，他都不能作出自由选择。阿奎那说，当一个人确实达到这个年龄，他就马上面临着审慎考虑如下事情的理性必要：其一，**关于自己**（de seipso）；其二，关于一个人整体生活（salus sua）的方向与结合点。从而，在上述选择中，一个人（a）视自己为一个自身之内的目的，其他事情与之相关就成为准手段（quasi-means）（de seipso cogitet, ad quem alia ordinet sicut ad finem）；（b）确实做或未能做"自身之内在的事情"（quod in se est）。[41] 该命题有时被理解为主张如下内容，即一个人的第一选择（first choice）在某种程度上是独特决定性（dispositive）或自我决定的；该命题有时候同时/或者被理解为主张如下内容，即存在这样的选择，其中精确的客体在于以一种"根本的选择"来料理"一个人的整体自我"（one's whole self），比如赞成或反对上帝。我认为，这些解读都是错误的。在这些段落中，阿奎那指出，在一个人的任何人生阶段中任何有意义的选择的自我决定的品格；此类选择的精确客体可能是相当平常的。[42] 阿奎那主张，即使一个去作在**类型**上道德中立之事的选择，一个人所作出的任何特定选择也都是在道德上或善或恶的，因为其在如下方面具有地位或者作用：对一个人导向更为广泛的目的（多个目标）——其并非道德上中立——

---

　　[41]　*ST* I - II q. 89 a. 6c ad 3；*Sent.* II d. 42 q. 1 a. 5 ad 7；*de Veritate* q. 28 a. 3 ad 4；and See *de Malo* q. 7 a. 10 ad 8.

　　[42]　Essay IV. 1 at pp. 25 - 7（= 2003a at 109 - 111）谈论了诸如此类的一种选择。

的定位上的贡献或阻挠。[43] 而且，他将每一个被选择的行为的不及物性（intransitivity）——其保持**为一**（in one）的事实——理解为其品格中的一部分，这归根到底是关于如下事情之间的基本的亚里士多德式区别：其一，一个人所做事情中伦理的内容；其二，一个人所做事情中技术的内容。

而且，情况可能是这样的，即阿奎那夸大了行动着的人（the acting person）相对或绝对地围绕"终极"目的（目标）整合其选择的程度。他本可能低估或淡化，在不具有如下或多或少明显的承诺的情况下此类整合不发生的机率：该承诺并非每个人，甚至不是每个健康和有活力的成年人都作出的类型，该承诺的对象是广泛、开放的思维和行为方式，即诸如宗教信仰、婚姻、立誓的宗教（如僧侣的）国家以及被视为使命的职业之生活方式。这些品格—形成（character - shaping）的承诺——我们可以说，凭此一个人构成了独特的人格同一性——被选择所作出；而且，这些选择以一种坦率的方式具有如下特征：阿奎那就孩子的第一选择所谈到的东西。这些选择是**关于自己的**，通过它们，一个人可以做在**"自身之内的事情"**。

当然，通过忠诚于一个某种程度上给定的"真正自我"——这是一个人要发现和遵循的事情，好像它是某些关于正确判断和行为的超道德标准（super - moral standard）；上述后一术语可被用来间接指涉某些内在善和高尚的真实性（virtuous authenticity）的观念。但通过"自身之内的事情"，阿奎那心里所想的肯定无非一个人所具有的能力、倾向和性情。这首先是作为一个人构成部分的给定的东西，即"通过自然本性"；作为"美德的种子"，也即追求弘**善**与避恶的能力。对邻人的爱将对自我的爱作为其标准和手段，但自我之爱的规范性（normativity）将是不可理解的，除非自我之爱意味着如下内容：自己对真正善的东西之渴求，行为中（多个）美德的圆满性（fullness）。[44] 正如莎士比亚笔下合唱的法国头领所阐述的，为了回应其自身问题（"当我是我自己时，我是什么东西呢"），当他"与自己的**高尚性**作对时"，我们

---

[43] *ST* I–II q. 18 a. 9. 而且，类似的片段来自 *Sent.*（early）和 *De Malo*（late）。

[44] 关于实践合理性（*prudentia*）、正义、兴旺发达（*beatitudo*）、美德、对自己和邻人的爱的严密内在—界定（inter - defined）之循环，参见 *Aquinas*, ch. IV.

"仅仅是自己的叛徒",每个人都背叛自我,"处在穿越自我的特定激流之中"(in his proper stream o'erflow[ing] himself)。为了与自己的过错、罪行和邪恶作对,一个人确实应该努力做到。如果我们想那样说的话,一个人真正、恰当的自我是流变的自我;于一个人存在的所有情形下,这适合其选择而成为之。在这些条件下,妥适的**标准**通常是一样的:仅仅是道德法则(the moral law),即当使一个人自己的选择成为可理解的事物时,**像爱自己一样**——在价值、内在善这样相同的意义上——爱邻人。格洛斯特伯爵理查(Richard Earl of Gloucester)——后来的理查三世——试图围绕如下目的而整合(integrate)自己,即为了自爱而包含将其"邻人"视为他们真正所是的人:就其自身而言具有内在平等尊严的人。该努力可传递地(transtively)足够有效,但并未非可传递地(intransitively)导致其自身品格的真正整合,而是导致关于如下瘫痪性无力(paralysing inability)——但是(无论他告诉自己什么)该无力并不彻底或不可避免——的自爱(self-love)、自恨(self-hate)、自恋(self-pitying)意识的不融贯:通过忏悔和声明放弃凶残屠杀式的不正义之路而怜惜自己或他人。

阿奎那相当清楚,以一种就其自身而言独特的形式或方式,一个人个体的自然本性可能包含诸如倾向于暴怒、淫欲或懒惰的缺陷。[45] 在我的自然本性中存在诸如此类的缺陷,它在我的构成中作为给定的东西而出现,而非我自己或他人自由选择的结果;上述事实并没有使其成为如下缺陷之外的东西:要被(前瞻性地)自律和(溯及既往地)忏悔、革新以及皈依的选择所克服的缺陷。更少见的情形在于,较之下述邪恶或美德,这些给定的东西被视为我成熟性格中一个更大的部分,或在我成熟性格中具有更大的影响:这些邪恶或美德是去做或执行道德上善或恶的选择之固定且现成的性情,以此,作为自己行动和行动意愿的主人,我型构了我所是的成熟、正派或畸形的事物。

我认为,尽管阿奎那没有阐述它,但他将不会对如下总结性的命题持有

---

[45] *ST* I-II q. 41 a. 3c; q. 78 a. 3c; q. 31 a. 7c; *De Malo* q. 16 a. 2c; *Aquinas* 93.

异议：（以口号的形式呈现）"信仰是根本待选项"，也即一个人所能作出的最为根本的、普遍自我决定的、身份形成的（identity - shaping）待选项和承诺是信仰。上述信仰不是在如下意义层面被理解，即新教徒对于得救意识的经典意义。而是在如下意义层面被理解，即作为在行动中被实践和不断重新确认的如下选择：相信上帝的自我展现（self - disclosure）和对于接受入神圣家庭（the divine household）的提议；接受其爱作为一个人对于行为——在其中，一个人的邻居被评价为如同自己一样——的所有最基本的定位的对象，并且生活于其中作为动机。[46] 为了反对压缩在改革者的**因信称义**（the Reformers' *sola fide*）中的误解，与莎士比亚同时代的天主教人物偏向于以爱来型构其实践神学（practical theology），而莎士比亚也没有公开阐述宗教信仰主题。尽管如此，这是一个主题。如果没有转换（thematizing）对神的干预——通过海伦娜和伯爵母亲［并且通过其他我们将会遇见的角色，拉佛（Lafeu）和帕洛（Parolles）］的人为因素——的信仰；那么，伯爵的道德转化——无此，没有任何事物能结局良好——将过于荒唐，从而不能得出该剧的结论。有了那个转换，就能够达到上述效果，这并没有使得转换仅仅是机械的：

> 海伦娜：建立丰功伟业的人，往往借助于最微弱者之手，当士师们有如童騃的时候，上帝的旨意往往借着婴儿的身上显示；洪水可以从涓滴的细流中发生；当世间的君王不肯承认奇迹的时候，大海却会干涸……

> 国王：我不能再听你说下去了……

> 海伦娜：天启的智能，就是这样为一言所毁。人们总是凭着外表妄加猜测，无所不知的上帝却不是这样。明明是来自上天的援助，人们却武断地诿之于人力。陛下，请您接受我的劳力吧，这并

---

[46]　参见阿奎那对信念的美德［受**博爱**（*caritas*）所影响］及其优先性的解释：*ST* II - II q. 4. 在一个广泛的托马斯传统下，"信仰是基本待选项"被杰曼·格里塞茨在《基督教道德原则》（*Christian Moral Principles*），sec 16 - E - G，23 - C，25 - A - F，26 - B，27 - E，32 - D 中引用；John Paul II, Encycliacal *Veritatis Splendor*, 6 August 1993, sec. 66；也可参见 sec.65："自由不仅仅是对于一个或另一个特定行为的选择；在那个选择之内，其也是**一个关于自己的决定**［*de seipso*］，而且，也是赞成或反对善（Good）、真理（Truth），最终赞成或反对上帝（God）的一系列生活。"

> 不是我试验自己的本领，乃是试验上天的意旨……（2.1.135 – 54）*

她说道（159），以"最大的恩典给予恩典……"为假设，国王"身上的病痛将霍然脱体，重享着自由自在的健康生活"。该戏剧似乎在说，恩典就是如此产生。但是，上天许诺的奖赏——她选择的丈夫——仍旧更多是名义上的而非真实的，直到她在行为中已经证明其早期陈述的关于人类自由与神圣上苍之间关系的部分真理：

> 一切办法都在我们自己，虽然我们把它诿之天意。注定人类命运的上天，给我们自由发展的机会，只有当我们自己冥顽不灵、不能利用这种机会的时候，我们的计划才会遭遇挫折（2.1.135 – 54）。**

海伦娜的表述并没有捕捉到恩典与自由之间（众多）关系的微妙真理，但它们就像救世军一样横跨真理。

V. 婚姻中的承诺和同一性

54 　　与宗教信仰的身份性—形成性承诺构成对比的是婚姻的承诺。阿奎那及其所代言的传统给了这个允诺——一旦被做出——同样的名字即菲狄斯（*fides*），这个名字不是在避免"不忠"的狭窄的当代意义上被理解，而是被理解为如下倾向：将此男子与此女子即配偶在婚姻上相互安置在一起，而非安置在那个独特的**合伙**（*societas*）、友谊以及婚姻中的其他创造物上。[47] 如果关于两个人的独特身份类型的结合不是在结果上，而是在类型上是生殖性结合，这被莎士比亚在其多数——如果不是全部——喜剧、戏剧中被歌颂；这些喜剧、戏剧等关注与伦理、形而上或者神学密切相关的严肃真理，这对细

---

* 译文参考了［英］莎士比亚：《终成眷属》，载《莎士比亚全集》II，朱生豪等译，译林出版社 1998 年版，第 411 页。——译者注

** 译文参考了［英］莎士比亚：《终成眷属》，载《莎士比亚全集》II，朱生豪等译，译林出版社 1998 年版，第 397 页。——译者注

〔47〕 *Aquinas* 143 – 54.

心的读者而言是清楚的。但是，关于真正婚姻对人格同一性的意蕴，莎士比亚最为著名的反思体现在其以《凤凰与斑鸠》（*Phoenix and Turtle*）而闻名的无标题的诗歌中。正如我所认为的那样，最近已经证明，该费解的、无与伦比的诗歌，是纪念一个年轻的丈夫与其遗孀的婚姻和死亡。在她因宗教而被执行死刑后不久，她曾深爱的丈夫已经更早由于宗教原因被流放并死亡。[48] 但是，这仅仅确认了从该诗歌中应予明晰的东西，即正是一对结婚的夫妇，其统一性被确认，[49] * 并非不带夸张，而是带有高度严肃性：

> 爱情与忠贞已经死去，
> 凤凰与斑鸠离了人世，
> 在彼此的火焰中循迹。
>
> 他们爱得深，如两份柔情
> 只共同具有一份精髓。
> 分明是二，却融为一，
> 连数也斩杀于一往情深。
>
> 两心相离，却彼此偎依，
> 斑鸠和他的女王之间，
> 虽有距离却视而不见，[50]
> 在他俩之间这便是奇迹。
>
> 爱情如此光照他俩之间，

---

〔48〕　2003e.

〔49〕　该诗歌最后的挽歌（"threne"）说道，他（她）们现在安息于永恒之中："凤与鸠，无子孙，非关体力只为情，两情相洽最贞纯。"

*　译文参考了［英］莎士比亚：《凤凰与斑鸠》，载《莎士比亚全集》Ⅷ，孙法理译，译林出版社 1998 年版，第 366 页。——译者注

〔50〕　对某些最初的读者而言，似乎这是该诗歌对于两个"鸟儿"的同一性的揭露；直线的欧几里得定义——有长度无宽度——通过"有距离无空间"指向荣格（Roger）和安妮·莱茵（Anne Line），他（她）们的名字在下一诗节中的"闪耀"和"我的"等词语中被回应。在该诗歌及其原初的情景中，存在许多对于该年轻夫妇的指示。由于让一个牧师在家中举行了一个宗教仪式，安妮·莱茵于 1601 年 2 月于伦敦被处死。

斑鸠从凤凰目光闪耀，

看出她属于他，在燃烧，

他俩彼此相属互作奉献。

55　　这一来，自我[51]便淡化隐去，

自己与自己再不相同，

同一本质的两个名称，

既不叫二，也不称一。

眼见得分离合在一起，

二合为一，双方不见，

简单变作了复杂紊乱，

理智便不禁结舌瞠目。

理智高叫："这忠诚的一对

看上去多么像和谐的一！

如若分离的总是如此，

爱情合理，理智便无理。"

理智有所感写下了挽歌，

献给逝去的凤凰斑鸠——

并列的君王，爱的星宿……*

　　抽象地（至少就表象而言）但带有赋予其夸张手法以实质的张力，对于人与人之间爱的哲学、神学的理解，该诗歌将之阐述为一个彻底的统一体

---

　　〔51〕 也即个体性［我认为，尽管就由于宗教的原因而剥夺其对丈夫——全文间接指向荣格·莱茵——的继承权而言，该词也是一语双关。而且"隐去"暗指圣餐布，即在弥撒祭献经文（the can-non of the mass）之前或之后遮住酒杯的那块布］。在如此完全真正的婚姻中，丈夫和妻子的原初个体性被遮住和隐藏，"自己与自己再不［是］相同"（一个同样带有深层含义的句子）。贯穿整个背景的是一个形而上的神学，如《罗密欧与朱丽叶》（2.6.37）中修士所说：在圣事的婚姻中，"神圣的教堂将两个人合二为一"。

　　* 译文参考了［英］莎士比亚：《凤凰与斑鸠》，载《莎士比亚全集》Ⅷ，孙法理译，译林出版社1998年版，第365页。——译者注

（a thoroughgoing unity）［甚至等同于一个共享的"单一自然本性"（single na-ture）］；然而，该统一体并不丧失任何关涉共同至高无上（co - supremes）的人格同一性——"既非二亦非一"、一对以及和谐。这样一个统一体，由自由选择和恒久、为"真"的意志之美德所开启并坚持到死亡，方式则是：理性自身断言"为合唱曲"，但其在如下方面超越了理性，即将一个人联系于其他人，以及将此"单一"（simple）与彼"单一"结合在一起。所有这些更为明显，如果——我认为其确实——其主张：可能存在而且具体地已经存在于配偶之间的此类结合，即使他们已经选择摒弃可能导致生育的性交，也是此种结合**形式**的原理。

在《终成眷属》的末尾，狄安娜结束了其关于如下内容的拓展的特技（*tour de force*），即谜一般地对于如下内容的提及：在后来所谓的与贝特兰在佛罗伦萨的"不贞洁的结合"中，由贝特兰所认为的已经死亡的妻子海伦娜代替狄安娜：

> 你们要是不懂得这个生生死死的哑谜，那么且看，解哑谜的人
> 来了。
>
> （寡妇海伦娜重上。）
>
> 国王：这里没有法师吗？我的眼睛花了吗？我看见的是真的还
> 是假的？
>
> 海伦娜：不，陛下，您看见的只是一个妻子的影子，**但有虚
> 名，并无实际**。
>
> 贝特兰：虚名也好，实际也好。啊，原谅我吧！（5.3.297 - 302）*

"给予恩典的最伟大恩典"和他们应该回应的人类选择——尤其是贝特兰"深深地，永远深深地"——足以使得海伦娜与贝特兰之间的婚姻结合开始变得真实、鲜活；而且，当海伦娜间接地断言时，这使得"致命的离婚"将"进入你我之间"的任何前景变成虚构。对于贝特兰的原谅请求，她的

---

　　* 译文参考了［英］莎士比亚：《终成眷属》，载《莎士比亚全集》II，朱生豪等译，译林出版社 1998 年版，第 475 页。——译者注

直接反应是（第二次）提及，她在其"婚姻——高度反常但并非无可争辩为真的——完成的事实上为何"之中所发现的东西："我的好夫君！当我冒充这位姑娘的时候，我觉得您真是温柔体贴、无微不至的那种类型。"[52]　正如我已经说的那样，尽管该剧的（幸福）结局谨慎地否认了末日审判的确定性（the fixity of a Last Judgment），其主张如下的前景：当海伦娜的爱不再像往一个漏勺中倒水一样时，永远深深爱着她的贝特兰也不再泛滥其激流。相反，我们因此至少被鼓励期望：正如同一个男人和一个丈夫那样，他将具有自我包含的（self‑contained）和高尚身份的沉默力量。

Ⅵ. 《终成眷属》 中的羞辱和同一性

正如我之前所言，贝特兰伯爵所遭受的羞辱在一个华丽喜剧的次要情节中具有艺术般的对照物。剧作家给伯爵提供了一个爱炫耀、雄辩的个人助手——帕洛 ["词语"（Words）]。在为赛亚那—佛罗伦萨战争（Sienna‑Florence wars）中丢掉的战鼓而难过时，头领帕洛吹牛皮地宣称要通过在敌人战线后面展开一个独立任务来夺回战鼓。伯爵军队中的其他法国将领预料到帕洛将缺乏完成如此困难任务所需要的东西，当帕洛虚构恐吓的托词来解释其失败时，这些人就都攻击他。这些人蒙住帕洛的眼睛，他们采取了如下的行动，尽管这显得很荒谬：他们伪装成外国军事团体，可能是莫斯科人，而且还伪装负责审问的军官的个人品性，以死亡、折磨来威胁询问帕洛关于法国军队的部署，帕洛并没有认出他们的身份，而且他现在将伯爵视为自己的主人。正如伯爵在黑暗的屋子里误认了与之上床的女子的身份，帕洛在蒙住眼睛的

57

---

　〔52〕 "类型"（kind）意思是深情的/慷慨的（affectionate/generous）和自然本性/种类（nature/species），而且两个意思在这里都起作用。"发现了/发现"（Found/find）是该剧的一个主题词 [比莎士比亚剧本中的平均使用频率高出两倍，而且其主要指涉在于，发现某人在其人格/个体的自然本性（person/individual nature）中**真正**是什么以及是谁]。所以，海伦娜此处的话语直接回应了被惩戒的帕洛对其新主人拉佛伯爵（Count Lafeu）所说的话："哦，我的好主人，您是第一个发现我的人"（5.2.41）；帕洛的"每一个吹牛者将成为一头驴"（4.3.40）；以及该剧中的其他许多例子。

黑暗中误认了审讯他的人的身份，出于爱惜自己的生命，帕洛做了叛徒，或者至少扮演了叛徒的身份。帕洛泄露了（所以这似乎）军队的部署并且极为夸大地诽谤其主人和其他主要军官，直到其他人装着要将帕洛执行死刑时，他们才将其眼罩取走，而且让帕洛经历了极大的羞辱而非死亡。在以客气和讽刺的方式嘲弄帕洛之后，这些人都离开了，只剩下帕洛自己在舞台上：

> 倘然我是个有几分心肝的人，今天一定会无地自容；可是**既然我从此掉了**官，我还是照旧吃吃喝喝，照样睡得烂熟，**像我这样的人，到处为家，什么地方不可以混得过去**！可是我要警告那些喜欢吹牛的朋友，不要太吹过头了，有一天你**会发现**自己是一头驴子的。我的剑呀，你从此锈起来吧！帕洛呀，不要害臊。老着脸皮活下去吧！人家捉弄你，你也可以捉弄人家，天生世人，谁都不会没有办法的 (4.3.333－43)。*

场景马上回到主线索，海伦娜已经达成其目的，即对于完成由她丈夫使她怀孕（获得他的戒指）这件事而言必然要求的事情，她正与狄安娜及其母亲商谈她"事业"的下一步。许多欧洲表演节目中的早期剧本都包含床上把戏（bed－trick），正如莎士比亚《量罪计》（*Measure for Measure*）（可能创作于《终成眷属》的几年前）所做的那样。关于该替换诡计，[53] 其圣经上的原型非常出名。但《终成眷属》可能独特地试图给我们展示了关于如下事物的概览：其真谛（inwardness）以及将之完成是什么样子。莎士比亚早早地为此做了铺垫，这体现在强调她丈夫的拒绝给她带来的羞辱时；也体现在引入海伦娜自己的如下意识时，这是对薄伽丘而言并不知晓的因素，即她（"可怜的贼"）偷走了妻子的位置，她的所作所为是伯爵甘冒战争风险的一

---

　　* 译文参考了［英］莎士比亚：《终成眷属》，载《莎士比亚全集》Ⅱ，朱生豪等译，译林出版社 1998 年版，第 475 页。——译者注

　　〔53〕利亚（Leath）与其父亲在雅各（Jacob）身上使用床头把戏（Genesis 29：21－4）。利亚的一个儿子犹大（Judah）就被他儿媳塔玛（Thamar）在如下情形中使用了床头把戏（Genesis 38：14－26）：包括得到其戒指作为前提条件，并且从一次性交中怀上了双胞胎。

58 个原因（3.2.112－16），而且她"雄心勃勃的爱已经如此冒犯我"，以至于她必须赤脚朝圣，"我的过错才得以改正"。除其他许多东西之外，包含在床头把戏中成功的直接羞辱，现在以压缩、精致的形式在两个句子中被表达，这两个句子以海伦娜对天佑秩序（providential order）之信仰的典型表达为序言；海伦娜对狄安娜的寡母说道：

> 你应该相信，既然上天注定使你的女儿帮助我得到一个丈夫，它也一定会使我帮助她称心如意地嫁给一位如意郎君。我就是不懂得男子们的心理，竟会向一个被认为厌恶的女子倾注他的万般温情！当被愚弄的心灵的粗鲁新人亵渎这漆黑的夜空！抱着一个避之唯恐不及的蛇蝎，还以为就是那已经杳如黄鹤的玉人（4.4.18－25）。*

"万般柔情"直接暗示对她而言的**通常婚姻**（usus matrimonii）、婚内性交所带来（以及没有带来）的快感。[54]"亵渎""粗鲁"（在伊丽莎白一世时期意为"淫荡的"）和"抱着一个避之唯恐不及的蛇蝎，还以为那就是已经杳如黄鹤的玉人"同样直接地暗示海伦娜就如下事情的卷入、出现所带来的痛苦的侮辱：像通过代理人那样行为，像某人所能被极端错误识别那样——欺骗的主体，在其中，她自己的丈夫正是在其思想（和行为！）中被"愚

---

* 译文参考了［英］莎士比亚：《终成眷属》，载《莎士比亚全集》Ⅱ，朱生豪等译，译林出版社 1998 年版，第 458 页。——译者注

〔54〕她所预期的第一个**正常婚姻**被作为掮客的帕洛过于修饰地描绘（2.4.39－44），这解释了伯爵所谓的主动参与其中以及暂时拒绝参与其中：

他很不愿剥脱您在新婚燕尔之夕应享的权利，可是因为迫不得已，只好缓日向您补叙欢情。良会匪遥，请夫人暂忍目前，等待将来别后重逢的无边欢乐吧。（译文参考了［英］莎士比亚：《终成眷属》，载《莎士比亚全集》Ⅱ，朱生豪等译，译林出版社 1998 年版，第 424 页。——译者注）

也要注意，莎士比亚通过如下做法而尽力偏离薄伽丘：让海伦娜安排贝特兰收到告知海伦娜已经死亡的信件，而该信息正好在他们约会之前到达。所以，尽管他调戏狄安娜的意图可能是犯通奸罪的，但其最终的性行为并没有使其有意完成通奸罪；对他而言，对如下婚姻的意愿至少是开放的：为了得到她同意（正如她所想的）将其贞洁交给他，他可能但并非一定无诚意地许诺其婚姻。此外，注意，阿奎那无疑会指出在海伦娜关于如下内容中**两者都无罪**的含糊其辞或者错误：海伦娜就床头把戏之完整的十分清醒的道德分析，即"……假罪恶之意［贝特兰的］，行合法之行。假合法之意（她的），行合法之事。两者都没有罪，却是一个有罪的事实"［贝特兰通奸的可能意图］（3.7.45－7）。（译文参考了［英］莎士比亚：《终成眷属》，载《莎士比亚全集》Ⅱ，朱生豪等译，译林出版社 1998 年版，第 442 页。——译者注）

弄"也即被欺骗和背叛,〔55〕而且，由此沦落为客体，即使当她在一个行为中被当做（尽管通过主动地使得她自己成为）他的"使用"客体，上述行为也应该是（即使当其行为层面是）内在主体性的至高点。

个人经验于柔情之下的严酷性，在两个句子之后的如下段落中被表达，这个段落在最为单调的莎士比亚戏剧中就像带有颜色的补丁，通过其对该戏剧标题的阐述，该段落进一步被强调，当海伦娜从意大利返回家乡时：

> 可是我还要劝你，转眼就是夏天了，野蔷薇快要绿叶满枝，遮掩了它周身的荆棘；你也应当在温柔之中，保留着几分锋芒。我们可以出发了，车子已经预备好，疲劳的精神已经养息过来。万事吉凶成败，须看后场结局，倘能如愿以偿，何患路途迂曲 (4.4. 31 – 6)。〔56〕 *

"像刺骨那样温柔"：这是该戏剧中心思想的几个比喻之一（参见上述第四部分），一个独立性格中善与恶的混合体，作为"芜杂的园子，善与恶的综合"的"生活之网"(4.3.71)。

---

〔55〕 在第一个层面上，欺骗/背叛是由狄安娜与海伦娜的诡计所完成。但是，在第二个层面，这是由伯爵自己的欲望/贪求/"意志"所完成。当一个人注意到如下片段中的观念和看法——这是莎士比亚作品如此典型的特征——之间的联系时，上述内容就变得更为清晰：其一，本段［记载了类似帕洛的愚弄，在蒙眼罩后面被欺骗的"蒙眼者" (4.3.115)］；其二，《哈姆雷特》中的片段，在其中，哈姆雷特以一系列夸张的方式谴责其母亲嫁给克劳狄斯 (Claudius) 的床。这些夸张法是为了那些熟悉哲学词汇的读者之愉快而创设的，并且得出结论，即在葛特露 (Gertrude) 那里，"理性恭维迎合意志" (reason panders will)。该命题是，较之她真正的丈夫，葛特露更喜欢克劳狄斯，在此，她已经以"强制性的情欲" (compulsive ardure［ardour］) 而行动，她的"判断"或"意识"一直是而且现在也是"麻木，因为就连疯人也不会犯下那样的错误，无论怎样丧心病狂，总不会连这样悬殊的差异都分辨不出来。那么是什么魔鬼蒙住了你的眼睛，把你这样欺骗呢？" (3.4.70, 72, 73–77) 然而，"魔鬼"和"地狱"并非在葛特露身外，按照哈姆雷特的论证，这"地狱中的孽火可以在一个中年妇女的骨髓里煽起蠢动" (83)，使她"生活在汗臭垢腻的眠床上，热昂邪淫熏没了心窍，在污秽的猪圈里调情弄爱……" (91–3)。(注意，该类比与其意义并非假定，哈姆雷特关于葛特露的控诉是合理的。)（译文参考了［英］莎士比亚：《哈姆雷特》，载《莎士比亚全集》Ⅷ，朱生豪等译，译林出版社 1998 年版，第 352 页。——译者注）

〔56〕 该大体上相同的谚语的三行联句，似乎在回应（伪）阿奎那对（伪）波伊提乌 (Boethius) 之评论的结尾的拉丁语三行联句：In Boethii De Scholarium Disciplina："exitus acta probat et item finis coronat et insuper a fine omnia denominari." 英格兰现存有该评论的 16 世纪的版本。

* 译文参考了［英］莎士比亚：《终成眷属》，载《莎士比亚全集》Ⅱ，朱生豪等译，译林出版社 1998 年版，第 459 页。——译者注

这个芜杂园子的引用如何适用到帕洛呢？在莎士比亚作品的人物中，没有谁比帕洛遭受了更多的无所顾忌的贬损。首先，经由该剧中每一个主要人物之手被贬损，进而被几乎每一个批判家所贬损。当帕洛在第一幕第一场首次出现时，海伦娜对自己和观众说，"我知道他是个臭名昭著的骗子，是个傻子，也是个懦夫……固有的邪恶……外溢的愚蠢"。[57] 在第二幕中，他与善良的老臣拉佛进行了一段有名的对话——一个显示他们就海伦娜医治好国王之病的奇迹本质持有同样看法的二重奏的特写镜头[58]——之后不久，帕洛被拉佛责骂，拉佛无缘无故地突然发泄一阵侮辱，将帕洛贬低为"我的好格子窗……我不必打开窗门，因为我早已经看得你雪亮了"（2.3.214-16）。* 事实上，每个人（除了他的主人伯爵）都宣称能够**看穿和发现**帕洛，并且慷慨陈词其所"发现"和"看见"的东西。该剧中的小丑将帕洛贬低为一个傻子，拉佛继续其控诉："这个轻壳果是找不出核仁来的。这个人的灵魂就在他的衣服上，不要信托他重要的事情"（2.5.43-6）。** 伯爵卓尔不群的母亲关于帕洛的第一句话是："那是一个名誉扫地的坏东西。我的儿子受了他的引诱，把他高贵的天性都染坏了。"*** 在佛罗伦萨，当一个公民旁观者骑着马接近伯爵时，他谴责帕洛："为年轻的伯爵出这样的建议，真是一个非常卑鄙的士官。"作为伯爵欲望对象的狄安娜同样也指责帕洛："可惜他不老实。那一个就是引诱他为非作歹的坏家伙，倘若我是他的妻子，我一定要用围巾杀死那个混账东西"（3.5.83-5）。**** 一个法国贵族官员向伯爵如此描述帕洛："他是一个天字第一号的懦夫，一个到处造谣说谎的骗子，每

---

[57]　然而，海伦娜是唯一一个没有完全贬损他的人，因为她继续说道（1.1.106）："但是这些缺点在他身上**显得很自然**，比起美德的峥嵘瘦骨受寒风摧残要合适得多。"

[58]　与薄伽丘相当大的偏离。

*　译文参考了［英］莎士比亚：《终成眷属》，载《莎士比亚全集》Ⅱ，朱生豪等译，译林出版社1998年版，第420页。——译者注

**　译文参考了［英］莎士比亚：《终成眷属》，载《莎士比亚全集》Ⅱ，朱生豪等译，译林出版社1998年版，第426页。——译者注

***　译文参考了［英］莎士比亚：《终成眷属》，载《莎士比亚全集》Ⅱ，朱生豪等译，译林出版社1998年版，第426页。——译者注

****　译文参考了［英］莎士比亚：《终成眷属》，载《莎士比亚全集》Ⅱ，朱生豪等译，译林出版社1998年版，第437页。——译者注

小时都在做背信爽约的事情，在他身上没有一点可取的好处"（3.6.7 – 12）。*
主张知晓**帕洛为何物**的做法直到结局都没有停歇：狄安娜说道，"如此可恶
的一个恶棍"；拉佛说道，"我今天见过那个人，如果他也能算个人的话"；
现在，年轻伯爵自己也自私自利地加入同仇敌忾之中：

> 叫他来干什么呢？谁都知道他是一个无耻之徒，什么坏事他都
> 做得，讲一句老实话就会不舒服。难道随着他的信口开河胡说，就
> 可以断定我的为人吗？（5.3.200 – 8）**

该剧关于帕洛所**展现**的东西是相当不同的。确实，他被展现为一个吹牛
者，他的吹牛将其陷入去做不可能完成之事的陷阱中，而且他（他说）准
备为挽回颜面而撒谎发誓。而且，在给狄安娜的信中，他警告狄安娜，注意
贝特兰的无所顾忌和不成熟。这封信确实是"亵渎"，因为如此给她写信，
就好像她乐于出卖自己的贞洁，即使这并非暗示他将是一个更好的受益者而
非他的主人。但关于帕洛引诱贝特兰走向邪恶的控诉从未被验证过，剧作家
使如下内容清晰：伯爵自己决定抛弃妻子而去参加托斯卡纳战争（Tuscan
wars）；也是伯爵自己决定追求狄安娜。就该戏剧所展示的内容来看，帕洛所
做的无非是配合这些决定，而且作为一个执行它们的（并非完全可靠的）
行动者、中间人。为乞讨活命，帕洛泄露了关于如下内容的细节：所谓的关
于法国军队、其他支持佛罗伦萨人的军队以及那些军官的坏品格。然而，并
没有任何地方显示这些细节对于敌人是真正有用的军事秘密，抑或这根本就
没有用。他所谓的步兵总人数为 3600 – 15 000，而就他所供述的品格而言，
要么相当公正（如当他说自己的主人伯爵是"一个愚蠢的、要不就是非常
淫荡的纨绔子弟"），要么如此可笑地夸张，以至于没有任何真正的敌人将
给予他们一丁点儿注意。而且，不论在羞辱和自知面前其真正的性格为何，
帕洛毕竟作为真相的告知者而行动。在恰当的皇家命令下，他告知了其所知

---

* 译文参考了［英］莎士比亚：《终成眷属》，载《莎士比亚全集》Ⅱ，朱生豪等译，译林出版
社 1998 年版，第 438 页。——译者注
** 译文参考了［英］莎士比亚：《终成眷属》，载《莎士比亚全集》Ⅱ，朱生豪等译，译林出版
社 1998 年版，第 472 页。——译者注

道的关于贝特兰与狄安娜之间关系的事，却并没有使他（她）们蒙羞。当该剧到达皆大欢喜的结局时，通过请求从"朋友"（Good Tom Drum）那里借一个手帕自用，他的新主人、睿智的老臣拉佛喜极而泣，从而赋予帕洛一个从底层被提高的微妙新地位。

我们必须承认，帕洛仔细建构的**人格面具**、着装和语言的浮夸、对军事热情的癖爱，这些都是技术上的失败。作为一个以不成熟来达致和保持影响的手段，这是有趣且诱人的；但作为一个获得相对成熟的有信心的手段，正是拉佛用蔑视性的"这个轻壳果是找不出核仁来的。这个人的灵魂就在他的衣服上，不要信托他……"来概述的失败。

就帕洛自身的含义而言，"我是什么东西"的术语意味着：伴随着（可以说）在有勇无谋的行为、尴尬的欺骗中自吹和不自量力，或者在上述表象之下，关于他的真实情况。像该剧的众多主角一样，我们**假定**知道关于帕洛的龌龊本性，但我们可能被其批评者所引导，从而误解了其真正身份也即真正品格。当然，情况似乎是这样的，即他并没有直面或认知关于他自己的全部真实情况，而且，其如下决定既非道德上进的，亦非对于自己显明天赋而言真实的：在低贱地位之中吃喝拉撒，其实就是处于"愚蠢"之中。[59] 而

---

〔59〕 首先，这些天赋体现在其针对如下内容所进行的污秽的、哲学化的却简洁的表述：他反对贞洁（赞成生殖而非放荡）的理由。该表述是对伊拉斯谟（Erasmus）论婚姻的谈话和威廉·加格尔（William Gager）的拉丁牛津戏剧《梅利埃格》（*Meleager*）的回应（2003e）。再次，这很快就体现在他与拉佛关于海伦娜医治好国王的神奇性所进行的同样精彩的二重奏，"大人这一番高论，真是不可多得的至理名言"，此二重奏的结尾：

帕洛：总而言之，这真是奇事，这真是大奇事；那正是其中简洁而陈腐的东西，只有最顽愚不化的人，才会不承认那是——

老拉佛：上天借手于——

帕洛：一点不错。

老拉佛：一个最柔弱无能的使者——

帕洛：而且无能的大臣，手握重权，卓尔不群，确实理应委以更大的重任，而非单单国王的康复。

老拉佛：真诚感谢。

（译文参考了［英］莎士比亚：《终成眷属》，载《莎士比亚全集》Ⅱ，朱生豪等译，译林出版社1998年版，第416页。——译者注）

进而，该剧似乎再次支持反对如下内容的命题："我们这一辈博学深思的人，惯于把现代（即日常）和熟悉的事情视为超自然和无厘头的事物。"（2.3.2–3）（译文参考了［英］莎士比亚：《终成眷属》，载《莎士比亚全集》Ⅱ，朱生豪等译，译林出版社1998年版，第415页。——译者注）

且，没有理由怀疑该剧所揭示的东西，即羞辱在其身上引入了对其建构的社会**人格面具**的摒弃，这是一种如下类型的谦逊：在获得或者重新获得关于**真实性**（authenticity）的描述（我们可能建议的）之下，至少部分上对其人格同一性进行重构。两三年前，在《皆大欢喜》（*As You Like It*）中，莎士比亚使用了同样的术语"我所是的东西"（thing I am）来标示一个——邪恶长兄奥列佛（Oliver）的——道德转化；而且，如果要该戏剧情节合理，则必须是彻底的忏悔。（如果《终成眷属》要依照其观众必然明确期望的方式结束，那么年轻伯爵在该剧结尾的转化或忏悔同样也必须彻底。）通过从最开始就回忆浪子回头的故事，《皆大欢喜》将自己导向道德上和宗教上的多重转变，并以此结束。残忍邪恶的长兄用如下词语表达其未曾预料的道德转变：

> 那是从前的我，不是现在的我。我现在已经变成一个新的人了，因此我可以不惭愧地告诉你们我从前的为人（4. 3. 135）。*

由此，**我现在所是的事物**站在了**我过去所是的事物**的对立面；更为审慎地来说，在同样一个**我**（the same I）之中存在一个重大改变——"我的转变"。

Ⅶ. 忏悔和同一性

所以，通过宗教信念和婚姻中对配偶的承诺，可以彻底形塑人格同一性；就此，可以增添转化或忏悔中的形塑。帕洛内心的改变仍旧不明朗，就像帕洛与他的新主人拉佛未来的关系那样。多数批评者采取了一种浅薄的看法，即帕洛就像跟着老主人那样是个傻瓜的未来，但拉佛的"你可以给我解解闷"可能很好地构想了某些更少不平等的事物，比如一起骑马打猎。尽管可能如此，帕洛响亮地宣称"单单我所是的东西将使得我活下去"，回应了莎士比亚早期对转化者人格同一性之改变的两处阐述。其一，我们刚刚已经

---

　　* 译文参考了［英］莎士比亚：《皆大欢喜》，载《莎士比亚全集》Ⅱ，朱生豪等译，译林出版社 1998 年版，第 165 页。——译者注

述及的奥列佛的改变，由这样一个人阐述，他是曾经可能谋杀其兄弟的人，而当发现自己是其兄弟行为中慷慨精神的受益人时，通过忏悔而转化成一个适合爱并迎娶一个具有高尚品格和魅力的女子的人。其二，可能更为著名的是新亨利五世对约翰·福斯塔夫爵士（Sir John Falstaff）的反驳，福斯塔夫慷慨有余但非常邪恶，他骑着偷来的马赶到西敏寺（Westminser），在新国王——其在底层生活时的长期伙伴——面前索要高官：

63

> 亨利五世：**别以为我还是原来的那个人**，因为上帝知道，世人也将看到，**我已经赶走了过去的自己**，也要赶走过去的朋友。等到你听说我故态复萌时再来接近我吧！那时你便可以跟过去一样带着我胡闹，满足我的要求，成为我的放荡行为的教师和向导。在那以前，我宣布放逐你，不准你接近我，否则处以死刑。对于引我误入歧途的其他人，我也做了同样的处置……[60]

正如福斯塔夫的同伴霍尔王子（Prince Hall），新国王并没有否认，他曾经是福斯塔夫希望他成为的那种人，也就是老国王谴责的那种人：王国共同善的敌人、恶棍的帮凶、野狗和人渣。该国王临死时的"亲切且深沉的训斥"在王子那里引发了与下列情形同样的反应：贝特兰在《终成眷属》末尾对羞辱的回应："啊，请原谅我吧……"新国王反驳福斯塔夫时对自己新身份的阐述，在行为上确认了他所选择的忏悔和革新；似乎是这样的，即当他在老国王临终所卧之床前，他的良心被上述训斥所擦亮。然而，对于所有这些，我们必须添加如下内容：当该戏剧与其兄弟剧《亨利四世》上篇（Henry IV, Part One）比较时，伴随着王子模仿且似乎与福斯塔夫共同具有的堕落的真实性，该忏悔、革新、转变的真实性仍值得怀疑。王子和福斯塔夫首次在一起的时间快要结束时，王子在独白中向我们揭示：在和福斯塔夫鬼混作恶时，他"如此作孽从而使得作恶成为技巧"，以便在合适的时候"抛

---

[60] *The History of King Henry IV, Part Two* 5.5.55-62. 当代的观众、导演和读者倾向于站在福斯塔夫一边，但这是极大地且在某种程度上也是被故意误导的。（译文参考了［英］莎士比亚：《亨利四世》下篇，载《莎士比亚全集》IV，孙法理译，译林出版社1998年版，第208页。——译者注）

开种种放荡的行为……我的改过自新就会像深色背景衬托下寒光飕飕的刀剑，经过我的缺点的衬托显得分外美丽耀眼，比没有陪衬更能抓住人们的注意"（1.2.195 – 205）。* 然而，亨利改过自新的严肃性似乎被之前场景中的许多东西证明，这包括其病危父亲的考验、他自己的考验和首席大法官的考验。事实是这样的，在上述三个完整的戏剧中，剧作家通过这样一种可能性来戏弄我们：亨利五世从来没有纵情声色，从来没有真正转变，由此可能也从来没有成为他最终似乎成为的真诚的基督国王。放纵和转变也都是**人格面具**一词最古老的意义所蕴含的内容。面具的选择形塑并揭示了选择它们的人，但仅仅针对那个知道选择已经被作出且要被坚持下去的人。莎士比亚式的独白将观众置于如此一个上帝般的立场，或者类似于此。 64

Ⅷ. 成熟和衰老

《终成眷属》和《皆大欢喜》是关于忏悔或者转化的喜剧，也使得关于随着成熟和衰老而时光荏苒的戏剧彻底透彻（Searching）。早在《终成眷属》中，在其长期和明显无可救药的疾病面前，国王已经"带着希望打发时间"（如今已经放弃这个希望），他转述并附议海伦娜已故父亲的说法。海伦娜的父亲是一个伟大的医生，其医术如果能够像其诚实一样延伸得那样远，那将"使得［其］自然本性不朽"（1.1.13, 19）。面对贝特兰伯爵，国王说道：

> 他就会发出这样的感喟："等我的火焰把油烧干以后，让我不要继续活下去，给那些年轻的人们揶揄讥笑，他们凭着他们的理解能力，除了新奇的事物以外，什么都瞧不上眼；他们的思想都花在穿衣服上面，其忠诚变化得比衣服的式样更快。"[61] 他有这样的愿

---

* 译文参考了［英］莎士比亚：《亨利四世》上篇，载《莎士比亚全集》Ⅳ，孙法理译，译林出版社 1998 年版，第 16 – 17 页。——译者注

［61］ 注意其中哲学上的条理化顺序："理解能力"（apprehensive senses）、"思想"（judgment）和"［意志］的忠诚"（constancy［of will］）。

望；我也抱着和他同样的愿望，[62] 因为我已经是一只无用的衰蜂，不能再把蜜、蜡带回巢中，我愿意赶快从这世上消灭，好给其余作工的人留出一个地位 (1. 2. 58 – 67)。*

在更年轻和更老之间的对比是该戏剧强烈表层架构的一部分，这其中，老国王、老伯爵、老臣拉佛和老佛罗伦萨寡妇是如下事物的陪衬：海伦娜、贝特兰和狄安娜的不成熟、冒险、成就、愚笨、多产和谋略才智。当该戏剧最后一场开启时，国王再一次同现在从佛罗伦萨归来的贝特兰交谈，贝特兰既提前准备又临时地请求原谅（因为他不顾皇家命令而远赴战场）：

国王：现在又是晴天了。

贝特兰：小臣罪该万死，请陛下原谅。

国王：已往不咎，从前的种种，以后不用再提了，让我们还是迎头抓住眼前的片刻吧。我老了，时间的无声的脚步，往往不等我完成最紧急的事务就溜过去了 (5. 1. 36 – 42)。**

《皆大欢喜》给予持异见且忧郁的杰奎斯（Jaques）一个关于如下内容的精湛表演：16 世纪后期关于"人生七阶段"的反思。在结尾处：

终结这段古怪多事的一生的最后一场，是**孩提时代的再现，全然的遗忘**、没有牙齿、没有眼睛、没有口味、没有一切 (2. 7. 163 – 6)。***

关于杰奎斯反思的装腔作势的病态，被如下人物的很快出场而削弱：英雄的年迈仆人，即德高望重的亚当（Adam），一个纯真善良和忠诚的人。尽

---

〔62〕 遗憾地，现在似乎有必要说，该愿望甚至并非一个附条件的自杀或接受安乐死的意图或意愿。

* 译文参考了［英］莎士比亚：《终成眷属》，载《莎士比亚全集》Ⅱ，朱生豪等译，译林出版社 1998 年版，第 399 页。——译者注

** 译文参考了［英］莎士比亚：《终成眷属》，载《莎士比亚全集》Ⅱ，朱生豪等译，译林出版社 1998 年版，第 467 页。——译者注

*** 译文参考了［英］莎士比亚：《皆大欢喜》，载《莎士比亚全集》Ⅱ，朱生豪等译，译林出版社 1998 年版，第 128 页。——译者注

管将近八十岁，在早期戏剧场景中，他以某种乐观的心态断言自己"强壮和精力充沛"。"……我的老年好比生气勃勃的冬天，虽然结着严霜，却并不惨淡。让我跟着您去；我可以像一个年轻人一样，为您照料一切。"* 然而，饥饿交困的流放之路远非其身体所能承受。在任何意义上，杰奎斯对于衰老的描述确实表达了一个真理。

关于那些完全因年龄而失去活力之人的人格同一性，上述内容告诉我们其全部真理了吗？我认为，该问题是复杂的，并没有被莎士比亚或阿奎那所直接回答。但是，正如莎士比亚、阿奎那都不认为的那样：经由死亡而导致的人的肉体消灭，没有留下继续存在的残余物，这些残余物等待在天堂、炼狱和地狱的复活；同样，两个人也都不认为，陷入衰老或诸如精神错乱等其他惨淡的境遇，将抹去通过自由选择——通过现在已经失去的自由——所型构的身份。选择去忏悔可能会消除邪恶，但衰老不能消除美德或价值，这些都是为"最高审判者"所知晓的人格同一性。正如莎士比亚三部"问题剧"之一的一个女主角所说：

> 伊莎贝拉：要是高于一切的上帝毫无假借地审判到您，您能够自问无罪吗？请您这样一想，您就会恍然自失，嘴唇里吐出怜悯的话来，就像人的新生一样（《量罪计》2.2.88 – 95）。**

她正为其弟弟的生命而向这样一个人请求：一个处在权力巅峰、生命最为荣耀的阶段以及因其严格的德行而享有不可动摇的名声的人。她认为，在上帝眼里，该人的性格仍没有摆脱邪恶，由此需要宽恕性仁慈。但是，在他们后来的相遇中，当此类罪恶以及弥天罪恶被展示给她时，她会被震惊且在一段时间内不相信这些事。如下的看法并非太冒险：在他们所工作于其中的整个传统之下，莎士比亚和阿奎那认为如下事情是理所当然的，即在就关于人的神判（divine judgment）中，重要的不是他们死亡时由于不成熟、疾病或

---

* 译文参考了［英］莎士比亚：《皆大欢喜》，载《莎士比亚全集》Ⅱ，朱生豪等译，译林出版社 1998 年版，第 117 页。——译者注

** 译文参考了［英］莎士比亚：《量罪计》，载《莎士比亚全集》Ⅱ，朱生豪等译，译林出版社 1998 年版，第 503 – 504 页。——译者注

衰老从而多么软弱，而是他们在其**为自己选择**的身份中**是什么**。因为，在他们能够自由作出选择的或长或短的时间内，他们通过其自由选择所选择（如果他们确实选择）的身份。而且，尽管上帝能够矫治所有诸如不成熟或衰老等自然缺陷，给予每个人以时代之人（a human being of the age）的身心条件，这也是耶稣在其死亡和重生时所具有的东西;[63] 即使"给予恩典的最伟大的恩典"（the greatest［G］race lending grace）（通过神圣的仁慈使得一个人"新生"），也没有且不能无视通过选择使自己成为决定要成为之人的自由，直到（如果有）一个人在后半生某个时间点忏悔或者扭转之。[64] 这些似乎也是在莎士比亚作品中起作用的假设。

IX. 结 论

杰曼·格里塞茨拾起并发展了阿奎那对人的哲学理解中的早期成分，正如他正确地谈道：

> 人处于所有的四个秩序之中，而且在自身之内包含所有上述内容。在一个人身上，四个秩序是独特、不可化约但通常不可分割的。人的统一性不像任何被包围在四个秩序的任意一个秩序之中的实体的统一性。人的统一性是神秘的且必须如此维持之。该统一性在人类经验中当即被给出，而且其不能被论证地（discursively）解释，因为理性不能在一个更高的积极可理解性（positive intelligibility）方面综合这些独特秩序。[65] 人的统一性并非一个可理解的、不同于其他四个秩序的第五秩序之可理解的原则；它也不像属于隐藏在所有四个秩序背后的其中一个或另一个秩序中的实体。一个人的四个面向都涉及并且在某种程度上互相包含，正如

---

〔63〕 *ST* Supp. q. 81 a. 1；*ScG* Ⅳ c. 88 n. 5 ［4231］. "通过只能在那个年龄段发现的本性的完美之理性。"

〔64〕 *ST* I－Ⅱ. q. 113 aa. 3 and 4. 所以，直到死亡结束个人的叙事，我们就某人所能够说的内容，无非是国王在该剧最后所说的："所有的［目前］**似乎**尚好……"

〔65〕 Grisez, *Beyond the New Theism*, 349.

这四个秩序通常的样子……人就是这样一个自我，即他将此四个独特、不可化约但通常不可分离的面向**统一起来**。自我［下一个段落里，格里塞茨在相同含义上将之称为灵魂］是一个统一性原则……[66]

格里塞茨的阐述似乎意图表明，他并不接受阿奎那的如下做法，即阿奎那将人的灵魂阐述为人的身体的实质形式（the substantial form of the human body）；根据这个阐述，灵魂以及作为整体的人（the human person as a whole），似乎也要被单单理解和解释为处于第一（自然）秩序上的一个实体。然而，说灵魂是这样一种事物，即它将人的包括身体上的（也即身心上的）不可化约的独特而相互渗透的所有面向统一起来，就此，我们不知道它将**以何种方式**；格里塞茨仍旧保留了——我所强调的——阿奎那阐述的成分，尤其是坚持如下事物之间——**作为人，我自己**（I myself）——的等同性：其一，此时此地，通过听得见的言说而产生身体、心理上的效果的东西，以及通过聆听而在身体、心理上被作用的东西；其二，那些逻辑上推理的东西（或者可能校正或未能校正逻辑上的无效性）、那些为了将宝贵时间投入此交流行为中而执行选择的东西，**和**利用内在化技术资源——尤其是英语语言和有效言说的技术——的东西。[67]

总之：其一，作为我一直以来所是的特定人，我具有某种身份；就作为上述特定的人而言，这起始于我在母亲子宫形成之时，那时候的我已经具有人的所有完全能力以及由此而来的自然本性。其二，作为如下这样一种人，我具有某种身份；这样一种人意识到如下众多的事物：自从我首次开始意识

67

---

〔66〕　*Ibid.*，350 - 1.

〔67〕　关于如下区别的哲学意义：其一，**语言**（*langue*），即作为资源的语言（在词典和言说者的能力中）；其二，**言语**（*parole*），即作为在（无法穷尽的多样性和通常新奇的）交流行为中对该资源的使用的语言。参见 Braine，*The Human Person*：*Animal and Spirit*，353 - 63，461 - 5，etc. 对于亚里士多德—阿奎那式关于人的理解的彻底重新思考和回归，布莱尼（Braine）的整个书极具价值，该书充分利用了自然科学和近来英语—语言的"分析"哲学。并非不像格里塞茨，他得出结论：灵魂是给予身体及其构成部分以自然本性、身份、统一性和运行的东西。

我们可以利用远远更为一般化的亚里士多德的"形式因"（formal cause）概念，并且将之适用于灵魂；我们是否将如下事物适用于灵魂：作为"物质"关联物的"形式"的单独（而且，在后来对亚里士多德思想的发展之中）观念……这完全是选择性的（527）。

到——相对于其他（包括民族）——我自己（我的脚趾和恐惧……）之后，自从我首次探究、主张、拒绝和争辩之后——我已然经历、思考的东西。其三，作为如下这样一种人，我具有某种身份；这样一种人具有我通过选择而为自己塑造的品格，其中的选择是我在限制之中、机会之中作出的，这其中的限制和机会又产生于事物的本性、他人的选择以及偶然的联合；上述选择受制于所有起作用的因素，就像莎士比亚、阿奎那各自所描绘的那样，即神命（divine providence）"早已把我们的结果布置好了，无论我们怎样辛苦谋划"（*Hamlet* 5.2.11）。其四，作为如下这样一种人，我具有某种身份；这样一种人是文化形式（一位澳大利亚公民）的客体，是它们（说英语、戴领结）的使用者，也是新的、部分新的**人格面具**的建构者。

盖理·泰勒（Gary Taylor）最近谈道，莎士比亚在试图"谄媚关于自我的将来的超验主义"（flatter the would‐be transcendentalism of the ego）上犯错了：

> 可能，当他告诉我们"我郁结的心事却是无法表现出来 [*Hamlet* 1.2.85]"时，我们不应相信哈姆雷特或者莎士比亚。米德尔顿（Thomas Middleton）并不相信他。米德尔顿回应莎士比亚："你是行为的创造物。"内在的东西如果不表现出来，则它并不关键；与由你已经实际上所做之事创造的实质的社会性和物质性身份相比，你为自己所想象的秘密的主体性是无关的。你被你的行为所塑造，而非被自己的自我指涉的幻想（self‐regarding fantasies）所塑造，你也是你行为的奴隶。[68]

我已经说过，阿奎那和莎士比亚将会赞成：在某些方面，我们每个人都被我们自己的行为、经历和技能所塑造，而很少被我们自己指涉的幻想所塑造；作为我们自己行为的创设之物，我们将是其奴隶，除非我们选择主张针对其的——我们在第一次选择它们时所拥有的——主人地位。他们将会赞成：与"由你实际上已经所做之事所创造的实质社会性和物质性身份"相

---

[68] Taylor, "The Cultural Politics of Maybe" at 256. 其中，援引托马斯·米德尔顿（1570－1627）之处，参见 The Changeling [首次于 1624 年表演] 3.4.140.

比，"你自己所想象的神秘的主体性"更无关紧要。但是，他们会补充道：一个人实际上已经**做**的事情，是在执行审慎考虑中——无论多么迅速——形成的且被选择所采纳的意图和计划；而且，一个人的意图之审慎塑造——这（通过这些选择及其执行）扩展于一个人的行为中——是其真正主体性，这一度是秘密的而后被公开。而且，进一步来讲，一个人的"社会身份"可能是张面具。就此，在原则上，一个人可能被摘掉蒙眼罩，这甚至向其自身展示某些部分相同、部分不同的东西。

第 3 章

安斯库姆论精神和意图 *

I

69 伊丽莎白·安斯库姆的作品曾经是而且现在也是基督教智识生活（intellectual life）的范式（paradigm）。由于信念具有针对其客体而言的现实，而非神话；由于任何可被探索的事物都是因为上帝的现实性（actuality）而所是的事物；一个人智识生活中的探索和其他部分——无论与信念有关的部分，抑或与信念毫不相关的部分——都可以在具有如下信心之中被追求：它们将不会与信念悖逆，而且，如果成功的话，将会使一个人更加透彻地理解什么是真正如此的事物。这是安斯库姆开展其工作而采用的自由和勤勉的方式，她的工作被广泛且合理地视为 20 世纪英语世界天主教哲学的杰出成就。在其去世后的 2005 年和 2008 年，她的论文由玛丽·吉奇（Mary Geach）、卢克·戈尔马利（Luck Gormally）汇编成两册（并且承诺会有更多成果面世），[1] 这使得我们能够更好地理解该范式。[2]

在导论中，玛丽·吉奇以哲学上的表达力和缅怀其母亲作品的方式反思

---

　*　2009a，这是一篇关于脚注 1 所提两本书的评论性文章。此处所载的是该文第 1 - 3 部分与第 5 部分；其他部分的内容出现在本套系列丛书第 5 卷第 21 篇文章的第 4、8 部分以及第 5 卷第 9 篇文章的尾注。

　[1]　(1) Geach and Gormally (eds), *Human Life, Action and Ethics*（以下简称 *HLAE*）；(2) Geach and Gormally (eds), *Faith in a Hard Ground*（以下简称 *FHG*）。

　[2]　See Gormally, Kietzmann, and Torralba, *Bibliography of Works by G. E. M. Anscombe*.

了那些论文，该导论提供了关于如下事物谱系起源的有价值的信息：其一，某些著名文章；其二，在 *FHG* 中，尤其是安斯库姆的信念、理性思考以及她解读阿奎那的路径。伴随上述导言，戈尔马利写了一篇更简短的序言，在其中，他提供了有益的编辑信息。戈尔马利允许自己所做的一个哲学上的评价是，就安斯库姆在道德哲学方面的著作而言，她关于如下内容的理解具有巨大的重要性：针对人类生活的恰当评价（valuation）。该判断必然引导编者将 *HLAE* 中放在"人类生命"（Human Life）标题下的七篇文章之前，并且以安斯库姆于 1979、1985 和 1988 年在纳瓦拉大学（University of Navarre）所做的 70 三场著名讲座开始。没有比以其中第一个讲座为开头更好的了，该讲座由安斯库姆以"分析哲学与人的精神性"（Analytical Philosophy and the Spirituality of Man）为标题而做出，它的重要性仅仅通过如下论文被增强：20 年前添加到 *FHG* 中的一篇文章即《灵魂的不朽》（The Immorality of the Soul），该论文试图解决的多是同样的问题。除了上述四篇论文，我们还应添加《行动的因果关系》（The Causation of Action），它被收于 *HLAE* 的第二部分［行动和实践理性（Action and Practical Reason）］之中。[3]

所有上述 5 篇论文攻击了被安斯库姆称为"笛卡尔式"的谬见；依该谬见，思想（thinking）和意志（willing）［如意图（intending）］被认为是处于非物质的（精神的）实体（substance）或者媒介中的事件：灵魂或精神。他们都公开或隐含地主张人的灵魂的实在性和人的生命的精神本质，这样一种精神性（spirituality）隶属于人的实体。他们捍卫，也即"人的自然本性的精神性的形而上学"（metaphysic of the spirituarity of man's nature）。[4] 他们耗费巨大精力

---

〔3〕 *HLAE* 中的 23 篇论文分类如下：（ⅰ）人的生命：7 篇论文，包括 2 篇有关受精卵的本体论地位的论文［上述论文应和 *FHG* 中的第 20 篇论文即《早期胚胎：理论上的疑惑和实践上的确定性》（"The Early Embryo: Theoretical Doubts and Practical Certainties"）放在一起］；（ⅱ）行动和实践理性：4 篇论文，其中有一篇雄心很大的长达 50 页的论文《实践推导》（"Practical Inference"）；（ⅲ）伦理学：12 篇关于道德哲学、意图、"双重效果"（double effects）、良知、安乐死和医疗裁决中的非处理的控制（non‑treatment of controls）的论文。*FHG* 的 25 篇论文并没有分类，但大约半数关涉信念或接近信念的问题［诸如不朽性（immorality）、圣餐变体论（transubstantiation）、罪（sin）］；大约半数关涉道德问题，包括避孕、核武器、买卖圣职圣物以及高利贷。

〔4〕 *HLAE* 6；同样，*FHG* 76.

来做如下之事：对类似哲学史和当代运动生理学、脑状态等的关注，对相邻且有生命力的现象学（phenomenology）的关注，这使得一个人紧密关注于其思考和意图的东西真正像什么、是什么。但其意义与核心通常是逐渐灌输和强加关于仅仅如下事物的意识和理论上的某些理解：非物质、精神的事物（包括大脑状态、感知、精神想象和其他类型之想象）与物质的事物之间多么极端地**不同**。上述意义与核心还在于逐渐灌输和强加仅仅关于如下的事物：当从哲学上被分析时，相对于自然事件中的因果以及我们所能描绘的所有东西，我们的**日常**思考和意图（比如与该物的颜色相比，指向其形状）[5] 是多么奇怪。+

　　安斯库姆从未发表的论文（《灵魂的不朽》）初稿就涉猎于此，她提出"人的灵魂的精神性是这样一种能力：获知一个永恒概念且关注于作为目标的永恒……"[6] 并且指出，从一个特定视角来看，这不［单单］依赖于"可感知的事物、物理概率和纯粹的惯习程序"，如此"行事，好像某些未被看见的事物存在一样"，以上是一种"精神错乱（insanity）"。[7] 她后来的论文（《分析哲学与人的精神性》）也涉猎于此，在此，她认为"从根本上讲，灵魂的非物质性在于如下事实：你不可能指出一个等同于真理的物质性特征或构造"。[8] 安斯库姆旋即正确地指出：

　　　　该思想更像一个统领许多思想的章节以及众多调查的结果，而非一个单独的结论。但这已经隐含在如下考量之中：如果纯粹被考虑为一个物质性行为，指称的物理行为（the physical act of pointing）甚至并非一个指称行为，这正是如下事实，即比如一个手指具有特定的线条。

　　比如，当指称是颜色**而非**形状时，至少是这样的。

---

〔5〕　*HLAE* 7 – 15.
〔6〕　*FHG* 74.
〔7〕　*Ibid.* , 82.
〔8〕　*HLAE* 15.

　　现在，如果就是这样，那么我们可以说，**作为**身体的人不能被描述为，指向颜色而非形状。因为，他的指称行为确实是一个身体行为；但其并非**作为**身体行为从而被决定为指向颜色。这并不意味着，我们一定要通过一个**不同**类型的实体、一个非物质性的实体从而预设一个不同的、**额外的**指称行为……但我们可以说，该身体行为是**作为**精神的人的行为。[9]

　　从这些以及其他不同的视角来看，后面的论文更好，在作为如下内容的卓越导言方面也是这样：安斯库姆的思想、其与维特根斯坦以及古人的思想的关系、位于人的尊严根基之处的奇妙性（strangeness）。[10]

　　而且，更早的论文为如下事物提供了有价值的线索：安斯库姆的思想及其哲学研究方式的多样性源泉之一。作者在论文的一个脚注中写道，除非迷信，则基督徒并不认为小精灵（天使）能够听见他们 [nisi in Verbo]。[11] 这是编者尚未发现的相对较少的参考之一，但可以确信，它提及阿奎那在《论真理》第 8 个问题第 13 节中的正解（De Veritate q. 8 a. 13c）的论证，即天使不能知道我们内心的秘密，"除非一个或另外的**沉思**（cogitatio）在《圣经》中被展示给天使"。（在其他地方，阿奎那并没有使用过她所引用的短语。）而且，安斯库姆由此一定很留意阅读阿奎那作品的某些部分，在这些部分，阿奎那鲜明地主张：我所称之为如下内容的东西，即关于通常意义上的人的思考、意志的奇妙性。因为在先于她所引用的句子之前的三个句子中，阿奎那给出其所认为的天使自然地不能理解我们的思想的理由；其中，两个关键性理由在于：（1）思考某物要求一个人意志的**意图**（以便关注该问题以及一 72

---

[9]　*Ibid.*, 15 – 16.

[10]　我并不是说安斯库姆的观点奇怪。相反，网上的斯坦福哲学百科全书中有一篇关于行为的论文，其作者写道：

许多哲学家拒绝，超越行动—理由的法（reason – to – action laws）之外的更多东西。他们认为，更一般而言，在纯粹物理描述之下，不存在将理由—给予的态度（the reason – giving attitudes）与**任何物质性**（material）状态、事件和过程联系起来的法。结果，通常意义上的心理学并没有被严格地化约为中立性科学。这意味着，在所意图的意义上，行动的理由解释（reason explanations of action）和相应的中立解释相互"独立"（Wilson，"Action"）。

[11]　*FHG* 80.

个人就此的想法);(2)此类"[人的]意志活动将**不依赖或联系于任何自然原因**(natural cause)"。确实,正如阿奎那在此处和后期作品中所阐述的那样,[12] 一个人的意志行为并非独立于或不联系于神的因果性(divine causality),该因果性以如下方式起作用:其一,作为万物的创造性和持续性原因;其二,作为真正的普遍善(universal good),这是一个人在如下情况中所回应的善:当一个人[的意志]回应特定可理解的善(intelligible good)时。但是,在这个以科学和经验著称的被造之世界上,没有任何因果链信奉或者解释了它们。

在1989年的一个讲座["罪:自愿与疏忽的罪"(Sin: Voluntariness and Sins of Omission)]中,安斯库姆继续展开对如下内容的批判:"准笛卡尔者"(quasi - Cartesian)与"意志行为也即意志(willing)的学说"。[13] 她担心阿奎那可能持该学说,但最终怀疑如下观点:就所有这些问题而言,阿奎那与她之间的分歧是如此之大。[14] 尽管可能如此,后一讲座却是极少的一次机会,她在其中提到如下问题:她在多大程度上赞成或者反对阿奎那。总体而言,我认为,阿奎那对她思想的影响重于她所清晰表明的那样。玛丽·吉奇谈道,"为了探索阿奎那《神学大全》中有益的哲学观点和哲学上的有用之处,通过考量她的特定哲学问题与什么样的基督教教义相关",安斯库姆"设计了一个方法,她将之介绍给我"。[15] 而且,安斯库姆为自己确定了哲学问题,即使她的结论相当接近阿奎那的结论,正如同在《意图》和前述论文中那样,她的论证是她自己的论证。正是这样,她将阿奎那视为"极为优秀的哲学家",[16] 从阿奎那处总是能够得到帮助,尽管如同在诸如此类哲学化中的

---

[12] *De Malo* q. 16 a. 8;*ST* I q. 57 a. 4;q. 105 a. 4;q. 106 a. 2;I - Ⅱ q. 9 a. 6;*ScG* Ⅲ. 88 - 91(e. g. c. 88 n. 2:"除非通过作为劝导而行动[*nisi per modum persuadentis*],没有任何被创造的实体可依靠意志而行动或作为我们选择的原因")。

[13] *FHG* 129.

[14] *Ibid.*,137 - 8.

[15] *FHG* xiv.

[16] *FHG* 135.

其他任何东西一样，这从来没有被确保必然如此。[17]

如下内容的联系并没有被全面阐述，即人类尊严和安斯库姆就下述两者之间的极端差异的立场：一方面是人的思想和意志，另一方面是一个人的感知、感觉、想象、消化等。一方面，如下内容似乎是清晰的，拥有尊严就是 73 被以某种方式抬高超出一般水平，她非常完美地阐述的考量因素确实展现了如下内容：每个人如何被培养从而超越其他动物以及我们所见识过的每一种类型的创造物，正如同具有——远远高于作为精神性的人类基质的大脑状态和其他自然过程的——思考和意志的**能力**。我们拥有它们所有层面的实在，而且拥有的远远更多。从某种意义上讲，作为了解者和选择者而言，这是无限多的。另一方面，如果我们问该尊严如何也是一个价值（a worth）、一个内在和一般价值（intrinsic and generic value）时，我们就进入如下考虑，即安斯库姆尤为可能在 1970 年代中期以后的作品中习惯于称之为**神秘的**（mystical）东西。[18]

她在一篇论文中考察了，如何获悉该价值是"天生的"（connatural）方式。正如她所说，这并非圣托马斯使用的"天生的"方式；相反，这是一个对该词的（新）经院式 [（neo－）scholastic][19] 的适用方式，她并不声称知道其来源。[20] 它意指这样一种知识，它"对于我们之中的这些人——他们

───────────────

〔17〕 安斯库姆的多数哲学努力，至少隐含地指向彻底思考如下内容：其一，与信念相关的源自哲学的必需事物；其二，信念。在 1975 年的演讲中，她谈道：

对一个博学聪明的人而言，其唯一可能的使用方式是如同一个扫除障碍的原因（causa removens prohibens）。在我所处时代的固有观念及其特征性的思维中存在严重障碍，某些博学和聪明的人能够消解它 [FHG 18；同样 FHG 9，在那个关于圣餐变体论（transubstantiation）的精良的论文册子中]。

就此类障碍—清除的例子，一个人可能不仅仅采纳关于人类精神性的阐述，也可能采纳针对如下内容的彻底批判：休谟非常有影响力地反对奇迹的可能性（the possibility of miracles）和预言的论证（FHG 40－8）。

〔18〕 在 1975 年，她直接谈到神秘：

性行为并非神圣的行为。但是，将之视为欲望的因果满足（the casual satisfaction of desire）由此给身体造成的耻辱的感知，确实是一个神秘的感知。称之为神秘的感知，我的意思并非说它不是一般的。它是一般的，如同一具死尸所应得的尊重的感觉：它是这样一种认知（knowledge），即死尸并非供垃圾收集者捡拿而备好的东西。同样，这是神秘的思想，尽管它如同人性（humanity）一般普通（FHG 187）。

〔19〕 FHG 200.

〔20〕 HLAE 60.

并不具有美德，但也可能因羞耻而克制自己不去虐待那些他们有权去虐待的人——并非不可及，[但是] 仅仅在那些善良之人处是强大的"。[21] 我曾经听了她于1981年所作的那场讲座，正如现在，当时我就认为，尽管此类知识分类具有其真理性，但在表达所谈论的问题方面却几乎没有作用，即使当该分类被给予她所给予的有力检验。她并没有过多地为此下很大工夫。尽管形式上是个范畴，但从另外一个语境来看，"神秘的"具有这样的优势，它指引心灵于如下事物：我所称的精神的奇妙性，即它与——其尽管使之形成且具有活力的——质料（material）的极端差异。安斯库姆也有益地称该奇妙性为精彩的（wonderful）。通过这样做，她故意从特伦托城弥撒的准则（the cannon of the Tridentine mass）中分离出祈祷文：啊，上帝！您神奇地创造/建立人的实体/本质的尊严……（Deus, qui humanae substantiae dignitatem mirabiliter condidisti...）[22] 在最为充分地处理该问题之处，她将此种尊严联系于起源和目的：

> 但是，作为既具有精神又具有血肉的人，便不同于其他动物。发生在人身上的对精神的任何亵渎，都是邪恶的、令人沮丧的，从最好的方面来讲是琐碎的，从最坏的方面来讲则是亏待生活……在如下意义上这是无宗教信仰的（irreligious）：相反的宗教态度——在人类生命之谜面前的面向之一——并不必然单单联系于某个特定的宗教体系……宗教态度可能刚刚开始……或者它可能更为发达，从而感知到：人由上帝据其相似性所造，从而了解并爱上帝……对于人是何物的此感知使得一个人感知到：人类死亡是令人畏惧的，而且人类生命通常被怀以敬意——这是一个关于其目的的符号和承认——地对待。[23]

74

---

〔21〕 *Ibid.* , 66；同样，参见 *FHG* 100.

〔22〕 *FHG* 197；See also *HLAE* 72.

〔23〕 *HLAE* 269 – 70.

II

　　HLAE 的几篇主要评论和出版者关于 *HLAE* 和 *FHG* 的简介，都给予安斯库姆的"经典论文《现代道德哲学》（Modern Moral Philosophy）"以特殊的重要性地位；而且，其中的一篇获得了特殊的关注。安斯库姆在剑桥大学哲学讲席的继承者西蒙·布莱克布恩（Simon Blackburn）正确地指出了上述论文中的两个主题的影响：

　　　　其影响开启了对于——作为道德思想（moral thought）所需的核心概念的——美德观念的回归。这极具影响力，首先使其多数牛津后辈、进而使或许世界范围内的多数哲学家反对作为道德、政治理论的功利主义，也反对那个时代流行的如下观点：从根本上讲，伦理学是个人承诺（personal commitment）或选择的事项，是一个表达信仰或交流社会压力的工具。

　　布莱克布恩进而转向更深层次的命题，这也被迈克·杜米特（Michael Dummett）的评论所强调；我将之改述如下：现代意义的"道德"（moral）、"道德义务"（moral duty）、"道德应该"（moral ought）和"负义务的"（obligatory）源自神法（divine law）伦理；而且，那些认为我们对这类神法无知的人，认定它们不应被其使用，因为对这些人而言，它们的意义在本质上不可及。[24] 布莱克布恩的表述是："安斯库姆的思想是陀思妥耶夫斯基式（Dostoievskian）的主张，即如果上帝死了，则任何事情都被允许。"布莱克布恩评论道，这是废话且被柏拉图所反驳。

　　布莱克布恩严重误解了安斯库姆。她在此处的命题与论证意味着，"被允许"的观念同样不可及：如果我们不知道任何神法，则每件事情（或任何事情）是否被允许的问题就很轻易地消失了。无疑，安斯库姆并没有直面

---

　　〔24〕　See *HLAE* 175 – 94. Blackburn：TLS 30 Sept. 2005，11 – 12；Dummett：Tablet 9 July 2005，22.

且公开地反驳，可以被称为隐含在通常被理解的陀思妥耶夫斯基式主张背后
的想法，此想法为：一旦我们认为上帝不存在（或者如柏拉图在其后期作品
中所讲的那样，上帝不关注或者完全放纵人事），那么在良善与邪恶行为、
公正与不公正行为之间的所有区别就都是空的，即使可理解，对我们的理性
也没有任何影响。但是，安斯库姆没有提出、赞成甚至暗示上述想法。相
反，她的整个谈论假设，任何——遵循其建议并克制使用（她所认为的）源
自神法伦理学（divine – law ethics）术语的——无神论（non – theistic）道德哲学
家，仍可发现美德与邪恶、公正与不公正以及更为一般的行为中的合理与不
合理之间的区别，仍可坚持"在任何情况下，这都是一件可耻的事情，即
'一个人最好实施此不公正之行为'"。[25]

　　但是由此，我认为可以推导出来：安斯库姆的该命题缺乏我们能够称之
为操作上的重要性（working importance）的东西。如果问题并非关涉诸如此类
的伦理怀疑主义，而仅仅关涉诸如"是邪恶与不合理"的否定性伦理性谓
语的精确力量（the precise force of a negative ethical predicate）；如果以下内容被进一
步接受，即这可扩展至"无论什么情况下的邪恶和不合理"；那么，我认为
该问题非常边缘化。而且，对我而言，上述内容似乎被这些论文所肯认。她
始终没有从该命题中退缩，即使偶尔有低调的重现，[26] 但这几乎未曾扮演
任何角色。在 1989 年关于"罪"的讲座中，她基于如下内容继续前行：
"反对神法"和"反对正确理性（right reason）"，这两者分别定义了"罪"。
确实，她说到，唯有理性指示（dictates）了对真神祇的崇拜，这两个定义
"就涉及它们所覆盖的内容而言是同等的"。[27] 但这与如下说法相去甚远：
如果其不能承认那个"指示"，则理性可能就不具有任何罪的概念。我应该
补充道，我相当怀疑该命题，即使被边缘化。我不认为安斯库姆如下说法是
正确的：在亚里士多德那里（正如她所说，[28] 亚里士多德在不带有神法的

---

[25]　*HLAE* 193（= Ⅲ 42）.

[26]　e. g. *HLAE* 147 in 1974.

[27]　*FHG* 117 – 19.

[28]　*Ibid.*，148.

观念下进行创造），"dei"确实不同于现代的"道德应该"（moral ought）。[29]
而且，我也不能发现，比如当公元 2 世纪的法学家盖尤斯（Gaius）视自然权利和自然法同义于自然理性（natural reason）所要求我们的东西时，他就预设了一个神法。

III

玛丽·吉奇就 HLAE 一书所写的序言揭示，安斯库姆广泛且理所当然地具有影响力的书《意图》源自如下的讲座过程：其于 1956 年 6 月所做之讲座，该讲座是如下立场之延伸，即反对牛津大学授予荣誉学位给那个命令对广岛和长崎进行屠杀的人。但［与其在《现代道德哲学》中的命题或规定（prescriptions）之一相符］该书极力回避有关如下问题的道德推理和关切：她对意图的分析之结果将或者应该对伦理分析或道德判断或评价产生什么影响。该书将描述性和解释性的优先性（a descriptive and explanatory priority）归属于（多个）描述，这是行为在实践推理（审慎考虑）中所具有的东西，依此，行动之人形成——他或她通过选择以此种方式行为（作为或承受）而采纳的——建议。位于实践推理和审慎考虑之中的（多个）描述的此种塑造，并非一个发现如下描述的问题：在此之下，对自己和他人而言，一个人下定决心要做的行为将是可以接受的。相反，考虑到事实语境，即当一个人理解了这对于其（多个）目标和那些其判断为有助于实现此类（多个）目标的手段的影响；上述建议的形成被一个人认为的如下内容所确定：对于达致一个其认为可欲的目标［通常是一系列嵌套的（nested）目标］而言必要或有益的手段。在以此种方式总结该书的主题时，我使用了并非完全属于她的术语［如"建议"（proposal）、"采纳"（adopt）］。但是，当她于 1990 年在场时，

76

---

［29］ See NLNR 297，343. At FHG 148. 她将 dei athanatizein 译为"应该站在不朽的一方上"。而且，如果神法出局，这正如同在亚里士多德和当代道德家那里一样，那么，对我而言，那个"应该"似乎是一个道德上的应该，即使其在此情形下引导我们走向（站在不朽—不朽化的立场）的目标（目的）是一个不寻常、陌生和战略上的东西。

我作出了关于意图的阐述和分析；在我看来，针对我的上述阐述和分析，她所偏好的尽管非正式且口头的回应有助于确信我们的如下看法：她主张的命题是/或符合我上面所梳理的内容。

然而，在一种**伦理**语境之下，她论文中有关意图的探讨倾向于在某种程度偏离上述阐述。典型的情形是，她在作出如下判断时所讲的内容：她将（c.1978）非洲的某些天主教神父［犯下圣职圣物买卖罪（*simoniacal*）］的行为断定为不道德，这些神父将如下行为作为成人洗礼的条件，即皈依者首先要向教堂付钱；这些神父提出此要求时的良好动机或深层意图在于，要求皈依者"展示其良好性情"，也即给予教堂经济资助的意愿性。她说道：

> ……什么决定了意图？通过告诉自己和他人"我现在没有做**这**，我现在做**那**"，你能够决定上述问题吗？不，你不能：事实的情况、一个人行为的条件以及后果大多足以决定你正在履行**什么**意图性行为；它们通常非常大声、清晰地断定之；通过如下行为，你不能够使其不是那样：讲述一个故事，或者通过邀请人们履行某些很少的语义学训练（semantic exercise），并进而将某物称呼为一个——与属于来自事实的名字相比——不同的名字。[30]

上述段落提供了两个关于行为定义性（the action – defining）的行动中的意图（intention – in – the – act）之选择性的候选决定因素：（1）告诉自己某些事情，做某些非常少的语义学训练等；（2）你的行为的条件和后果，"确定和决定关于你正在做的行为类型的深层次描述的整个语境"。[31] 但这些备选项忽略了《意图》一书所认为的决定性的东西：你的真正实践推理，在其中，你将行为等同于一个对你要达至的目的而言令人满意的手段。条件、后果和语境当然是决定性因素，**尤其当这些决定性因素参与到一个人的实践推理中**，一个人对于选择的审慎考虑中（不要混淆于一个人为了逃避或者吸引某些行为的**道德上的**刻画而为自己或他人讲述的某些故事）。一个人在该推理

[30]　*FHG* 242 – 3.
[31]　*Ibid.*, 243.

中所使用的词语亦无关紧要。拿手头的例子来讲，如果一个人断定"付钱给教堂作为受洗条件"是善的，则是否使用（以之思考）如下词语就是无关紧要的："付钱"或者"条件"或者以其他任何语言表述的同等物。当然，更为无关紧要的是，对于一个人在做之事的相关描述，不管一个人是否知道术语"圣职圣物买卖罪"，或是否意识到就此存在一类被教会断定为严重错误的行为。

安斯库姆在此处的伦理定位的分析，忽略了其非伦理学作品中所采用的行为分析（意图分析）；[32] 在对之进行批判的过程中，我将继续我之前已经作出的批判，这尤其关涉她的论文《行动、意图和"双重效果"》（Action, Intention and "Double Effect"）。[33] 对于安斯库姆的如下结论，我并不持异议，即神职人员在非洲布道时具有良好动机但其要求是错误的。而且，正如吉奇的序言所讲，该论文显示了安斯库姆是一个多么远离成为坚持政党路线（a par-ty - line）的女人。一个人补充道，这也展现了她在伦理学中的兴趣并非单单是忏悔的（apologetical），而且，正如她论述高利贷不正义[34]的论文所显示的

---

　　〔32〕　该区分并非僵硬：大多内容为在 1974 年重访《意图》的"实践推导"一文中，安斯库姆通过证明一个推导而讲道："英国人……想毁灭荷兰岛上的一些德国士兵……并且，选择通过炸开大坝且淹死所有人来完成上述想法。"他说，这是一个关于如下决定的例子："为了得到一个人想要的特定种族而杀死某个地方的所有人。"但同样，这也可能是一个关于如下决定的例子：为了通过炸开大坝而杀死德国士兵，接受任何荷兰平民的死亡作为副效应（a side effect）；如此做可能是公平的，也可能具有邪恶的不公平，这取决于语境和谋划者关于这对于所有相关之人的影响的推理。在她早期对该事件的描述中，可参见《杜鲁门先生的学位》（"Mr Truman's Degree"），载《哲学文选》第三卷，第 66 页（Collected Philosophical Papers, vol. 3, 66），她以一种在某种程度上更为开放于第二个版本的方式描述之，在其中，不存在以杀死任何人为手段而杀死某些人的意图，但是存在"考量这些可能性时的肆无忌惮"。一个人可能赞成她的如下观点：考量副效应时的肆无忌惮能够"将之转化为谋杀"，因为"谋杀"超越于其核心典范——带有杀人的意图而杀人——进而转到次级情况，比如意图严重伤害或者对于其行为的严重副效应不计后果（尤其但不必然是非法行为）。［see essay 10 at pp. 193 – 4.］

　　〔33〕　See assay 10 at pp. 189 – 93.

　　〔34〕　还有她关于承诺（promising）和政治权威（political authority）的著名论文，该论文载于《哲学文选》第三卷。［关于前者，参见 NLNR 298 – 308, 343；关于后者，参见 essay Ⅳ. 4（1987d），sec. Ⅲ .］

那样，这绝非仅限于性与杀戮。[35]

Ⅳ

78　　在 1989 年于多米尼加神学院（Dominican House of Studies）举办的一个讨论罪的公共讲座中，安斯库姆以一种明显的方式重访了某些我在这个评论性论文的第一部分已经强调的主题。在其讲座结束时，她说她的讲座目的之一在于，"增强我对某些我们相信的事物的惊人特征的注意"；[36] 正如我已经谈到的那样，这个目的也与其在纯哲学领域中的工作相符。她最后的反思在于，上帝的在场（presence）、永恒意识（the constant consciousness）之中的此时此地之存在的可能性。但是，她在此处的部分目的也在于切断我们与如下内容的联系：想象某些精神经验以及某些位于笛卡尔式意识中的笛卡尔式沉思（Cartesian *cogitatio*）。[37] 不，这是一个要将如下内容谨记在心的问题：上帝看见并且听见我们，而且，存在神命。反过来，该谨记在心的无非如下事物：我们对于自己在任何时间正在做的事情的终极理由（ultimate reasons）的真实阐述，将会提及这些关于神的知识、意志（divine knowledge and will）的事实。一个合理的心灵应时常将此种形式的神之在场置于其中。"它的缺席——在人类种族中几乎是普遍的——被我称为'上帝的放逐'（God's Exile）。"[38] 她

---

　　[35]　在 *HLAE* 中有一篇关于《人的尊严》（"The Dignity of the Human Being"）的论文，该论文显示了安斯库姆对于新的伦理学思想流派在多大程度上是开放的。编者简单地将之称为"未更新"，但它确实源自 1985 年后期或者 1986 年。在此，它阐述了由英语世界天主教哲学家们在 1979 年之后逐步发展的论证，尤其是在 1982 – 1983 年间："将人类受精卵放在器皿或测试管中是一个极恶，因为操作者是个生产者——即使他使用自己的精子——而非父亲……"（*HLAE* 70 – 1）（在 1983 年 2 月写给我的一封信中，她很明确地接受了该论证的核心，并评论了其形成。）有关该来自于平等的论据［该论据在《生命祭》（*Donum vitae*）中被采纳为其中的论据之一，在 *Catechism of the Catholic Church* 的第 2377 段被作为参考；并且参见 essay 17, sec. Ⅲ 和 essay Ⅲ. 17］的阐述是不完整的；并且，要想让多数读者同意，这无疑太仓促了。但是，论据就在那里，她于 1978 年在墨尔本给教职人员的演讲中甚至存在第一部分的踪迹［"儿童是被得到的（begotten）……而非被生产的……"：*FHG* 202］。

　　[36]　*FHG* 155.

　　[37]　*Ibid.*，148.

　　[38]　*Ibid.*，149.

随后补充了如下内容，这展现出关于如下事物令人惊奇的深度：她在任何地方写作的关于人类精神的所有东西：

> 对上帝而言，从现存的事物中放逐是不可能的，甚至在地狱中也不可能。我一直在说的"放逐"并非一个源自生理或心理存在的放逐：这也是不可能的。这是一个源自我们精神存在（spiritual exist-ence）的放逐……

注

† 指称和其他日常行为的精神面向的哲学分析……（at nn. 4 – 6）。也可参见本卷导言部分第 5 – 7 页（边码）中所提及、简单讨论的与之相关的安斯库姆的其他作品。

第二部分
团体身份与团体行为

第 4 章
目的、公共行为与人格化 *

在 1954 年的就职演讲中，哈特将人格化（personification）的问题——"法人人格"（corporate personality）——从法理学的日程表中几乎剔除了长达四分之一个世纪之久。该演讲谈道，关于法人（corporation）权利与义务的陈述，是关于那些涉及法人事项的人［无论作为成员、官员还是代理人（agents）**］之权利与义务的陈述；尽管，这并非如前者、缩写主义者（abbreviationist）或集体名称理论（collective name theories）所假设的那样，是单单**关于**它们的。相反，此类陈述从被陈述的法律规则的前提（legal rule – premises）中提取关于法律的结论。每个案例中的此种法律结论，总结性地揭示了关于如下内容的**理由**：为何个体的这些权利、义务**源自于**个体（无论是那些其权利和义务正在被肯定的个体成员，抑或可能的其他个体）的其他特定活动。法人权利或责任（liability）的陈述所揭示的**理由**基于如下内容：上述关于法律的未被陈述的规则对于这些事实、后果的影响。[1]

所以，"某某公司"（X & CO.）并非命名虚构的实体，因为谈到它时我们并非**伴称**：上述名称所适用于其中的事物的存在方式，正如同名字"史密斯"适用于史密斯那样。然而，某某（X）和公司（CO.）［或者史密斯公司

---

* 未出版：该文系为一个关于政治理论的研究生研讨课而准备，与谈者有罗纳德·德沃金、约翰·格雷（John Gray）、约瑟夫·拉兹（Joseph Raz）和比尔·韦恩斯坦（Bill Weinstein），地点在牛津，时间为 1987 年 10 月。

** "agent"一词，在本章既有"代理人"的意思，也有"行动者"的意思。根据具体语境，译者分别将之译为"代理人""行动者"。——译者注

[1] See *EJP* 40–1.

(Smith & CO.）〕当然也并非真正的实体（具有真实意志和生命，却神奇般地不具有身体）。

所以：在不带有任何神秘或者尴尬的意义上，我们能够也应该使用法人、拟人化的语言，因为这无非辨识出人类的个体，采取的方式也并非公开地，而是通过表达如下一个特殊类型的理由：考虑到特定法律规则，为何这些人——在其作为成员、官员和代理人等权限范围内——具有类似于他们作为个体人所具有的特定义务和权利等。

但是，当不存在任何控制我们利益的法律规则时，又是怎样一番景象呢？**那么**，关于法人或者其他团体（group）的言谈该如何被解释呢？哈特并没有逃避此问题。他不断重复其方法论上的秘诀（methodological prescription）。他将该秘诀归于边沁的帮助，但我将之归于亚里士多德〔2〕——因为边沁严重滥用了该方法，由此给法理学造成的危害只能等哈特来消除。总之：不要问"什么是团体"；而是问"在什么条件下，我们可以将〔个体人〕〔人类（human beings）〕的成员、后果称作个体的集聚（aggregates of individuals）呢？在什么条件下，相反，我们采用——通过类比而从个体扩展而来的——统一术语呢？〔3〕（亚里士多德："什么是月食"的疑问应被转化为"为什么月亮现在变暗了"。）哈特的回应是：在迥异条件的众多变体下，某些而非其他条件，对法律和政治目的而言意义重大。所以，哈特确实没有回避该问题，但其就此的回应确实算不上任何一丁点儿的回应。

现在，如果向前推进超过 30 年，则我们看到，德沃金带着一丝桀骜不驯地提出：在法理学（政治理论）中，我们需要承认"关于共同体（community）或者国家的尤其深刻的拟人化"。〔4〕**共同体**具有自己的原则，这无需被所有、多数甚或任何〔5〕个体性成员所持有。共同体可以虚伪地或单单不一致地依此原则而行事或反抗之。共同体，或者任何诸如公司（corporation）等

---

〔2〕 *Posterior Analytics* Ⅱ. 2：90a5－20.〔See now essay Ⅳ. 1（2003b），sec. Ⅰ.〕

〔3〕 *EJP* 43.

〔4〕 *LE* 167.

〔5〕 *LE* 172.

更小的团体，是这样一个道德行动者（a moral agent）：其可能出错，而且，其责任应被确定为赋予其代理人或成员以特定责任的**理由**、**基础**。在这些情形下，通过**首先**确定团体的责任，进而，我们确定其成员或代理人的责任。[6]再次，作为个体人的我们具有反抗国家的权利；作为整体的共同体则具有义务，由此，其特定的官员或机构便具有义务。尤其，我们具有被国家（以及由此被处于官方位置上的官员）平等且不偏袒地对待的权利——这涉及一个任何个体或处于其私人位置的官员所不具有的义务。[7]再次，作为整体的共同体**忠诚于**（committed to）（在该共同体中被界定的）立法过程所产生的事物。[8]整全性（Integrity）要求共同体（以及**由此**其代理人）依其承诺和原则而行动。[9]

尽管如此，德沃金清楚地明白：共同体并非具有独特利益、视角，甚至并非自身福利的真正人；而且国家不能自由或不自由地接受其原则，或者被误导，或者误解其自身的原则。[10]

总之：如果哈特将拟人化从日程中剔除，德沃金则重新正确地将之放回原处。但哈特和德沃金都未解释：当我们为官员赋予法定权利和责任之类时，**为什么我们要通过**赋予权利和责任给团体——上述官员是该团体的官员、代理人或代表——来这样做。让我们换个角度来看这个问题。假设我们不应该简单地问"什么是团体"，则我们仍然可合理地对知晓下列问题而感到困惑：**为何**，或者在什么条件下，道德或者法律谓项也要适用于个体人，正**因为**此类谓项适用于"团体"。

我发现，有关我在《自然法与自然权利》（第六章第七节）中对团体存在的考量，《什么是团体》这篇文章尤为有益；在那篇论文中，哈特最亲密的合作者托尼·欧诺瑞（Tony Honoré）着手处理被哈特悬在空中未予处理的问题。［但他并未宣称处理法律上的法人人格（legal corporate personality），这仍

---

〔6〕 *Ibid.*, 168.
〔7〕 *Ibid.*, 173–5.
〔8〕 *Ibid.*, 343.
〔9〕 *Ibid.*, 166–7.
〔10〕 *Ibid.*, 168.

然游离并且在很大程度上游离于日程之外。〕当然，欧诺瑞将此问题转化为妥适的亚里士多德式形式：人们（people）之间的何种联系（互动）使得此类人的集合成为社会团体呢?[11]

答案是：将团体的活跃成员区分出来的东西在于，他们在追求共同事业中协调其行为（"共同事业"指这样一个目的或活动，它要求协作，并且由此要求关于如下内容的普遍理解：为了达致该目的而协调行为，以及该如何做事）。在《使法具有约束力》（*Making Law Bind*）一书，"什么是团体"以及该论文之前的另一篇论文《团体、法和服从》（*Group, Law and Obedience*）中，欧诺瑞考察了为达致和维持协作所需要的东西。而且，关于维持协作的实践推理的内容可以在规定（prescription）中被陈述。进而，超越规定的后果和新规定的作出，自身能变成协调性规定的主体（subject）。此类环环相扣的规定也挑选出（pick out）官员，使之在维持和促进协调中具有特殊角色。总之，依照那些——要构成团体**存在**的实体的——协作性规定和互动，欧诺瑞自觉地重铸了关于法律的哈特式阐释。

在《自然法与自然权利》（第六章第二节）中，我采纳了该阐释的许多内容，并添加了一个关于四种秩序——或者统一真实关系的类型——的方法论说明。在上述秩序中，人的存在被表现（lived）：其一，自然的秩序（the order of nature），这是我们选择的任何事物所是的事物（在该实在的秩序中，你听见我嗓音的声音）；其二，可以带入自我了解中的秩序（在此秩序中，你听见我的分析和论证）；其三，带入承受我们权力的事项（matter subject to our powers）中的秩序，去做食物、制造船只或者创作诗歌（在此秩序中，你听见英语语言和特定的修辞）；其四，通过明智的审慎考虑（deliberating）和抉择（choosing），带入我们自己的行为和性情中的秩序或统一性（在此秩序中，你得知我在主持一个研讨会）。共同体的存在、互动性协作和团体就是

[11] Honoré, *Making Law Bind*, 54.

上述第四个秩序意义上的实体。[12] **是什么**……这些问题是危险的，单单只要它们表明，在比如第二或第四秩序意义上的问题，在寻找某些可以在第一秩序意义上妥当研究的对象；诸如被边沁所践行的经验主义还原论（empiricist reductivism）正是这样做的。

　　但现在，我想转向如下的理论：其一，规范性理论，这构成德沃金关于如下主张的基础，即承认共同体拟人化的必然性；其二，道德理论，这被托马斯·内格尔（Thomas Nagel）在其论文《公共生活中的残酷性》（Ruthlessness in Public Life）[13] 中所阐述，德沃金在此语境中参阅的就是该文。

　　内格尔由注意如下广为流传的意识而开始：那些依公共角色而行事的人——和那些参与、实施现代生活中的重大公共罪行的人——由于其角色而在某种程度上被免责［除非在诸如斯大林、希特勒和阿明（Amin）等极端个别的例子中］。然而，一个公共行为，尽管在其决定和执行中扩散于许多行动者，[14] 也**是**行动者（们）的行为。[15] 所以，如果他的责任（有责性）不同于当他以私人身份行动时，必然是因为道德要求不同。[16] 而且，它们就是如此，尽管如同私人道德（private morality）一样，它们源自同样的公共来源原则（common source – principles）。[17] 在内格尔看来，所谓的私人和公共道德之间的差异，可归结为两个。

　　第一，公共行为在公共（所涉的整个共同体）成员之间必须严格地不偏不倚——而且，此处的"公共"（public）和"共同体"不仅包括国家，还包括政党、革命运动组织、慈善机构和大学等。[18] 公共行为必须留意如下层

---

　　〔12〕　自《自然法与自然权利》之后，在公开出版的作品中，我通常更喜欢遵循阿奎那关于此四种类型秩序的原初谈论的秩序。在那里，被带入我们的选择和行为中的秩序（这是道德范畴的秩序）被列为第三秩序；而且，技术的秩序等被列为第四种秩序。See e. g. essay I. 14, sec. Ⅲ（1991a at 134 – 42）；*Aquinas* 21 – 2.

　　〔13〕　Now in Nagel, *Mortal Questions*.

　　〔14〕　*Ibid.* , 83.

　　〔15〕　*Ibid.* , 77.

　　〔16〕　*Ibid.* , 78.

　　〔17〕　*Ibid.* , 82.

　　〔18〕　*Ibid.* , 82n.

面的一般善（the general good），即就每个人的善而言的意义；而且，正如在私人道德中（内格尔说），没有如下情形存在的空间：不关心一般（共同）善，而关心自己的私人空间并纵容其个人利益（心血来潮）。所以，存在一个于不偏不倚意义上的超然（impersonality）。

第二，**结果**被赋予了更大分量，因为对手段的限制被放宽，而且公共行动者（在道德上）被允许去残酷行动、染指某些事情，以及使用（对个人而言不被允许的）胁迫性、操纵性或阻碍性方法——但并非直到最后（法语：*à outrance*），这正如内格尔一再忧虑地谈到的那样；这里存在底线；"个人道德的最强限制将被继续限制，能够被即使非常强大的后果主义（consequentialist）考量所公开证立的东西"。所以，合法但不公正的死刑判决（judicial murders）和针对平民的空袭大屠杀仍处于限制之外。[19]

现在，内格尔上述两个差异之第一个是西方经典政治哲学中的常识："就国家而言，无论高低，所有人的利益都是平等的"：教皇列奥八世（Leo XIII）于1891年5月15日颁布的《新通谕》（*Rerum Novarum*）。但第二个并非如此；我认为，共同道德（common morality）被教皇约翰二十三世（John XXIII）在《和平于世》（*pacem in Terris*）（1963）第80个段落中总结道：

> 自然的**同样**道德法则——它调整个人的生命和行为——也必须调整政治共同体之间的相互关系……政治领袖……也要受制于自然道德法则……并无稍微偏离这些观念的权威。

辩证而言，内格尔就第二点的立场似乎非常不稳固。他不仅没有提供关于如下内容的任何暗示：如何以及为何，一个限制残暴和肮脏操作（dirty manipulation）——就其公共官员角色而言在道德上是允许的——的程度和范围的界限要被划出。而且在我来看，他似乎也不可能解释：如何以及为何，政党的"公共官员"（public officials）、大学、慈善机构等在道德上被允许成为如此残暴的和肮脏运作的（dirty - handed），反之比如父母不会如此对待子女、

---

〔19〕 *Ibid.*, 89.

医生不会如此对待病人、私人导师不会如此对待学生。事实上，针对我们的考虑，他从来没有给出一个被许可的残暴（licensed ruthlessness）的例子。如果我下楼时发现一个窃贼正在盗取宝贵的音乐器材，那么，我可以正当地施加于窃贼的强制措施和处理方式的程度、类型依赖于：我是否单独生活或在楼上还有家庭？或者我是否是音乐家的保安或音乐家协会的保安？不，我应该考虑。而且，如果我是一名警察呢？这看起来的确有所不同；在某种程度上，只要是一名警察，就是如下体系的最终行动者：对不公正（injustice）惩罚性修补（punitive reparation）的司法上被监督和执行的体系。

当然，面对不公正私人偏好（self‐preference）的不同框架，那些对维持成员的协作和平等负责——比如处于共同体的协作［包括关于不欺骗的——正如欧诺瑞所称的——否定性协作（negative coordination）］规则之下——的人，带有一种可称之为残酷的超然，可正当地使用胁迫性手段；从而维持法律和道德在强、弱个体之间所建立[20]的妥适平等秩序；从而恢复关于利益、负担的公正分配之秩序，如果该秩序已经被或者正在被以犯罪的形式破坏。[21] 　86
除了——要以对共同正义（common justice）之关切代替私人同情（private sympathies）的——该胁迫性和意愿性，我看不出任何如下考虑的理由：适用于公共（社会）行为的道德要求不同于调整私人（个体）行为的道德要求。

但在本章中，我想关注的东西不是"哪种规范适用哪种行为"一类的直接问题；而是这样的问题，即当我们适用任何可以适用于行为的道德规范时，道德和政治理论应如何谈论社会或公共行为与私人行为之间的关系。我想考虑的例子是一个在《核威慑、道德与现实主义》中被分析的例子：美国的核威胁体制。

我现在并不想为该书的结论申辩，在那本书的结论中，我们如此表述：

> 威慑是一个公共行为，它存在于并且通过许多个人的选择——
> 其建议该行为，或接受如下建议即采纳、参与或以其他方式支持该

---

[20]　正如哈特谈论正义时所指出的那样：CL 164‐5.

[21]　参见我对惩罚的谈论，in NLNR X. 1 and FoE V. 5［and essays Ⅲ. 10‐12］.

行为——而形成。每个人的基本责任并非选择或者做任何如下事情，即自己采纳、参与或支持该公共行为或任何——公共行为得以被构成和维持的——次级行为。因为公共行为包含一个不可接受的建议；在城市交换（city swaps）和/或最终报复（final retaliation）中杀死一个无辜的人。由于那是一个人无论如何必须不得采纳的建议，由此，无论如何他必须不可以接受任何如下的邀请：支持该威慑，或者帮助——无论多么勉强地——产生持续性。[22]

此结论产生了我们谈论恐吓行为（bluff）的末尾时所表述的方法论立场：

> 不从社会行为（the social acts）的道德开始，一个人就无法正确理解任何人参与此威慑的道德。这就是如下行为的原因：贯穿于该书，我们主要关切作为统一的社会行为的威慑，而仅仅次要关切参与其中的林林总总的人的许多行为。[23]

而且，在我们对"威慑就是恐吓"这一假设的分析的末尾，此一立场——本质上是德沃金在迥异语境中的立场——被陈述；这恰恰因为，较之我所知道的任何其他分析，该分析更为清晰地展现了如下内容：**为何以及公共行为如何不可化约成私人行为。**

一些人会设想，如果总统或者总统以及少量高官在恐吓，则整个威慑就是恐吓。但威慑体制并非处于某个人或极少数人支配下的某个重要机器，而是一个非常庞大的社会事业，它包含了不同形式的协作。这是千万人工作中的一个重要部分；对于数以百万计的其他人，他们以作为投票者履行公民义务（civic duties）的方式或其他方式参与其中。对于所有涉及其中的人，参与威慑的方式是通过个人的道德选择，而对于该选择，每个人承担不可转移的（untransferable）责任。

作为社会事业的威慑体制，并不独立于——参与其中之人的——林林总总的个人道德行为而存在；不存在诸如约翰牛（John Bull）或山姆大叔（Uncle

---

[22] *NDMR* 343.

[23] *Ibid.*，123.

Sam）这样的社会人（social person）来代表国家进行审慎考虑和作出抉择。而且，存在这样一种真正意义：在其中，一个国家的威慑体制具有单个社会行为的统一性（unity）。尽管社会行为经由社会成员的特定个人行为而构成，但其不可化约成这些行为的整体总和或其中的任何子集。

我们在此提供一个对比：一个进行比赛的团体参与一个单一社会行为（a single social act）。除运动员的个人行为之外，上述行为没有任何存在的表现。然而，作为整体进行比赛，胜利或失败的团队的行为不可能被化约为运动员的个人行为。团队的目的在于胜利。个体成员具有许多其他目的，有时候，其中的某些会或多或少尖锐地与"胜利"相冲突。为了将比赛视为一个社会行为，我们必须将社会目的（social purpose）谨记在心，不要被个体运动员的目的之无关方面所分心。可以假想，出于私人原因，团体的每个人可能都希望输掉比赛（但并没有太明显地表现之）。即使如此，团队比赛的社会行为仍维持其目的：胜利。而且即使团体的**某些**成员相互密谋放弃比赛，团体**所有**成员的行为仍将被非密谋的成员以及团队的支持者、批评者视为尽心尽力为团体的社会行为：为胜利而战。

威慑也是一个社会行为。例如，美国的威慑通过总统、国会成员以及其他人的行为——依照其宪法的、成文法的或其他公共职责——形成并维持存在。确实，当公共官员行动时，他们出于个人理由而行动，并且实施个人行为。然而，通过所有这些——在履行不同社会角色中被实施的——个人行为，官员们整体地产生了一个单一社会行为：美国核威慑。这个社会行为具有其自身目的：威慑。而且，它包含一个真正的共同选择（communal choice）：在恰当的条件下去实施其威胁行为。

该共同选择**不可能**是恐吓的行为。可以说，恐吓行为是处于威胁和意图或选择之间的一个空隙；但在"威慑的威胁"和"**如果**……则执行该威胁的共同选择（公共选择即在许多情形中被表述为威胁的东西）"之间，不存在可以插入楔子的空间，正如胜利的目的不可能从团体比赛中分割开来。

威慑的道德品质并没有被个体在道德上善或恶的意图所界定或决定。即使总统及其内部圈层的私人决心反复摇摆于恐吓的意图，该道德品质也将不

88

会天天改变。因为核威慑的社会行为由其公共提议（public proposal）所界定，如国会成员被号召要去支持的提议。而且，该提议并非要去吓唬苏联人的提议。这是一个通过如下事物来威慑他们的提议：强加"不可接受的损失"于人的明显能力**和意志**。

此社会行为——国会成员被号召通过立法从而参与其中——是这样一个威慑，即其他特定公民被号召通过履行其军事义务从而参与其中，多数公民有时被号召通过其选票从而参与其中。该社会行为的道德责任以及真正隶属之的道德品格，被每一个头脑清醒、未被胁迫的参与者所分享。通过其个人行为，所有故意完成其任务的人都承担责任，不仅为其个人所做之事，也为他们一定程度上参与（分享）其中的社会行为。

所以，不从该社会行为的道德入手，我们便无法正确理解一个人参与该威慑行为的道德性。如下情形是可能的——可以想象到的——今天参与威慑的许多人**是在**恐吓，而且参与（或以任何方式涉及）其中的其他任何人希望：参与（涉及）威慑的其他任何人是在恐吓。但即使真是如此，**威慑**也并非恐吓，参与其中将是参与一个包含不道德的提议、意图和选择的公共行为。

重点不在于，不可能存在一个团体恐吓行为（group bluff）。这可能存在。但如果存在，也将不是因为团体中一个或更多成员之隐蔽的内部决定；而是因为特定团体的本质确实如此，以至于**其能够秘密行动**，而且团体的构成允许存在充分团体内部性（不引人注目的协作、相互信任和可信赖性等），从而使一个团体谎言（a group lie）成为可能。美国国会是一个团体，其唯一的行为模式是公开的；而且，美国国会过于庞大，以至于不具有对团体谎言来讲必要的内部性。此外，苏联的政治局（The Soviet Politburo）被组织起来秘密行动；它可以撒谎，而且无疑它有时确实这样做了。

在威慑行为中，参与者所构成的团体不能恐吓。可以想象，就其自己而言，总统及其少量其他高官在私下恐吓。但考虑一下美国核威慑的不同参与者类型：策略谋划者、国家安全委员（National Security）和参谋长联席会议（the Joint Chiefs of Staff）职员、国防部（the Defense Department）预算官员、国会成

员、检验员（targeters）、被训练来执行威胁的服务人员甚至多数民众（后者 89
在如下程度上变成参与者：他们积极地响应政治家，这些政治家们有时将威
慑策略的一个或其他面向变成选举问题，但这些政治家们通常假定终极报复
的威胁要被维持）。在所有这些不同的参与者中，少之又少的人能够切身参
与恐吓行为（in on the bluff）。但恐吓行为的局内人要**打如下人的算盘**：这些人
并不切身参与恐吓行为，但他们的参与对于威慑体制非常关键。

　　"打这些其他人的算盘？"好吧，由于没有如此众多类型之人的自愿协
作，该体制就不能被维持下去；那么，一旦没有**尽力确保**所有其他参与人具
有恰好同样的信念和意图（就像没有恐吓行为时他们所具有的东西），恐吓
的局内人就不能维持其信誉和效率。所以，那些并非局内人的参与者将不得
不协作；这正如同，当局内人真正意图执行该威慑时，他们所要做的那样。
（由此，那些并不切身参与恐吓行为的人的道德责任，将如同其并非恐吓行
为那样。）

　　局内人也不能逃脱执行该威慑的真实意图的道德责任。尽管自身并不参
与该意图，但他们选择并且去做那些对于确保其他参与者参与其中而言必要
的事情。通过实施此番行为，局内人将在道德上对他人要去执行该威胁的意
图负有责任。那些故意引诱他人去意图邪恶之事的人使其自己有过错，这些
过错不仅在于他人所意图的邪恶，也在于引诱他人变成具有邪恶意图（evil
will）之人。

　　通过要求其他参与者如同局内人自己那样以仅仅带有同样保留的方式履
行其分内之事，难道局内人不能逃避此糟糕的责任吗？当然，局内人要求其
他参与人也恐吓，但这并不能够通过交流传递给他们。而且，难道其他正直
的参与者不能全部分享对威慑同样的基本态度，而且由此私下意图仅仅恐吓
并希望他人也做同样的事情吗？

　　尽管吸引人，如上可能情形并不能解救恐吓理论（the bluff theory）。因为
在如下两者之间仍存有差异：其一，当局内人引导他人在威慑行为中进行协
作时，这些局内人选择所做之事；其二，这些局内人希望他人所做之事。通
过假设，局内人可能希望他人去恐吓。但局内人将没有更好的理由期待：他

们所追求的协作实际上将**作为**恐吓行为的助力因素而被执行。由此，局内人将使自己致力于他人的全身心投入。此全身心投入将不包含恐吓，但包含一个真实意图。由此，局内人将引诱他人去意图杀害无辜的人。

90　　　然而，当我们更为详尽地观察那些并非局内之人的道德责任时，上述情形也会以一种更为有趣的方式崩溃。尽管许多人仅仅想要恐吓，但对这其中的许多人而言，他们并不能尽其所能。一些人，甚至那些其贡献不可或缺之人，也并没有充分参与到恐吓行为中，因为威胁的制定与执行都不在他们的控制之下。那些为威慑策略添砖加瓦的普通公民就处于此种境地。甚至那些非常积极参与其中的人，比如那些建立或维持核威慑体制的人，亦处于同样境地。完成其分内之事后，他们最多能够期待：其他人将永远不执行该威胁。

那些并非局内人的其他人亦参与到威慑政策的制定中来，从而他们就处于恐吓的位置。某些恰恰处于创设威胁的参与人并不涉足该威胁的执行，实际上亦不能被添加到切身参与恐吓行为之列。比如通过参与政策的制定、为执行提供方法，在创设威胁中，那些给威慑添砖加瓦的美国国会成员就是总统、其他官员的合作者。然而，在执行威胁的机构中，他们并未起到任何作用。在535名国会成员中，即使有也是非常少的成员，能够切身参与到恐吓的机密之中。由此，多数国会成员或许不能将如下两者区分开来：其一，涉及创设威胁的意图；其二，威胁自身及其执行。他们不能一直恐吓。他们的行为乃界定如下公共提议的行为，即当这些公共提议被自己或他人所采纳时，它们将界定社会、公共行为。在上述社会、公共行为中，无论私下里是否恐吓，他们和其他任何人都参与如下提议之中：它不是用来恐吓苏联人，而是通过获得并维持如下能力和意志来威慑他们，即如果他们要摧毁我们的城市，则我们也能摧毁他们的城市；如果他们要做摧毁我们社会的事情，则我们也能摧毁他们的社会。

德沃金曾谈道，一个团体不能自由或不自由地接受其原则，或者就其自身原则被误导，抑或误解其自身原则。如果德沃金上述说法正确，这大概是因为且只是在如下条件中才如此：采纳或解释团体原则的团体行为是如下的行为，即它由理解和采纳提议——至少在团体范围内，其单单且必须是**公共提议**——的个体之行为所构成。在公共提议中被表达的"团体心灵"（group mind）背后，不存在与被公共地表达之团体心灵（在理解上或者在意愿上）不和谐的团体心灵。

所以，我向大家提议考虑如下问题。我们是否有权坚持：这里存在一个社会行为，它具有这样一种实在性，即不可化约成参与其中者的个体行为和意图？我们是否有权坚持：此类个体性参与的道德要被每一个潜在或实际的参与者判断；判断的方式，不是通过追问关于其自身意图的东西，而是首先通过识别社会行为中所涉及的意图，进而通过追问该公共意图是否属于这样一个意图，即通过选择参与那个社会行为从而是否能够正确地设定自己的意图？

91

第 5 章
人及其联合[*]

92   如果一个人真正认为，个体人（individual people）如此"形而上地不牢固"（metaphysically insecure）和"内在地有问题"（inherently problematic），以至于唯有首先通过考察"法人人格的情形"（the case of corporate personality），我们才能够"看清如何理解自然人"（human person）；那么就将难以认真对待如下探究，即针对罗杰·斯克拉顿（Roger Scruton）的"社团"（corporations）——委员会、公司、教堂、俱乐部、政党、合伙、学校、农场和（贵族的）家族、国家和黑手党、军队和贸易协会——的人格（personality）而进行探究。斯克拉顿宣称发现，较之联合（associations），人（people）更少牢固地为人（less securely persons）。即使没有承认，斯克拉顿也同意，那些怀疑如下内容的糟糕论证：他错误命名为"被体现的行动者"（embodied agents）的理性动物的统一性（unity）、同一性（identity）和完整性（wholeness）。但最终，对他而言也非常明显，机构（institution）与其他联合（associations）值得被称为有人性（personal），主要因为它们使得个体人（individual human people）与他人一起富有成果地追求共享的目的，这里的他人像上述个体人一样已经具有或将会具有——用斯克拉顿的话来讲——从出生持续到坟墓的寿命。这些人当中的每个人由此而来的持续、有机的统一性、同一性和完整性为我们（因其所有的

---

　　* 1989a，一个关于斯克拉顿的论文《法人》（"Corporate Persons"）的评论（参见文末关于该论文之论点的尾注）。

不可化约和令人困惑的复杂性）提供了人格（personhood）的范式。[1]

I

　　因致力于为及时出版而写作该论文，所以我直接在文字处理器上组织架构该文。尽管我因感冒而微微感到有风湿病，但我可以练习用手指来敲击这个句子。我希望这个多重自我指涉（self-references）会有助于表达我在几年前形成的特定观点，经过一些日子对斯克拉顿论文的反思后，我仍确信如此。

　　就像"我是"（I am）是一个"巨大且无正当理由的假定"，斯克拉顿谈到，在先前句子中出现6次的"我是"这个词语是一个关于动物性和理性实质（rational substance）［我自己（I myself）］的持续且身体上同一性（the lasting and bodily identity）的符号。上述动物性和理性实质移动、感觉、细思、判断、选择、作出允诺、为执行其选择而移动物质性对象、履行其承诺、交流其意义并汇报其感觉；其同样是一个反思性主体（a reflexive subject），不仅经历其存在（being）并以上述方式行事，而且也了解作为那种经历（experiencing）、存在、行事（doing）的客体和主体的自己。现在，当然，对于为那个实质同一性（substantial identity）提供甚至辩证的（在亚里士多德的意义上）证据而言，"我是"的用法既非充分亦非必要。但我不知以何种理由来确证斯克拉顿的如下假定，即如下事物都不是此同一性的**符号**：其一，上述特征；其

93

---

　　[1]　斯特劳森（P. F. Strawson）在《个体》（*individuals*）（87-116）中，对"人"的概念的原初性（the primitiveness of the concept of "person"）论证似乎是成功的。但正如杰曼·格里塞茨在《超越新有神论》（*Beyond the New Theism*）（348）中所主张的那样，斯特劳森论证未能区分人和其他有知觉力的生物。格里塞茨纠正了斯特劳森论证中的失败之处，进而回应了与心灵/身体（mind/body）不同的自我/身体（self/body）问题：*ibid.*，347-53.

二，这样的事实，即同样的句子可被翻译为多种语言且不明显失其原义。[2]相反，下述事物都并非一个**假定**：其一，关于身体的（动物的）、理性的、负责任的和自我意识的能动性（agency）经验；其二，如下的批判性反思判断，即此类能动性例示了自然类型的理性动物（a natural kind of rational animal）[3]之人格同一性的一些不可化约的面向。

一个人经历并同时度量该人格同一性；请康德和斯克拉顿原谅，一个人也能批判性地主张，该人格同一性在一个人负责任的行为中被例示；这样一种人格同一性是一个范式。如果此属虚幻甚或"在形而上成问题"（在对合理疑惑开放的意义上），我们就缺乏可以提出如下任何有趣问题所依赖的任何根基：我们的联合或团体是否（被识别）为（法人的）人。[4]事实上，正如我们所期望的那样，贯穿其论文，斯克拉顿对团体人格（the personality of groups）的分析、论证模型证伪了其如下主张：在认识论上，或者就某些类似方面比较而言，法人人格优先于自然人的人格（the personhood of people）。

II

94　　任何能动实在（active reality）的自然本性（解释性阐释）最好通过识别其能力（潜能）而被理解，而其能力（潜能）最好通过关注其活动而被理

---

〔2〕　在麦基（John Mackie）的谈论下，文德勒（Vendler）、安斯库姆和斯特劳森的不同论证并没有提供一个确证理由，该讨论载于 Mackie, "The Transcendental 'I'", in van Straaten, *Philosophical Subjects*, 48 - 61. 就此，可参见 Strawson, *ibid.*, 266 - 71. 第一人称单数的"透明性"（The "transparency" of the first‐person singular）有其意义，但并非作为斯克拉顿的假定的确证理由：*FoE* 3, 23, 70 - 4, 114, 117, 141, 143.

〔3〕　哪种类型？好吧，这至少包括那些我所期望的对该段第一句带有同情方式解读的人，我无需再多说，因为斯克拉顿接受自然人（the natural human person）属于自然类型（a natural kind）。

〔4〕　同样，如果一个人赞同斯克拉顿的观点，即"一个人'仅仅是一个理智机器'"这样一个发现，对于一个人关于其"道德人格"（moral personality）的判断，本可能"没有任何影响"；那么，一个人就缺乏任何提出关于如下内容的有趣问题的根据：个人责任（personal responsibility），更不要说斯克拉顿想要重点提出的存在于**事物**—制度（*thing*‐institutions）和人—制度（personal‐institutions）之间的区别。

解。[5] 唯有在被其选择的行动中，人之个人的实在（People's personal reality）方可被**充分**展现。一旦一个人的行动是充分自愿的，则单单使用某些人工构造（artificiality）以及为了分析上的便利，其"先在的"审慎考虑（"prior" deliberation）和选择便通常可以被清晰地识别和区分于行动自身。更不容置疑的是，共同体的实在性与"人格"特征，只有通过其法人的（corporate）、协调的（collaborative）和合作的（cooperative）**行动**才能被充分地展现和例示。[6]

与其对关于人格实在的康德和其他二元论的概念的容忍相一致，斯克拉顿之所以赋予特定人类联合以人格的理由，似乎在于要给予如下事实以解释上的优先性：这些联合决定（decide）事项"公共商议（common deliberation）的结果"（第一节）且"通过成员间的理性商谈而进行"（第七节）。他不满意社会选择理论（the Socia - choice theory）——正如他认为的那样——在如下两者之间的区分的无力：其一，通过集体商议（collective deliberation）而作出的决定；其二，作为比如"并不意图控制价格的选择"的副效应的价格的出现。但是，经由由此给予关于法人的阐述中的商议和决定以优先性，他似乎忽略了如下事实：在与任何公共商议和/或先于其的理性商谈仅仅具有偶然关系方面，法人的决定通常与市场价格一样。

因为关于投票的"社会选择"理论证明了，比如如下循环［不及物性（intransitivity）］轻易的可能性：多数人喜欢 A 超过 B，多数人喜欢 B 超过 C，多数人喜欢 C 超过 A，以至于结果并不像依赖于过程的偶然事件（如哪种投票事项先开始）那样依赖于任何公共商议。（循环的可能性独立于策略性投票，但其可能性被策略性投票大大增强了。）所以，即使运行良好的团体通

---

　　[5]　Cf. Aristotle, *de Anima*, Ⅱ, 4: 415a 16 -21.

　　[6]　*Genossenschaft* 的主要含义是"一个**合作社组织**"（a *cooperative*）。当欧内斯特·巴克（Ernest Barker）将"left *Genossenschaft* 翻译为'同伴关系'（fellowship），遵循良善权威（following good authority）"时，他却为自己辩护而将此识别为"同伴关系的体系"（system of fellowship），尤其典范地为：

兄弟情谊，这被同伴关系的右手（the right hand of fellowship）所联系，而且被一种情谊精神编织在一起，他们追寻其团体（无论基于专业、职业还是自愿联合的微薄基础）的共同利益（common interest），并且利用共同激情（common ardour）来证实其共同荣誉（common honour）。（Introduction to Gierke, *Natural Law and the Theory of Society 1500 to 1800* at xc, lviii.）

常也不得不集体行动，尽管存在如下广为流传的知识或信念：要使之生效的集体决定仅仅是，其他集体和个体的决定之偶然副效应；而且，与来自其自身审慎考虑的个体行为的选择之出现相比，上述集体决定仅仅与之具有类似的表象。[7] 在这些情形下，团体行为之所以被做出，是因为要执行如下决定：此种决定出现于——作为任何"公共商议"的一种类型之副效应的——形式上正确的程序之"黑盒子"（看不见的手？）中；其中，就上述副效应而言，商议该决定的人中很少有人欲求甚或勉强地意图该副效应，执行该决定的人中也没有人欲求甚或勉强地意图上述副效应。

拒绝共同体具有实质性身份的经典理由在于，其个体成员——尽管是我们正确地识别为共同体那些整体中的部分——做且承受如下事情：这些事情在任何意义上都不是**共同体**生命中的行为或经验或事件。[8] 这似乎正确，尽管初始术语的定义必然在如此意义上是循环的（而且需要——也唯一能够——辩证地解释和捍卫）。无论如何，我认为，当斯克拉顿自己拒绝团体乃"自然类型"——就此，他将生命、统一性和持续性吸收于内——［的成

---

〔7〕 就作为人格首要标志的决定而言，斯克拉顿对其强调的另一后果——也并不具有第一重要性——在于，他给予委员会及其假定人格的显著性；但这以法人为代价，在该法人中，委员会通常商议并决定，且由委员会通常代表其进行商议并决定。正如其名字所蕴含的那样，委员会典型地被委托去代表赋予其角色的机构，从而去调查和/或商议和/或决定。斯克拉顿对上述两者的忽视，在开始页中就出现了，并且当列举充分人格化的法人之特征时重现：所列举的一览表始于整体联合的三个特征但终于该整体联合的三或四个特征（"其是自愿的"等），但在中间却不带提示就转向一个调整性成分（a governing element）的特征（"其是商议的/权威的/立法性机构"）。

〔8〕 See e. g. Aquinas, in Eth, intro. , para. 5. 这并非任何"契约是团体身份的前提"的观念，它是核心形式的政治理论的如下通常做法的理由：其一，拒绝团体是人（persons）或机构（bodies）；其二，唯有在被视为隐喻的意义上，视这些断言是被证成的：ST Ⅲ q. 8 a. 1 ad 2（in metaphoricis locutionibus…similitudo…non…rei veritas）。任何天主教徒对"compago spiritualis"的参引，与如下理论没有关系，即教堂经由契约被建立［Scruton at 244］，而与圣经有千丝万缕的关系；因为在拉丁文本圣经（Vulgate）中，"compago"及其同根词从来不意指"合约（协议）"，而是通常意指"一个联合、框架或躯体结构或构造"［参见《但以理书》（Daniel）5：6, 10：16；《约伯记》（Job）10：11；《德训篇》（Ecclesiasticus）11：5；《希伯来书》（Hebrews）4：12；由此，正如诺克斯（Knox）翻译的那样，《以弗所书》（Ephesians）4：16 中的"compactum"意指，教堂的社会机构由"（负责人即基督）所组织"］。

员］时，他承认了上述拒绝。[9]

由此被承认的立场会得出这样的结果：较之团体行动的实在性，人类共同体的实在性既不多也不少；同时，人类共同体的实在性带有团体成员的如下行为和行动倾向：它们展现了，为了——给予该行为以意义的——（许多）善，其参与团体行动的意愿性和对团体行动的情感性反映。[10]也就是说：共同体的实在性是人、真正的个体行为（personal acts）之秩序的实在性。其中，该秩序被人之选择（和选择的性情以及对选择的回应）产生和维持。 96

Ⅲ

被许多参与该行动的人的个体行为所构成，而且也不独立地存在于诸多参与该行动的人的个体行为之中，一个共同体的行动和其他实在性只有于批判性商谈（critical discourse）中方可被恰当理解；上述批判性商谈系统地留意"存在的"（existential），也即留意源自行为选择中的可理解性（intelligibilities）。我们称该批判性商谈为"道德"（moral）。[11] 而且，在对人类事物的道德分析中，共同体的行为不可化约为这些个体人之行为的整体集合或其任何子集，甚或也不可化约为伴随着共同计划（只要存在一个共同计划）的上述整体集合。正如斯克拉顿所说，团体自身的行动——团体行动自身——可能被正确地评价为正直或者不道德。

关于种族屠杀的特殊行为，我与斯克拉顿的判断一致；而且，我将谈论种族屠杀的其他（被提议）行为。我这样做是为了澄清之所以分享斯克拉顿如下一般主张的理由：在不提及参与该社会行为的人的道德责任的情况

---

〔9〕 该传统迥异地使用"自然的"（natural）一词，并且说，某些团体——比如核家族（the nuclear family）和被现代国家不完美地例证的**完美共同体**（the *communitas perfecta*）——是自然类型，尽管仍仅仅是"偶然的"而非实质的整体。

〔10〕 因为，如果通过理解能力（capacities）而理解本质（natures），通过理解动力（actuations）而理解能力；那么，通过了解其对象（意义），那些行为就得以被理解：de Anima Ⅱ，4：415a 16 - 21；n. 5 above.

〔11〕 由此，如下陈旧观点就有合理性：如果一个人必须谈论团体的人格，则他最好称之为"道德人格"（moral personality）——正如斯克拉顿改变主意所做的那样。

下，这些行为确实应该赋予作为主体的团体。

保持核威慑被正确地说成——如此行事的民族国家（nation – state）之行为：要强加报复性核毁灭于某些潜在敌对民族国家的确有效的威胁行为。不是团体的所有成员都参与上述行为，其中某些人对此并不负有道德责任。对此不负道德责任的人从来不可能被正确地因之而受惩罚；但作为成员，他们可能被正确地要求为补偿团体的不当行为的受害者们做些事情。[12] 对于那些参与维持威慑的社会行为中的人，他们通过选择做某些事情而拓展此团体的行为：比如授权其资金，或协助制造武器，或阐述使用它们的计划，或维持指引，或兑现它们的体制。

现在，任何既参与传达威慑又在将来某天会涉足执行的人，可以私下里一直恐吓（即可能具有这样的秘密意图，亦即那天不做任何导致该威慑的事情）。（任何仅仅参与维持该体系而在那天对于该体系的执行或不执行没有作用的人——比如投票建立该体系的下院普通议员——**不能**一直恐吓，无论他多么期望其他人在恐吓。）但是，团体行为**不能**成为恐吓行为。因为，正如个体人在道德上有意义的行为是由他通过选择而采纳的提议所界定；所以，团体的行为由其公共提议所界定：通过提议给团体成员的形式，公共提议供他们参与其中与否。并且，威慑的公共提议并非一个恐吓我们对手的提议。它是一个通过能够强加"不可接受的损失"的显著能力和意志来威慑他们的提议。然而，此类损失的有意图的强加正好符合——英国法律上的，正如国际法与合理道德意义上的——大屠杀的定义。由此，因为维持该威慑的社会行为不能是恐吓行为，所以必然包含强加上述损失的有条件的意图；每个选择参与该社会行为的人——包括每个在私下恐吓的人，也包括每个希

97

---

[12] 在此，我与斯克拉顿发生分歧，他说道（第三部分）：持有如下观点"在法律上是荒唐的并且违反自然正义的"，即当下的成员"在个体身份上对他们前任之人的行为负责"。这对我而言并非一目了然；尽管英国成文法禁止之，其他法系的法律规定了合伙人对如下内容的个人责任：在某些合伙人加入合伙之前的合伙关系之债务和其他责任。较之我在文中阐述的立场，该立场并不具有更少的复杂性。

望[13]所有能够如此做的人——都在选择参与一个真正的社会抉择：在某些可预见的条件下实施大屠杀。

所有这些个体参与者的道德责任都是真正的个人责任。但这是明显多样化的，正如一个个体在私下恐吓，而另外一个却没有；一个人期望他人在恐吓，他人却不在乎；一个人因缺少任何其他工作而参与，另外一个人却出于维持我们民主秩序的兴趣而参与；诸多情形，不一而足。然而，关于维持威慑的社会行为的道德分析和判断能够保持单一和不变：**此**行为包含实施大屠杀的意图，所以无论出于任何理由或以任何方式，我都不可能参与其中。前述两个句子所总结的差异，提供了我所知道的最强理由以坚持如下主张：尽管社会行为由正在行动的团体之中的人的行为构成，但前者不可化约为后者。

IV

完成其可能为此所做的事后，斯克拉顿最终放弃了"黑格尔式主张……即对个体人格的完成而言，不仅需要联合，也需要与由此形成的社团之间的人格关系（a personal relation）"（第九部分）。确实，正如他说道：

> 存在建立于非契约义务之上的联合，它也在其自身中消亡，但不具有法人人格的其他特征：爱情和友谊就是主要的例子。

为了被你的联合所提升，如下行为就足够了：你"被加入与其他人之间 98 的同伴关系中，给自己和他们分配权利与义务"（*ibid.*）。斯克拉顿接受道德和政治反省的中心传统的核心，这在其论文中被不谨慎地给予了与如下思潮同样的名字［"自然法"］：每个人都反对的、霍布斯为其源头与主人的思潮。

在对人之联合及其行动的实在论（realistic）的道德和政治分析中，"人格"是一个令人困惑的隐喻。该隐喻通常在其两个历史渊源之间被左右拖

---

〔13〕　这与所有的证据不符，但让那些都略过。对于无论事实上还是概念上的完整情形，参见 *NDMR* ch. V.

拽。一方面，存在作为面具的**人格面具**；这符合法律自由地赋予法律人格以法律关系——尤其是诉讼和/或财产关系——主体的**任何事物**：偶像、基金、码头财产包裹（parcels of property on the quayside）、船、王冠（Crown）。另一方面，存在作为具有理性本质的个体性实质的**人格面具**（persona as individual substance, of a rational nature）〔波伊提乌斯（Boethius）〕。* 这与——我们称之为团体的——人类联合的许多有序化（ordering）中的任何东西都不一致（除了隐喻意义上）；没有任何东西，除了我们作为其成员的族群（people）。

较之事—制度和人—制度之间的区别[14]所允许的事物，关于苏联社会组织的不正义和不人道，斯克拉顿想说的所有东西都可以被说得更精确。该区别模糊了其自身的意义，因为它既将注意力从——统治者利用阴谋诡计所实施的——人自身到"物体"（仅仅工具）的物化之中转出，也将注意力从一度作为"人（行动者）"和"物（工具）"的（斯大林式）政党地位之中转出。不正义都被施加于这样的人群，即其幸福和满足感被如下事物严重损害：对——他们相互之间所产生，或可能产生的——不同形式的联合的限制与操纵。

当被作为动词来考虑，"联合"与"共同体"（诸如"组织"甚至"机构"）通常能够被最好地理解；并且，我认为，这对于斯克拉顿所有正当目的而言都是足够的。

注

罗杰·斯克拉顿将其论文《法人》的进路陈述如下（239–241）：

引言。市场中的价格由买卖双方的选择来决定；委员会中的决定由成员的选票来决定。然而，在前者，不存在关于任何事物价格应为何的决定。价格根据"看不见的手"——其源自并没有意图使价格变化的选择——而沉

---

* 古罗马学者，基督教哲学家和政治家。——译者注
〔14〕 Scruton, "Corporate Persons" at 262, 265.

浮。在后者，一个决定被委员会作为就当下问题进行公共商议（common delib-eration）的后果而采纳。上述两种情形之间的差异难以精确捕捉，也很少在"团体"的社会理论中被注意到，而且对社会选择理论而言完全不可感知，这正如同肯尼斯·阿罗（Kenneth Arrow）及其追随者们所考察的那样。然而，其政治意义巨大……

　　理解上述差异的第一步——但仅仅是第一步——在于，通过对一个已经 99 被当代社会和政治哲学所不公正地忽略的概念进行学习：法人（corporate per-son）的概念。一般来讲，委员会是法人；市场不是而且也不能是法人。现在，上述语句对读者而言可能并不清晰；但我希望在本章的行文过程中解释之。

　　近来，法理学对集体行为（collective action）的思考已然倾向于关注被模糊地称为"团体"的东西，或者提出梅特兰（Maitland）称之为"一揽子理论"（bracket theory）的某些时髦版本，但带着罗素式（Russellian）逻辑的事后聪明，我们可将之称为"逻辑建构理论"（logic construction theory）。据此理论——被哈特以精致形式予以捍卫——为了裁决个体人的独立法律利益，社团（corporations）的权利与义务被法律所创设。法人的概念及其自身的权利和义务是一个程序性设置，由此，裁判事项更为可控。

　　责任理论（Theories of responsibility）很少提及团体责任，即使较之个人，团体已经造成并且有意地造成了更多危害；然而，关于人（person）和人格同一性理论仍然向前推进，似乎自然人（human persons）是唯一存在的人（per-sons）。当代政治哲学通常并不区分如下两者：其一，具有人格的机构；其二，不具有人格的机构。当代政治哲学没有看到上述区别的重要性；当代政治哲学也没有看到如下政治秩序（如被共产主义所建立和维持的政治秩序）的灾难：在其中，所有形式的法人人格性（corporate personality）已经被化约为"面具"或"虚构"，而这正是实证主义法理学就此所错误认为的东西。在本章中，我将勾勒出对如下观点的捍卫，这种观点在传统上是与基尔克（Gierke）、梅特兰和菲吉斯（Figgis）联系在一起的，即个体人从社团当中部分地导出其人格。而且，我将指出，为何如下事情非常重要：法人人格性在我们的感觉中应被圣化，法人人格性在我们的法律中应被承认。

第 6 章

法律、普遍性和社会身份 *

₁₀₀ 我们应该如何理解圣托马斯关于法律的**属**（genus）的如下命题:[1] "法律是实践理性的普遍性**命题**——命题和前提"？我们该如何回应在许多地方以及在我的一些最为著名的同事中都具有影响力的如下想法：较之其他形式，偏好某种人的性格、关系和行为的形式，相应地限制那些具有其他偏好的人的行为，这就错误地拒绝了这些人对于关怀、尊敬所享有的平等性权利，并且和/或去羞辱他们？

I

特定的法律规范（规则、原则和标准……）并非以下**文本**［无论类型还是象征（token）］，这些文本的颁布和宣告是规范的形式渊源。更为接近规范的东西是文本的**意义**。但是，没有任何意义可以正确地被说成**是**规范，除非文本具有如下意义：当其与所有的规范或意义联系在一起而被采纳时所具

---

　* Ⅲ Congreso Sul - Americano de Filosofia do Direito and Ⅵ Colóquio Sul - Americano de Realismo Jurídico 开幕演讲。地点：巴西，阿雷格里港。时间：2007 年 10 月 4 日。

　〔1〕 "quia ratio etiam practica utitur quodam syllogismo in operabilibus…ideo est invenire aliquid in ratione practica quod ita se habeat ad operationes, sicut se habet propositio in ratione speculativa ad conclusiones. Et huiusmodi *propositiones universales rationis prcticae ordinatae ad actiones*, habent rationem legis" ［ "而且，因为实践理性也利用一个与可能的行为（possible actions）有关的三段论类型……所以，我们应该希望在实践理性中去发现某些与行动相关的成分，如同命题性前提（propositional premise）在非实践理性（non - practical reason）中相关于结论那样。"而且，此种类型关于实践理性的普遍性命题——涉及行动——具有法的自然本性］：*ST* Ⅰ - Ⅱ q. 90 a. 1 ad 2.

有的意义，其中，上述规范或意义恰当地影响了文本在法律上的合理解释、效力以及其作为法律的权威。正如每一位法律教师明白知晓的那样，也正如每一个法律学生潜在知晓的那样，被妥当阐释的法律规范可能从来不像其需要（应该）的那样被精确地表述。对作为法官、教师或学生的我而言，挑战和目标在于发现并阐明规范的真正妥当之表述，这正如被如下事物成全其可能并向我提出要求的那样：对我们法律的合理解释、所有相关渊源、解释原则以及所有相关规范。难道不是如上所述的那样吗？仅仅由此，当它涉及那个特定规范的主体（subject）和主体—事项（subject‑matter）时，我或者任何人才知晓规范为何——我们的法律、"该土地上的法律"、法律体系真正为何。（当我说"我们的法律"时，我当然也一般是意指一个特定国家的法，无论是我的还是你的国家。）101

在心灵和判断的这一挑战性训练中，该训练也被我们总结性地称为解释或者理解法律——在原则上，参考我们法律中的所有其他规范来解释或理解**某个**规范——我发现并将自己放入与如下人的关系中：所有这些人存在于我的政治共同体的过去，其立法或裁决或惯习—遵循（convention‑following）的行为，是规范的当下权威在法律上的决定性或相关性渊源。我也将自己放入与如下人的关系中：所有那些其行为被这一妥适理解之规范调整的人。我亦将自己放入与如下人的关系中：每一个应该分享我关于"在这些主体—事项上我们的法律为何"之判断的人。因为我的那个判断意味着，任何考量此法律问题的人都应该（在我的判断看来）达致同样的结论，而且在理想的认知条件下**将**达致。法律规范的创设公开传达了其创设者的意图，但法律规范超越这些（众多）智识和（众多）意志的特定行为 [those particular acts of intellect（s）and will（s）]。

该超越具有几个面向。一个面向在于规范的维系（subsistence）。规范的存在超越了言说或创设规范的个人行为，不仅以每个词语、符号或象征超越言说或创设规范的事件的方式，还需凭借进一步的方式。由于该法律体系中其他规范的原因，在法律上有效的一切事物被维持存续——这是法律思维（legal thinking）的一个基本原则——并且维持其效力（除非其自身术语另有规定），直到其被（众多）智识和（众多）意志的可比较的行为所撤销。[2]所以，法律规范超越于具体（the particular）的另一个面向在于其权威性和规范性。如下两个主张：其一，在关于"将法律适用于我们共同体的成员"的任何谈论中，每个法律规范为了算作我们法律的一部分所必须具有的主张；其二，每个法律规范对于所有这些成员的良知推定具有的主张。该主张出现在每个规范显著的或隐含的内容中，出现在诸如"应该""可以""应当""被授权""被要求"等此类法律的一般概念（legal universals）的适用之中。

102   这些法律的一般概念的意义——称之为形式性或结构性法律的一般概念——具有普遍性（universality）和特殊性的面向。当一个人从一个法律体系出来进入另一个法律体系，从巴西到澳大利亚再到罗马拜占庭……该意义就微妙地转变了。但是，我认为，仅就这些形式性或结构性法律的一般概念而言，较之在其意义中存在的广泛重叠或共同性（commonality）或共享的同一性（shared identity），该转变——其特殊性——是相对边缘化的。普遍性和特殊性的结合是罗马法学家称之为万民法（ius gentium）的一部分。他们通过万民法所意指的其他事物包含在其共享的实体性内容中，即实质上相同的人类行为类型，这些行为被所有文明法律体系挑选出来作为被禁止、要求或授权去做的事项。在每一个法律体系中——更精确地说，在每一个国家或政治共同体中——如下内容为真：（1）其所有规范是权威的，因为这些规范**是**被特定国家采纳的**某个**特定体系的一部分；（2）这些规范中的某些之所以是权威的，其深层理由在于它们不仅被该国家采纳，**也应该**被该国家采纳，因为它们应该（至少大体上）被每一个国家采纳，并且或多或少普遍地被采纳（至少"在纸面上"）。上述两个真理是关于万民法的罗马法学理论，正如你所知的那样，这在盖尤斯为法律学生准备的《法学阶梯》的开篇中被详细阐述。

---

〔2〕 一旦一个法律体系采用了一个不适用的（desuetude）规范（由于很长时间不适用而终止或无效），连续性的原则或无限的存在就被该实证规范所限定，该实证规范自身是如下思想的具体化（determinatio）：长时间不适用之后的适用将是不公正的，无论对于当下情形而言是歧视的还是不妥当的（rebus haud sic stantibus：已经并非不被适用的规则被建立时的样子）。

而且，作为对**公正法**（just law）的阐述，这起到了足够好的作用。这通过盖尤斯的如下命题得以增补：自然理性（natural reason）（*ratio naturalist*）至少为我们的市民法（*ius civile*）确立了某些相关标准。上述增补使之向如下现实开放：万民法的理论或实现在其中遭遇困境的现实，尤其是如下那些不公正的制度、实践和安排，即它们的不公正方式就像罗马奴隶制的不正义，但它们迄今仍在世界的**族群**（gentes）中被时常发现，甚或在实践上是普遍的。

　　无论如何，罗马法学家对自然理性和实证法之间关系的理解需要从如下两个不同方面进行完善，这两个方面至少在原则上都被阿奎那完成。其一，将自然理性（*naturalis ratio*）、理性（*ratio*）解读为一套行动的基本理由（fundamental reasons for action）；就上述理由而言，无需进一步理由来解释其指引性（directiveness）；上述指引性体现在其向我们指示和指引了兴盛、人性完善（fulfilment of human nature）的真正机会；就本质上和原则上而言，上述兴盛、人性完善既存在于我们的生命（我的存在）中，也存在于**任何**他人的生命（存在）中。其二，对罗马法学家的理论的另一个必要完善之处在于证明如下内容：即使市民法的许多规范也不是万民法的一部分，相反仅仅是实证法（*Lex Positiva*），我们国家的法律仍全部理性地联系于——事实上"派生于"（derived from）——自然法（*lex naturalis*）、自然理性或万民法的普遍性原则和规范之中。再次重申：假如确有真正**不公正**（unjust）的特定规范，那么除此之外，所有实证法的规范都理性地联系于理性道德的普遍性原则和规范，也即理性道德的普遍性原则和规范的（利用阿奎那法理论中的关键术语）具体化的决定（*determinationes*）。但在这些非—不公正的法律规范中，非常多（并非所有！）[3] 的规范仅仅在被如下一对命题所捕捉的弱意义上具有上述理性联系：（i）这些众多规范的每一个都是合理的；但（ii）就这些合理规范中的每一个规范而言，如下的说法为真：相反，其他不同且合理的规范也能够合理地被采纳。所以，对这些法律（*leges latae*）、这些事实上被设定的规范的

103

------

〔3〕 法律规范应该、通常被假定为来自如下内容的**结论**，或如下内容的构成成分：道德正派（moral decency）〔自然的道德法（the natural moral law）〕的普遍要求。就此，参见 *NLNR* 282 - 4.

采纳，是采纳它们的政治共同体所进行的自我决定（self – determination）之行为；较之每一个选择所蕴含的自我决定——即使当其比那些采纳"纯粹实证"（purely positvie）的法律规范的选择更为严格地受（多个）理由限制——而言，上述自我决定是更强意义上的自我决定和自我塑造（self – shaping）。

尽管我曾经多年的同事罗纳德·德沃金并不将法律的"整全性"（law's "integrity"）说成自我决定；在德沃金关于法律性质的理论中，他将法律的"整全性"说成是由于以下原因所具有的内容和特征：作为法律所属的特定社会的法律（法律体系），上述特定社会相应地必须被视为一个人，或其好像是一个人。此公共人（communal person）或拟人化的实体（personified entity）是，因其已经塑造了自己的特征而所是的事物。其宪法制定、立法和上级法院的裁决等行为是其自身的承诺，就此，其可以是忠诚的或（这在推定上是错误的）不忠诚的，尤其是针对被要求去决定法律为何的法官。

如果我们回到阿奎那——当他思考如何着手对在道德上（因此也在政治上和法律上）有意义的道德行为进行广泛谈论时——所处的位置，即在其《神学大全》第二集第一部中（the *Prima – Secundae* of his *Summa Theologiae*），我们可能会更为清晰地思考所有这一切。阿奎那决定在该书的序言中致力于如下事实：通过且在我们的自由选择之中，人参照上帝的形象而得以存在，我们每个人成为自己行动的来源（*principium*）和主人（*dominus*）。[4] 在马里旦（Maritain）不止一次回溯到的文本中，阿奎那之后将补充道：在其自由意志（free – willing）的早期，在其理性年龄的开端，儿童思考、审慎考虑和调整安排**自己**（他/她自己：*de seipo*）。[5] 用一个不严格的现代哲学行话来讲，这可被视为对**自治**（autonomy）的明显、结构性指涉（a reference）。由此，在某种意义上讲，尽管阿奎那了解许多当代人不知道的东西，健康人（成人）的选

---

〔4〕 *ST* Ⅰ – Ⅱ prol.

〔5〕 *ST* Ⅰ – Ⅱ q. 89 a. 6c and ad 3；see also *Sent.* Ⅱ. d. 42 q. 1 a. 5 ad 7；*De Veritate* q. 28 a. 3 ad 4.〔And see essay 2 at p. 50.〕

择自由受如下事物影响：其一，他或她已经选择去作出的，或者接受他人所 104
作出的承诺；其二，既非他也非她也非其他任何人所创设的原则和规范，而
是每个人和任何人在其所有的普遍性中都能够且应该理解、承认并接受的原
则和规范——实践合理性的要求。

　　在其非官方的哲学作品中，已故教皇对被他称为（赋予亚里士多德的一
个思想以名称）人类行为的不及物性进行了仔细的研究，人类行为的不及物
性是在我们行动中与如下内容同样重要的一个部分或面向：行动对世界的及
物效果（transitive effects）。阐释该不及物性的一个方法在于观察如下内容：即
使当及物性带着成功或失败被完成，行动仍旧维持不变，在行动着的人的灵
魂、人格或品格中**持续**，除非他们——如果存在此种情形——被改正的忏悔
或决心所撤销。正如亚里士多德阐述的那样，这是将如下两者区分开来的东
西：其一，实践（praxis），在一个人及其共同体的整个生活的开放领域内道
德上有意义之行为；其二，技艺（technē），单单被当做为了掌控事物从而达
致一种特定类型目标的技术之活动。所以，尽管在亚里士多德那里可能没有
"自我决定"这样的词语，但他仍有此概念［可能没有在其关于人类事项的
——人的（ta anthropina）——哲学中被充分妥当地专门使用］。在作为如下事
物的一个人的实在中，自我决定是一个关键要素：一个统一性存在（a unitary
being）、这个人——我。

　　在本书第二章的结尾处，我作出如下总结：

　　　　总之：其一，作为我一直以来所是的特定人，我具有某种身
　　份；就作为上述特定的人而言，这起始于我在母亲子宫形成之时，
　　那时候的我已经具有人的所有完全能力以及由此而来的自然本性。
　　其二，作为如下这样一种人，我具有某种身份；这样一种人意识到
　　如下众多的事物：自从我首次开始意识到——相对于其他（包括民
　　族）——我自己（我的脚趾和恐惧……）之后，自从我首次探究、
　　主张、拒绝和争辩之后，我已然经历、思考的东西。其三，作为如
　　下这样一种人，我具有某种身份；这样一种人具有我通过选择而为
　　自己塑造的品格，其中的选择是我在限制之中、机会之中作出的，

这其中的限制和机会又产生于事物本性、他人的选择以及偶然的联合；上述选择受制于所有起作用的因素，就像莎士比亚、阿奎那各自所描绘的那样，即神命（divine providence）"早已把我们的结果布置好了，无论我们怎样辛苦谋划"。其四，作为如下这样一种人，我具有某种身份；这样一种人是文化形式（一位澳大利亚公民）的客体，是它们（说英语、戴领结）的使用者，也是新的、部分新的**人格面具**的建构者。[6]

　　在此，我希望拓展上述关于身份的反思，进而引入我在上述论文中忽视的某些关于个人和——通过类比——团体身份（communal identity）的东西。但
105　当下进行的反思其目的并非完全在于，为了理解的缘故而去理解身份的形而上或本体论。相反，它的目的在于，为了达致正确选择和行动而**商议**的缘故，而去稍微更好地理解如下事物，即在身份和形成以及维持身份中的善的东西：作为机会、本身善（a *bonum honestum*）的身份；以及作为某些要被感激的事物的身份。因为，这将紧密地关系到我在开篇就提到的两个问题中的第二个问题，它涉及平等关切的权利以及免于侮辱的权利。

II

　　除了"我作为特定人而具有的身份，这起始于我在母亲子宫形成之时，那时候的我已经具有人的所有完全能力以及由此而来的自然本性"；另外，还存在一种我作为男性——而非女性——所具有的身份。因为，除非我们参照界定了"人性"的全方位能力来理解"人性"的范畴，否则我们不会很好地理解它，这不可能针对任何人进行无歧义的断言；相反，我认为，就其包含能力（尤其是想象和影响）——这在男人和女人之间通常是不同的——而言，人性根据一种比例的类比类型被分享，如同在男人和女人之间。没有哪个性别**绝对地**是人性的范式，只有从两性之间的互补性层面理解两性，我

---

〔6〕 Essay 2, p. 67.

们才能在人性的全面兴盛中妥当地理解人性。

　　一个人对于如下事物的理解将被其父母的例子所极大地促进（或在不幸的情形下被阻碍）：作为机会的、作为一种要被尊敬和促进的兴盛形式的"性别身份"（gender identity）和男性或女性特点。一个人的出身——作为特定父母的孩子而非其他人的孩子的地位——当然是另外一种身份，这种身份是一个人发现的而非创造的。通过其作为母亲和父亲的差异，也通过其作为人、配偶和父母的平等性，道德上善的父母是一个人关于如下事物的实践理解的榜样和培育者，也是一个人培养如下事物的意愿性的榜样和培育者：一个人以姐妹或兄弟的方式、以少女或男人的方式、以妻子或丈夫的方式、以母亲或父亲的方式成为好人（a good person）的机会。因为，由于自然的（生理上的或心理上的）前提条件成就其所是，我在上面列举的每一种存在方式对于获得和维持如下生活形式（the form of life）都是高度可欲和适合，如果不是严格不可或缺的：该生活形式帮助父母和孩子达致其作为个体和作为家庭共同体的成员的兴盛；反过来，该兴盛在部分上由如下事物构成，在部分上也依赖于如下事物，即家庭从更广泛共同体——无论是教育的、商业的、防卫的还是正义执行的共同体——的幸福和来源中学习的意愿，以及家庭为更广泛共同体——无论教育的、商业的、防卫的还是正义执行的共同体——的幸福和来源添砖加瓦的意愿。

　　在父母和孩子之间（其次是在叔叔、姑姑、表兄弟和外甥之间）共享的 106 东西中，很大部分是语言，这是人类文化的核心。此外，不存在诸如语言的东西。只存在这个、那个、其他某个语言，等等。每一个都是高度特殊化的——完全由具体化的决定所构成，这不像万民法——但它是可理解的（针对那些对其而言是可理解和可使用的人），仅仅因为这对他们而言是一种共相类型（a kind of universal）：其一，通过成为相互之间可分享的（其语言）；其二，通过成为其通向绝对共相（universals simpliciter）的入口，也即通向所有真命题的（无论实践的还是理论的）入口，其中的真命题可在（原则上）任何特定的语言中被阐释。对每个人的本土**语言**和母语而言，我上述所言在典范意义上都为真，因为我们每个人都具有一个不能选择、决定加入的身份，正如我们不能选择我们的父母、叔叔、姑姑和同胞兄弟。然而，较之繁衍生息，语言在远远更为彻底和广泛的意义上是文化，即可以共享的实在之一，该实在由人及其共同体通过选择和技艺而添加到自然给定的事物之上。

以上对自然和文化实在的林林总总的概述，并不寻求提供一个关于人类兴盛（human flourishing）稳定的实在或面向的分类；而是试图寻求挑选出也许充分策略化的例子来提供对如下问题的反思素材：构成或导致这些实在的具体化决定如何被作出。我认为，在每一种情形中，以一种或另一种方式，具体化决定是机会的明确化（specifying），事实上是机会的特定化（particularizing）。其中的"机会"被理解为：针对所有能够参与分享随之而来的利益之人而言的善。语言自身是不计其数的、不可识别的选择和接受的后果，在语言的例子中，分享——在理解相互之间的希望、恐惧、信仰、疑惑、友谊或敌意等载体中——的机会是一个开放式的机会，它只受限于其他族群对他们自己建立的语言的偏好。在婚姻的例子中，生殖性的友谊将尊敬和促进配偶、潜在父母的平等性，其特征要求：包含在要求和接受其配偶的帮助和承诺中的具体化决定，要彻底地和排他性地特定化，即该配偶选择成为能够终身为**其**子女的父母的丈夫和妻子。严苛的限制并不意味着对"适格的"或身处其他状况中的人的轻蔑。相反，这是对特定爱的承认和可预期的行为；如果此婚姻结合所产生的子女要接受——从成长到成熟（flourishing）将是或总是需要的——细致培育和照料，则上述特定的爱也将或者总是被需要。

107　　较之父母单独——甚或一个更为庞大的家庭——能提供的所有东西，成长到成熟和自我决定的状态将需要更多东西。好的父母教给孩子的语言是自己族群的语言；族群要足够多并且能够分化，从而得以安全地相互通婚，也从而得以很好地分工和专业化其生产性活动及其对土地、其他自然资源的所有权和管理，进而在经济上取得繁荣昌盛；族群也要足够地具有关切心、公正和强大，从而得以在家族内部或之间的争议与不正义中实施和施加正义，也从而得以保卫某一广袤领域内的所有家庭和街坊免于攻击和劫掠。我们知道，从家庭到具有政府和法律的政治共同体（political community）的亚里士多德式上升。[7] 但我目前的要点在于，分享语言通常会使得此上升变得合理，反过来，这向所有将之分享给**至少**一个族群的经验、洞见和期望的整体性宝库的人开放，上述那个族群的存在和历史在广度和深度上远远超越其当下政府性结构或事实上其法律的关切和活动。就此，该族群的每一个成员能够令人感激地带有被如下喜爱和热情所伴随的感激之情：维持、净化和保持对人类成就而言有效的、不可或缺的开放性；尽管存在——其所容忍的以及位于其中的——所有的腐败和冒犯。上述我讲的内容，是圣托马斯所讲内容更为简缩的版本：存在一种仁慈的形式、他人的爱的形式，这也是父母的爱、祖国（patria）的爱，也被称作虔敬（pietas）。[8]

开始谈及一个族群时，我们的反思触及传统法律和政治哲学中一个也许不可根除的核心弱点，即其很少关注如下问题：其一，任何特定国家如何形成（和消亡），以及通过什么样的权利形成（和消亡）；其二，在多大程度上，国家应与文化或起源的诸多统一性（unities）保持一致，或者相反，即采取一种或多或少内部国家类型（a more or less inter – national kind）的联邦形式。〔这并非核心传统所独有的弊端。扬－维尔纳·米勒（Jan – Werner Müller）在对"宪政爱国主义"（constitutional patriotism）的最新研究和辩护中承认：没有任何关于此"后惯习（post – conventional）、后传统主义（post – traditionalist）、后国家主义（post – nationalist）归属感（belonging）"的版本或理论，去回答国家的界限和起源问题。而且，他补充道，这更为一般地属于"自由思潮的弊端"。[9]〕就填补上述漏洞而言，我在此处的反思做出了很少贡献或者根本就没有做出贡献。但是，我在此处的反思将考虑某些处于如下领域的问题和提议：其一，政治和法律哲学商谈的传统范围；其二，被正当地预设为国家共同体之法律和政治体系；其三，一个处于亚里士多德式上升意义层面的同

108

---

〔7〕 就"政治共同体"而言，我意指的是，我称之为国家和马里旦称之为政治体（a body poli-tic）的事物；就"国家"而言，马里旦意指的是，我称之为政府和法律的事物：*Aquinas* 220；Mar-itain, *Man & State*, 8 – 11.

〔8〕 *ST* Ⅱ – Ⅱ q. 101 a. 1 ad 2；pietas est quaedam *protestatio caritatis* quam quis habet ad parentes et ad patriam——展现（而非假装）你对你的父母和你自己的国家的爱。

〔9〕 Müller, *Constitutional Patriotism*, 67 – 8.

样级别的其他国家或共同体之间的特定政治共同体。

这样一个政治共同体的政府对如下事情负责：塑造和适用其法律，从而维持——哪里需要强制地——公共善。公共善当中并不具有构成此共同体或构成性共同体（constituent communities）的共同善（common good）的所有要素。公共善仅仅是共同善的如下维度，即包含人际的往来或交流，也即包含正义和不正义，不仅仅作为人的性情和品格的美德或邪恶状态，而是作为如下事件状态和行为形式：（a）包含或关联于人**而非**行动着的人（the acting person）；（b）将被具有正义品格的人裁定为正义或——正如个案情形所展现的那样——不正义。在此，这些基础性的澄清工作是可欲的，因为我将要讨论的罗纳德·德沃金的命题在如下一个智识语境或文化待考察状态（*status quaestionis*）中出现：其中，在所有要素方面，公共善和完全的共同善之间的区别在过去没有——事实上现在也没有——被清楚地理解甚或呈现给文化—政治和法律—哲学争论中的参与者之心灵，而德沃金的那些命题意图对上述争论有所助益。

Ⅲ

德沃金就其命题首次发表的声明采取了这样的形式，即为约翰·罗尔斯的如下命题提供更加合理的基础：在关于人的存在中的善、恶的竞争性概念观之间，作为正义事项的政府和法律保持中立。在罗尔斯的《正义论》（*A Theory of Justice*）中，该命题仅具有如下的孱弱论证基础：这样的论证并非来自正义，而是来自自私自利的警告，即以免一个人——在无知之幕（a veil of ignorance）背后选择正义的原则时——发现自己的偏好是被谴责的和不法的。[10] 在如下命题中，德沃金为罗尔斯提供了一个更好的基础：将政治安排和法律建基于有关人类善的判断上，就是拒绝给人类以作为其"抽象权利"（abstract right）的平等的关切和尊敬（德沃金关于普遍性或人的权利——

---

〔10〕 See essay Ⅲ.2, sec. Ⅱ（1987c at 434－7）.

其是每个人都具有的权利——的命名是从特定情形和安排中抽象而来的）：

> 并不展示平等关切和尊敬的政治安排就是如下事物，它被强权
> 者所建立和统治。无论这些强权者是否承认，较之关切和尊重其他
> 人，他/她们更多关切和尊重特定阶级的成员，或具有特定才能**或
> 理想**的人。[11]

德沃金稍后更为精确地表述了该命题，他的术语"政府"包含了法律：　109

> 政府必须不仅仅以关切和尊敬来对待人民，而且要以平等的关
> 切和尊敬来对待人民……一定不能基于如下理由来限制自由：较之
> 其他人关于团体的良善生活（the good life）的概念观，某个公民关于
> 团体的善生活的概念观更为崇高或优越。[12]

此处，核心术语是**尊敬**（respect），隐含的论证是这样的：如果一个人判
定人类活动的某些形式是错误的和/或有害的、不合理的；至少如果一个人
通过如下行为使其判断生效，即禁止——意图或可能促进该活动的——行为
自身或众多行动或疏忽；那么，这个人展现了对任何希望参与此类活动中的
人的不尊敬。"不尊敬"与"蔑视"（contempt）同义，所以我称此为德沃金
的"源自蔑视的论据"（argument from contempt）。

显然，该论证失败了。作出如下判断即一种生活（"生活样式"）或行
为形式对于那些参与其中的人或模仿它的人不好，并且基于上述判断来胁迫
性地阻止他们参与其中，上述行为可能是一种形式的仁慈，它不被针对如下
人的任何自我偏好、傲慢、鄙视、憎恶所影响：这些人的判断被反驳（如果
事实上这是一个判断，而非一个仅仅在恶的良知中对于引诱的屈服），而且，

---

〔11〕　Dworkin, *Taking Rights Seriously*（hereafter *TRS*），181（强调是被添加的）（first published 1973）.

〔12〕　*TRS*, 272 – 3（first published 1973）. 他补充道："综合考虑，这些假定陈述了可被称为关于平等自由的概念观（the liberal conception of equality），但这是一个他们所讲的平等的概念观（a conception of equcdity），而非作为许可的自由（liberty as license）的概念观。"

这些人的行为被胁迫性地调整。[13] 该调整可能被对这些个体的善的关切所激发；这些个体的善确实是共同善的一部分，即使在如下类型的情形中：（在该情形中）调整是不公正的，因为其跨过了公共和非公共善的界限，由此处于国家政府和法律的恰当胁迫性管辖权范围之外。此类型情形被称为纯粹家长主义（pure paternalism）。纯粹家长主义否认并且合理地否认，源自蔑视的论据在如下方面是合理的：将针对个人活动的限制视为对该人的敌对情绪或憎恶的论据（proof），或者本质上（per se）为证据（evidence）。所以，政策（policies）——不像纯粹家长主义，政策尊重法律恰当地限制其管辖范围于**公共善**——甚至可能更为安全地被判断为免于对下述这些人的憎恶：为了保护弱者免于（比如）诱惑、腐败或者玷污，这些人的活动受到政策的限制。

110　　　"道德主义的"（moralistic）政策无需蔑视那些其消极地甚或胁迫地施加影响于其上的人（因为其很可能在意图上是仁慈的）。德沃金似乎能预料到上述反对意见，他在同一时间段内提出一个间接、惊人和焦土策略（scorched - earth）的外部捍卫。他主张，恰恰是宪法性权利或人权的概念立基于如下要求：即使在计算每个人的个人偏好时，其是平等主义者（egalitarian），功利主义者（utilitarian）对偏好的计算和总结必须被限制，以便从计算中排除一个人所拥有的关于**其他**人群及其命运（幸福或利益、损害或损失）的每个偏好。[14] 将此"外在"（external）偏好计算在内，会因引入双重计算（double - counting）而危及平等性，其中的双重计算就是多次权衡某些人群的偏好，从而对其他人群的偏好不利。为支持上述对外在偏好的排除，其论证和证明大多关注于如下风险：所涉外在偏好将会是"道德主义的"，表达仇恨、鄙视的宗族主义偏好，或"［逆向］歧视"（[adverse] prejudice）。但是相当明显，

---

〔13〕 正如哈特正确所言：

强加此外在偏好［并拒绝自由］的多数人可能认为，少数人的意见错误或罪恶；但基于上述理由（无论基于其他理由是多么令人反感）而推翻少数人的意见，这似乎相当兼容于对此类意见持有者的平等价值的承认，并且，可能甚至被对它们的关切所激发（"Between Utility and Rights" at 844；see likewise 843.）

〔14〕 我对此论证的表述和谈论很大部分要归功于 Yowell，"A Critical Examination of Dworkin's Theory of Rights".

德沃金主张，甚至"利他主义"（altruistic）偏好——支持他人的幸福——亦必须被排除。[15] 这就是为什么我称之为焦土策略的外在捍卫。在之后 5 年内，为了回应哈特的批评，德沃金极大地修正了上述观点，以便允许将关于他人福利的"利他主义"偏好（或者正如我们将要谈到的，仁慈和/或无私地［不偏不倚地］公正的偏好）计算在内。[16] 源自蔑视的论据的外在捍卫，相应地（并且在同一著作中）就被再次指定给一个——我想强调其重要性也即其社会影响的——新[17] 论证。德沃金通过如下说法来阐释此新论证：他所谴责的东西是"一种持有如下假定的政治过程（political process），**即人民拥有此类理由的事实**自身是，在政治道德层面上其所赞成的事物的部分理由"。[18] 在其他地方，在同一时段内，德沃金将之表述如下：当立法性决定"将多数人关于其他人群该如何生活的信念"当做或者事实上就是立法——"其只能通过诉诸多数人关于其同伴公民中哪些人值得关切和尊重的偏好被证立"——的根据时，立法性决定就是对平等的拒绝（由此蔑视那些其平等被拒绝的人）；德沃金随之将其视为等同于"只能通过基于如下行为的根据被证立的立法，即多数人发现［受立法限制的行为］令人反感或不赞成其产生的文化"。[19]

该新论证的关键一步在于其假定，即当立法者或多数人制定一个限制性的法律时，其对该立法的**理由**和**证立**纯粹依赖于如下事实：他们持有他们所持的道德观点。这是我们的观点，因为这是我们的，所以我们可以忽略你的相反观点，并且限制你的自由。我认为，该新论证提供了如下语境的一个重要部分：在其中，美国最高法院多数法官如今乐意断言，特定法律可以被置于一旁，因为它们展现了多数立法者对如下人的"敌意"（animus），即其行

111

---

〔15〕　See *TRS* 235, 238（first published 1976）；277（first published 1977）.

〔16〕　"Do We Have a Right to Pornography?"（1981），177, republished in Dworkin, *A Matter of Principle*（hereafter *MoP*）：see 368.

〔17〕　但是，这在德沃金的如下作品中有所预示，参见 Dworkin, "Political Judges and the Rule of law"（1978：republished in *MoP*）. 关于我对此的批判，参见 essay Ⅲ. 1 at nn. 19 – 23（1985a at 309 – 11）.

〔18〕　*MoP* 368.

〔19〕　*MoP* 68.

为被——法院使之无效的——法律所限制的人。这一断言在没有任何关于此类"敌意"（即情绪性的、有偏见的敌意）记录的情形之重要证据的情况下被作出；并且，敌意的发现被视为豁免法院去考察道德、文化或其他实体论证，就此，立法者确实曾经或本可能合理地使用这些论证来证立其立法。该程序和德沃金论证中的谬误在于，其隐含地拒绝给予立法者或大多数公民（citizen - majority）之宣称（pronouncement）以**透明性**（transparency）。

因为，除非我们理解第一人称单数断言性陈述（first - person singular affirmative statements）（断言等）的透明性，否则我们不会理解在**命题**（propositions）和明确表达它们的陈述或言说（utterances）之间的重要区别。"我认为'X是坏的'为真"的陈述对于如下陈述是透明的，即"'X是坏的'为真"，而这对于"X是坏的"是透明的；而"X是坏的"之陈述是那个我通过言说该陈述而主张的命题。也就是说：除非在特殊语境下，就像"为真"一样，"我认为"逐渐消失，仍留下通过原初陈述而**被断言的整个内容**及其所涉及的整个命题。并且，这在论证的逻辑上具有相应的对照物。对我而言，"我**认为**X是坏的，或者P为真"这些事实并非支持我的信念的论证；像我拥有它的事实一样，信念没有为——我对于该信念可能具有或能够提供的——论证添加任何东西。信念事实上也并非——我对于该信念可能具有或能够提供的——论证的一部分。

当许多特定的个体人发现他们每个人分享同样的信念时，情况同样如此。他们可能在如下事实中发现一些安慰或宽慰：该信念被广泛地持有，或者是多数人的信念。然而，他们不可能合理地提出将上述事实作为信念的证立。并且，极为通常的情况是，立法被多数人提议、捍卫和制定，但多数人并不寻求将证立置于如下事实上，即较之相反意见，他们的意见更为广泛地被持有。"他们的意见是多数人的意见"这样的事实，对立法性活动的法律效力而言可能是关键的，但其并不是上述立法行为的证立因素。就自我偏好的形式而言，他们是无辜的，自我偏好的形式在德沃金对其如下核心主张的"新"（但现在已然变老）的辩护中被断言：限制——去促进被判定为恶的活动的——自由之立法，显示了对那些希望参与或促进此类活动的人的不尊敬。该辩护事实上是一个明显的谬误或诡辩，其在文化上的成功对于公共论证中的标准之恶化而言，是一个糟糕的证明。事实上，它是一个精致化的粗鲁。并且，其作为论证的无效使得上述核心主张未被捍卫和不可捍卫。

约瑟夫·拉兹（Joseph Raz）分享了我们的多数法律所赖以建立的立场，即那些寻求扬善避恶的立法本身并非不尊重其行为被立法限制的人。[20] 拉兹更新近著作的多数尽管并非全部内容涉及文化多元主义（multiculturalism）的更少传统型主题，在其中，他采纳了这样一个立场：我认为，在内容及其可能的文化影响上，该立场使得拉兹陷入了类似德沃金的混乱。

以一种我们应认为妥当的方式，拉兹建构了其对文化多元主义的反思，他谈道：

> 我认为普遍性和特殊性是互相补充的，而非敌对的，这一点在最好的哲学传统中——从亚里士多德以降的哲学传统——始终是清晰的。普遍性必须在特殊性中发现其表达，特殊性只能从如下事实中获得其意义，即特殊性被纳入普遍性之中……普遍性价值在不同文化中以众多不同的方式被实现……[21]

当拉兹谈到**文化**以及由此而来的**文化**多元**主义**时，他心里是怎么想的呢？这不是很清楚。他谈到"文化团体"（culture groups）或"文化共同体"（culture communities），但所给的例子明显包括"同性恋、基督徒、黑人"。[22] 其中，没有一个可以算作任何意义上说得过去的共同体，除了在最为延伸的意义上（在此意义上，那些就其自己或他人而言具有**某些**共同兴趣特征的人，都可被称作一个共同体）。拉兹所讲的**文化多元主义**关注：

> 那些存在几个稳定的文化共同体——其既希望也能够维持自

---

〔20〕 拉兹对密尔式（Mill-like）的"危害原则"（Harm Principle）的接受，区分了其"完美主义者"（perfectionist）立场与纯粹的家长主义，并且使之接近如下立场：胁迫性立法必须是为了**公共善**。

〔21〕 Raz, *Ethics in the Public Domain*（hereafter *EPD*），120，179；see also his *The Morality of Freedom*，265. 被引用的段落以如下内容结束："并且……他们［世界上不同的文化］都值得尊敬。"

〔22〕 Raz,"Multiculturalism" at 204.

113 　　身——的社会。它并不适用于诸如以下的国家：这些国家从多种多
样的文化中接受许多移民，但这些来自不同文化的人在数量上都很
少……〔23〕

　　他说，在纯粹描述性意义上，第一种类型的社会可被称为文化多元主义
的（者）。作为"规范原则"（normative principle）或"评价性进路"（evaluative
approach）的文化多元主义，"是一个对此情形表示赞同的政策"。由此，"文
化多元主义要求政治社会承认所有存在于该社会中的稳定且能够独立生存发
展的文化共同体的平等地位"，比如拉兹就谈道，"荷兰的土耳其人和英国
的孟加拉人"〔24〕的平等地位。他本可能（但并没有）在此补充道，如下是
在荷兰和英国国内被官方认可的经验，即那些作为土耳其人或孟加拉人而来
到这些国家的人的子孙常常丢掉作为土耳其人或孟加拉人共同体的成员的很
多意识；相反，他们将自己视为如下宗教共同体和文化的成员：在那里，国
家差异被顽强地归属于一个对成为"宗教的"而言并不乏"政治性"的身
份，因为其坚持对**此**神启（divine revelation）的献身应该成为一个独立、普遍
也即世界范围内的政治共同体的组织性原则，直到如下事物的出现，即在一
个普遍的政府和法律之下，所有信仰者应视其自身为一个普遍"国家"［该
词语是**乌玛**（*Ummah*）* 一词合理且通常的翻译］的成员。

　　我再次回到拉兹那里。正如我们都应该意识到的那样，拉兹也意识到，
政治（并且由此法律）哲学既依赖于**事实性**又依赖于评价性前提。可以举

---

　　〔23〕　*EPD*，173. 在《公共领域内的伦理学》一书中，紧接着《文化多元主义》而排在前面的
是拉兹的论文《自由表达和个人认同》（"Free Expression and Personal Identification"）。在该论文中，
用来表示文化的术语是"生活样式"（style of life）、"生活方式"（ways of life）、"生活形式"（forms
of life），这明显与"文化"同义（e. g. *EPD* 155）；在后一论文中，相反，**文化多元主义**被称作**多元
主义**（*pluralism*）或**强多元主义**（*strong pluralism*），并且，"文化"一词的主要指涉是，当美国人谈
论"文化战争"（culture war）时所指涉的东西。这命名了位于如下这样一种语言上、伦理上、教育
上同质的文化中的一套论证，即这样一种文化涉及堕胎、胚胎使用或滥用、婚姻、安乐死、色情和
审查、性杂交或压抑、娱乐性毒品、爱国主义等，此列表原则上可能包括建筑、音乐、文学批评、
哲学以及其他诸多事物。

　　〔24〕　*EPD* 189，174，173，175.

　　* ummah，又作 umma，是阿拉伯语，指（由宗教维系的）伊斯兰世界，字面意义为：people，
community。——译者注

一个此类依赖性的例子（我的例子，而非拉兹的例子），考虑一下亚里士多德和阿奎那式理论中私人财产制度的证立（我认为，该证立于今而言仍有效并居于中心地位）。其立基于一个人类经验的"规则"：较之基于其自身的主动性而利用公共资源的个体或公共企业的"官员"（包括所有的被雇佣者），私人企业、管理自己事务的人、自耕农以及家政人士将更富有成效地开发，更为细心地维持自然资源、资本资源和源自上述资源的耐用消费品。至少，对于该经验的事实规则为真的时间、地域和资源类型而言，私人产权制度将是正义的要求，只要由该制度产生的商品总增加量不是被一伙成功的私产所有者霸占，而是通过妥当的机制（如利益分享机制、竞争性市场条件下的交易、税收重新分配、通过生产性投资而产生的全额雇佣等）、以恰当的方式向所有共同体成员开放。[25] 这里还有拉兹——关于其他类型的社会制度、政治共同体的存在和幸福——的经验性规则的比较性总结，该总结是他在德国给观众的一次演讲中阐述的：

> 对［政治社会的共同纽带］的需求不可能被否定。政治性社会被如下事实所刻画：他们主张置于个人之上的权威，而且以该权威为名，通常要求个人为其他成员的利益作出牺牲……重新分配税收……以及所有福利国家的制度，都是为了他人的利益而强加牺牲于某些人的国家制度（state institution）的例子。分享的意愿并不容易获得。无此，政治社会就会很快瓦解，或者不得不依赖于严密的强权和胁迫。
>
> 上述分享的意愿如何被维持呢？……现代政治社会的成员需要

114

---

〔25〕 我引用《自然法与自然权利》一书第 170－171 页中的内容，并继续说道：

当然，**如果**共同体的积极成员更为超脱于对私人利益的考量、对"其自身东西"的偏爱等，则公共所有权和企业**将**更加富有成效地利及所有人。但是，关于正义的理论要证明：在其所处的环境下——而非在某些其他、"理想"世界中——他们所应得的东西。并且，那些共同体的众多成员——其将生计合理地依赖其他成员的生产性努力和良好的家政管理——可以正当地抱怨不正义，如果一个财产制度（资源的开发、生产和管理）基于如下理据而被采用：如果共同体的非依赖者具有不同于他们事实上具有的特征，则该财产制度**将会**促进他们的幸福；但较之他们在由如其**实际**所是的非依赖成员所运作的不同的财产制度下将享有的生活标准，该财产制度**事实上**却给予了他们（和所有其他人）一个更低的生活标准。

> 分享一个共同文化……分享的意愿依赖于感同身受的（empathy）能
> 力……依赖于人们替他人感受的能力，而这依赖于其理解和同情其
> 他人群的经验、期望和焦虑的能力。
>
> ……最终，政治共同体依赖于人们基于如下事实而对其所属的
> 政治社会的自由且自愿的认同：他们感知作为德国人的身份，其自
> 己作为德国人的身份的意识是完全本能和没有问题的。并且，这依
> 赖于如下事实：他们以作为德国人而骄傲。[26]

115　考虑到这关于法治（Rule of Law）和正派政府（decent government）的前提的强式陈述，我们要问：为何文化多元主义不应被断定为一个公共危害（a public harm）？拉兹的命题——这是一个公共善或净公共善（net public good）——依赖于某些深层的事实前提或预设。

其中最为重要的是：共同语言的缺席仅仅是个"麻烦事"，并非真的是公共危害，更不是非常重大的公共危害。[27] 我不能分享这个事实判断。我赞成他的如下提法："我们对于将一个政治社会维系在一起的纽带的理解非常薄弱。"[28] 但我认为，丰富的历史经验支持如下假设，即在缺乏——在其中人们可以真正相互理解的——共同语言的情况下，几乎没有理由去期待一个作为同一政治共同体成员的"完全本能和没有问题的共同身份的意识"将会出现；或者，即使出现，也没有理由期待其存活下来，除非面对某些紧

---

〔26〕　Raz，"Multiculturalism"，at 202－3. 千万不要误解最后的句子。它们必须在兼容于如下命题的意义上被理解，即文化多元主义正确地"拒绝作为共同纽带的共同国籍（common nationality）"（*ibid.*，at 201），并且"致力于取代作为政治社会的共同纽带的国家主义（nationalism）"（*ibid.*，at 202）. 所以，在此，"德国人"一词［至少在严格意义上（*stricto sensu*）］必须不能被理解为国家的成员，而应被理解为作为政治社会的成员，也许作为如下意义层面的公民或人：尽管根据德国现行法律，他不适格；但出于其关于公民的伦理基础的原因，他可能很好地成为公民。

〔27〕　*Ibid.* at 202：

我们知道，一个共同文化［比如现代政治社会所需的共同文化］并不意味着一个共同宗教，且这并不意味着一个共同民族或宗族团体的成员身份。这甚至不意味着一个共同语言，尽管共同语言的缺乏可能是件麻烦事……当它们在场时，它们当然会有所助益。然而，它们并非必然的，而且这也并没有错，因为较之如下提议即政治社会必须立基于共同的敌人，下面的提议并不更多地具有吸引力即政治社会必须立基于共同宗教或宗族。

〔28〕　*Ibid.*，at 201.

急的共同威胁（敌人）时。相反，难道在此不是有很强的理由期待如下的紧张局势、怨恨和分裂吗？其中，最坏的情形（但并非极度不常见）是：巴尔干化（Balkanization）以及随之而来的残暴行为、侵占和强制移民。最好的情形比如，1968 年将说佛兰德语的鲁汶天主教大学（the Catholic University of Flemish – speaking Leuven）图书馆进行分割从而创设说法语的新鲁汶天主教大学（the Catholic University of French – speaking Louvain – la – Neuve）（能够达成一致的所有做法在于，鲁汶大学应保留百科全书和著作集中的 1、3、5、7……册）。处于最坏和最好情形的中间情形是：比如当下在斐济发生的政治瘫痪、纷争和间歇的独裁。

拉兹持有这样的想法，即文化多元主义是一个"理想"、公共善，而非作为事态的相当大的恶和作为政策或认知对象的严重错误。他持有上述想法的理由又是什么呢？注意，正如他所讲：

> 在原则上，自由文化多元主义并不反对一个文化团体被其他团体所吸收……只要（i）该过程并非胁迫的；（ii）该过程并非产生于对人们及其共同体**缺乏尊敬**；（iii）该过程是渐进的。那么，该过程就没有任何错误。[29]

在上述三个条件中，第二个条件必然是关键的。对于同化方案（assimilative programmes）而言，仅仅胁迫性自身和诸如此类事物不可能成为充分的反对意见，正如它们之于如下事物的关系：强迫教育或接种疫苗的规划；或者经过适当修改之后，城镇计划、区域管理或者考试管理。而且，单单同化的要求——比如你的孩子必须参加一个仅仅以该国家官方语言教学的学校——并非一种诸如此类不尊敬的展现，因为（正如我们记得拉兹说过）"文化多元主义［作为一项规则］……并不适用于这样的国家：诸如一个接受许多来自多样文化背景的移民，而那些不同文化背景的人在数量上占少数的国家"。[30] 对所有这些分散、孤立且数量不多的移民而言，被强加关于如下内

116

---

〔29〕　*EPD* 182. 此文化多元主义是一个理想："Multiculturalism" at 196.

〔30〕　*EPD* 173.

容的一系列损失和损害是合理的，并且移民接受关于如下内容的一系列损失和损害也是合理的：就这些移民而言，包含同化中的文化利益。将这些移民及其子女放置于官方语言和占主导地位的文化中，由此带来的后果是削弱子女针对其父母文化而言的成员关系，在当下情形中，这无非是一个可以接受的关于如下要求的**副效应**，即非意图使然的效果：假使以其父母的语言和文化进行教育在实践上不可及，子女也应被教育。所以，作为一个副效应，即非意图使然的效果，教育性同化的要求无需涉及对任何文化或其价值的任何"轻视"或其他不敬。在此，无需存在对任何人尊严的侵犯，而且拉兹也接受这一点，他也认为不存在。

然而，现在我们进入了论证的关键之处。不同于刚刚提及的情形，在此，一个特定文化的移民在数量上足够多，以至于可以他们自己的语言和文化提供教育。由此，拉兹提出了规范性文化多元主义者命题（the normative multiculturalist theses），尤其是：在政府和法律允许且补助（迄今为止）主流文化的学校的同样程度上，政府和法律必须允许并补助移民以其语言和文化进行的教育。就此，他谈道：

（1）……对强制的重新训练和采纳的要求，（2）易于毁灭人的尊严和自尊。这（3）显示，国家，他们的国家丝毫不尊敬其文化，认为其劣等并且密谋消除之。[31]

但（1）此处的"强制"无非是，拉兹乐意看到的适用于**分散**、孤立的移民中的强迫性教育。（2）所谓对尊严和自尊的毁灭无非是，在分散、孤立的移民父母的情形下，拉兹所乐意接受的副效应。所以，其理由完全依赖于（3）主张，即对——基本上为少数移民文化的——孩子的同化教育"显示，国家，他们的国家丝毫不尊敬其文化，认为其劣等并且密谋消除之"。

这**是**其所显示的那样吗？假设：那些决定该政治共同体的法律和政策的人相信，拉兹在其关于一个稳定的法治和正派政府的前提条件的强式陈述中

---

〔31〕 "Multiculturalism" at 200, referring to *EPD* 178.

所阐述的东西。那么，不存在任何理由假设，他们的要求——移民同化——展现了对移民文化的不尊敬，或者他们发现其劣等或密谋消除之。其诸如同化教育政策的原理可能纯粹在于，维持被拉兹有说服力地勾勒的政治生存和兴盛的条件。（也许，该原理的事实性前提需要包含如下判断——其应该并能够严肃且不偏不倚——共同语言的缺乏不仅仅是"麻烦事"。）

所以，由于同化政策可以被合理地单单意图去避免由拉兹所描述的重大社会邪恶，尤其是通过强权制度取代法治和正派政府；该政策不可能被合理地假设为由对某些人及其文化的不尊敬的判断所激发，该政策也不可能被合理地假设去拥有一个消除这些文化的目的，即使这些文化在该国家的枯萎被视为同化的副效应。相应地，在此，如下情形是不合理的：由于相关法律和政策的引入，移民文化的成员感到被轻视、不敬、侵犯或憎恶。诸如拉兹或德沃金等哲学家的如下做法是错误的：通过宽松地扩展"不敬"和"冒犯"的范畴而坚持另外的主张。

现在，设想一个不同的情形。一个特定的移民文化可能将自己定义为如我之前论及的一种类型的宗教—政治文化的成员；或者在一两代之后，种族多样化的移民团体的许多成员开始将自己定义为如我之前论及的一种类型的宗教—政治文化的成员。我们国家的这些居民以及我们法律体系的对象可能使用或开始使用"我们的国家""我们的法律体系"等术语来指涉某些实质上已经被转化的东西，从而使**其**文化的信念和规范——在此时此地，或此地以及不久的将来——对我们发生作用。难道我们不应该——事实上，难道我们不是必须——现在就**考虑和判断**如下内容：他们所设想和促进的变化将会是这样的变化，即我们要在道德上接受对我们法律和生活方式的改进吗？难道我们不能够正当地作出如下判断：这些变化将不仅仅在道德上对我们无所需求；相反这些变化将是有害的，而且鉴于我之前谈论的仁慈形式，这些变化会是我们在道德上有权而且也许一定要去抵抗的有害、邪恶类型吗？难道我们不能得出结论说，他们的文化确实在如下方面**低劣**：其对我们的共同善和公共善提出了挑战吗？事实上，我们能够假设——或者更为坦诚地承认——上述类型的挑战，而这可能变成一个威胁进而是一场战争。还记得，那

118

个仁慈包括一个关于对人类而言何为善恶的"普遍"判断的成分，也包括一个对其特定祖国（*patriae*）的虔敬（*pietas*）的成分。[32] 即使当其驳斥移民的宗教或政治或婚姻文化部分方面为道德上邪恶的，但这并不意味着也无需在心理上包含对诸如此类人的蔑视。即使考虑到如下团体之成员，即这样一些人——通过信念和允诺的自我决定的行为——已然自由且有意地选择投身于，我们必然断定为不公正、不仁慈等目的；我们亦无需对他们有任何**不公正的**不尊敬。

一个要排除上述文化的成员（进一步）的移民的决定，由此能够完全符合第二次梵蒂冈会议（Vatican II）的两个声明之合理的、可能被设想的且真实的含义：一方面，由于所有人都是上帝的孩子和兄弟：

> 就源自其中的尊严和权利而言，没有任何根据来维持如下理论或实践，即那些导致在人与人或民族与民族之间的歧视的理论或实践。[33]

另一方面：

> 基督徒属于其出生地国家。他们已然开始以教育的方式来分享此国家的文化瑰宝。在此国家的生活中，他们被多重社会纽带所联合……他们将此国家的问题视为其自身的问题……在其自己祖国 [patriae] 的社会和文化框架内，通过其自己国家的传统，他们必须给生活的此 [基督的] 崭新性（this [christian] newness of life）以表达

---

[32] See Wright, *National Patriotism in Papal Teaching*, 3 – 6 and passim; Grisez, *Living a Christian Life*, 836 – 44.

[33] 《教会对非基督宗教的态度》（Declaration）（*Nostra Aetate*）（1965）s. 5. Cf.《牧职宪章》（Pastoral Constitution）（*Gaudium et Spes*）（1965）s. 29：

然而，就人的基本权利而言，每一种类型的歧视——无论社会的还是文化的，以及是否基于性别、种族、肤色、社会条件、语言或者宗教——作为违反上帝的意图都要被克服和清除。

此处并没有指涉国籍（nationality）或者公民身份。（注意，顺便提示，该节继续谈道："因为，事实上，基本人权仍未得到普遍尊重，这必然仍旧是令人遗憾的。这正是妇女的生存状态，她们被剥夺自由去选择丈夫、去拥有一个生活状态或去获得——对等于那些对男人而言已然被承认的——教育或文化收益的权利。"）当我们将《牧职宪章》的所有指涉进行比较时，如下事实就是明显的："歧视"一词被用来意指不公正的对待，并且不存在一个如下的断言即区别对待通常是不公正的。

的一席之地。就这样一种文化而言，他们应该去了解、修复、维持、按照当代的条件发展，进而最终在基督中圆满之。[34]

该决定被正当地纳入隐含在教皇本笃十六世（Pope Benedict XVI）如下陈　119
述的规范之中：

个体信仰者被号召向来自任何国家的每个人都展开其手臂和怀抱，允许对公共生活负责的当局（Authorities）执行被视为对一个健康的共同存在（co‐existence）而言妥适的相关法律。[35]

考虑到我所描述的（许多）文化类型，此排他性决定将与合理的政治理论相符。

我认为，这仍然正确，即使我们或我们中的某些人不得不考虑如下事实：就**我们自己的**文化而言，政治上占主导地位的道德观要开始接受道德邪恶，这同罗马法学家关注于奴隶制时所持有的自满至少一样多。

IV

我已经触及对于当代政治和法律理论而言的一个重要问题，就此，宽松的冒犯原则（loose doctrine of offensiveness）威胁到谈论的安全，更威胁到在一起公共地**商议**的安全。然而，同与此相关但不同的问题相比，就当代政治和法理论而言，是否存在一个更为严重和尖锐的问题：是否世界上某个区域的人们（也许是**特定**人群或整个人群总体）依照正义有权选择从这些区域出来并移民到另一个他们喜爱的国家——按照此权利，当局或该其他国家的人群拒绝接受这些人，至少作为潜在公民进入领土内的行为是不正义的？该问题并没有被如下论证所解决，即在主张去识别如下政治或立法性行为的类别方面，诸如德沃金和拉兹的论证是无效和错误的：他们说，无论那些参与其中

---

〔34〕　Decree *Ad Gentes*（1965）s. 21.

〔35〕　Benedict XVI, Address to the Pontifical Council for Pastoral Care of Migrants and Itinerant People, 15 May 2006.

的人的意图为何，这些行为必然包含针对人的结构性（constructive）或无法反驳的推定性（irrebuttably presumptive）不敬，这是一种（正如他们所讲）"自身是错误的"不敬类型。[36]

该问题并非完全不像如下问题，即教会通常在涉及富人时面临的问题：财主是否有义务按照正义让穷人通过从富人财产中拿走其挑选的东西，从而满足自己的需求或欲求呢？[37]他是否有义务基于其作为主人的主动性和偏好，将所有超出维持其自身、家庭和亲密依赖者的财物分给穷人呢？或者，他是否有权将上述界定的多余财物投入下列活动中：追求其专业化或需要技能的职业，教育其子女，支持对维持法治而言妥适的制度和安排，推进知识以及建筑的和其他荣耀上帝的活动，等等？极其严重的紧急情况和饥荒除外，难道他不能视下列行为是冗余的（Superflua）：致力于仅仅用在合理贡献给这些"职业性"的良善工作之后的剩余东西帮助穷人？像全世界教会中最为权威的牧师和教师一样，诸如圣托马斯这样虔诚的哲学家赞成上述最后一种答案。[38]

如下两种类型的权利在依据和结构上类似：其一，一个特定政治共同体的成员通过其政府和法律而行动，排除所有非成员——其定居可能直接或间接威胁到该共同体的共同善[39]——进入和定居的权利；其二，对完全所有权（dominium）、其他类似的财产权或所有制而言非常关键的排他和排他使用的权利。上述两种类型的权利都以兼容如下真理的方式被理解和实施：其一，地球属于所有人；其二，分割地球并将其物质性资源和领土分给某些人来排他性地使用，这样的做法可能、几乎普遍是合理的，这事实上也被正义所要求。因为，就资源而言，较之作为共同或公共所有而被照料，在经济和

---

[36] 关于意见的审查，拉兹谈道（EPD 162 – 3）：

考虑到，那是此类审查行为的社会意义，它们被感知成谴责作为整体的生活方式，此类审查构成了谴责。"我们并没有意图去谴责"这样的捍卫无用。起作用的是政府做过的事情，而非其意图去做的事情……此类措施无法被证立。它们自身就是错误的。

很清楚，他将会同样论述，针对人以及生活方式的其他形式（他所认为）的不尊敬。

[37] Luke 6：19 – 31.

[38] *Aquinas* 188 – 96.

[39] See essay Ⅲ.9（2007a）sec. Ⅲ.

道德善的方面，上述养护和管理方式将会更富有成效。而且，就国家的领土而言，较之在如下条件下被执行，上述贯彻其中的文化、法律和政治将会更加人性化、妥适和公正：（a）居民之间极不和谐的环境；（b）拉兹为我们识别的法律的前提条件（和许多其他）缺席的地方，或将被许多且迥异的人群的进入所否定的地方。因为，反过来，如此范围或类型的移民可能压垮或超过同化，驱散对我们祖先在此土地上建立的故乡（country）、民族（nation）、国家（state）、政府和法律之认同的一般（几乎全体一致）"意识"（包括理智地被意愿之性情），由此使得针对和平、福利和良善政府而言的前提条件消失或不满足。所以，（1）由于地球属于所有人，排他性权利必须要承受被如下类型的真正必然性推翻的可能性：在被圣托马斯所阐述的我们传统的教导下，此种必然性在缓解该必然性所需要的程度上使得财产恢复到普遍可及性。该种类型的推翻在《关于难民地位的公约》（Convention Relating to the Status of Refugees）（1951）中可以被发现，这在时间上和空间上被《难民协定书》（Protocol）（1967）所拓展。但（2）正如上述公约在其对难民普遍权利的具体化决定中所显示的那样，甚至这一基本权利的行使也绝非无条件的，除其他事情之外，它要求难民遵守我们的（公正）法律和规章，也要遵守为维持我们的公共秩序而采取的（正当）措施。在此文中，我一直在思考——几乎没有主张——政治共同体的共同善的一些面向，这至少间接涉及其公共善甚至公共秩序，由此也是法律和立法性商议的妥适事项。

第7章
国际性都市、民族国家和家庭 *

I

122   如果实践理性在整体的（integral）或统一的（universal）人类完善（human fulfilment）的理想中发现其主要道德原则（master moral principle）；如果启示（revelation）在一个统一的（即"天主教的"）人类社会（"新的且统一的以色列"）[1] 中识别并传播，其教义包含如下命题即所有被创造的次于人的（subpersonal）物品或资源都具有一个"统一目的"（universal destination）；[2] 如果理性和宗教都赞成由《世界人权宣言》所阐述的当代道德—政治共识；那么，如下问题就清楚地呈现出来了：我们应如何思考政治理论中"普遍主义"（universalism）和正义的"世界主义"（cosmopolitan）义务？这是如下命题的标签：我们应在如下同样程度上对任何地方的人具有义务和权利，即我们

---

  * 2008a, secs Ⅳ - Ⅴ. For secs Ⅰ - Ⅱ see essay Ⅰ.5; for sec. Ⅲ see essay Ⅴ.8.

  〔1〕 Wojtyla (John Paul Ⅱ), *Memory and Identity*, 81.

  〔2〕 在 *Catechism of the Catholic Church* (1997) 中，其中标题为《普遍目的和物品的私人所有权》（"The Universal Destination and The Private Ownership of Goods"）的文章论述道：

  （2402）最初，上帝将地球及其资源委托给人类，由其共同管理和照料其通过劳动来利用它们并且享有其成果。创造的物品注定要为全人类服务。然而，人们的生命安全被贫穷所危害并被暴力所威胁，为确保人们的生命安全，地球在人们之间被分割。财产的如下用途是正当的：确保人的自由和尊严，帮助每个人满足其以及其所负责的人的基本需求。应该允许一个自然的团结（a natural solidarity）在人们之间发展。

  （2403）私人财产的权利——通过工作获得或通过继承或赠与从他人那里接受——并未消除地球给予全人类的原初礼物。物品的统一目的仍是基本的，即使对于共同善的促进，要求尊重私人财产、对私人财产的权利和使用。

对邻居［比如我们的同伴公民（fellow citizens）］所具有的任何扶助的义务和
权利。上述命题该如何被应用呢？我们来看该问题在可能被提出的众多方式
中的仅仅一种：在我们的边境上，基于某人具有该国国籍，是该国公民，从
而当然可以进入该国，而另外的人则不是，并且由此也许不能进入该国；以
此在人们之间进行区分（区别对待），这样做从来都是正确的吗？〔3〕

　　1993 年，卡罗尔·沃伊蒂拉、约翰·罗尔斯分别独立地研究该问题， 123
并以不同程度的明晰性处理该问题。这两人都长时间反思人际的伦理，而且
每个人都写出并且出版了其回应。沃伊蒂拉于 2005 年过世，在此之后两周
内其作品《记忆与身份》（*Memory and Identity*）面世，在该书中，沃伊蒂拉
谈道：

　　　　"国家"（nation）这个术语命名了一个建基于特定领域并以其文
　　化区别于其他国家的共同体。天主教的社会教义坚持家庭和国家都
　　是自然社会，不是单单约定的产物。**由此，在人类历史中，它们不
　　可能被其他任何事物代替**〔4〕

　　他谈道，避免不良的国家主义（nationalism）的正确方法在于：

　　　　通过爱国主义。然而，国家主义包含承认和追求仅仅一个人自
　　己国家的善，而不管其他国家的权利。爱国主义……是对其本土的
　　热爱，并且这赋予所有其他国家以——与为其自己国家所主张的权

---

　　〔3〕　See essay Ⅲ. 9（2007a），sec. Ⅴ；2008f；and essay 6，sec. Ⅳ（针对当代政治理论而言，这
可能是最为严重和尖锐的问题）。

　　〔4〕　*Memory and Identity*，77 - 8（强调是后加的）；likewise 75. See also Vatican Ⅱ，Decree *Ad
Gentes*（1965），sec. 21：

　　基督徒属于其出生地国家。他们已然开始以教育的方式来分享此国家的文化瑰宝。在此国家的
生活中，他们被多重社会纽带所联合……他们将此国家的问题视为自己的问题……在他们自己祖国
的社会和文化框架内，通过自己国家的传统，他们必须给生活的此［基督的］崭新性以表达的一席
之地。就这样一种文化而言，他们应该去了解、修复、维持、按照当代的条件发展，进而最终在基
督之中圆满。

利同等的——权利。[5]

而且：

> 故乡（the native land）（或祖国）在某种程度上等同于祖传家产，即**由祖先留给我们的全部物品**。在此语境下……一个人经常听见"生养之地"（motherland）的表达。通过个人经验，我们都知道，在什么程度上我们精神层面的祖传家产通过我们的母亲而得以传承。我们的故乡由此是我们的遗产，而且，这也是源自该遗产的整体祖传家产……国家、疆土，但更为重要的是……构成一个特定国家文化的价值和精神性内容。[6]

124　约翰·罗尔斯关于普遍正义（universal justice）的、有深远意义的理论，拒绝如下观点：范围上普遍的正义于内容方面是世界主义的，也即其他地方

---

〔5〕 *Memory and Identity*, 75. 关于爱国主义的早期强式教皇教义中的背景，参见 Wright, *National Patriotism in Papal Teaching*. 莱特（Wright）（后来成为一个主教）证明，在强烈支持一个并非无条件的爱国主义的此教义的拓展体中，构成祖国和国家的要素如何大体上是这样一个"文化、历史和宗教的传统"：具有共享的语言，在莱特的考察中，这占有一定的优先性；肯定地包含共享的对"我们的此块本土"的〔爱〕，核心为特定的心态（*mentalité*）：56 - 66. 莱特针对如下内容的论证（28 - 51）与其（莱特）一般性陈述有某种程度的紧张关系：低估其他特定因素，尤其是罗尔斯（引用密尔）列为"宗族、血统"的东西（at n. 9 below）。

〔6〕 *Memory and Identity*, 66（强调是被添加的）。此处以及他处，沃伊蒂拉参考并引用（96 - 97）了他在 1980 年 6 月 2 日给联合国教科文组织（UNESCO）所做的教皇演讲，尤其——

关注于国家对文化和未来的基础的权利……人类经验和人的发展的人道主义方面的稳定要素……展现在国家文化中的社会的基本主权……经由上述内容，人同时也变得至高无上。

在教皇本笃十六世于 2008 年 9 月 14 日给法国主教的演讲中，上述内容被再次提及：

事实上，我确信，国家必须不能允许那些赋予其特殊身份的东西消失。同一家庭的不同成员具有同一父母的事实并不意味着他们是没有区分的主体：他们事实上具有自己的个性。这对于国家也为真，国家必须努力去维持和发展其特定的文化，从来不曾允许该特定文化被其他文化所吸收或被无聊的统一性所吞没。借用约翰·保罗二世（Pope John Paul Ⅱ）的话，"国家事实上是如下之人的伟大共同体：其由不同的纽带所联结，但首要的正是文化。国家'通过'文化并且'为了'文化而存在，由此，正是那些人类的伟大教育者，从而使他们'更多地'处于共同体中"。（Address to UNESCO, 2 June 1980, no. 14.）

的所有人具有同样的基本权利、应得权利和自由。[7] 相反，其谈到民族与民族之间以及每个民族内部的正义、平等权利等，而非直接在世界所有个体人之间，仿佛世界是一个民族那般。

罗尔斯利用"一个民族"（a people）来指涉约翰·保罗二世、约翰·斯图尔特·密尔（John Stuart Mill）以及多数人称之为国家的事物。[8] 像约翰·保罗二世和密尔一样，罗尔斯也将共享的文化视为特定民族实在性的核心。他将该文化的实在性剖析为：（a）第一也即首要在于，该民族的成员"在其自身之间被共同情感（common sympathies）所团结，该共同情感在他们和其他人之间不存在"。（b）"较之与他人合作，该共同情感使他们更乐于相互合作……"（c）该共同情感可能来自不同因素，比如宗族、血统、语言和宗教的共同性，但其中最为强大的是政治经历（political antecedents）……国家历史的同一性（identity），以及随之而来的是具有与过去发生的同样事件联系在一起的共同记忆——集体性骄傲、耻辱、欢乐和遗憾——的共同体"。[9] 然后，他阐述了民族的正当的（legitimate）根本利益：政治独立性和自由文化；安全、领土及其公民的幸福；"其对自己作为一个民族的妥适自尊感，这建基于其对如下内容的共同意识，即其在历史中所经历的苦难和具有荣耀 125 成就的文化"。[10]

---

〔7〕　See *Law of Peoples*, 82 – 5. 目前的论文对罗尔斯的探讨并没有直接触及如下问题：他是否有理据去拒绝将其《正义论》中最具特色的正义原则即"差异原则"（difference principle）——所有的社会决定（至少那些关于社会的基本机构的决定）应尽力提升国家处境最为糟糕的团体的幸福——从政治共同体的内部安排拓展至涉及所有人的世界范围内的共同体。禁止移民将（在原则上，并且在特定条件下）兼容于接受"全球差异原则"（global difference principle）这样非常高的要求。但在实践中，该原则的适用将要求世界政府（world government），这再次**可能**不会取消边界；但当其为了某些关键目的而消除所有关于国籍的概念时，这当然地会使边界相对化。〔对于罗尔斯的差异原则的批评，参见 essay Ⅲ.3（1973a）；关于赞成罗尔斯拒绝将之拓展到被视为单一国际性都市（cosmopolis）的世界，参见 the penultimate paragraph of, and second endnote to, essay Ⅲ.7（1992b）; and the addition of to n. 45 in essay Ⅲ.13.〕

〔8〕　See *Law of Peoples*, v, 23 – 5.

〔9〕　*Ibid.*, 23 n. 17 quoting J. S. Mill, *Considerations on Representative Government*（1862）, ch. 16. 罗尔斯试探性地探讨了如下问题，即所有这些因素在多大程度上是一个公正宪政体制的必要条件，参见 *Law of Peoples*, 24 – 5.

〔10〕　*Ibid.*, 34. 关于此类实在性对"文化多元主义"政策的意蕴，参见我与拉兹关于多元文化主义的论文（比如其论文《文化多元主义》）的批判性交战, in essay 6, sec. Ⅲ.

难道这些根本利益的伦理正当性，还不足以正当化边界线的维持和相伴随的对移民的限制（或限制的权利）吗？罗尔斯并没有回答这个问题。相反，就限制移民的权利而言，罗尔斯提供的理据是关于财产制度的正义性的亚里士多德式论证。依此论证，世界上的资源包括土地被分给特定的个人或人之团体：论证是这样的，即财产倾向于恶化，"除非一个具体的行动者被赋予维持［它］的责任并且承担未尽其责的损失"。[11]

我认为，罗尔斯将边界线的正义与财产制度的正义性联系起来的做法是正确的。[12] 财产权利的核心是排除他人随意使用自己财产的权利，这在主流传统中被很好地理解为被如下事物所限制：其一，如下目的，即财产不仅要利于所有人自己或其他所有人，也要以一种或另外一种方式利于整个共同体；其二，在真正必要的情形下被推翻的责任。然而，罗尔斯利用了亚里士多德关于财产制度目的的一个非常狭窄的论证版本。通过集中关注于如下事物，罗尔斯使该版本更为狭窄了：维持领土及"其环境的完整性"，[13] 好像是为了自己的利益，而非为了那些开辟疆域、在此疆域内外享受其成果的人的生存和兴盛。[14] 只有在一个脚注中，他才谈道："限制移民的其他理由在于保护一个民族的政治文化和宪政原则。"[15] 正是在此，因为该民族共享的记忆和身份，他本可能非常妥当地使其自身的如下判断被该民族分享，即良善政治文化自身将依赖于其称之为"共同情感"的东西。就此共享的情感及其所激励的合作意愿而言，参照亚里士多德，他可能将之称为公民友情（civic friendship）；参照约翰·保罗二世，他可能将之称为爱国主义框架内的团

---

〔11〕 *Law of Peoples*, 39；also 8.

〔12〕 这并非说，国家的疆域最好被理解为一种财产形式，参见 Freeman，"Distributive Justice and the Law of Peoples" at 247–8.

〔13〕 *Law of Peoples*, 38–9.

〔14〕 Cf. essay 6, sec. Ⅳ：

与此……相比，对于当代政治和法理论，是否存在一个更为严重和尖锐的问题：是否世界上某个区域的人们（也许特定人群或整个人群总体）依照正义有权选择从这些区域出来并移民到另一个他们喜爱的国家——按照此权利，当局或其他国家的人民拒绝接受这些人至少作为潜在公民进入领土内的行为是不正义的？如此等等。

〔15〕 *Law of Peoples*, 39 n. 48.

结（solidarity within the framework of patriotism）。当代的政治经验和反省表明，没有 ¹²⁶对于情感的真实、相当普遍的共享，则任何缺乏大规模国家胁迫[16]的事物都不足以确保：其一，该民族对其家庭的忠诚；其二，该民族的财富和其他利益被充分超越从而维持**我们称之为福利国家的事物**。[17] 由于在法治框架内对福利国家维持是共同善的要素和正义的强烈要求，在利于大规模移民活动的环境下，如下内容将是正义相当强烈的要求：着眼于保持一个人所属民族免于遭受这些不同文化的和意向性前提的毁灭或腐蚀，从而达致公正且稳定的共同善，我们要通过区分某些非国民（non‑nationals）类型与其他类型来调整移民行为。[18]

关于罗尔斯对维持强大、安全国家的伦理的捍卫，还有两点要指出。我认为，面对愈演愈烈的法院和激进分子对反歧视性原则不加区分地适用，这非常像新共产主义一样发挥作用，它们具有特殊的意义。要说的第一点是，罗尔斯对国家的捍卫——这是重要的，因为其悖反于（cut against）许多人认为的罗尔斯关于正义原初理论的隐含之意——不仅依赖于事实性假定（factual assumption），即关于共同善能够被维持的条件的判断；也依赖于强式〔虽然高度可信（plausible）〕实质性和积极性（positive）评价。尤其考虑一下罗尔斯的该命题：一个民族在如下判断中团结一致是/或至少通常是正当的，即他们的历史文化至少在大体上一直是且现在也是好的，也即该历史文化具有他

---

〔16〕 "Extensive force and coercion"：Raz，"Multiculturalism" at 202.

〔17〕 而且，回想一下密尔的要旨，该情感对该民族的成员而言是特定的；作为情感，它们"并**不**存在于他们和其他人之间"。柏拉图如此受困于这样的问题即克服排他性的家庭和/或族群忠诚，以至于他带有妥适的犹豫但不断地假设在一个共同体范围内共享妇女、子女的理想图景，从而（正如一位敏锐的当代诠释者所讲），"源自两性以及父母子女关系的深厚感情将**不**再被包含于小家庭中，而将被公有化"（柏拉图使用的词语是：*koinōneō*）。See Voegelin，*Plato and Aristotle*，118. 柏拉图自己意识到该共产主义（communist）〔或者过度的普遍性（universalist）〕提议的极端性。利用带有与独立、自治和慷慨相关的要素，亚里士多德对此的批判（see *ibid.*，319－22；*Pol.* Ⅱ.1－2；1260b37－1264b3；*NLNR* 144－7，158）增进了对于私人财产的效率论证。这些要素没有被包含在由阿奎那后来发展的效率论证中；而且正如我们所看到的那样，这些要素也没有被包含在由罗尔斯发展的效率论证中，尽管其中有些微薄的成分。然而，在列奥十三世（Leo ⅩⅢ）对财产制度辩护的一个部分中，这些要素以改头换面的方式被呈现，in *Rerum Novarum*，*Encyclical* 15 May 1891，secs 13－15.

〔18〕 See essay 6；essay Ⅲ.9，sec. Ⅴ；and 2009e. 此脚注提及的论文和本文都没有对如下问题进行充分广泛的考量：在不同民族之间的大范围移民行为中攸关的正义与仁慈。

们可以带有正当的"自尊心"（法语：*amour propre*）来看待的"成就"。[19] 所以，第二点在于，罗尔斯对由人民（或人民中的主要部分）所作出的特定、实体性评价的必然性和正当性的断言，明显限制了——如果不是消除了——两个更著名的命题的适用，这些命题就罗尔斯关于"公共理性"的阐释而言都非常关键。其一，一个自由的社会（仅有的两种正当国家形式中的一个主要形式）**不**具有"善的全面概念观"（comprehensive conception of the good）；[20] 其二，罗尔斯自己的"政治自由主义"（political liberalism）理论并没有作为真的理论而提出，而是作为"建构主义"（constructivism）的练习而提出。[21] 其乐意主张相当于爱国主义评价的必然性的东西，这使得如下内容更为明显：在多大程度上，其关于此类断言的渐进式建构主义贬损与关于真理的怀疑论的"后现代的"（postmodern）拒绝者相符，这些拒绝者对哲学的自我否定路径被伯纳德·威廉姆斯（Bernard Williams）很好地捕捉到，解释了阿拉斯代尔·麦金太尔（Alisdair MacIntyre）关于如下内容的友好评价：

> 不可避免困扰作家的尴尬……作家在读者的镜片前举起一个标志，上面说道，某物是真的，或者是合理的，或者是值得追求的［或者（我们可能补充）是正当的］；然后，努力在快门按下之前腾空场所。[22]

---

〔19〕 *Law of Peoples*, 34 ［"卢梭（Rousseau）称之为自尊心"〕。

〔20〕 *Ibid.* 然而，这无非是对由罗尔斯在其《政治自由主义》（*Political Liberalism*）中阐述的关于"公共理性"（public reason）的精致的建构性理论的总结性回顾；在那里，对道德、政治原则的真理的关切被如下**假定的**义务所代替：在"所有合理之人"，或者至少"在一个或多或少公正的宪政体制内相当多的拥护者"中所谓的重叠和稳定的共识的限定内，去作出政治判断和决定（15）。

〔21〕 此处的"建构主义"意指这样一个提议，即将命题的真假替换为如下问题：命题是否通过一个妥当的"建构程序"（procedure of construction）（*ibid.*, 90）而被达致；例如，在罗尔斯《正义论》（亦即关于政治共同体**内**的正义）的语境下，一个"原初情景"（original position）内的（假定）协议；或者，在由《政治自由主义》再次构思的同样语境下，一个"重叠共识"（overlapping consensus）内的（假定）协议。

〔22〕 Williams, *Truth and Truthfulness*, 19.

II

在我上面一直所说的——对法治和福利国家而言必要的统一性（与多样性相对）程度的——前提条件中，对于政体（polity）的共同善而言，家庭算是一个尖锐的、长久的威胁之来源或至少是一个威胁点。所以，有必要补充道：似乎同样清楚的是，这些同样的前提条件包含——作为家庭而兴盛的——在家庭中妥当合理地抚养子女。作为对政治共同善的威胁的家庭，仅仅是对作为该共同善的基础的家庭的扭曲。无疑，此基础性意义包括不同要素：生物的、心理的和文化的。所以，例如，如果共享的文化对于国家的安定如此重要，善的丰硕成果就要被保持，这首先必须经由在家庭中抚养子女来传承。没有任何政治或法律理论能够忽略，或似乎因之受难堪从而回避，由《世界人权宣言》第 16（3）条的断言性阐述所给出的如下命题："家庭是社会的自然和基础性团体单位，其有权受到社会和国家的保护。"称家庭（或参考沃伊蒂拉，称国家）为"自然的"，这主要并非说家庭必然地、通过本能或次理性的（sub‑rational）倾向而存在。相反，最重要的在于，建立、维持和生活于家庭中的可能性可轻易被理解为如下选择的对象：其是可欲的，因为履行该选择不仅仅是作为其他目的的手段，因而其自身就是内在的；[23] 履行该选择不仅仅是为了选择者，也是为了许多其他人，尤其那些其存在就是此选择之效果的人。

128

尽管柏拉图挪揄——作为由家庭忠诚给政治共同体造成问题的解决方案的——共妻共子制（a communism of wives and children），他和该共有制的批判者亚里士多德都主张，他们的方法直达如下真实、尽管并非没有瑕疵的理解：家庭就城邦（polis）的合理性而言是关键的，婚姻对家庭而言是关键的，性行为只有在婚姻的语境下才有意义且具有伦理的合理性。柏拉图就此问题拥

---

〔23〕　正如阿奎那不厌其烦地说，要通过理解其能力来理解 X 的本质，要通过理解他们的众多行为（动机）〔act（uation)s〕来理解上述能力，要通过理解其**对象**来理解上述众多行为（动机）。See *Aquinas* 29 – 32.

有也许令人吃惊的清晰看法。就此可以如下内容来检测：带有明显的不情愿，过去三十年间关于柏拉图和亚里士多德作品中的爱和友谊最先进的研究得出如下结论，即柏拉图、教皇保罗六世（Pope Paul Ⅵ）和教皇约翰·保罗二世的性伦理在本质上是相同的。[24]（就亚里士多德而言，属于通常在其自身就是错误行为范畴的主要例子为通奸。[25]）我们发现，4 个世纪之后，大约在公元 1 世纪末，独立于犹太教和基督教的影响，罗马的斯多葛哲学家穆索尼乌斯·鲁弗斯（Musonius Rufus）和希腊博学大师普鲁塔克（Plutarch）清晰地阐明了婚姻中人类基本善的两个关键要素：繁殖/父母子女关系和丈夫、妻子间的友情；夫妻在身体结合中作为同等物而行动，通过身体结合，他们共同经历、实现和表达以上要素。[26] 这难道不是再次显示：之所以需要启示，无非正因为其教义——在此是其关于婚姻的教义[27]——使某些重要真理更为广泛地和稳定地可及，这些真理对自然理性（natural reason）而言通常是**可以获得的**，这些真理事实上已经被哲学反思所主张，甚至在某种程度上被某种之前不受该启示所影响的文化所主张吗？

129

为了以妥适的一般性来回应上述问题，我们应回到伯纳德·威廉姆斯、休谟、康德以及其他许多哲学家所忽略的地方：那些指引我们达致基本的可理解的人类善（the basic intelligible human goods）的实践理性的第一原则（the first principles of practical reason）；在众多方面，上述善既是我们选择中所有可理解性（intelligibility）与合理性（reasonableness）的来源，也是人类兴盛（human flourish-

---

〔24〕 Price, *Love and Friendship in Plato and Aristotle*, 229－35, esp. 233, 235；关于作为整体的柏拉图的观点，参见 Finnis, 1994b at 1060, and see 1057－63. 对那篇论文的某些回应的简单回复，参见 the 1995 version at 18－26. 涉及家庭时，谓项"是自然的"（is natural）所意指的等同于谓项"是不自然的"（is unnatural）主张内容所反对或违反的东西，这体现在柏拉图不断地将同性恋行为描述成悖于自然的（*para physin*）、违反自然、不自然的：e. g. *Phaedrus* 251a；*Laws* 636c, 836, 838, 841. [在所有情形中，正如阿奎那将要阐明的那样，关于自然（nature）/自然的（natural）主张就是，考虑到攸关的善，何为合理的：essay Ⅲ. 22（1997d）at n. 4.]

〔25〕 *NE* Ⅱ. 6；1107a9－17；also *Eudemian Eth.* Ⅱ. 3；1221b20－2；关于如下普遍意见的可疑性，即这些段落仅仅表明了一个关于贬损性词语"通奸"一词的语言学以及由此同义反复的意义，参见 *MA* 31－2.

〔26〕 See 1994b at 1062－5（24－30）.

〔27〕 John Paul Ⅱ, *Familisris Consortio*, Apostolic Exhortation, 22 Noverber 1981；see esp. sec. 29.

ing）——圆满实现中的人性（human nature in its full actuation）——的轮廓。可以说，每一个此类第一原则对——此类善能够在其身上实现的——人而言都是**透明的**（transparent）；如此透明，以至于当我们从任何方面回应这些原则的召唤和指引时，事实上，正是为了上述人的原因，我们才做出回应。[28] 然而，对普遍事物（universals）的此类实现并没有穷尽在此类兴盛中呈现的实在性。特殊性（specificity）和特定性（particularity）通常**添加**到更为普遍或一般的事物中去。[29] 爱回应所有存在于被爱者之中的东西；其回应荒漠中的陌生过客，[30] 但其作出必然排他性的承诺，并且对我的民族或我的朋友具有必然区别对待的忠诚。但是，如此来讲仍属过于一般的谈论。正如孩子在其父母身上能够看到的东西那样，无论在男人还是女人身上，人性都并非相当完整〔无论在能力（capacities）上、性情（dispositions）上还是完善（fulfilments）上〕。那就是如下问题的原因：为何人类基本善中的一种是婚姻。这也是为何——由于婚姻包含特定类型的行为，婚姻在该行为中可被实现、经历和表达——存在伦理学的一个分支，其尤为关注如下条件：在其中，对属于上述类型或可能具有上述类型属性的行为的选择，足够充分地尊重那个普遍善，从而被判断为合理的和正当的。[31] 众所周知，上述条件的要求如此之高，这足以需要启示去确信最为谨慎的希腊和罗马的思想家能够承认并教授的东西，而且在某些更低程度上去澄清、深化和拓展之。即使在我们生活的当下以平行

---

〔28〕　See essay I. 1, last page（＝2005a at 131）.

〔29〕　*ScG* Ⅱ cc. 26 and 42.

〔30〕　See Anscombe, *Faith in a Hard Ground*, 234：

……存在更少的友谊：存在优势或快乐的友谊，在一个团体中的伙伴的友谊、同伴工友和同伴公民之间的友谊，以及同伴人（fellow men）的友谊，当孤独的两个人在荒漠中发现对方，纵然恐惧并未出现，这也将出现。

〔31〕　See essays Ⅲ. 20（＝2008c）and Ⅲ. 22（＝1997d）；*Aquinas* 143 – 54.

和超越的方式热衷于洞穴（Cave）* 中影子的文化，情形亦然。

---

　　* 菲尼斯在此所谓"洞穴"中借用了《理想国》著名的"洞穴"比喻。在洞喻中，完整而又形象地展示了从可见世界到可知世界、从影像到善、从意见到知识等的转变过程。《理想国》要论述一个理想的城邦，洞喻也是哲学家和普通人在城邦中的生活的比喻。这里把囚室比作可见世界，把火光比作太阳的能力，囚徒的境遇是每一个自然人在这个世界的必然遭遇和处境，囚徒每天面对影子而误认为真实，而现实中的每个人面对每天听到、闻到、触摸到的事物时，以为这些可以"真真切切"感受到的事物才是真实的，不知在流变的可见世界之外还存在一个真实永恒的理念世界。参见［古希腊］柏拉图：《理想国》，郭斌和、张竹明译，商务印书馆1986年版，第172页。——译者注

第二部分

行动和意图

第 8 章

人类行为 *

I

某种道德神学特有的一种观点将"行为的道德性"与"人的道德性" 133
进行对比，颂扬后者，甚至可能断言：对道德学家来说，并没有人类行为，
只有行为的人。[1] 世俗思想特有的一种观点声称，一个人要对其所做的和
所引起的负责，而非对其是什么负责。[2] 根据隐含在经文和传统中的观点，
这些对比被放错了位置。作为一个行为的人，一个人的特性从其自由选择去
做的行为中得知；事实上，这种特性决定性地形成和定型于那些选择及其实
施过程中；尽管不对其造成的所有结果负责，也要对通过个人选择而使其成
为的那个人负责。

一项初始的澄清。我应该使用"人的行为"（act of the person）这个术语来

---

* 1987b. 人的行为（"The Act of the Person"）。

〔1〕 例如 O'Connell, *Principles for a Catholic Morality*, 79：

……如果一个人谈论客观的道德（objective morality），那么动机就根本无关。对于行为，就其本
身而论，并没有动机；它们仅有目的或结果。行为者有动机；人类，人类主体，有动机。因此，如
果一个人确实想把动机的因素包含进去，那么其必须谈到主观的道德（subjective morality），关于一
个行为的罪恶或者圣洁……那么动机是道德最重要的决定因素就很清楚了。事实上，动机是道德的
唯一决定因素。对于道德，在这种主观含义上，在这些篇幅我们所理解的意义上，不是行为
（deeds）的一种特性，而是人的一种特性。

Mahoney, *Seeking the Spirit*, 206："严格来说，没有如道德的行为这样的事，只有道德地行为的
男人们和女人们。"

〔2〕 比较 Hart 和 Honoré, *Causation in the Law*, lxxx – lxxxi.

指代那种行为，即阿奎那称之为**人类行为**（actiones humanae［human acts］）以区别于**一个人的行为**（actiones hominis［acts of a human being］）。[3] 但正如阿奎那表明的那样，这个术语只是一种学术上的便利，既未统领也未独立于术语"人类"（humana）和"一个人"（hominis）的普通内涵。[4] 因此，我对"人的行为"一词的使用并不意味着一个人类在非自愿（或带有削减的自愿）时做出的行为不是由一个人所做出的——不是一个人的行为（举动）。人类的人（the human person）其本质上是肉体的，在人类（the human being）和人类的人之间的每一种区分必须作为一种不可接受的二元论被否定。然而，在非自愿（或带有削减的自愿）下做出的行为（举动）在某种意义上不是那个人的行为，因为人的两方面中的其一或两者都不是（或不完全是）由那种行为所涉及的：设想（envisage）某事为一种善的能力，以及知道在追求它的过程中正在做之事的能力；在规划和实现那种追求时，一个人对自身活动的主动性。正如我们将看到的那样，如果一个人所做之事是除了由最高的或范式性的自愿的意愿而做，如自由选择，那么还有未涉及的关于人的另一方面：自我决定，形成和确定一个人成为"什么样的人"，以及一个人具有什么样的品质和个性的能力。

Ⅱ

今天的神学家们常常否认，一个人可以在其选择和行为之中，或通过对其选择和行为的反思来了解自身。他们提出了一种对于人和知识的解释，据此，自我是一种彻底不受许多完全自由的选择和行为影响的实在，这种实在不同于选择和行为，仍然无法进入意识甚至反思性知识中。奥康奈尔（Timothy E. O'Connell）提供了一种清晰的版本：

---

［3］ *ST* I－Ⅱ q. 1a. 1c.
［4］ 这在阿奎那迅速而频繁地违背其对专门术语人类行为（*actio humana*）和人的具体行为（*actio hominis*）的区分中显示出来：参见同一篇文章的 *the ad* 3*m*，I－Ⅱ q. 1a. 1，在那里他交替地使用了两个词语。

　　人……是由无数层构成的……没有任何一层能够代表其自身，并且每一层都有其自身的特性。在最表层，可以说我们发现他们的环境、他们的世界、他们拥有的东西。往里推进，我们会发现他们的行为、他们的举动、他们所做的事情。进而是身体，即'属于'一个人的并且也**"是"**那个人的。继续往深处推进我们会发现情绪、情感、感觉。更深处则是他们用来定义自身的信仰。在中心，其他每一事物所围绕旋转的无维度的细微之处的中心，便是——他或她自身——我。

　　……人格是关于人类之事，是我们并不能实际上看到的东西……我不断重复试图窥见我自身内在的中心。但我总是毫无收获。对一个真正的人来说，我总是作为一个观察者，而永远不能成为一个被观察者。作为一个人，我是一个主体。并且，我不能变成一个客体，即使对我自己而言。[5]

　　基于这种观点，即使是自由选择的行为也仅仅是人的肤浅表现，而它的实在却位于更深之处，并且隐藏在观点之外。确实，它们甚至比"情绪、情感、感觉"，比"一个人用来定义自身的信仰"更加肤浅（一种"信仰"，对如此这般情形的一种判断，是一个人无需选择和承诺便能获得之事）。注意，选择（选择的行为）并不包括在人的这些"层面"的序列中；也不包括在罗列了个人实在种类的类似文章中。[6]

　　这种相当普遍的观点，依赖于对知识、自由选择以及一个人因其自由选

135

---

〔5〕 *Principles for a Catholic Morality*, 59. Likewise e. g. Fuchs, *Human Values and Christian Morality*, 98：

　　一旦自身作为主体，抓住自我作为客体，主观的自我，行为不再于自我之中被发现，作为客体而面对它……精神上的人……从他的精神联合中浮现出来，进入时空之其身体条件的多样性中，到他个人的选择自由所指向的地方。

　　Ibid. , 105：

　　对自身的客观反映永远不能作为主体吸收整个自我；依这种反射作出回应和行为，主观的"我"，准确地照这样，保持外在于作为反射客体的"我"。

　　〔6〕 例如 *Principles for a Christian Morality*, 62：我自身的中央核心点，我的人格的"我"，面临着……我的世界的现实，我的处境、我的身体、我的感觉、我的态度和偏见。"

择而拥有的知识的简单化和肤浅化的概念。

知识并不能通过审视（奥康奈尔所说的窥见）的模式被充分地认识，因为认识（understanding）、推理和判断在那种简单的模式上是不可理解的。[7]自知不同于除了自身（主体）对客体的认知，这并非因为就如同一个人试图从眼角来看自己或通过只可向外看的眼睛来向里窥视，而是因为一个人在其活动中拥有的意识（意识的经验）——例如质询、考虑、推理、判断和选择等活动——是一种不同于个人对除自身以外的客体所拥有的经验感知的一种经验。它是一种准确地将自身作为主体的一种经验，这种经验不是对其他客体的感知，即以某种方式附加于一个人的质询、考虑、推理和判断或者（经必要变更后：mutatis mutandis）选择的客体。一个人**遇到**（或在选择中**面对**）这些活动中的客体；但是，一个人并未在进行的过程中**遇到**或面临（或面对）这些活动，反而是有意识地做这些活动。[8]

然而，一个人活动中（如选择）的意识使那些活动及其主体（做这些活动的主体［本身］）成为认知的客体变得可能。这种认知——在严格意义上的认知，赞同正确主张的认识——通过对智力活动反思性的质询、假设、考虑、推理和判断而获得，这些智力活动如质询、假设、考虑、推理、判断、选择和目的的实现。那么，这是对那些活动准确地作为这个主体（其自身）的活动的认知，对一个人自身准确地作为实施那些活动的主体的认知。

接受这样的论断是不需要理由的，即一个人通过发生在自身或发生在自身中的（情绪、情感、感觉），或者通过其所获得的（如"信仰"）来更好地认知自身，胜于通过其自由选择所做之事来认知自身。对一个人选择的更深刻的自我揭露的重要性显得尤其明显，当其考虑选择——去做某些关于自身之事的选择，正如当一个人选择忽视其感觉，或选择拒绝如此这般情绪为动机，或选择信任另一个人且相信其提议并依此行动……但是，一个人自由选择的每一项只有当其作为主体的选择时才是可理解的，这种主体的特点因

---

〔7〕 See Lonergan, *Insight*, ch. XI, esp. 321 – 3.

〔8〕 See Lonergan, *Collection*, 173 – 92.

此或多或少地被揭露出来——或多或少，但是通过这种**回答**——一个人作为主体因而造就了其所经历的、所承受的或者所获得的——而这确定地胜于那些经历之事、发生之事或者获得之事本身。

　　同样，我们应该拒绝作为自我反驳的论断——人或者自身是一个无维的极细微之物且没有任何事物可被认知，因为主体永远不能成为客体，并且被认知的每一事物都是作为客体被认知的。这样的论断，以及神学家们很多与其相关的论断——这些神学家们声称了解在基本选择中的整个自身或人的自我天性——提供了对据说不可知的客体认知的表达途径。我们可以拒绝他们对可知性的否认，然后平静地评价他们对其（并非一贯的）假设所提出的证据，这些假设是关于那些"基本的"或"先验的"以及"行为"或"选择"中的自我天性——依他们所见，这些行为和选择并非自由选择。

　　因此，通过拒绝由看、凝视或面对的形象所掌控的认识论，我们又进入了持久的方法论：所认知的无论何事都在行为中被认知；灵魂的特性是通过灵魂的力量被认知的，但那些力量是通过激励并在激励中被认知的。更明确的是：

> 行为组成了明确的时刻，人依此而被显露出来。行为给了我们对于一个人内在本质的最好洞见，并使我们能最充分地认识这个人。[9]

　　尽管如此，摆脱杂念仅仅是提供一种解释的开始，而在认识一个人行为的过程中还有许多困难。有些困难是认识上的，涉及令人困惑的条件——在这些条件下，如果要认识行为，那么必须经历和考虑行为。其他困难涉及个人生活的复杂性，并随着时间以及活动、经历和承受的多样形式得以延伸。在下一部分，通过对人的行为能透露一个人因其行为构成了这个人的个性而给出一种稍微更加明确的解释，我会谈到其中的某些复杂性。

137

---

　　[9]　Wojtyla, *The Acting Person*, 11.

Ⅲ

对于行为表现，即作为对感觉感知可用的行为举止的条目，行为出现又消失。但是作为选择的实行，行为如同他们所实行的选择一样，**持续存在**。它们在自身当中**持续**，持续到他们促进自我决定（自我建构）的形成。他们持续着，除非且直到被一种对其后悔的后续选择所驳斥。

因此，选择和行为的转变效果——由所选行为及之后的结果所组成的一系列事态——是暂时的。但是，自由选择的不可转变效果——成为一个所选择的那种人，**因而**——是一种精神上的实在。这种实在是持续性的，虽然并非如此这般不可撤销的永久性存在。人们以各种各样的方式，对选择的这种"持续性"[10] 表达了认识。其中一种方式是，对习语"忠于某一立场"（being committed to）的使用（不是指承担义务或做出承诺的含义）："我选择去做 X，因此我现在坚定地去做 XA"——这并不仅仅意味着 XA 是 X 的一种手段。

这种对立场的忠诚是一个人意愿的对应物（即，在一个人作为介于完全开放的选项间的一个选择者的身份中），这种意愿是在实践推理中对普遍性"逻辑"的意愿。一个人选择的那些选项，是吸引人的、可选择的，因为其提供了可理解的善，也即在这些描述中，这些选项无论如何具体，都是普遍的。当前在这种情形中显示为善的，在任何**相似**情形下都能显示为善。自由选择不单单是特殊之物。因此，一个人在辨别 X 作为一种可欲选项时所使用的评价原则、种类和方法，此时此地，以同样的方式适用于未来情形的原则、种类和方法。毫不后悔一个后续的崭新且不协调的选择，将使某个人免于其先前决定的隐含义，而采纳因那些原则、种类和方式且似乎带有吸引力的提议。那些隐含义不仅是对普遍性逻辑的逻辑暗示；也是对一个人不论是

---

〔10〕 这是同前第 160 页所使用的术语，为了总结（选择的）行为持续不可转变的效果，在 149 – 152 页进行了强有力的解释。介于这种分析和 Vatican Council Ⅱ Gaudium et Spes sec. 35 中某些主题之间的关系，参见 1983d at 20 – 5.

否愿意，也要通过其先前的选择来决定其成为什么样的人之形成轨迹的 138
描绘。

因此，如奥康奈尔和其他人一样，这种假设是严重错误的，即存在：

> 两种自由……人类作为行为者（human‑as‑agent）的绝对的自
> 由，与人类行为相关联的自由……［和］先验的自由，人类作为人
> （human‑as‑person）的自由，与持续存在相关联的自由。[11]

人类行为者是人类的人，并且其自由选择在人当中得以持续，[+]在那些选
择中，他构成了其成为的自身。对人来说，作为（being）和做为（doing）之
间的对比是一个谬误。甚至在一个人很小的选择中，正如我已经谈到的，一
个人选择**成为**做那种事的那种人。

一个人最大的选择——通过成为一个配偶、一个牧师、一个学者、一个
海盗或一个基督徒，而开始生命的整个形式——是**做**某些事的选择。［我把
这种首要且开放的选择叫做"承诺"（commitments），这种意义上的"承诺"
比此前提到的更加明确。］为了履行自己的承诺，某人最初做的可能是一些
微小而有象征性的事情，但是对承诺的选择组成了无数的且通常不可预见的
选择，这些选择需要付诸实践并遍及一个人所做的无数活动，是自愿做出的
但可能并无任何更进一步的选择（在严格意义上：stricto sensu），为了以一个
人已选择的方式去实现其承诺。

我在这里所回忆的，从宽泛的概述上讲，就是一个人行为的一些复杂
性：行为作为行为举止（behavior）与行为作为对选择的实行，此二者之间的
区分；在以下三者之间相区别，即（a）寻求组成一个人全部或大部分生活
的选择，和（b）并未如前，但确实创造或保持了一个人持久存在的某方面
的选择，以及（c）自愿的行为，通常作为选择或决定被提到，被最好地视
为自发采取的实现选择的一种手段；选择去做或遗漏某事，与选择对那些先
前作出的选择、行为或遗漏而后悔，这二者之间的区别。不仅关于最后这种

---

〔11〕 *Principles for a Catholic Morality*, 63.

选择，而且关于每一种选择，都有一种值得注意的特殊复杂性。

所有的自由选择，创造性地组成和决定了进行选择和实现这些选择的一个人的自我、品格和个性。在那种意义上，自我是最初的，当然也是最接近的"行为的客体"。然而，这种不可转变的效果和选择的重要性通常无需自139 我或自我决定而得以完成。成为选择的**客体**，无论一个人在选择中确实采纳的提议意义上的"**客体**"，还是一个人在采纳那种客体的理由意义上的"客体"。典型地，选择的自我决定效果对反思比对动机更加重要（当然，尽管反思可能有时为另一种选择提供了理由和动机，例如后悔）。

IV

道德选择的自我塑造、自我组成和在那些意义上自我决定的效果，正是道德生活的中心。正如我刚刚指出的，它不仅是道德选择唯一的甚至典型的**观点**，因为其中有些观点认为某些人类善（如一个人的生或死）区别于选择者的道德特性。对待这种特性和自我塑造时，相对于简单地由行为牵涉并引起的事态，作为道德生活的中心，基督教的道德教化和反思使"道德纯粹"（moral purity）毫无狂热可言。相反，它坚持道德方式是唯一完全合理的关切人类善的方式，这些善可能受到被选择的行为（或忽略）的影响；其他方式，在人类实现（human fulfilment）的概念中包含武断的限制和偏见。对选择正当性的关切不是对自身关切的一种形式，例如嘲讽所暗示的"洁身自好"。相反，它是一种"关切以避免"，例如，潜藏在道德无涉的"现实主义"（及其结果主义者的合理化）中武断的自身偏好或团体偏好，或者是由结果主义的确定形式所提出的对普遍责任不连贯的假设。[12]

当然，这篇文章不是要详细说明对基本的人类善的理解，以及对描述了道德生活的实践理性（在选择中责任的方式）的基本要求二者的理解。但是，如果遗漏或者边缘化了作为人类回应的选择和行为重要性的反思——无

---

　〔12〕　See e. g. *FoE* ch. Ⅳ and 110–11.

论充足的或不充足的、道德的或邪恶的——对人类善的呼吁，有些外在于选择主体的人，但是其他内在于选择和行为主体**组成**的自身，这对人的行为的反思将彻底不完整。对人类选择产生效果的那些方式的反思——可说是一种对行为的主体和人类善的意愿二者的综合——更多地，其要求并使我们能够改善我们对于我拥有什么的理解，目前为止，这种理解作为人类行为被无差别地提到。

　　许多人，甚至包括一些哲学家和神学家，不假思索地假设一种相对简单的人类行为的模式，包含三种因素：（1）一个潜在的行为者想要实现的一种可能的事态；（2）通过行为者力量中的诱因（causal factors）来实现它的一种计划；以及（3）引起想要结果的或多或少复杂的一系列行为的实施。　140

　　行为的这种模式是不充足的，虽然它确实涉及了某些东西：涉及了亚里士多德所称的**制作**（making）区别于**做出**（doing）。获得结果时，人类善被设想为明确的目标，行为的正当性被设想为有效性。这里，我们就有了内在于结果主义的行为的概念。

　　这种模式未能解释：人们过着他们自己的生活，这更胜于为了产生确定的结果而做出的一系列或多或少计划详尽的尝试。对一个人作为行为者自身经历的反思，将证实一种更加复杂的行为模式。通用语言使这一点显而易见，虽然通用语言既阻碍又促进了对选择和行为结构的一种清晰解释。因为通用语言所反映的内容，并非一种有秩序的道德关切——使人类实现完整化的一种特定类型之选择的关系——而是一种对选择、行为和举动的极其常见的和情感化之关切的多样性。

　　通过理解其客体，行为得以理解，而人类行为的客体是善——一个人能以任何方式想要的任何事。[13]

　　有些善是明确的目标，所欲的事态——例如让敌人毫无条件地投降、实

---

　　〔13〕　人们想要很多东西——如享乐、财富和权力——制定行为的原则时，这似乎掏空了一个人并将其与其他人分离开来。然而，还有一些其他的善——如真理知识以及在友谊中生活——对其追求的本身就似乎提升了人们并将人们带到了一起。如同这样的善是内在方面——真正的部分——对人的完整实现来说。我把这些人的完整存在的内在方面称作"基本的人类善"：对生存来说不是基本的，但对人类的完整存在而言是基本的。

现当前五年计划的目标，或是成功完成一个研究项目。但是基本的人类善，就其自身而言，并非明确的目标。例如，和平与正义的利益远远高于为其目的而寻求的任何特定目标，因为它们超越了能够例示其的任何特定事态；那些献身于这些善的人们永远不会完成为了服务于它们而所能做之事。和平与正义远胜于一个人想要之事，或者一个人希望实现的目标。独自行为或与其他人在社团中以各种方式行为，一个人能够致力于实现这样的善并分享它们，但永远不能变得完全等同于它们。

但是，如果基本的人类善因而不是明确的目标（objectives），不是要实现的目标，那么它们如何指引行为？通过提供理由来考虑作为值得选择的机会的某些可能性。因此，敌人的无条件投降变成了一个目标，为了其假定的促进持久的和平而追求的目标；五年计划目标的实现，作为通向一种梦想的公正的世界秩序的步骤而被追寻；理论研究特定项目的实施，以期他们的结果能够增进知识。由基本的人类善提供的选择和行为的这些理由，并不需要任何先前的理由。人类实现的前景——当然，不受行为者自身的自我实现所限制的一种实现——由和平、正义、知识等得以维持。这些前景自然而然地对作为潜在行为者的人类带来了相应的利益。

因此，出于选择和行为，人类实践性的反思和思考始于基本的人类善——这扩展了可能性的领域，（这种可能性）构成一个人选择时拥有的所有理由的基础，也构成一个人在实现任何特定目标时拥有的所有欲望的基础。这正是赋予人类生活持久且普遍的特性、多样性和开放性。基本的人类善解释了我们经历中人类特有的创造性。在这些善中，一个人的利益构成了其想要实现任何特定目标的基础。

在人类行为中，行为人分享并且构成了属于人的完整存在的真实的某些部分。行为有它们最初的道德重要性，作为与（参与）人类善的一种自愿的综合。但是一个人的行为有这种道德重要性，至少有三种方式。这些方式构成了三种意义上的"做"（doing）；从道德观点来看，如果为了道德评价以及行为被充分描述，那么这些则是不可简化的多样性且必须进行仔细的区分。

第一，一个人行为，**当其因内在价值而选择并做某事时**，通过此事其立即参与到一种善中。例如，当一个人作为友谊行为而赠送礼物，其选择实现一种确定的事态——赠送礼物——作为一种为服务于友谊之善的方式，由赠送和接受礼物所例示，以这种和谐的形式，自身和他人都得以实现。

第二，一个人以不同的方式行为，当其并非为其本身而是作为达到某些别有用心的目的的**一种手段**而去选择和行为时。选择之事并非作为一种基本善的例示被意愿，而是作为通过一个人期望带来一种善的例示被意愿。例如，一个人为了自身健康而服用苦药，一个人为了和平而可能进行一场战争；许多人仅仅为了薪水而工作。被选择的手段无需如此——其永远不会因内在价值而被选择：一个人有时为了商业目的而旅游，这可能会视为一次度假；当一个人将生意和娱乐混在一起时，前两种"做"会一起出现。††

第三，一个人以一种仍然不同的方式"正在做某事"，正如一个人**自愿接受副作用**，（这种副作用）附带于前述两种方式的任意一种行为。在此，一个人意识到，执行一个人的选择将影响到——无论好坏——善的实例，而非一个人的利益直接关系到的实例。尽管一个人并未选择这种对其他善的影响，但其预见并接受了它——有时是欣然地（如当一个人决定去进行一个训练课程而接受了结交新朋友这种福利），有时则是勉强地（如当一个人为了拯救其生命而接受失去其病变的器官，或当一个人试图沟通某些复杂的事情时将听众或读者引入错误或混淆）。

因为这三种意愿，用不同方式将行为的人和善关联起来，这成为三种不同含义的"做"的基础。一个专业人士仅仅为了挣钱而玩游戏并非相同意义上的玩游戏——这并非同样的做——与作为业余爱好者为了做（即玩游戏）的目的，尽其所能地玩游戏的行为本身。一个人通过某些行为的附带效果非自愿地有利于他人，这并非帮助他人。

这些差别的重要性在相反的例子中最清晰。一个女人出于对人类繁衍的憎恨而选择切除子宫，或者为了无怀孕（怀孕将妨碍度假小屋的获得）担忧而享受性爱的一种手段（可能是不情愿采取的）而切除子宫；或者为了防止癌症的扩散而切除子宫。在每一个情形中，她都能被称作"使自己绝育"。它们在物理上相同，然而作为人类行为却是不同的；仅仅在不同意义上，前两种和第三种才是"绝育"。与"行为"（和行为的词）的模糊性相对应的是其他词语的多样化含义，这在道德评价中很重要：如"负责任的"（responsible）、"故意的"（deliberate）、"有意图的"（intentional），等等。

制定道德规范时，区分"有意图的"含义尤其重要，这与以下三种情形有关：作为一种善的示例一个人所试图引起的、作为达到某种别有用心之事的手段一个人所选择的，作为一种副作用一个人所接受的。在一个不确切的常见习语中，被预见和被接受（因而自愿引起）的副作用将一方面被描述为非故意的和无意图的，如果问题在于它们是否是行为者计划的一部分，但另一方面，副作用又被描述为有意图的或意图引起的，如果问题在于它们是否被不经意地或"偶然地"引起。

正确运用的道德分析，使用了一种对意图更加精确和稳定的概念。这种概念紧密地联系于选择的道德重要性。选择，本质上就是**采纳一个计划或提**
143 **议**，也就是一个人在其实践推理和深思熟虑中依据可选择的选项——计划或提议——所策划和投入的。[14] 于是，在一个人选择的计划或提议内无论包含什么，不管是作为目的还是作为实现目的的一种手段，都是**有意图的**，即包含在其意图之内。一个人所做之事，是"以 X 的意图"去做，如果 X 是一个人计划中的一部分，要么作为其目的（或其目的的一部分，或其中一个目的），要么作为一种手段。一个人的意愿在一种道德相当的方式上关系到 X，如果一个人选择不去做某事，为了精确地引起 X（不管是作为一个人认为其本身值得的一种目的，或者是作为引起某些更远事态的一种手段）。也就是说，存在与行为相对应的忽略（omissions），而（这种行为）实行了选择所采纳的提议。

另一方面，一个人所预见的事态将起因于其对计划和提议的实行，但

---

〔14〕 "Objectum voluntatis est id quod *proponitur* a ratione" 〔"一个人意愿的客体是其提议之事"，合理地或不合理地、正确地或错误地，"由于一个人的原因"〕：*ST* I－Ⅱ q. 19a. 5c；"actus dicuntur humani，inquantum procedunt a voluntate deliberata"：q. 1a. 3c. 〔"proponitur" ＝所提议的；"propositum" ＝已经提议之事——一个提议。〕

是，一个人并不需要或想要作为引起其计划或提议将引起之事的方式部分却是副作用，是**被接受的**（"被允许的"）而非意图的。一个人对导致的这些副作用负有责任，其接受他们（并采用导致其发生的一个计划或提议）的意愿可能是应受责罚的，例如是不公正的、不忠实的，或是对某些其他道德要求的侵犯。但是，一个人对副作用的责任不同于一个人对其选择和意图引起之事的责任。

V

不可作恶以成善[15]*是一项原则，仅仅适用于针对一种别有用心目的的手段的选择，它不适用于接受副作用。无论何时，一个人选择去破坏、损害或妨碍一种基本善的示例，为了那种善或另外的基本善的某些其他示例的目的，相比第一种，更倾向于第二种示例。既然内在于可能性中可供选择的善不能相称，那么这种倾向并未对判断选择并非那种直接且立即之事提供任何合理的基础：对邪恶的一种选择。这种选择与使人类实现完整化的开放性有差异，无论任何其他因素可能会缓和或恶化这种错误，它的错误因此确凿无疑。但要接受对一种基本善的破坏、损害或妨碍，作为一个人选择的不想要和未选择的（副）作用，这并不需要是一种邪恶的选择。

144

当然，结果主义者或比例代表制主张者否认这种区分，即一个人作为目的或手段所意图之事与一个人作为其选择的一种副作用而仅仅接受之事的区分。观察这种过程是具有启发性的，一位神学家由此失去了对区分的掌控而向并不关心选择结构的结果主义者缴械投降。考虑一个具有代表性的例子。1973 年，理查德·麦考密克接受了结果主义者或比例代表制主张者的概念，即在具有道德重要性的选择的情境中，善能被理由充分地相称，因此可选择

---

〔15〕　See *FoE* 109 – 12.

＊　"Evil may not be done that good may com"，取自 And why not do evil that good may come? —as some people slanderously charge us with saying. Their condemnation is just. （Romans 3∶8）为什么不作恶以成善呢？这是毁谤我们的人，说我们有这话：这等人定罪，是该当的（《罗马书》3∶8）。——译者注

的选项能够被评价为在总体上提供更多的善或较少的恶。但他坚持基督教的立场，依其看来：

> 意愿把意图之事和允许之事不同地关联起来……意图的意愿（因而此人）相较于允许的意愿，更紧密地与邪恶相关联。这表示［也即指出或显示出］（在某些确实模糊的方式中）它存在一种更强的意愿（willingness）。[16]

如今，正如他在 1978 年详细叙述的，麦考密克把包含这段文章的演讲发给了布鲁诺·舒勒（Bruno Schuller SJ）。[17] 舒勒回复道：

> 一个即使是通过意图邪恶来准备实现善的人，对邪恶的存在也更加愿意，但这仅仅是因为他更愿意善的存在。[18]

同样：

> 如果某人仅仅通过允许邪恶而准备使善成为现实，这已经被（麦考密克）暗示过，这个人是不太愿意邪恶存在的。然而，也必须说，这个人也不太愿意善的存在。[19]

基于这两种观点，舒勒自己立即得出结论：

> 因此，我强烈倾向于相信——事实上"作为一种手段的意图"和"允许"，当涉及一种非道德的邪恶时，就表示完全相同的精神态度。[20]

麦考密克并未得出如此结论，这种结论确实没有得到前提的支撑。但前

---

〔16〕 McCormick, "Ambiguity in Moral Choice", in *Doing Evil to Achieve Good* at 30 - 1, 40 - 2; see also 35 - 6. 早已作为一名结果主义论者，麦考密克附加了最后引用的句子，"现在，这样一种愿意是道德上可接受的，仅仅在如下程度上，即这样一种意图代表了对不那么邪恶之事的一种选择"。

〔17〕 See *ibid.*, 241.

〔18〕 *Ibid.*; also 43, and in Schüller's own text "The Double Effect in Catholic Thought: A Reevaluation", *ibid.*, 191.

〔19〕 *Ibid.*, 241, 243.

〔20〕 *Ibid.*, 191 (Schüller's emphasis).

提本身给麦考密克留下了深刻印象，当他发表关于意图的意愿比允许的意愿更紧密地与邪恶相关联的论断时，他将这种论断描述为"颇有些循环的并令人远远不能满意的"。[21] 在 1978 年，他完全抛弃了这种论断，认为舒勒的反驳是"致命的"。[22] 145

舒勒反驳的策略足够明晰。他接受了麦考密克最初的意见，即 A 意图邪恶，与仅仅允许这些邪恶的 B 相比，A 更紧密地使其意愿与那些**邪恶**相关联；但之后它通过发挥善的作用来寻求中和这种论述，A 希望通过意图邪恶来实现善，B 愿意放弃善而非意图这样一种邪恶（在整个讨论中，"邪恶"指破坏、损害或妨碍某些基本的人类善的示例）。如果 B（舒勒认为）愿意通过包含允许而非意图一种邪恶来实现一种善，A 愿意通过包含意图那种邪恶来实现相同的善，那么 B 与 A 相比，B 更不愿意邪恶的存在，但这仅仅因为 B 更不愿意善的存在；A 更愿意邪恶的存在，但仅仅因为其更愿意善的存在。

舒勒的论断是谬误的，是一种冒着通用语言模糊性危险的直观教学（object‐lesson），这种模糊性要求道德家们，在对选择和意图进行清晰分析的基础上，稳定其对术语的使用——例如，在这篇文章先前部分我提出的那些术语。因为，舒勒的论断依靠其中一种或两者都有的模棱两可。

也许，他将"更愿意善的存在"与"愿意更多的善存在"合并了。当然，那将成为令人震惊的混淆，并且是对结果主义者和比例代表制主张者观点的简单重复，他们主张在具有道德重要性的选择的情境中，一个人能够而且应该觉察出那种选项，即承诺一种总体上纯粹更大的善（"更多的善"），而且能**因此**识别出那种选项是道德上正确的且确有义务的。正如我已经说过的，并且我和其他人已经在其他地方广泛争论过的，[23] 这种观点应该被否决，因为它与对自由选择的理性思考的条件并不连贯。"更多的""更少的"

---

〔21〕　*Ibid.*，43.

〔22〕　*Ibid.*，241.

〔23〕　参见 *FoE* 86 – 90；Grisez，*Christian Moral Principles*，152 – 4；*NDMR* 251 – 60；〔and 1990f.〕〔对于术语"后果主义者""比例代表制主张者""功利主义者""目的论伦理观"等，参见 *FoE* 80 – 6.〕

"最大的"……善能被合理地断定为选项，作为表达那些选项适用的（并非最清晰的）方式，那些关于**道德的**、**传统的**、**美学的**、**情感的**、**技术的**或很多其他关于评价和相称之完全合法标准的选项；但那些术语不能**为了选择**而被上述选项所断定，在结果主义所需的评价基础上，一种对"非道德"善的"总体"数量的评价。既然结果主义（或比例代表制主义）已经被独立于行为的分析所反驳，那么我们无论如何也要否决对预先假定行为的分析。

146

然而，更有可能的是，舒勒在"愿意"这一术语上是模棱两可的，这表明至少如下三种完全不同的现实：

（1）选择（试图）引起 X，在如果 X 不能产生结果的意义上，一个人的选择和努力就失败了。在这种意义上，毫无疑问有"更多"（more）或"更少"（less）愿意（willing）；要么一个人选择（"愿意"）X 或不选择。与这种意义紧密相关的是一个人的"意愿"（willingness），其作出了有条件的选择，以在情形 S 出现时引起 X；同样，这种意愿本身并不是一个程度的问题：要么一个人在如果 S 出现时愿意去做或引起 X；或者决定不去这么做；或者不确定如果 S 出现时将如何做，因为他既未作出做 X 的有条件的选择，也未作出不做 X 的有条件的选择。[24]

（2）接受（允许）X 作为一种可预见的副作用，对一个人选择和试图去做或引起之事的副作用。在这种意义上，一个人愿意副作用的发生，虽然如果这种副作用不发生他就会感到高兴至少是满足，因为它并非一个人通过选择所采纳的提议的一部分。在这种意义上，如同在（1）那种意义上，不存在更多或更少的问题。如果一个人采纳提议，则一个人愿意预见的副作用发生，无论其非常关心副作用还是几乎不关心副作用，无论其是否做任何事以减少发生的可能性。

（3）"愿意"在第三种意义上与性情（dispositions）有关，正如刚刚提到的那些：想要、希望、欢迎、憎恨、后悔。所有这些都确实与"更多"或"更少"有关系，对于"愿意地""不愿意地""非常愿意地""相当不愿意

---

〔24〕 最后两种心理状态都被模糊的否定所覆盖："我现在不想做 X，如果 S 出现的话。"

地"等来选择、做、允许或接受 X。

舒勒的论断构建于"更多"和"更少"方面，因此我们可以在涉及第三种，即性情意义上的"愿意"来检测它。其不合情理因此就显而易见了。这是一种单纯的谬论，即宣称因为 A 的意愿在（1）的意义上——引起某些善——不同于 B 的意愿，该意愿未被任何道德原则所规范——这些道德原则是关于引起它的被选择的手段，因此 A 有"更强烈的意愿"来引起那种善。

考虑面对邪恶侵略者的两个社团。社团 A 准备抓获 10 000 个侵略者的孩子和老人，并且一个一个杀死他们直到侵略者撤退，以此来阻止侵略。社团 B 将接受除了选择杀害非战斗人员的任何事情，而准备好付出热血和金钱在严峻的军事作战中来捍卫人民的公正和平。谁将会相信舒勒的主张？即仅仅因为社团 B 不愿选择杀害非战斗人员来作为一种制止方式，它就必须比 A 147 "更不愿意"一种公正和平之善的存在？

或者，考虑两对夫妇，他们都面临要养育一个严重残疾的孩子。夫妇 A 为了减轻孩子的痛苦并"维持他们的婚姻"而杀害了他；夫妇 B 决心并且付诸实践，长年累月地将自己投身于艰辛养育这个孩子而非破坏依托于孩子生命的那种善；我们能说对孩子和他们的婚姻而言，夫妇 A 比夫妇 B 有一种"更愿意的"爱的善吗？

事实是，我们能够谈论愿意和不愿意程度的情感上的性情或态度，并不控制一个人作出的选择，而且常常几乎不或者绝不与一个人作出的选择相互关联。一个人的热情、一个人的勉强、一个人的厌恶等，并不是一个人选择的基础。这些态度并不保持始终如一，即使当一个人通过坚持其选择和实施选择的活动表示出其坚定不移或顽强的执拗。道德生活在很大程度上是一种斗争——把一个人的感觉和态度、一个人的"愿意和不愿意"与明智的承诺、规划以及可理解的善的其他选择，进行相互融合的一种斗争。

舒勒的模棱两可——介于意愿作为明智的选择（并且试图实现一个人的选择）和意愿作为情感的态度之间——更进一步地显示出：一种对"赞同"（approval）模棱两可的概念。这种概念目前统治了某些神学家的道德分析，最显著的是麦考密克，他从舒勒那里采纳了"意愿"的模棱两可。当一个人作为一种达到某些别有用心目的的手段而选择去杀害时，较之于当一个人作为一种副作用而自由地接受死亡，他并不需要更多地（他们认为）"赞同"邪恶（对生命这一基本的人类善的破坏）；因此，再一次，他们否认区分直接杀害（意图杀害）和间接杀害（仅仅作为一个人所选择行为的一种副作用而接受死亡）在道德上的重要性。[25] 正如麦考密克承认的，这使得理解以下问题变得困难，即为什么同样的直接—间接的区分在如下情形中是至关重要的，他（麦考密克）和舒勒都希望保持这种情形：造成其他人的**罪恶**的情形。[26] 但是，麦考密克如今使赞同的存在和缺乏位于其道德问题分析的相当中心。例如，一个立法者——明确投票筹集资金因而能进行堕胎，为了使贫穷女人被允许获得富裕女人才享有的堕胎救济的公平机会——这并不（麦考密克认为）正式地协助堕胎，**如果他并不赞同堕胎**而仅仅是勉强地、遗憾地达成它们。[27]

当然，对于选择和行为的问题，我们能够欣然地看到，这样一个立法者确实**赞同**堕胎；他投赞成票就是有意图并且付诸行动，以引起它们的发生。他的选择是赞同它们，无论如何勉强，（这种选择）正如塑造了社团一样塑造了他——（在社团中）他为了便利和便利的平等性而帮助引起如此杀害。

于是，我们被置于这样的观点：被舒勒的谬误或谬论们逐出的早期麦考密克的观点，传统的观点立场——［在基督教论著《上帝的创造》（de Deo creante）中，如此怀旧的一种本质的命题］[28] ——"意愿不同地关系到其意图之事及其允许之事……意图的意愿（因而人）相较于允许的意愿而与邪恶更紧密地相关联。"通过消除不恰当的对近似性的比喻（"更紧密地相关联"），我们可以改善系统化的阐述，而更加准确地表达真实的观点。那么

---

〔25〕 McCormick and Ramsey, *Doing Evil*, 254 – 62；Schüller in *ibid*. at 190 – 1；McCormick, "Notes on Moral Theology：1984" at 59 - 60.

〔26〕 *Doing Evil*, 258 – 9.

〔27〕 McCormick, "Medicaid and Abortion" at 716 – 17；and see Grisez, "Public Funding of Abortion" at 32 and 45 – 51. See also "Notes on Moral Theology：1984" at 59. 在此，麦考密克声称，一种"赞同的态度"可以被"言之有理地推断出来"，当某人选择例如堕胎"而没有一个真正正当的理由"！

〔28〕 See *DS* 1556（Trent, Decreeon Justification ［1547］, canon 6）. ［See essay 8, n. 37.］

我们可以更好地说，意图破坏、损害或妨碍一种基本的人类善的人在其意愿中（即在其作为主体的自身中）包含并融合了邪恶，而邪恶正是通过这样的选择和采纳，他们对待邪恶就好像它是一种善。破坏、损害或者对基本善的妨碍是经由选择的，他们**使自身**（不管如何勉强）引起此事；他们的选择是令人沮丧的，并且**他们自己**（力所能及地发挥自己的可转变的作用）**失败了**，如果这种破坏、损害、妨碍被一些其他因素阻碍。但是，那些仅仅允许如此邪恶的人——并非作为某种目的去意图它，也并非作为某种手段去选择它，亦非以任何其他方式非道德地接受它——绝不把邪恶视为善，抑或围绕那种邪恶包含或构成他们（他们自身）的意愿。他们从来没有想过要引起它，并且如果某些其他因素阻碍了它，他们也不会失败。

VI

最后，假设我们探寻最深的可理解性，如《和解与忏悔》（*Reconciliatio et Paenitentia*）中宣称的：

> 基于《摩西十诫》和《旧约》的传道，使徒（Apostles）的**福音书**（*kerygma*）所吸收且属于教会前期的教义，不断被她所确认，直到今天……

即，

149

> 存在行为，其本身（per se）且在其自身，独立于环境且总是由于其客体而发生严重错误。[29]

这里，决定性的概念是关于"客体"——其能确定一个行为无论在何种情形下均为错误的这一道德特性。必须承认，"客体"这一术语在传统上并

---

〔29〕 *Reconciliatio et Paenitentia*, 2 December 1984, n. 17, text at n. 96. Cf. McCormick, "Noteson Moral Theology 1977" at 103："很多神学家争论，一个人不能孤立一个行为的客体，并认为在**任何**可能的情形中这总是错误的。"

非以令人满意的清晰性被使用。[30] 但有一点是完全清楚的：在选择去行为以引起某些事态作为一种手段，无论一个人因此面临要去做并引起的何事作为那种手段，连同无论一个人面临作为目的——那种手段是达致这种目的的一种手段——的何种事态，以上共同构成了因此被选择的"行为的客体"。[31] 现在我已经解释了作为采纳一种提议的选择，即对行为（或忽略）的一种提议，为了引起一种事态——要么作为其自身的一种目的，要么作为达到某些如此目的的手段。因此，我对选择的解释相当于一种对因而被选择的行为的"客体"的解释。[32]

那么，在选择中人将自身整合于，且在某一特定意义上将其自身综合于其选择的客体，这是他在实施选择时指引行为履行过程中所采取之理由的形态。作为一种可转变的履行行为，行为可能会完全受到环境的挫败。他在行为中所寻求的善可能仍然完全未被实现。然而，除非并且直到他对其感到后悔，否则行为的主体——部分地通过其选择的客体以及其曾经自由采纳的那个提议——保持着特定的性质。

通过在这个世界上的选择和行为，在其选择和行为的可转变的和不可转变的效应中，人明显地参与到创造性的活动中来。但是基督教信仰告诉我们，创造性活动的参与可能由于十字架（Cross）和复活（Resurrection）的效应而成为一种参与到耶稣基督完成的救赎中（Redemption peracta by Christ）。[33]

150　　　　因此在人类行为中，即使当其作为工具性的善的"成果"被指

---

〔30〕 See Belmans, *Le sens objectif de l'agir humain*.

〔31〕 因为，尽管"作为一种确定的事态来考虑［*res*］，目的是不同于手段的意愿的一个客体"，尽管如此，"作为意愿的原因来考虑，目的和手段是同一个**客体**"（"Finis, inquantum est res quaedam, est aliud voluntatis objectum quam id quod est ad finem, sed inquantum est ratio volendi id quod est ad finem est *unum et idem objectum*"）：*ST* I – II q. 12a. 4 ad 2. 总之，目的和手段，正如作为由选择所采纳的提议而面对的，构成了客体。✝✝

〔32〕 当然，存在比我所采用的更加专业的合法的词汇，其为了目的的意愿保留了"意图"，也为了手段的意愿而保留了"选择"，正如阿奎那在同一篇文章中的 *ad 3m* 和第 13 篇以及其他地方所解释的那样。但是，与我们当下思考相关的并不需要这样一种区分，在任何情形下，阿奎那自己也常常搁置一旁：参见 Boyle, "*Praeter Intentionem* in Aquinas" at 651 –3 中的分析。✝✝✝

〔33〕 *Laborem Exercens*, AAS 73 (1981), 577, nn. 2, 24.

引之时，我们总会发现新的生命、新的善（bonorum novorum）的微光，好像它是对"新的天堂和新的地球"的一种宣告。在那里，人和世界明确地通过辛劳的工作而参与其中……这种新的善——人类工作的成果——难道不是正义所栖居的"新的地球"的一小部分吗？[34]

严苛且再三地，我们被宗教经典所警告——所有人类活动的尘世成果可能将以废墟终结。教皇约翰·保罗二世最初三次通谕的每一个都提醒我们灾难的阴影，在灾难中邪恶将掌管并席卷善，就如同在一次新的洪流中[35]。我们的选择具有的可转变的效果，虽然是我们作出选择的首要观点，但可能所有都会变成零。然而，梵蒂冈二世（Vatican Ⅱ）与神圣的经文和礼拜仪式相一致，告诉我们：

> 当，本着主的灵（the Spirit of the Lord）及其戒条相一致，在这个世界上我们已经孕育了人类尊严的善、兄弟般社团的善与自由的善——换言之，我们的自然和活动的所有善的成果——我们将发现，当耶稣回到天父那充满真理和生命、神圣和慈悲、正义、爱与和平的永恒且万能的王国，所有的那些善又从罪恶中被洗净、照亮和美化。[36]

怎么会如此这般？议会重申的教义给出了一种答案的轮廓。这个被罪恶所扭曲的世界的形象正在消逝，宽容及其成果将得以持续。而在这些成果中，"成果"（"works"）能经受审判之火的考验并得以幸存（《哥多林书》3：14；13：8）。我们必须得出结论：这些能幸存于这个逐渐消逝的世界的成果，正是人们借以塑造和构成其自身的行为，也是一直坚持直到对其后悔，或假如后悔的时光已消逝，则永远坚持的选择。

---

[34] *Ibid.*，n. 27.

[35] See *Laborem Exercens*，nn. 2，12；*Redemptor Hominis*，AAS 71（1979），pp. 257–324 at 271，286（nn. 8，15）；*Dives in Misericordia*，AAS 72（1980），pp. 1177–232 at 1212，1229（nn. 11，15）.

[36] *Gaudium et Spes*，n. 39.

注

⁺**自由选择在人当中得以持续**（n. 11）。无论奥康奈尔还是我，都没有在德里克·帕菲特（Derek Parfit）所规定的意义上使用"持续"（perdure），这也意味着他的理论并没有持久的或独立存在的个人或人格同一性（personal identity），而仅有一种"持续的"一系列人或人的身份，我们将之称为"我"（或德里克·帕菲特）。

⁺⁺**将生意和娱乐混在一起**……（第 141 页）这句话，正如先前的那句，可能会被误解为暗示——生意被或将被仅仅作为一种手段而从事，其没有内在价值——并没有例示一种基本的人类善。然而并非如此，仅仅为了薪酬而工作要么是一种恶习要么是一种不幸（取决于工作的性质和一个人的境遇）。一个人在工作中的出色表现（在其能力之内）是基本善的一方面，而这种善被不适当地认定为"游戏"。

⁺⁺⁺**"目的和手段，正如作为由选择所采纳的提议而面对的，构成了客体"**……（n. 31）但是，正如 n. 32 部分指出的并且在下一篇文章——第九章——详细说明了，存在区分目的和手段的理由，也存在使语词"意图的目的"与（或者一种相关的）目的相称、使语词"选择的客体"与（或者一种相关的）手段相称的理由。例如，这在教皇通谕（*Veritatis Splendor*）（1993）第 78 中得以完成，此处的目的是为了教授——存在永远不能正确被选择的手段（"客体"），无论目的（"意图"）有多么善。但是，如果一个人使用更加专门的词汇（正如阿奎那有时所做的那样），一个人将会认为，例如"外部行为因参照其意愿的状态［他们所显示出的］而被称作善的或恶的——然而，参照意愿不仅仅是作为**意图的**，［还］是作为**选择的**……［因为］一个行为是善的，不仅要求它最终的目的（借助于此，一个人的意愿关注于意图）是善的，还要求任何最近的目的（借助于此，一个人的意愿关注于选择）也是善的。"［"secundum voluntatem dicitur actus exterior bonus vel malus, sed non secundum voluntatem intendentem solum, sed secundum voluntatem eligentem…ad boni-

tatem rei non solum exigitur bonitas finis ultimi quem respicit voluntas intendens, sed etiam boni-
tas finis proximi, quem respicit voluntatem eligens"] (*Sent.* II d. 40 q. 1 a. 2 ad 2 and 3)。于
是，一个人可能会恰当地表达《和解与忏悔》(*Reconciliatio et Paenitentia*) 的思
想 [和教皇通谕 n. 78] 正如阿奎那通过那些句子所表达的，再加上这个：

在意图的意愿中的善将不足以使行为变得善，因为一种行为本身可能是
恶的，正因如此，它绝不可能善地完成。但如果我们认为意愿是**选择**，那么
普遍正确的是——行为因意愿的善而是善的，则行为也将因意愿的恶而是
恶的。

[Non…bonitas voluntatis intendentis sufcit ad bonitatem actus: quia actus potest esse de se
malus, qui nullo modo bene feri potest. Si autem consideretur voluntas secundum quod est eli-
gens, sic universaliter verum est quod a bonitate voluntatis dicitur actus bonus, et a malitia ma-
lus. (*Sent.* II d. 40 q. 1 a. 2c.)]

第9章
意图与客体[*]

152　　意图是目的，选择是手段。一个人类行为由其目的界定（也是基于此被正确描述）。一个人类行为由其客体界定（也是基于此被正确描述）。一个其客体为恶的行为，不能被其目的（善的意图）正当化。一个人类行为由其意图界定（也是基于此被正确描述）……

　　阿奎那这一系列陈述可能会留下令人混淆的印象。这种印象会因阿奎那对行为分析的传统表达而得以加强，这种分析处于对 12 个术语的概要中——这些术语意味着包含在意愿和行动中的一系列心理行为。在这个分析中，意图似乎先于思考、^{**} 判断和选择而存在；同样，当思考、判断和选择经常意识清晰地展现自己时，意图在这个分析中就被呈现出来，似乎就是意识当中明显的内容。当意图形成时，如下便变得可能，即想象一个人能够——可以说——选择指引（一种）意图或抑制其成为一个选定举动的诸多方面，比如那些人们预见到并欢迎的结果，或是那些人们选择去引起但又仅仅感到遗憾的结果。

　　对一些当代的道德主义者而言，对结果的这种赞同和遗憾，准确地取决于或分离于一个人的意愿和因此一个人的责任；基督徒和犹太人过去常常视为非道德之事，能被正直地完成，如果完成仅仅作为达到善的目的的一种手段，并仅仅带有勉强、遗憾和不赞同——绝不作为一种目的被赞同或采纳

＊　1991a.

＊＊　deliberating, deliberation 表示 "思考" "深思熟虑" "深思" 的含义。为更好地进行理解和分析，该章（第9章）统一译为思考，第 8－14 章以及其他章节结合语境需要，或译为思考，或译为深思熟虑，表示相同的含义。——译者注

——如果不是确实**意图的**。[1] 其他现代的道德主义者否认一个人对故意行为举动的结果负有的责任能如此依赖于意图的一种内在行为（区别于选择和行为）；这些道德主义者判定，一个人对其故意且预见性地造成之事应负责任。[2] 因此，他们同样拒绝双重效应原则（doctrine of double effect），这些原则由基督教道德主义者清晰地表达为一种进步，或者是针对圣托马斯对自我防卫讨论的一系列要素的法典编纂，这种讨论的第一前提是，一个人的行为是由其意图界定的（也即由道德评价的目的所确定）。如今，又有其他道德主义者，他们再一次整合了上述两种思路：拒绝双重效应原则，作为给予选择（手段）比意图（目的）更夸张的重要性；他们认为，应当考虑一个人选择的所有可预见的结果，并且确保可能善的结果比恶的结果有更大的比例，此外，一个人必须不赞同（意图）任何坏的结果——一个人可能永远不是作为目的而故意造成它们，而仅仅作为手段；一个人故意造成的这种手段，不是为了其自身的利益，而仅仅是为了一个人确实意图的比例上更大的善（或更少的恶）的结果。[3]

所有这些有影响力的当代立场，都被严重混淆和误解了。尽管这些误解比这篇文章的主旨传扬得更广，这种混淆（等同于我在开头提到的混淆印象）能够通过注意圣托马斯关于意图和选择的思想中的关键要素来克服。

我将聚焦于这两个关键要素：（1）在选择中，一个人不仅意图某些清楚

153

---

〔1〕　Cf. e. g. McCormick, "Medicaid and Abortion" at 716 – 17.

〔2〕　比较 Schüller, "The Double Effect in Catholic Thought: A Reevaluation" at 191: "……'意图作为一种手段'和'允许'，当涉及一种非道德的邪恶时，确切地表示着同一种精神态度。" Schüller, "La moralitédes moyens" at 211（造成道德的邪恶永不会被正当化，造成非道德的邪恶在对具有同等重要性的非道德的善之追求中能得以正当化）；221 – 2：对于所有的善，拥有其有助于人类的幸福……无论一个人选择什么……由选择引起的消极后果是作为结果产生的积极后果的一种纯粹的手段。"pour tous lesbiens dont la possession contribute au bien – être de l'homme. . . 〔q〕uoi que l'on choisisse. . . les con – séquences negatives qui résultent du choix sont un pur moyen en vue des consequences positives quienr ésultent."

〔3〕　比较 Peschke, "Tragfä higkeit und Grenzen des Prinzips der Doppelwirkung" at 110 – 12. 在此 Peschke 陈述道，"双重效应原则"（他将其归于天主教神学并进行了抨击）并非就直接地或间接地意愿或意图或选择或所做之事而言，而是就直接地/间接地"引起"之事而言。

明白的利益作为其目的，[4] 也更**倾向于**一个能提供如此利益的提议，而非一个或更多能提供相同或某些其他好处的可替代的可行提议。（2）选择手段时（出于清楚明白的利益而采纳某种提议），一个人不仅形成了手段——为了其通常可能做或实施其选择的任何技术、程序或履行行为的（接近的）目的，也**确定了其意图的目的（利益）**。

I

154　作为对圣托马斯关于故意的人类行为分析的一种代表而提出的新经院主义理论概要，不仅传达了任何这样的行为都有如手段之于目的的最初的可理解性这一真理，还传达出了意愿总是对设想一种可理解的善的目标（objective）的理由进行回应这一真理。但是，作为对圣托马斯的一种诠释与行为的分析，此概要的两个长处都被其不足所压制。一个标准版本：[5]

智识（intelligence）　　　　　　　　　意愿（will）

关于目的

1. 简单的理解　　　　　　　　　　　2. 简单的意愿

3. 判断：目的是可达的　　　　　　　4. 意图

关于手段

5. 思考/深思熟虑（磋商：consilium）　6. 赞同（consensus＊）

7. 对手段的判断（判决：sententia/审判：indicium）8. 选择（electio）

---

〔4〕 换言之，似乎明智地去寻找和获得之事。当然，一个人去寻找和获得如此利益的能力无疑以及能被感觉的、次理性的欲望、情感和感觉所控制。我将不会更远地考虑事情的这一方面，对于这一点，参见 1987f at 122 - 5.

〔5〕 概要因此被发现于（在所有的要素中）例如 Pinckaers 在 *Somme Théologique*：*Les Actes Humaines*, i, 414 -37 的笔记中；Gilby 在 *Summa Theologiae*, vol. 17, 211 的笔记中；以及 *La Somma Teologica*, vol. 8（1958）168 的介绍中（编者有所保留，T. Centi OP, 169 - 70）。[对于概要，我认为是准确的，不仅在现实中，而且作为对阿奎那对其展现的理解中，参见 *Aquinas* 71，这也提供了其文本的完整引用，以及使用现实例子的周围讨论。]

＊ 为行文通畅和便于上下文理解，"consensus" 一词除在第 12 章译为共识外，其余均译为"赞同"。——译者注

执行选择

9. 指引（统治权：imperium/命令：praeceptum）　10. 运用（使用权：uses）

11. 执行选择时智识的运用　12. 享受（fruitio）

在圣托马斯的讨论中，并没有任何与第 3 阶段和第 10 阶段清晰地相称之事，这就无需关涉到我们。真正应该关涉我们的是，在讨论赞同（consensus）时，此处位于第六阶段，阿奎那自己始终并且毫不含糊地将其置于关于手段的一种判决（sententia）或审判（iudicium）之后：一个人对于实践判断——某种行为是实现某种对一个人来说似乎是想要的目的的一种合法且合适的方式——或多或少受欢迎的回应。[6] 但在新经院主义的理论概要中，与手段相关的审判只在**赞同**之后的第 7 阶段中出现。

为什么会有对阿奎那论述显而易见的蔑视，以及对赞同和判断两者之间 155 顺序的倒转？我认为，是为了保留对可理解之善进行回应的意愿以替代性序列；如果赞同是意愿对实践判断的一种回应，那么就没有余地进行**赞同**和选择本身之间的区分，对此评论者恰当地[7]对判断作出准确的回应。但是，此处他们最根本的疏忽变得十分明显。构建其理论框架时，他们已经遗忘了某事，即他们当中较明智者经常——如果在其他地方——注意到：事实上，通过定义，选择是**介于**合格的选项之间，亦介于相互排斥（目前）的实践替代选项（对行为的提议[8]）之间。

---

〔6〕 See *ST* I – II q. 15a. 3c（能够同意，欲望的运动是被运用于提议中的。potest. . . esse consensus, inquantum motus appetitivus applicatur ad idquod ex consilio *iudicatum est*）；q. 74a. 7ad 1.

〔7〕 See *ST* I – II q. 13a. 1ad 2；3c；*de Ver.* q. 17a. 1ad 4. 注意到：我并不建议审判应该从它直接"先于"选择（electio）的位置移除。我绝不否认在 no. 21 of the 24 中清楚表达的论点。这些由 Congregatio Studiorum 在 1914 年 7 月 27 日颁布，由诸如 Garrigou – Lagrange, *De Beatitudine* 进行解释，253 – 4（同样参见 222，247，260，265）。有一种"最终的实践判断"，即这种（被选择的选项）是更好的（至少此刻对我来说）；但是，也因此，被选择的选项是一种由先前的思考所塑造的选项，而这种先前的思考产生于不止一个合适的选项，每一个都被思考所塑造，被一种实践判断确认为值得选择；就是这种选项，而不是其他的选项，即由最终的实践判断所宣称为更好的，由选择所确定（意愿的选择：the will's *electio*）。这似乎是最后的要点，第 21 篇反莱布尼茨（anti – Leibnizian）的句子，我对此赞同：紧接着……选择是最终的实践判断；但其是最后的意愿的效果 "sequitur. . . electio judicium practicum ultimum；at quod sit ultimum，voluntas efficit".

〔8〕 "客体……将由理性提出"（Obiectum. . . voluntatis *proponitur* ei per rationem）：*ST* I – II q. 19a. 3c；"客体是由理性提议之事……obiectum voluntatis estid quod *proponitur* a ratione. . . "：q. 19a. 5c.

确实，整个新经院主义的理论概要和图解隐藏了圣托马斯关于选择论述的中心之物：选择介于选项之间，是一种宁愿其他事物（alteram alteri praeoptare）[9] 或特权（praeeligere）、[10] 一种对其他事物的倾向（an unum alteri praeferre）、[11] 相比其他更倾向于此（praeacceptatio unius respectu alterius），[12] 相比于另外或其他选项对某选项的决定性偏好。如此，选择紧跟实践推理，推理一定给选择"留下了一些开放性"。更确切地说：作为意愿的一种行为且本可另寻他路的选择，必须存在于由理由塑造的诸多选项之中。（选项 B 不过是：基于某个理由而不去选择选项 A）任何止于选择的思考产生的一定不是一个判断——等待意愿采纳的一个选项的值得选择性的确认，而是（至少）两个判断。（其中一个判断可能不过是：有理由不对其他做出行动）存在选择的需要，因为对吸引力的一种回应——不同的吸引力——对于一个人判断为各个可替代的那些选项，每一个都以其自己的方式，一种进行、得到或继续一个人感兴趣之事的合适方式。那些选项中的每一个选项，那些适格性，都引起了被圣托马斯称为赞同的意愿的形式。

156　　我所提出的反对新经院主义理论概要的论点，已经在圣托马斯对赞同的讨论核心中被足够清晰地表达出来：

> **"选择"** 为**赞同**和其他被选择的事物之间增添了某种确定的关系，某些其他事物通过其被选择；因此，一个赞同某物的人还未选定该事物。因为有可能使一个人在思考中明白，达到他想要的目的有很多手段，每一种都似乎令人满意并且其因此对每一种手段都表示赞同；然而在这一系列可接受的手段中，一个人通过选择而给予

---

〔9〕　除了选择的其他事物（eligere est alteram alteri praeoptare）：*Sent.* II q. 24a. 1ad 2c.

〔10〕　*ST* I－II q. 13a. 4 ad 3；q. 15a. 3 ad 3.

〔11〕　*de Ver.* q. 22a. 15c.

〔12〕　*ST* I－II q. 13a. 2c；一种事与另一种的区分 ［discretio unius ab altero（ad 1）］；*de Ver.* q. 22a. 15c.

其中某种手段以优先性。[13]

(electio addit supra consensum quamdam relationem respectu eius cui aliquid praeeligitur; et ideo post consensum adhuc remane telectio. Potest enim contingere quod per consilium inveniantur plura ducentia ad finem, quorum dum quodlibet placet in quodlibet eorum consentitur; sed ex multis quae placent praeaccipimus unum eligendo.)

同一篇文章的主体部分，阐明了赞同（并且因此选择）是一种欲望的行动，其获得了判断的赞同（adid quod ex consilio iudicatum est），其是针对思考判定为对一种想要目的的合适的手段：其欲望，对目的来说是预先假设了一种决定（appetitus eorum quae sunt ad fnem praesupponit determinationem consilii）。对这些手段的赞同预先假定了思考在一系列可能的手段中已经作出决断。[14] 那些阐述了评论者的理论概要的人设计了它，似乎思考必须归结为仅仅是一种可接受的手段，即似乎选择的角色确实是由实践推理和实践判断所扮演的。

无论何处要做出一个选择，也即在行为具有道德重要性的自我决定的标准情形中，确定其作用的既不是实践判断，也不是被圣托马斯称为**赞同**的意愿。存在一种或多种实践判断，来确定某个或某些最终被拒绝的选项的合适性。并且，存在对一个人既不采纳也不自己做出，并且不以此行为的某一选项或多个选项的兴趣（赞同）。

那么，我们是否应该宣称一个人为了行为也要**意图**那些合适的、吸引人的但最终被拒绝的选项，并且/或者至少**意图**利益（目的）、为了利益这些选择可

---

〔13〕 *ST* I－II q. 15a. 3ad 3；他添加道：

如果只有一个［提议的行为方式］被发现是可接受的，赞同和选择实际上就并没有什么区别，尽管它们在概念上是不同的，既然此处一个人可以说，由于提议的行为方式是［被发现是］可接受的，存在赞同；或者说由于这个行为方式比那些被发现是不可接受的更具倾向性，存在选择。Sed si inveniatur unum solum quod placeat, non different re consensus etelectio, sed rationet antum; ut consensusdicatur secundum quod placet ad agendum; election autem, secundum quod praefertur his quae non placent［例如，在只有一个选项是完全吸引人的情形下］。［See 232n. 38.］

如果一个人记住，仅仅只有一个最后的整体的目的，为了其自身的利益整合为一些有限的目的——比如生命、知识、友谊——一个人将看到这样的情形，思考"碰巧"发现"对目的是更有益的"（*plura* ducentia ad finem），很多条路指向某些可欲之事，这是具有道德重要性情景的标准情形；在这种情形中，行为可能的原因只有一个是吸引人的，而这种情形是相对稀少的，除了取决于先前的选择能有效并紧密地塑造一个人的承诺和性格。

〔14〕 I－II q. 15 a. 3c.

157　能会被选择？毕竟意图就是理论概要中的第 4 阶段，它就是产生并使其角色先于对选项的任何思考，正如思考先于选择。但是，如果我们说一个人的意图包含不仅从未实施而且从未采纳的选项，或者包含从未阐明任何选择的利益，我们将不仅违抗我们的通用语言，也会违抗圣托马斯对意图论述的一个首要要素。在那个论述中，意图就是目的。并且，当然存在对某种目的真正的兴趣——先于并且不存在曾确定手段的任何选择。[15] 但即使当我们对考虑中的目的产生了兴趣，我们也仍然没有相关的意图。[但只有一个简单的（simplex）意愿（voluntas），要么是对被诸如人类生命的一个普通的善（bonum universalt），要么是对吸引人的某些更为特定的客体，就像如此这般的一类人的生命与健康] 只有仅当并且在一个人确定**某事**作为达到某个目的的一种手段的限度内，才存在意图。因此，被采纳的可能仅仅是一个程序性（而非实质性）的手段：在这种情形下，一个人选择（或者通过无需选择的**赞同**而可能自发决定）去**思考**关于决定对实质上实现其感兴趣的目的和某个目的的手段。但无论一个人所采纳的是这样一种程序性的提议，或是去行为的一种实质性提议，那么（并且只有那样）一个人才能说自己已经形成了一个意图，也即已经采纳了带有如此这般意图的一种手段。总之：

> 意图是一种与某个目的相关的意愿的行为。但是，我们不能说我们**意图**健康仅仅是因为其作为一个想要的目的而对它感兴趣，仅当并且仅因我们将要借助其他事物去达到它。[16]
>
> （intentio est actus voluntatis respectu finis, Sed…non…solum ex hoc intendere dicimur sanitatem quia volumus eam, sed quia volumus ad eam per aliquid aliud pervenire.）

---

　　[15]　I – II q. 8 a. 3.

　　[16]　q. 12a. 1 ad 4，这又重复地涉及了问题（quaestio）的各方面。在文中，对其的省略由椭圆表示出来，阿奎那指的是简单的目的（意愿：voluntas），通过其我们将以一种完全一般的方式保持健康（绝对自愿的治愈：absolute volumus sanitatem），我们感激（fruitio）拥有/得到这种目的的意愿。同样参见 *ibid.*, ad 3：“这个名称、意图、意愿的行为、预先假设理性的规则、对目的的规则”（hocnomen, intentio, nominat actum voluntatis, praesupposita ordinatione rationis *ordinantis in finem.*）Also *de Ver.* q. 22a. 14c.

又或者：

意图不同于意愿，在于意愿是无条件地直接指向某个目的，然
而**意图表明**达到目的的一种关系——只取决于存在**手段涉及**的一种
目的。[17]

（intendere in hoc differt a velle, quod velle tendit in fine absolute; sed intendere

dicit ordinem in finem secundum quod finis est in quem ordinantur ea quae sunt ad fi-

nem.）

因此，直到出现典型借助于选择而对手段的采纳，才存在意图。[18]　并　158
且随后，只要有选择就会有意图，一种仅仅对**意愿的完全相同的行为**是什么

---

〔17〕　*De Ver.* q. 22 a. 13 c; see also ad 16："意图是意愿的一种行为，就手段对目的而言，意图对
行为的指引"（intentio est actus voluntatis In ordine ad rationem ordi‑nantem ea quae sunt ad finem in finem
ipsum）; and 14 c："意愿对目的的倾向，根据那些据说在其目的中的意图之事，终于其目的"（inten-
tio dicitur inclinatio voluntatis in finem secundum quod ad finem terminantur ea quae sunt in finem）; 在第 15
章末尾对 *velle*, *intendere*, and *eligere* 的总结。

〔18〕　这可能似乎会直白地与 *ST* I – II q. 12 a. 4 ad 3 中的最后几句相矛盾：

Intentio finis esse potest, etiam nondum determinatis his quae sunt ad finem, quorum est electio; *存在一
种目的的意图，即使被选择的手段还未被确定。*

但是，ad 3 的整体含义朝向相反的方向；这是对一种争论的回应，即与作为意愿、选择和意图
的行动有区别，随着意愿手段和意愿目的的区别；对此的回应是：

理由取决于行为在开始到结束之间，存在进步和衰落。

因此，行动将被指向一种目的的手段，即选择的目的；通向目的的意愿的行为，根据由那些事
物的手段所获得的、其掌控了目的，这被称作意图；这其中的标志就是，目的的意图是可获得的，
即使还未决定达到那种目的的手段，而这正是关切中的选择的客体。（Motus qui est unus subiecto po-
test ratione differe secundum principium et finem, ut ascension et descensio.... Sic igitur inquantum motus vol-
untatis fertur in id quod est ad finem, prout ordinatur ad finem, est electio; *motus autem voluntatis qui fertur in
finem*, *secundum quod acquiritur per ea quae sunt ad finem*, *vocatur intentio*; cujus signum est quod intention
finis esse potest, etiam nondum determinatis his quae sunt ad finem, quorum est electio.）

在任何观点上，最后几句中涉及的可能性如何是意图和选择的那种联合的一个标识？看到这一
点是困难的，而这也是回应的、整篇文章的以及对直接的先前词语辩护的目的。为了与直接的先前
词语保持一致，与上述脚注 16、17 中引用的段落保持一致，讨论中的词语必须如所说的那样理解，
并非在没有选择时有意图，而是尽管对实现它具有必要性的很多手段还未确定，也存在意图。因此，
我能够决定（选择）去做关于我牙疼的某事——在文中我称之为一种程序上的决定——着手找到一
种止痛药或一个牙医之前，选择一个牙医，并敲定一个约会……

同样注意到在 I – II q. 19 a. 7 c 中的陈述，即"意图……能被指向意愿……正如先前那样"（in-
tentio... se potest habere ad voluntatem... utpraecedens）并不与我所说的相矛盾；先前（praecedens）的
含义在这里意味着：作为 a. 7 的整个文集所显示的，在没有任何意愿（oluntas）存在，且并未包含意
图的概念存在［在选择（electio）的含义上］。

之正式且可辩明的方面。(正如圣托马斯以一整篇文章来强调的那样) 对于完全相同的行为,存在一种达至目的的趋势,即指向目的的意愿的行为("unus et idem subiecto motus voluntatis est tendens in finem et in id quod est ad finem")。[19]正如某种事态,目的是不同于手段的事物(正如我保持健康是一种不同于我吃药的某种事态);但是,其在可理解的利益的范围内——我因其选择了手段,我的选择和行为的意义——目的仅仅是意志(volition)完全相同的客体的一方面。

> 在其作为一种确定事态的范围内,目的不是意愿的同样的客体——如手段对其而言那样。但在**手段对其而言是意愿的理由的范围内,它就是完全相同的客体**。[20]

> (finis, inquantum est res quaedam, est aliud voluntatis obiectum quam id quod est ad finem. Sed inquantum est radio volendi id quod est ad finem, est unum et idem obiectum.)

159 　　在典型的由选择所采纳(并且实施)的手段中,一个人对目的的意愿,就是所意图之事。[21]

II

　　目的和手段的联合被圣托马斯在其重复却被广泛忽略的学说中用另一种

---

　　〔19〕 I－II q. 12 a. 4c.

　　〔20〕 I－II q. 12 a. 4 ad 2:注意到这是对异议的回应,即意图(intentio)和选择(electio)是有区别的,选择是对手段的意愿,因此意图一种目的不能是作为选择手段的意愿之同样的行动。在 Sent. II d. 38 q. 1a. 4c 中进行了讨论,并在 ad 1 中添加了改良:它与手段有关,这以其本身资质并没有关于它们的任何可欲之事,意愿的行动对目的来说与手段对目的来说是同样的(idem est motus voluntatis qui est in finem et in illud quod est ad finem),在这样的情形中,这是在 ST I－II q. 12 a. 4 ad 2 中一个人所考虑的,目的,作为意愿的理由(ratio volendi)[意愿某事的原因]支持手段正如形态对于物质,或者光线对于颜色:Sent. II d. 38q. 1a. 4 ad 1;但是,当某些手段对于一种目的其本身是可欲的,即凭其自身的资质其本身也是一种目的,那么意愿就会有两种客体,意愿也会有两种可区别的行为。

　　〔21〕 如果一个人面对一个目的如此满足以至于任何选择都不会有任何清楚的吸引力,那么一个人则没有任何特权(praeeligere)去意图和坚持它。但这不是我们的情形。

方式加以强调，学说指出：一个人在选择手段时，其构成了手段，作为（最接近的）目的就任何技术、程序或履行行为过去常常做的或实施那个选择而言。[22]

当然，"手段"是对其将要走向目的（id quod eat ad finem）之标准而自由的翻译，其是为了或指向某种目的。讨论意图和选择时，阿奎那阐明了手段——当我们说选择是手段时所提及的——是**人类行为**：选择始终是人类行为（electio semper est humanorum actuum）。[23] 技术性的"手段"，也就是器械、工具、装置、系统以及"程序"那样（也即，在它们能被机器或其他装置大体上替代的范围内）。当我们说选择是手段时，它们在被意图的意义上不是手段。相反，技术性手段在派生性和参与性意义上才是手段，在其被用于行为的范围内——行为是被适当所称的手段（的实施）。[24]

这就是圣托马斯对**形而上学**与**物理学**的评论中明确表达的。在评论中，他仔细地展现出为什么"手段"是对"这将要走向目的"的妥当翻译，而且更为重要的是，为什么人类手段（行为）本身典型地也是目的：

> 其不只是最终的目的——行为者为此而行为——其被称为涉及先于其之事的**目的；每一个**介于主要行为者和最终目的之间的中间性手段，都被称作涉及先于其之事的一种目的。[25]
>
> （Non solum autem ultimum, propter quod efficiens operatur, dicitur finis respectus praecedentium, sed etiam omnia intermedia quae sunt inter primum agens et ultimum finem, dicuntur finis respectu praecedentium.）

---

[22]　这在安斯库姆的《意图》中得到了充分说明。同样参见这篇文章的这一方面或其他主要的方面。Boyle, "*Praeter intentionem* in Aquinas", esp. at 652 – 3. See also n. 24 below.

[23]　*ST* I – II q. 13a. 4c.

[24]　Ad 1. 我认为，比圣托马斯表达的一种更加准确的解释将适用于我在此描绘的一种更进一步的区分的解释。他在 *Commentary on the Nicomachean Ethics*（ed. Leonine, p. 4, lines 15 – 54）的序言中，介于四种秩序的差异勾勒出这种区分，尤其是介于第三种秩序（准确地被选择的人类行为）和第四种秩序（所使用或做出之事）。因为只要它们没有被选择，而仅仅在一个选择的实施过程中被决定和施行，但是没有对更进一步选择的需要，人类行为自身可能会属于第四种秩序而不是第三种秩序，并区分于严格意义上（stricto sensu）的手段，即区分于选择的准确的客体。在此，我将不会追求这种含义。

[25]　*In V Meta.* lect. 2；ad 1013a35 – b3.

160　　又或者：

此外，亚里士多德补充道，所有那些介于主要行为者与最终目的之间的中间性因素在这种或那种方式上是目的：因此，医生为了改善健康状况而压缩肿胀的躯体，健康因此是瘦身的目的；但瘦身由通便引起，通便由某种药剂引起，而药剂是由医生用特定器具所准备的。因此，**这些中的每一个在一定程度上都是医生的目的**，故瘦身是通便的目的，通便是药剂的目的，药剂是器具的目的，器具是其目标——当医生寻找它们时或开始使用它们时。[26]

（Et ulterius［Aristoteles］addit quod omnia quae sunt intermedia inter primum movens et ultimum finem, omnia sunt quodammodo fines: sicut medicus ad sanitatem inducendam extenuat corpus, et sic sanitas est finis maciei; maciem autem operatur per purgationem; purgationem per potionem; potionem autem praeoarat per aliqua instrumenta. Unde haec omnia sunt quodammodo finis; nam macies est finis purgationis, et purgatio potionis, et potio organorum, et organa sunt fines in operatione ve linquisitione organorum.）

借助同样的医药的例子，对**形而上学**的评论添加了必需的说明：[27]

如此一来，**所有这些因素都是手段**指向一种目的，然而**它们每一个都支持另一个，正如目的支持手段**。因为瘦身是通便的目的，通便是药剂的目的。但是，这些各种各样的中间因素在此方面相互区别：有些是工具，就像用于药物的准备和施用的器具，并且确实药物本身一旦被施用，它们天生地就作为一种工具被使用；但是，其他是如通便和瘦身一样的行动、履行、行为。

（Huiusmodi …omnia sunt propter finem; et tamen unum eorum est finis alterius.

---

　　[26]　*In II Phys*. lect. 5; ad 194b35.

　　[27]　*In V Meta*. , loc. cit. , 在 *ST* I－II q. 1a. 3ad 3 中得到了紧密的附和："同样的行为中有很多……被指向一个最接近的目的，在其中，行为有了种类；但它也能被指向其他更远的目的，其中一个是另一个的目的（dem actus numero. . . non ordinatur nisi ad unum finem proximum, a quo habet speciem; sed potest ordinary ad pluresfines remotos, quorum unus est finis alterius.）"

Nam attentuatio est finis purgationis, et purgatio pharmaciae. Haec autem intermedia posita differunt adinvicem in hoc, quaedam eorum sunt organa, sicut instrumemta quibus medicina praeparatur et ministratur, et ipsa medicina ministrata qua natura utitur ut instrumento; quaedam vero sunt opera, idest, operationes sive actiones, ut purgatio etattenuatio.)

并且，正是后者，活动、行为、履行、行动在严格意义上是手段，仅在 [161] 其处于选择的准确客体、手段的意愿的范围内。我们现在可以补充到，在一定程度上，某些先前的行为授权一个人实施这些手段的其中之一，那个手段支持先前的那个行动，正如同目的支持手段；先前活动的理由（意义）是进入一种状态——能够实施手段以达到健康的最终利益。并且这也反过来解释了为什么"意图"尽管被定义为"目的的"，可以被直接应用到或通过一些相近的类比法直接运用于最基础的履行或遗漏中？也就是说，那种履行或遗漏的成功并不是任何先前履行或遗漏的原因。[28] 在此，我们也找到了理由，为什么：

> 在与意愿行为相关的（不同于其他权力的行为）层面，说某物因其客体而是善的与说某物因其目的而是善的别无二致——除了可能偶然地，由于一种目的依赖于其他目的，一种意愿依赖于其他意愿。[29]

正如圣托马斯的评论所暗示的，"客体"是一个并不狭隘地固定于"目的"和"手段"的术语。正如针对某个目的而言的某个手段，能够成为与

---

〔28〕 当然，"遗漏"在这里意味着，在一种通俗的意义上：一个非履行行为作为一种获得某些利益的手段被选择，例如，把一个孩子饿死，为了从日后抚养他的压力中解脱。这样的遗漏，作为选择的客体，是道德上重要的行为。对于遗漏或者不作为（forbearances），在更严格的意义上，它们恰当地与**道德层面**的行为形成对比。参见如下 n. 54.

〔29〕 目的是意愿的客体，而不是其他的力量。因此对于意愿的行为，并非区分于来自客体的善，这是客体的一部分，正如在其他力量中的行为，（除了可能偶然性地）一个人依赖于想要的意愿。Finis est obiectum voluntatis, non autem aliarum virium. Unde quantum ad actum voluntatis, non differ bonitas quae est ex obiecto a bonitate quae est ex fine, sicut in actibu saliarum virium：nisi forte per accidens, prout finis dependet ex fine, et voluntas ex voluntate. (*ST* I – II q. 19a. 2ad 1.)

同样注意："外在的行为是意愿的客体"（actus exterior est obiectum voluntatis）：q. 20a. 1ad 1.

某些先前手段相关的目的，因此我们可以说整个嵌套的一系列手段/目的是一个客体，或者同样可以说，该系列中的每一种手段本身就是被某种考虑中更远的目的所追求的一种客体，带有……意图而选择的一种客体。随后，后者更加特定地使用"客体"这一术语，如圣托马斯那样，一个人会说，客体和意图是因而彼此区别的，"客体"表示最接近的目的，"意图"表示较远的或者更遥远的目的[30]——总是铭记什么是最近之事，什么是更远之事，取决于在一连串或一整套目的中说话者当前的兴趣焦点所位于之处。[31] 但正如"客体""目的""手段"，它们都是以此方式相关联的，因此"意图"呈现出同样的灵活性，这种灵活性并不是由放任的思想而是由对行为的特殊分析所驱动的。因此，正如圣托马斯在他最后的作品之一中所指出的那样，通过"意图"一个人能够意味着不仅是目的的意图，也是行为的意愿，"之后，正确的是，在善恶相似之间，一个人所做的就是其所意图的：quantum aliquis intendit tantum facit"。[32] 那么，意图在更广泛的意义上，就是精确衡量（quantam…tantum）一个人所选和所做之事的尺度。

162

III

几乎没有任何方法论原则对圣托马斯的整部著作，比如下原则更加基础

---

〔30〕 e. g. de Malo q. 2a. 4 ad 9："最接近的目的是同样的行为，它是客体"（finis proximus actu sidem est quod obiectum）；q. 2a. 6 ad 9："道德德性的种类并非来自于障碍被扫除的目的，而是来自于最接近的目的的目的，这也正是其客体"（actus moralisnon habet speciem a fine remoto, sed a fine proximo, qui est obiectum）。Also In Sent. II d. 36q. un. a. 5ad 5："一个人的行为拥有两种目的：最接近的目的（这是其客体）和更远的目的（这是行为者意图实现的）"（actusaliquis habet duplicem finem, scilicet proximum finem, qui est obiectum eius, et remotum, quem agens intendit）。

〔31〕 因此，客体（theobiectum）有时论及作为包含目的和选择的手段（例如 Sent. II d. 38 q. 1a. 4 ad 1；ST I－II q. 12a. 4 ad 2）；并且，相反地，客体在"手段"和"最接近的目的"的意义上通常被认为是"被选择的"，而不是"被意图的"（参见 Sent. II d. 40q. un. a. 2c），但是通常谈及作为被意图的：参见 ST I－II q. 12a. 3c；q. 73a. 3 ad 1and a. 8, ad 3；II－II q. 43a. 3c；q. 64a. 7c.

〔32〕 De Malo q. 2a. 2 ad 8；quoted at n. 48 below. Likewise, ST I－II q. 72a. 8c："罪行的种类是行为本身，根据客体，其实施罪行的意图的目标。"（Species peccati attenditur... ex parte actus ipsius, secundum quod terminatur adobiectum in quod fertur intentio peccantis.）

的了——行为是由其客体来具体说明的，理解一种行为是什么，是就其客体而言来理解的：客体的行为（per obiecta cognosc［i］mus actus）。[33] 对托马斯的方法论同样基础性的是：事物最初是就其本质（perse）是什么而言被理解和描述的，而非就其偶然（per accidens）是什么而言被理解和描述的。[34] 涉及因某个理由而做出的行为，这些原则由一种在圣托马斯著作中不那么普遍但对其思想而言无疑非常基础的原则所明确说明：目的指向之事在本质上是什么被描述为就其意图而言，他们的发起者意图其成为的那样：

> 行为有其类型和称谓，这来自于其客体本质上是什么，而非来自于仅仅偶然成为其客体之事。但对那些由于某种目的之事，无论被意图的是什么，都被认为是本质上的，外在于意图的非意图之事，被认为是偶然性的。[35]

> （operatio…recipit speciem et nomen a per se obiecto, non autem ab obiecto per accidens. In his autem quae sunt propter finem, per se dicitur aliquid quod est intentum: per accidens autem quod est praeter intentionem.）

又或者：

163

> 因为，正如在自然事物中，偶然之事不会构成它们的类型，在道德问题中也是如此。在道德问题方面，所意图之事是本质上的，

---

　　〔33〕"通过客体，我们知道行为和行为的力量以及本质的力量"（per obiecta cognosc［i］mus actus, et per actus potentias, et per potentias essentiam）；in II de Anima lect. 6（n. 308）；"以如此方式定义的首要行为中，它们是客体"（obiect a sunt priora operationibus in via definiendi）（ibid., n. 305）；"先于客体的行为和行为的力量"（obiecta prae – cognoscuntur actibus et actus potentiis）：ST I q. 87a. 3c; see also e. g. I q. 77a. 3c；I – II q. 18a. 5；q. 72a. lc；in IX Meta. lect. 7. See also FoE 20 – 1, 25.

　　〔34〕"因为并没有什么事是如此偶然，并被偶然性所详细说明，唯一在其中的是本质上的"（Nihil autem specificatur per illud quod est per accidens, sed solum per illud quod est perse）：in Eth. V lect. 13（n. 1036）ad 1135a18.

　　〔35〕ST II – II q. 59a. 2c.［And p. 248n. 29 below.］

但紧随**非意图之事**而来的，可以说是偶然性的。[36]

（sicut enim in rebus naturalibus id quod est per accidens non constituit speciem, ita etiam nec in rebus moralibus. In quibus quod est intentum est per se: quod autem sequitur praeter intentionem est quasi per accidens. ）

本质上的（perse）和偶然性的（per accidens）之间的区分，与为了其自身（propter se）和为了其他（propter aliud）之间的区分，不将二者相混淆是很重要的。[37] 为了其自身所意愿之事是以其自身作为一种目的所意愿的，作为一种（不必是**某种特定的**）最终目的，一种被认为是为了其自身利益本质上可欲的，而不是达到某种更远目的的一种手段：某种目的比如生命、健康、知识、友谊或实践理性本身。[38] 但是，本质上所意愿的就是所意图的，而所意图的，正如我们看到的那样，延伸到整个嵌套的一系列手段中，这些手段同样也是行为者选择和行为的目的。我们先前分析的这种暗示被圣托马斯在很多文章中确证，他区分了本质上的与偶然性的：意向（intentum）定义了本质上的行为，延伸到甚至更接近的手段，更多地，那些手段绝不会为其自

---

〔36〕 *ST* II - II q. 39a. lc. 这无疑是如下含义，即特利腾大公会议（Council of Trent）所使用的术语"本质上"（per se）在称义（Justification）中的教规，在为自由选择的现实辩护过程中：

如果任何人说，不是一个人的力量使他的方式邪恶，而是上帝进行了邪恶的工作，就如同他进行善的工作一样，不仅仅是许可地，而且是恰当地，并且本质上的⋯⋯：诅咒所在。（Sess. 6 [1547AD]，can. 6；*DS* 1556.）

上帝以任何方式意图人类的邪恶，既不作为目的，也不作为手段（教规给出了一个例子：犹大的背叛）；上帝仅仅允许它。对信仰的清晰的教条关于上帝对道德邪恶的许可，人类的原罪——创造了人类自由选择的一种预见的和允许的副作用。但是，比例代表制主张者愿意意图道德前的人类邪恶（pre - moral human evil）（在人类的现实和完整的基础方面的破坏、损害或者妨碍）与大量对神圣意志和上帝旨意的神学反思的传统相冲突，阿奎那和他之前的 St John Damascene 作出了解释，坚称对于上帝，意愿本质上（即意图）的任何事——智识将之称为邪恶，是与其神圣不一致的：参见 John of Damascus, *De Fide Orthodoxa* II, 29；Aquinas, *ST* I q. 19 a. 9；Lee，"Permanence of the Ten Commandments..." at 435 - 6. 尤其具有启发性的是 Aquinas, *de Ver.* q. 5 a. 4 obj. 10 and ad 10，争论做邪恶之事/造成伤害（做恶之事：facere malum），对善的人来说是完全陌生的，无论人类的还是神圣的，而"命令"邪恶/伤害，通过为了引出某些善而允许它，与神圣的善是一致的。更多地，参见 *MA* 74 - 7.

〔37〕 对于这种混淆的一个例子，参见 Walter，"Response to John Finnis" at 186 - 7.

〔38〕 这种目的是基本的人类善，是为选择塑造了提议的实践推理的第一个原则，是美德和道德格言的目的：参见 *ST* I - II q. 10a. lc；q. 94a. 2c；q. 100a. 11c；II - II q. 47a. 6c and ad 3；q. 56a. lc；*Sent.* I d. 48 q. 1a. 4c；etc.

身利益而被想要。[39]

所意图之事和非所意图（praeter intentionem）之事，二者的区分不是为使 164
某种预先规定的道德判断正当化而提出，看到这种区分同样重要。这是圣托
马斯对现实情况作出的基础性理解的必要部分：基本内容就在他对物理学与
形而上学的评论中。[40] 道德判断必须顾及这种现实的层面：道德规范必须
被理解为指引行为，准确地根据这种实质区分加以理解。

介于所意图之事和外在于行为（行为的意图和客体）之事，二者之间的
区分是通过辨别在道德上（genere mcris）何种行为是被选择并被完成而得出
的。因为，正如圣托马斯经常说到的那样（尽管从未以令人满意的准确性进
行解释）：在良知（谨慎的实践思考和判断）中，行为将不被评价为一般性
质（in genere naturae），即身体的行为举动，但被评价为道德层面（in genere mor-
is），* 也即在与道德相关的描述下其**作为**意愿的那种描述（并因此**作为**被意
图的和被选择的）。[41]

一般性质的行为举动与**道德层面**的行为之间的差异，全然被误解了；[42]
人们认为这种差异仅仅传达了：所理解的行为举动在一般性质层面是通过与
道德规范进行对比来评价的，因而在道德层面被判断和描述。即，借助特有

---

　〔39〕　e. g. *ST* I–II q. 76a. 4c；II–II q. 37 a. 1c；q. 39 a. lc；q. 43 a. 3c；q. 64a. 7c. 同样参见 Ca-
jetan 上一个引文。注意到阿奎那有时将直接的和本质的（directe et per se）连在一起，与间接的和偶
然的（indirecte vel per accidens）相对立，区分准确地介于直接和本质意愿之事是作为一种手段被意
愿：I–II q. 76a. 4（选择对某事保持无知，目的是在某些罪恶的行为过程中不受干扰，是直接地和本
质上地选择无知；选择忽视一个人的学习而喜欢某些其他的活动，知道结果将是无知，是仅仅间接
地或偶然性地选择无知。

　〔40〕　See *in II Phy.* lect. 8（no. 214）；*in VII Meta.* lect. 6（no. 1382）；*in XI Meta.* lect. 8
（nos. 2269，2284）.

　* in genere naturae，指一般性质的、自然层面的；in genere meris，指涉及道德的、道德层面
的。——译者注

　〔41〕　e. g. *de Malo* q. 2a. 2ad 13：

　外在行为并不属于一般道德，仅在其是意愿的范围内（actus exteriors non pertinent ad genus moris
nisi secundum quod sunt voluntarii）；外在的行为［对于意愿自身的行为］有一种道德特性，仅仅依据
它们是被意愿的。

　〔42〕　注意，因此通过区别"行为举止"（behavior）和"行为"（acts），与在一般性质和道德层
面的区别相一致，我（正如格里塞茨和其他人一样）使用了一个术语的区分，这在阿奎那处并没有
清晰的相平行的概念（除了后一个区分在某种程度上是清晰的！）。

的道德判断词，如"公正""不公正""道德的""邪恶的"等等。[43] 阿奎
那关于这种差异的一系列论证都是以鼓励这种误解的方式来措辞的。这绝非
偶然，而是出于一种事实——圣托马斯对于完全相同的"自然的"和物理性
类型的行为举动如何能构成不同种类的道德重要性行为的兴趣，是一种聚焦
于道德结果的兴趣。也就是说，对于类型的差异涉及是与非、美德与邪恶、
道德的善与道德的恶之间的区别的情形，正是兴趣使然。然而，圣托马斯为
一般性质的行为与**道德层面**的行为两者间的差异赋予的这种重要性是令人费
165 解的，除非我们明白道德层面的行为不多不少地是在这样的描述下讨论它们
——这种描述使特有的道德判断词**能**准确地应用于它们。

更特别的是：行为是具有道德重要性的，并且就其类型、内在特征而言
被道德地评价，正如它们在被意愿的范围内是对行为者在选择中自由的自我
决定的表达。更为精确地：对道德评价和道德判断而言，行为是其所是之事
那样，正如其本质上所是之事那样，即正如其被意图那样，在描述中行为、
在行为者由选择所采纳的提议中——不是在某种使邪恶合理化的良知所提供
的自我欺骗的描述中，而是在实践推理的描述中——这种实践推理使选项
（提议）似乎对选择者来说是明智的、适格的，"我要去做的某事"。因此，
在评论中，我们找到了相继一系列文章的核心讨论。彼得·伦巴德（Peter
Lombard）对阿伯拉尔（Abelardian）"意图伦理学"[44] 的拒绝，一种阿奎那视

---

〔43〕 参见对这种误解的评论，Rhonheimer, *Natur als Grundlage der Moral*, 327n. 25. 但是，我们
不应忽视圣托马斯愿意识别或者阐述的行为。参考道德相关的情形，这是非意图的（praeterintentio-
nem），并因此从某种意义上说，他愿意对待善的和恶的、正确的和错误的、道德的和邪恶的，似乎
他们是在道德秩序中阐述行为的某种种类（see e. g. *ST* I – II q. 18aa. 4 and 10），而那就是混淆的一种
来源。

〔44〕 参见 Peter Lombard, *Sentences* II d. 40. 伦巴德在此认为，关系到某些本质上错误之事（恶）
本身，我们应否认它的错误来自于目的或意愿（ex fine etvoluntate, or secundum intentionem et
causam）。阿奎那反对这种否认。他的反对并非随着这样的判断，即正如他所陈述的，存在这样的行
为，其本身是错误的，并且不能以任何方式被正确地做出（de se malus, qui nullo modo bene fieri po-
test）。随着伦巴德的否认，这样的行为由于意愿、意图、目的（finis）而错误。阿奎那说，这样的行
为，是由于行为人的意愿而错误。这就需要在他的意图（intentio）或者意愿的意图（voluntas inten-
dens），以及他最终动机性的目的中（最终的目的：finis ultimus）没有任何错误，如给穷人金钱。反
而，错误的是他的选择，他的选择（electio）或者意愿选择（voluntaseligens），他的直接目的的最近的
客体或最近的目的（o biectum proxim or finis proximus），如伪造遗嘱：*Sent.* II d. 40 q. 2.

为基本正确但有些过分的拒绝:[45]

> 根据行为的形式（这是行为的原则）的多样化，行为在类型上有所差异，即使正在行为之事于类型上并没有什么差异……如今：意愿的形式就是目的和善，这是意愿被意愿的客体。因此，依照目的的不同，在意愿的行为类型中，一定存在差异之处。并且，由于行为具有道德重要性，鉴于其是意愿的行为，所以在那些行为具有多样化目的的范围内，行为的类型存在道德重要性的差异。
>
> （actiones differunt specie secundum diversitation formarum, quae sunt principia actionum, quamvis etiam agentia specie non differant …Forma autem voluntatis est finis et bonum, quod est obiectum etvolitum; et ideo oportet quod in actibus voluntatis inveniatur differentia specifica secundum rationem finis. Et quia actus sunt in genere moris ex hoc quod sunt voluntarii, ideo in genere moris est diversitas speciei secundum diversitatem finis. ）

但目的或多或少是最终的或最接近的，意图被认为是越靠近最终，则与其相伴随的、被选择的选定客体就越接近——选定的客体是最接近的，是外在的行为本身或行为的物质为何（materia circa guam）。[46]　因此：

166

---

〔45〕　*Sent.* II d. 40 q. 1a. lc.

〔46〕　"一个人的行为拥有两种目的，即最接近的目的，这是其客体，以及更远的目的，这是行为者意图实现的"（actus aliquis habet duplicem finem: scilicet proximum finem, qui est objectum eius, et remo - tum, quem agens intendit）: *Sent.* II d. 36q. 5ad 5；在 *the ad* 4*m* 中，阿奎那称，关于此问题（与"来自于此的问题"或"在其中的问题"并列）是与目的相同的，因为其目的的客体是行为（the *material circa quam*）（与 the *material ex*〔*orin*〕*qua* 并列）"est idem cum fine, quia objectum finis actus est"，他将十分直截了当地重复这一点，*ST* I－II q. 72 a. 3 ad 2 and q. 73 a. 3 ad 1. See also *Sent.* II d. 40q. 1a. 3c；因为一种外在行为相当于意愿的客体（quia actus exterior comparatur advoluntatem sicut obiectum）；之后他会说一种外在的行为远不能显示出对一种已知的善的方法，并且其因某种理由被设计出来，而这在意愿的行为之前（actus exterior est obiectum voluntatis, *inquantum proponitur voluntatia ratione ut quoddam bonum apprehensum et ordinatur per rationem*: et sic est prius quam actus voluntatis）: I－II q. 20a. 1 ad 1；因为一种外在的行为构成了道德层面的自愿，这种形式必须被严格地视为道德行为，即外在行为的客体；存在行为根据一种客体被考虑（quia actus exterior constituitur in genere moris inquantum est voluntarius, oportet quod formaliter consideretur species moralis actus secundum obiectum interioris actus; nam species actus consideratur secundum obiectum）: *de Malo* q. 7a. 3c. See further Rhonheimer, *Natur als Grundlage der Moral*, 94－7, 318－43.

在如下两个方面，意愿能被认为是：(i) 意图，在其与最终目的相关的范围内；(ii) 选择，在其与指向那种最终目的的某种最接近的客体的范围内。那么：(i) 当我们把意愿当做意图时，我们可以说意愿的恶足够使行为变得恶，因为为了一个恶的目的的任何行为都是恶的。然而，所意图的意愿的善却不足以使行为变为善的，因为行为本身可能是恶的，实施一个如此恶的行为绝不会是善的。但是 (ii) 如果把意愿当做选择，那么在普遍情况下，意愿的善使行为变成善的，意愿的恶使行为变成恶的。[47]

(… voluntas dupliciter potest considerari: vel secundum quod est intendens, prout in ultimum finem fertur; vel secundum quod est eligens, prout fertur in obiectum proximum, quod in finem ultimum ordinatur. Si consideretur primo modo, sic malitia voluntatis sufficit ad hoc quod actus malus esse dicatur: quia quod malo fine agitur malum est. Non autem bonitas voluntatis intendentis sufficit ad bonitatem actus: quia actus potest esse de se malus, qui nullo modo bene fieri potesr. Si autem consideretur voluntas secundum quod est eligens, sic universaliter verum est quod a bonitate voluntatis dicitur actus bonus, et a malitia malus.)

---

[47] (*Sent.* Ⅱ d. 40 9. 1 a. 2c)，情形的问题在阿奎那对伦巴德观点的含蓄评价中被搁置不予考虑。同样地，*ST* Ⅲ q. 20a. 2c：

如果有这样的情形，就其自身和目的来看，结果都是一种外在行为的善，但这是不充足的，为了外在行为是一种善、来自于意愿的善，其是目的的意图，但如果意愿是邪恶的，要么来自于目的的意图，要么来自于所意愿的行为，则紧跟着的一种外在行为就是邪恶的。(Si igitur voluntas sit bona et exobiecto proprio et ex fine, consequens est actum exteriorem esse bonum. Sed non sufficit, ad hoc quod actus exterior sit bonus, bonitas voluntatis quae est ex intentione finis: sed si voluntas sit mala sive ex intentione finis sive ex actu volito, consequens est actum exteriorem esse malum.)

但是 I – II q. 20a. 1c 添加了一种改良，对那种思想的改良，即有善的意愿的行为的善 (a bonitate voluntatis dicitur actus bonus)：

外在行为具有善或恶，然而，根据其自身，为了恰当的主题或合适的情形，其并非来自于意愿，而是来自于原因。如果考虑外在行为的善是对原因的指引和理解，则先于善的行为。(Bonitas autem vel militia quam habet actus exterior secundum se, propter debitam materiam et debitas circumstantias, non derivatur a voluntate sed magis a ratione. Unde si consideretur bonitas exterioris actus secundum quod est in ordinatione et apprehensione rationis, prior est quam bonitas actus voluntatis.)

当然，这绝不使得如下具有资格的反而进行了确认，判断行为的道德善恶的一般策略，这种判断是道德层面的，即所意愿的，也即在规则和理解理由的层面。

十到十五年之后，圣托马斯在《邪恶》(De Malo) 一篇中也同样讲道：[48]　　167

　　如果借助"意图"，一个人不仅理解了目的的意图，也理解了
手段的意愿，随后就可以正确地说：在善的行为和恶的行为中如出
一辙，**一个人所做之事就是其所意图之事**。

　　(Si…sub intentione comprehendatur non solum intentio finis sed voluntas operis,
sic verum est, in bono et in malo, quod quantum aliquis intendit tantum facit.)

　　论述此之前，我应该先行阻止一种可能的疑惑或误解。是不是所有的说
法都意味着一个人的道德责任被一个人去选择或去排除某类行为的责任所耗
尽——那种由道德层面所描述的确定类型的行为？绝不是。善是由于全部的
理由，而恶是由于部分的缺陷（Bonum ex integra causa, malum autem ex quocumque
defectu）。+一个人具有避免或防止确定事态的重要责任，一个人自身的道德或
也许任何其他人的行为的描述不包含那些事态。有些事态可能被挑选出来，
包含在准确地被预见**效果**的道德责任中（也即作为与道德相关的情形），尽
管仍然有**自身行为**所产生的副作用（非意图的作用）。然而，那些紧随一个
人所做之事非意图（practer intentionem）的（被预见的或未被预见的）结果，
不是一个人所做之事的部分；它们在一个人的道德责任中，凭借道德原则和
道德规范极其不同于那些理由（那些道德原则和规范）要求或排除了做某
些确定类型之事。

　　我回到特征化中意图角色的主题上来，正是对行为的辩明。圣托马斯关
于一般性质的举动，与精确地被认为是具有道德重要性的道德层面的一种行
为同样的举动，这两者之间差异最清晰的例子是：同不是自己配偶的人性
交；同自己的配偶性交：

　　既然行为由于其客体而具有某些特征，其客体的某方面可能会　　168
给行为一种关系到某种有效原则的明确特征，当客体的同一方面并
未给行为一种关涉其他有效原则的明确特征时……因此，把人类行

---

[48]　*De Malo* q. 2a. 2 ad 8.

为的客体视为——依据某种本质上从属于理性的因素而彼此区分，存在特征上彼此区分的行为，只要它们是理性的行为，即使在特征上并不彼此区分，只要它们是某些其他能力的行为。**因此，同自己的妻子性交与同不是自己妻子的某个女性性交这两种行为具有不同的客体**——依从属于理性的一种因素，因为，是或者不是自己的（妻子）是一个由理性标准所决定的问题；但是，这种区分在关系到生殖能力或甚至感官欲望时是偶然性的。**因此，同自己的妻子性交与同其他人性交在类型上彼此区分，只要其是［注意！］理性的行为，而非只要其是生殖能力或感官欲望的行为。**然而，它们是人类行为，只要其是［注意！］理性的行为。因此，**他们在准确地作为人类行为的类型上彼此区分**，这是很清晰的。于是，人类行为由于其种类而具有使其变善或变恶之事也非常清晰。[49]

（cum recipiat speciem ab obiecto, secundum aliquam rationem obiecti specificabitur actus comparatus ad unum activum principium, secundum quam rationem non specificabitur comparatus ad aliud⋯Si ergo obiecta humanorum actuum considerentur quae habeant differentias secundum aliquid per se ad rationem pertinentes, erunt actus specie differentes secundum quod sunt actus rationis, licet non sint species differentes secundum quod sunt actus alicuius alterius potentiae; sicut cognoscere mulierem suam et cognoscere mulierem non suam sunt actus habentes obiecta differentia secundum aliquid ad rationem pertinens; nam suum et non suum determinantur secundum regulam rationis; quae tamen differentiae per accidens se habent si comparentur ad vim genera-

---

[49] *De Malo* q. 2a. 4c；also *Sent.* IV d. 26q. 1a. 3 ad 5；*ST* I – II q. 18a. 5 ad 3. 这种差异是客体上的一种差异，即在意图上；一个人与另一个身为别人配偶的人发生性关系是在情形中——而不是在客体上——有差异，虽然一种情形如此重要，它也改变了道德类型（从乱伦到通奸）：*De Malo* q. 7a. 4c. 也注意到，道德上恶的（不合理的）行为被作为其本身进行判断，也即作为理由的一种行为，即选择所采纳的一种被智识塑造的提议（尽管是一种被激情部分控制的智识）：

善对于意愿来说是作为一种客体：只要其落入理由的范围内，关于道德的种类并导致在实际意愿中道德的善［或道德的恶，只要善仅仅是明显的：ad 1］bonum per rationem repraesentatur voluntati ut obiectum：et inquantum cadit sub ordine rationis, pertinent ad genusmoris, et causat bonitatem moralem［or *malitiam moralem*, insofar as the *bonum* is merely apparent：ad 1］in actu voluntatis. （*ST* I – II q. 19a. 1 ad 3.）

tivam vel etiam ad vim concupiscibilem. Et ideo congnoscere suam et cognscere non

suam specie differunt secundum quod sunt actus rationis, non autem secundum quod

sunt actus generativae aut concupiscibilis. In tantum autem sunt actus humani in quan-

tum sunt ［NB！］actus rationis. Sic ergo patet quod differunt specie in quantum sunt

actus humani. Patet ergo quod actus humani ex specie sua habent quod sint boni vel

mali. ）

　　因为似乎没有理由去怀疑与并非自己配偶的人性交与夫妻间的性交感觉一样，包含相同的身心活力和行为举动，能够以同样的生物性方式进行繁殖，因此习惯性地，它们在一般性质上就是同一类行为。但是，尽管非夫妻间的性交是非常人性的，能意图多种多样的利益，甚至共同的利益，其并不能拥有客体（object）和意图——表达出为了其配偶和孩子当前及未来全方面的好处而进行配合的长久且排他的承诺，因此他们不可能在道德层面上是同一类行为。

　　同样地，身体的行为举动、原因和结果，甚至在某些情形下情感和想象 169
的伴随物和后遗症，都能在如下情形中**完全相同**：（a）射击的情形，作为自我防卫唯一可用的手段而选择，但**作为**致命的手段被预见；（b）射击去杀害的情形，如此选择以利用此情形来支持称作"自我防卫"的合法抗辩或理由。但在自我防卫的过程中，致命的自我防卫和意图杀害在道德层面却是完全不同的行为，尽管致命的自我防卫的某些行为是不道德的，因对自我防卫的非致命手段可用性的不当疏忽。当然，阿奎那仔细分析了自我防卫的情形；[50] 阐明相关区分的其他情形也轻而易举地得以添加。比如，为了治疗一种子宫疾病的子宫切除术与为了防止未来可能的怀孕而对同一子宫进行的子宫切除术，在一般性质上两者是相同的，但在道德层面上两者是完全不同的；人们在意识到止痛药会缩短寿命的情况下为了减轻痛苦而使用止痛药，与为了加速死亡进而消除痛苦使用止痛药相比，包含了相同的行为举动然而却不是同样的行为；作为一种为了击退强奸犯对女性身体的侵犯而采用的清

---

　　[50]　*ST* II – II q. 64a. 7.

洗子宫的杀精方式，与为了防止女人同意作为性交结果的怀孕而采用同样清洗子宫的杀精方式，都包括同样的行为举动然而却不是同样的行为。诸如此类。[51]

本章的主题，确认了先前部分的结论，一种人类行为本质上是什么就是其被意图的那样——因此，是在道德层面上的。这篇文章也已经暗示了上述170 所触及的论点。圣托马斯后期的著作比其早期作品[52]更为显著和系统地论述了以下内容：区别于自愿行为（actus voluntatis）的是外在行为（outward act），被认为不是一般性质上的某种行为举动，而是准确去做所选择之事的行为，即作为由智识所塑造并由选择所采纳的提议的具体实施——在实践推理中其

---

〔51〕 我完全接受 Hallett, *Christian Moral Reasoning*, 23 的主张，对于讨论所有这些问题的恰当观点是先行良知（antecedent conscience）的观点（例如，对问题的回应我应该做出的实践推理）。但是他的推断在这种观点中的意图"从考虑中除去"，一个人考虑"绝对行为（sheer behavior）例如堕胎、婚前性行为、派遣军队到萨尔瓦多、大麻合法化、离婚和再婚、固定价格、登记服兵役"（loc. cit.），这是完全错误的；没有行为举止可被识别为组成这些行为的其中之一而没有提到当事人的意图，并且，在大多数如果不是全部的这些情形中，有这样的例子，即一个人故意地以 Hallett 所想的方式行为，这就不是 Hallett 在一般道德层面（in genere moris）中使用的一个或其他术语所描述的那样行为：例如，一个人移除了一个癌变的其知道会怀孕的子宫，她不需要采纳堕胎的提议；一个空中交通管制员，命令一架装有武器的飞机转向萨尔瓦多，为拯救机组成员免于飓风，这就不是采纳一个派遣军队到萨尔瓦多的提议；一个立法者为一个混合法案投票仅仅因为会使堕胎非法及其试图通过向大麻合法化条款征收消费税，并不是采纳使大麻合法化的提议，即并非使大麻合法化〔尽管他所做的促成了大麻的合法化，他具有道德责任去接受的一种效果，仅当他判断这么做对那些将受到这种效果影响的人来说是公正的〕。

〔52〕 在他的早期作品中区分是存在的，参见 n. 46 above and *Sent.* II d. 40q. 1a. 2c；art. 1 对于那个问题已经陈述了我现在文中提出的观点，以这样的方式：

其以此方式满足的属于道德种类的某事，是意愿；因此，他们直接地或立即地以意愿行为，其自身，是道德地……然而，行为被意愿所控制，来自于凭借其他力量以及属于偶然地道德的种类，只要其被意愿所掌控……hoc modo aliquid ad genus moris pertinent quo voluntarium est；ideo ipsi actus voluntatis qui perse et immediate ad voluntatem pertinent，per se in genere moris sunt；... actus autem imperati a voluntate，eliciti per alias potentias，〔these are the acts which the *Summa* will call exterior〕pertinent ad genus moris per accidens，scilicet *ecundum quod sunt a voluntate imperati...*

具有的描述下被考虑，这种实践推理使其似乎是正在进行之事。[53]

IV

回到我在一开始概述过的被混淆和误解的观点上来。

意图是一个人选择去做之事的问题，而非一个人做出并实施选择的情感的问题。人们选择去做其选择之事，并带有极大的反感和勉强，"后悔"其采取的措施（"令人遗憾的必要性"）。因此，"没有人赞同堕胎，但是很多人又把它当做'两害相权取其轻'而选择它"。年轻的外科医生极大勉强地进行半打"社会象征意义"的堕胎，仅仅因为如果不这么做，他就不被允许成为一名产科医生，并不被允许帮助在怀孕或出生时有危险的婴儿，那么这个外科医生就完全意图堕胎并毁灭其在堕胎与毁灭手术中的胎儿。那么对这个外科医生而言，胎儿的毁灭本身不是一种目的，而是一种需要借此来显示其加入医疗卫生系统的能力和意愿；他的选择是一种手段，构成了一种目的——为了（和在）于手术中实施其医疗技术行为。

考虑自己（或其他人）对自身意图之事的道德责任时——在那种最重要意义上的责任——这是与明确的消极的道德绝对（moral absolutes）相关的唯一意义，例如：不准亵渎神明、自杀、通奸或滥杀无辜——一个人不把任何重要性归因于某种假定的内在行为（inner act），以某种方式补充或增强了一个人故意做某事的行为（也即选择去做某事）。不存在如此预备性的或以任何 171 其他方式补充性的内在行为。选择去做某事就是所意图之事；承认对意图的提及会对选择的讨论有所补充，这也就是简单地承认无论一个人选择去做何

---

[53]　在 *ST* I – II q. 20aa. 1 – 3 中改良和术语的调整，并没有影响到 *Sent.* II d. 40 q. 2 中达成的基础观点：如果你考虑选择时的意愿［区别于在狭义上意图一种相关的最终目的的意图］，这是普遍正确的——个具有善的意愿的行为是善的，具有邪恶意愿的行为是恶的。（Si. . . consideretur voluntas secundum quod est eligens［as distinct from *intendens* in the narrow sense of intending relatively *ultimum finem*］, sic universal – iterverum est quod a bonitate voluntatis dicitur actus bonus, et a militia malus. 因为，正如阿奎那当场指出的那样，选择的善和恶依赖于思考的善或恶，选择是思考的一种结论，因此选择将是恶的，如果思考（例如）提议了某些恶的目的，即便有善的意图（即作为达到某些更远的和考虑中的善的目的。）［参见第 8 篇最后一个尾注。］

事，都有某些意义，都是由于某种理由去选择，都是为了某种利益；在狭义上对意图的讨论，简单地挑出了那种意义、那种理由、那种假定的利益。

一个人选择和行为的哪些结果（consequences）、后果（results）和效果（outcomes）被判断为是有意图的，哪些被判断为是副作用（非意图的），这不是由考虑如下情况来决定的：哪些结果是被预见的或可预见的以及哪些并非如此，哪些是物理上直接的（"直接导致的"）与哪些并非如此，哪些是对人类重要的且情感上印象深刻的与哪些并非如此，哪些是被传统和通用语言当作行为的部分来对待以及哪些并非如此。通过考量一个人为什么去做其正在做之事，或通过算到在一个人通过选择而采纳的提议中的任何事，一个人因其自身利益而想要之事，或为了其想要之事的自身利益而想要之事，或通过描述行为举动的任一和每一方面——仅仅作为或者到那样的程度，即在辨明其意义的实践推理中被描述——上述问题能轻松地得以解决。[54] "无辜者可能不会被**直接**杀害"的说法，并不意味着：你一定不能采取那种能够直接导致杀害无辜者的措施。同样也不意味着：只要这种伤害既不是出于自身利益而被想要也不是因为事实上与真正想要之事密不可分而被想要，你就可以为了杀害无辜者的利益而采取措施。同样，也几乎不意味着：除非这么做是为了如拯救更多生命这样的某种更大的善而采取的一种适当手段，你也不能滥杀无辜。它仅仅意味着：你不能把杀害一个无辜者变成自己的目的（如为了复仇）或者变成某种手段（如为了保证富裕女性和贫穷女性之间的平等利益而资助堕胎）。[55] 参照一个人"故意引起""有意导致"或"直接且

---

〔54〕 疏忽（omission）和不作为（forbearances），在道德的准确意义上（与上述 n. 28 相对）决定不去做某事，以避免做这件事的副作用，要求特别地注意：参见 1988e 对非避孕的定期禁欲的分析。

〔55〕 因此，对无辜者"直接的"杀害被解释为要么作为一种目的，要么作为一种手段而杀害，由 Pius XII（12 November 1944：*Disc. & Radiomess.* VI，191－2），由 Paul VI ［*Humanae Vitae*（1968），n. 14］，并由 Congregation for the Doctrine of the Faith（*de Abortu Procurato*，18 November 1974，para. 7；*Donum Vitae*，22 February 1987，n. 20）进行解释。对于就"作为一种目的或一种手段而言"对"直接的"相似的解释，参见 Pius XII，*AAS* 43（1951）：838（killing），843－4（sterilization）；*AAS* 49（1957）：146（euthanasia）；*AAS* 50（1958）：734－5（sterilization）。有关开颅术的问题，参见 essay 10 at n. 37；Grisez，*Christian Moral Principles*，309，n. 5；and essay 13，sec. III.

必要地造成"之事，意图不能被解释和辩明；而只有通过致力于选择思考中实践推理的过程——这种思考终止于选择，意图才能被解释和辩明。

　　总之：圣托马斯对意图的论述被恰当地理解，并产生了对道德分析来说 172 必不可少的大多数澄清。更详尽的澄清将更全面地注意到这四种秩序间的差异：自然的秩序、推理的秩序、选择的秩序以及技艺的秩序这四者间的差异。这是由圣托马斯自身辨明为基础性的但又未系统性地详细描述的差异。一种秩序中的本质之事与偶然性之事并不能确定另一种秩序中的本质之事与偶然性之事；自然的和技艺的居于行为者和目的之间之事，并不能确定在有理由做出选择的道德秩序中何为手段，何为副作用。[56] 圣托马斯有很多词汇——正如我们自己文化中的一些习语——模糊了这样的差异，并妨碍了道德真理的相称，包括那些阿奎那自己想要确证的某些道德真理。

注

　　⁺善是由于全部的理由，而恶是由于部分的缺陷……（脚注 48 之后的内容）："当所有起作用的因素和方面都是善的，［一个选择或行为才是］善的，也会因选择和行为的任何缺陷而成为恶的。"这是阿奎那经常引用并属于例如狄奥尼索斯（Dionysius）等为阿奎那所熟知的作家们（可能是 15 世纪末和 16 世纪早期的叙利亚人）的一个古老的口头禅。参见 *ST* Ⅰ - Ⅱ q. 18a. 4 ad 3；q. 19a. 6 ad 1；q. 71a. 5 ad 1；q. 79 a. 3 ad 4；*Aquinas* 148 at n. 73。

---

〔56〕 See n. 24 above.

第10章

意图和副作用*

所意图发生的和非所意图发生而是作为一种副作用引起的，二者之间的区分是涉及疏忽大意侵权责任的大量现代法律的基础；它同样也是刑法长期接受的谋杀和过失杀人二者之间区分所关注的焦点。正如那些事实所表明的，它并非对某些宗派道德教化的神秘保护，而是一种内在于实践理性**的具有道德重要性的区分。

但对于它的解释，司法界、法律学术界和哲学界都感到深深的困惑。这种困惑可以追溯为两种根源：（1）区分自由选择与自发性，理性动机和次理性（sub-rational）***动机的失败；与（2）缺乏一种道德理论来足够清晰地识别人类行为需要满足的不同道德规范的多样性。有些规范仅仅关系到一个人所意图（和所做）之事，而另一些规范却以其他方式关系到一个人所预见之事和因此以某种方式所控制之事——作为其所意图（和所做）之事的副作用。

展现出现代侵权法的某些哲学解释是如何——尤其是那些受到经济分析启发（的解释）——忽视了意图与副作用之间区分的重要性，这对侵权的整个结构都是有益的。+但在这篇文章中，我将仅仅专注于刑法。在有限的文本中，我将试图通过讨论一种新近的、尽管不是完全阐明的意图和副作用的司法理解，来提出对问题的澄清。这种理解可以概括为如下两个观点：

---

   * 1991b.

   ** sub-rational 指未达到理性（rational）标准的，低于理性、亚理性的，文中均译为"次理性的"。——译者注

   *** 本章及其他章节中，reason 作理由、理性解。——译者注

（1）一个人可能会意图实现某种确定的结果，而在并非想要其发生的情形下；

（2）对一种有可能（或者甚至，也许是确定的）伴随一个人的行为而来的某种确定结果的预见，并不必要是那个人所意图的那种结果。

因此，鉴于陪审团能够对谋杀宣判有罪，仅当其发现被告有杀害的意图（或造成严重的身体伤害），这种英国司法原则认为陪审团应受到这样的指引，即被告能在非想要杀害的情形下意图杀害，并且陪审团在法律层面自由地发现被告预见死亡作为一种确定的结果但并非意图这种结果。尽管陪审团可能考虑被告的预见，即他的行为将造成死亡，作为一种充足且令人信服的理由来推断其杀害的意图，他们完全能够基于被告所说的和所做的所有证据的考虑，来做出或不做出这样的推断。[1]

于是，在第一部分，我会讨论意图和"想要"（desire）；在第二部分，讨论意图和预见的结果；在第三部分，我会简要勾画一些抽象但根本的理由，以承认意图的目的和手段之间的区分具有人类的和道德的重要性，以及承认一个人明知（knowingly）会造成的副作用。

I. 意图和想要

新近阐明的英国司法原则的第一个要素是它对意图和想要的区分：一个人可能意图实现一种确定的结果，而在并非想要其发生的情形下。[2]

这种有利的主张与 20 世纪中期主要的学术界的刑事律师们和法律理论家们的主张相矛盾。几乎毫无异议地，他们采用**想要**作为对意图解释的中心

---

〔1〕 Williams, *The Mental Element in Crime*, 10 提到（令他后悔的是）"没有英国判决将意图定义为包含想要"。新鲜的是，对这样一种定义的使用之邀请的明确拒绝，并坚决主张陪审团应被警告不要使用这样一种意图的解释。

〔2〕 See *R v Nedrick* [1986] 3 All ER 1 at 3–4（CA per Lord Lane CJ）; *R v Hancock* [1986] 1 All ER 641 at 645e（CA per Lord Lane CJ）; 649, 651b（HL per Lord Scarman）; *R v Moloney* [1985] 1 All ER 1025 at 1027f（Lord Hailsham），1037c，1038c–h（HL per Lord Bridge）; *A–G v Newspaper Publishing plc* [1987] 3 All ER 276 at 304c（CA per Donaldson MR）. Likewise Goff, "The Mental Element in the Crime of Murder" at 42–3.

和基础术语：意图一种结果就是想要它，无论作为目的还是作为手段；因此，例如，仅仅作为可能而预见的但并非想要的结果，不是意图的结果。[3]

现在，同样的作者，同样毫无异议地，继续声称"意图的法律概念"在意图的结果中包含所有那些作为**确定**所预见的结果，甚至是行为者绝不想要的结果。关于学术的法律原则的这方面是下面第二部分的主题。在此，我希望仅仅做出一种让步：一些法官之所以严格区分意图和想要，**一种**原因似乎是他们接受了同样的观念，即作为确定所预见的结果，是/或算作是所意图的。[4] 然而，也就是说，似乎清晰的是，区分意图和想要的司法目的通常是更加广泛的：不仅仅是处理特殊案件，即那些结果是非想要的但确定所预见的，而是相当普遍地坚持认为"意图是某种完全不同于动机（motive）或想要（desire）的东西"。[5]

在法官和法律学术界令人困惑的争论中，双方在重要方面都是正确的。但是，法官们所主张的真理对于意图的理解更重要。学术界在此范围内是正确的，即"想要"［如同"需要"（want）］确实是模棱两可的——不管怎样，他们没能阐明——介于（a）一个人对一种可理解的善（intelligible good）的回

---

〔3〕 参见 White, *Grounds of Liability*, 72 – 3；以及 Williams, *Text Book of Criminal Law*, 74 文中的分析。对意图的这种解释已经被实质上所有新近的、对法律感兴趣的哲学家们理由充分地进行了质疑：有帮助的讨论，参见 White, *Grounds of Liability*, 75 – 82；Kenny, *Will, Freedom and Power*, 46 – 69；Duff, "The Obscure Intentions of the House of Lords" at 772 – 3；also Michael Moore, "Intentions and *Mens Rea*" at 246.

〔4〕 因此 *DPP v Smith*［1961］AC 290 at 302（CCA per Byrne J）案中："意图和想要是不同的东西，并且……一旦证明，一个被控告的人知道一种结果是确定的，他不想要那种结果的事实就是不相关的。"刑事上诉法院在 *Smith* 案中的判决得到了认可，尤其只要它否认对可能的结果的预见相当于意图，在 *Hancock*［1986］1 All ER at 645a 案中上诉法院依据了 Lane LCJ 的观点。但在后来的陈述中（at 645e），"想要和意图是两种不同的东西"，Lane LCJ 并未重复主张，即预见结果为确定的就是意图那些结果；反而，他坚称陪审团必须留出空间以发现意图，在相较于否定的澄清而没有对"意图"含义更多解释的情形下，即"如果你确定［被告意图造成死亡或非常严重的身体伤害］，那他可能不想要那种结果的事实就是不相关的"。上议院（651g）指导陪审团关于意图时，甚至反对这种程度的"概括"，并没有重复 Lane LCJ 在 *Smith* 案中对法官意见的赞成。Williams, "Oblique Intention" at 430 n. 49. 承认，对意图的司法理解延伸到（正如他所希望的那样）"已知的确定"，这"仍然是不清晰的"。See also n. 17 below.

〔5〕 *Moloney*［1985］1 All ER at 1037c, per Lord Bridge；see also *Lynchv Director of Public Prosecutions*［1975］1 All ER 913 at 934e, per Lord Simon（dissenting；but the majority decision was overruled in *R v Howe*［1987］1 All ER 771［HL］）.

应，作为（qua）可理解的且被理解为善的（无论道德上是否为善），即作为理性的诱因（rationally motivating），和（b）一个人对诉诸其感觉的事物的回应，作为一种具体的、经验性的或其他能想象到的可能性；在至少一种这些意义中，没有以某种方式想要，那个人就不能意图。在"意图"（intention）、"意图做"（intend）、"有意图"（with intent）毫不含糊地属于（a）含义中的"想要"这一范围内，法官们是正确的；这些术语涉及**自由选择之事**，仅在其作为一种明智的且有理性吸引力的选项被选择的范围内，在（a）含义中是想要的，无论其在（b）含义中是否也是想要的。一个人可以选择并意图去做与其支配性感觉完全矛盾之事——那是重要的现实（或是现实中最重要的），这是当法官们陈述时所回忆起的现实——总的来说，一个人能够意图其非想要之事。

［我将依赖这些明显的区分——介于可理解的因素与由感觉和想象所促成的因素之间，并相应地介于包含选择的意志（volition）与感觉之间。这可能会给人一种我对于人类的个性和行为持有二元观点的印象。但我并非如此。为了分析的目的，所有的区分都介于现实不断变化的方面与据说独处时能恰当地想象、理解、感觉和意愿的行为者之间。然而，它可能有助于注意到"感觉"（felling）和"情感"（emotion）之间具有某些对意识的经验和强烈的不受欢迎的隐含义。对人类和野兽来说通常普遍的、起因于感觉认知的动机，事实上在未被意识到时通常也是有效的。但为了用更好的词汇来表达，我使用了"感觉"和"情感"；不受欢迎的隐含义在任何情况下都可能在刑事犯罪或多或少戏剧性的背景中，不那么令人讨厌了。在刑事犯罪中这些并非人类所特有的动机，甚至通常是在"非自我意识的"（unselfconscious）行为最激烈时，变得或多或少强烈起来，并上升到意识。］

在道德和法律推理中所使用的意图的概念，可恰当地理解为紧密地连接在（a）含义中的"想要"，正因为其与**选择**的道德重要性紧密相连。进行选择，在与"选择"相关联的丰富含义中，本质上是**采纳一种计划或提议**（adopt a plan or proposal），一个人将自己置身于依据可选择的选项进行实践推理和深思熟虑，即依据可选择的计划或提议，一个人看到采纳该计划或提议的

176

某些原因，亦即理解其为想要的。于是，无论包含在一个人所选的计划或提议中的是什么，无论作为其目的还是作为实现目的的一种手段，都是有**意图的**（intended），即包含在一个人的意图中。[6] 如果 X 是一种事态，这种事态是**一个人计划中的一部分**——要么作为其目的（或其目的的一部分，或其中一个目的），要么作为一种手段，那么一个人所做之事就是"有做 X 的意图"（或"有 X 的意图"）而做。[7]

[不言而喻，"计划"和"提议"不得作为暗含某些沉闷乏味或正式的思考过程来理解。一个人能够在瞬间形成和践行一种意图。但是，如果去行为的选择是明智和自由的，则一个人总是能够识别出计划和提议，因此迅速且非正式地构想并选择该计划和提议，而那种计划或提议就目的和手段而言总是可分析的。同样需要理解的是，手段并非总是实质上区分于目的——例如，当一个人因其内在价值（intrinsic value）而选择某事，又如出于友谊行为而赠送礼物，则并没有别有用心的目的（ulterior purpose）。]

（a）含义中的"想要"——我称为意志性的想要——它是分析性正确的，一个人所意图之事是其想要之事。但一个人经常选择、意图和行为其非想要之事，这仍然是正确的，即一个人支配性的欲望（dominant desire）——一个人强烈的或最强烈的情感欲望（emotional desire）——是**不去行为**或**不去引起**。霍布斯主义者和斯宾诺莎主义者的概念——被如约翰·奥斯丁（John Austin）和格兰威尔·威廉姆斯（Glanville Williams）等法律理论家与或多或少

---

〔6〕 我所称的"提议"是基于某种"目标"或"目的"而言——使其清晰的背景是，他们并不意味着区别于手段的目的，而是意味着一个人正在尝试去做的任何事（不是作为被完成而是作为面对时所考虑的）。因此，例如 Fletcher 在 *Rethinking Criminal Law* 的第 442 页中，理由充分地认为：

刑事立法中使用的精神状态中的基本分裂介于：那些着眼于行为者的目标（有意的、意图的和有目的的）以及那些着眼于行为者在行为中（轻率鲁莽和疏忽大意）制造的危险。

相似地，the Model Penal Code's "conscious object"：MPC 2.02（2）（a）：

一个人有目的的行为，关于一种犯罪的物质要素当：（i）如果这种要素包含了他的行为或由此的一种结果的本质，这就是他有意识地从事那种本质的行为或造成那样的一种结果……

〔7〕 一个人的意愿在一种道德相当的方式上关系到 X，如果一个人选择不去做某事，是准确地为了引起 X（无论作为一个人考虑其本身值得的一种目的抑或作为一种引起某些更远事态的方式）。也就是说，存在与行为相符合的疏忽，而这种行为实施了选择所采纳的某种提议。

的哲学意识一道，所采纳——依此，行为必定显示出一个人的支配性欲望，[8] 这相当于对自由选择的现实的一种否定：介于理性地吸引人的、不一致的备选之实践提议的选择，以至于除了确定何种选项被选的选择行为本身外，**没有任何其他因素**。但自由选择（我不会在此辩护的现实）[9] 是一种对重要性的主要的预先假定，这种重要性在道德理论中归因于意图。正如我们所知，刑法或多或少地逐步体现和加强了这种道德理论。即使那些否认选择是自由的哲学家，也承认现实以及区分想要和意图的重要性，如果他们对**行为的理由**（reasons for acting）和**因一种理由而行为**（acting for a reason）有一种相当清晰的概念。[10]

对想要和意图的区分——介于情感上想要之事和意志上想要之事——并非作为表达人类动机的某些理性主义的概念而得以理解。以意图而行为的主要情形是被理性激发的行为，但即使是被理性激发的行为也永不会——甚或故意地——没有情感的动机而做出。在对人类行为完整的解释中，区分一个人在行为时其**目标**（purpose）的两个方面因此是非常重要的，即为了目标的利益而行为和希望实现目标而行为。虽然这种解释对该篇文章的目的并非必要，但它可能会引起我的兴趣，于是我转向用四五个段落来概述对有目的的行为中（理性的）意志和（情感的）想要之间关系的理解。[11]

178

---

〔8〕 Hobbes, *Human Nature* (1651), ch. 12. 2; *Leviathan* (1651), ch. 6, s. v. Deliberation (a passage reproduced in Austin, *Lectures on Jurisprudence* [1869], addenda to lect. 18); Spinoza, *Ethics* (1677), Part III, note to prop. ii; Williams, *Criminal Law*: *The General Part*, 36: "Intention is, by definition, the desire that prevails and issues in action." See also Glanville Williams, "The *Mens Rea* of Murder: Leave It Alone" at 390. [比较他在 *Textbook of Criminal Law* [1983], 74 中更加谨慎的表述，"如果我决定试图去实现我的欲望（desire）……这种欲望变成了我以此行为的意图"。][And see essay II. 12 at p. 228.]

〔9〕 在 Boyle, Grisez, and Tollefsen, *Free Choice*: *A Self-Referential Argument* 中得到了充分的辩护；同样参见 *FoE* 137；[和本卷引言的第一部分]。

〔10〕 Thus Moore, "Intentions and Mens Rea" at 245 – 6.

〔11〕 这种解释在 1987f (with Grisez and Boyle) at 102 – 6 中紧接下去。

目的行为中理性的动机和次理性的动机

谈到"目的"（purpose），* 我意味着一种事态——某种能于现实中存在或者不存在的具体之物。一个人的目的所关涉的——这种目的能使一个人**理性地**对其感兴趣——是某些可理解的善，无论其是工具性的还是基础性的。实现这种目的将例示善，而这种善是一个人因该目的而行为的理由。因此，一个人去看医生，其目的是重获健康；重获健康是例示健康这种可理解的善的一种事态，医生希望所有病人都参与其中的可理解的善，而这并不会在任何具体的事态中被示例所用尽，因为这种事态可能是一个人要实现的目的。总之，由于一种可理解的善，一个人的目的在一方面是想要的、意志性的。在此方面，目的——尽管保持着一种具体的事态——是由智识的、命题的知识所提议的，而这种知识对以可理解的善为目的的行为进行了称赞（并最终由于一种基础性的善，行为者希望分享或帮助另一个人或其他人分享的人类繁荣的某些基础方面）。

但在另一方面，每一个目的都是想要的，在情感上是具体的和可想象的。在这方面，目的只是某种特定的对象，激起了行为者需要为此行为的感觉的一种设想的事态（有时，与对象有心理联系的某事激起了这些感觉）。但是，理性的动机激起某个人总体上的某种满足，情感的动机激起行为者感知中的某种满足（fulfilment）。但是，尽管它们彼此区分，情感动机和理性动机是动态相联系的——如此以致很容易把情感的动机与行为的理由相混淆（**关于行为的"理由"的普遍讨论显示出这种混淆**，或想要对二者进行区分）。某些情感动机的目标（goal）——如享用特定的一餐——能够得以理解和概括；一个人认为享用食物通常是一种善，其对此感兴趣。但是作为行为的一种理由，这种可理解的善永远不会超过其工具性，因为对诸如此类的感知本性的满足并不是一个人总体上的满足。因此，享用食物能被**有意地选**

---

* 在"目的行为中理性的动机和次理性的动机"这一部分中，菲尼斯反复使用了"purpose"一词，为避免引起不必要的混淆，统一译为"目的"。与 end 相比，purpose 的目的是更近的，类似于小的目标；而"end"则是远的、最终的目的，与手段（means）相对，除此之外的其他地方，"目的"通常是指 end。

择，仅仅在其对基本善（例如生命和友谊）而言工具性的范围内，一个人对善的期望提供了选择，而善不仅对感觉的满足是工具性的，在最终的动机中也是理性的。

此外，存在明智安排好的行为，这些行为唯一的最终动机是感觉——其 179 动机并不是人类特有的。例如，一个旅行者自发地回应本性的呼唤可能会跟随标识去厕所。通用语言注意到这个事实——他追求一种得到明智指引的因果的过程，会认为他是有意为之的（并且是"理性地"）。但是，他的行为在自发的限度内（不是由于某种原因而故意选择的，优先于某些理性地吸引人的选择，如赶飞机）以及在其中心含义上并未例示选择和意图，也不应与理性动机的行为相混淆；在此和如下的第三部分所使用的严格意义上，他并不是由于一种理由而行为。

通用语言也会认为，我们的旅行者所跟随的标识是他使用和运用的以达至其"目的"或终点的"手段"。但技术性的"手段"（客体），例如标识或者其他工具，不是为了与对意图的主要情形进行分析相关联意义上的那种手段相混淆。在后一种意义上，手段是事态——一个人的行为和通常确定的结果性的事态——一个人为了某些更远的目的（一个人的目的）而选择引起的事态，并因此算入到其通过选择所采纳的计划或提议中。由此，手段就是目的。但它们是工具性的目的，因其清楚明白的吸引力而被采纳，即承诺能引起更远目的的发生。在意图的范例式情形中，手段对目的而言是工具性的，这种目的是为了使其例示人类实现而采纳的——目的如同手段，由于其诉诸理由而被采纳。

法律可能不得不允许远远超出了范例式含义的术语的使用。认为我们的旅行者**意图**找到一个厕所而反对一个法官或陪审团，这是无用的。但是，如果可以提供任何**解释**来引导法官或陪审团的思考（并且无论何处有这种可能，无论某人的意图是**这样而非那样**），它必须尊重对于理解范例具有重要性的区分。这些范例使法律变得尖锐，即使它们在术语的某些边缘性扩展中迷失了。

意图和副作用：某些临时性的结果（interim payoffs）

通过暗示意图包含所有**被选择的**，无论其作为目的还是手段，我已经区分了意图和想要，并注意到作为手段被选之物在感觉和情感的意义上常常是与想要明显矛盾的。我承认，没有任何行为不存在某种情感动机，有些则诉诸感觉。但是，对感觉的诉诸可能常常完全来自于目的；在这样的情形中，手段——可能与一个人的感觉极其矛盾——并没有关于其的动机之事，而仅有对理由的诉诸，即对引起那种目的最基本的承诺。甚至，目的也可能在完全有意图的行为意愿的情形下，不是由于其对感觉的诉诸而是由于其对理由的诉诸而被采纳。对于选择，在完整的意义上是出于提议，这种提议连接了（a）清楚明白的利益，使得最终目标（目的）或多或少地诉诸理由，与（b）明确的授权（工具性的善），使得即刻的目标（手段）诉诸理由。

截至目前，分析产生了涉及"副作用"的几种结果。

第一种结果

有些事态，支持某种**技术**或技术过程作为副作用，但是选择技术过程的那些人将其作为手段（有时甚至作为目的）而采纳并因此意图它。

举个简单的例子：为了威吓敌人使其退出战争，或者为了阻止敌人的增强，一位指挥官命令用核弹立即毁灭一个城市。目标手选定了城市中的某些纯军事设施作为瞄准点，并告诉自己，他们所意图的是目标的摧毁；"所有其他的都是副作用"。但他们纯粹是欺骗自己。对于副作用，在涉及道德（和法律）的层面，不是作为目的或手段被意图的效果，即并不作为目的或手段算入选择所采纳的计划。在目标手选择参与执行的计划中，包含破坏整座城市及其众多居民以及作为精确地为了实现想要的更远的效果（针对敌人继续战争或使战争升级的意愿）的一种手段被采纳。意图，不是由瞄准的技术过程［瞄准一个炸弹，将其投到目标点——"指定爆心投影点"（Desirnd Ground Zone）］所决定的，而是或多或少由战略计划决定的，战略计划指挥着那些技术（技术手段）的运用，以影响手段和因此希望达到的目的。目标手和轰炸瞄准手的对象是那个被瞄准的目标；但战术/战略目标是城市的破坏；更加终极的战略目标是希望改变敌人的意愿和行动；并且战术和战略目标都是完全意图的，这在道德无涉的意义上是副作用。[12]

　　举一个稍微复杂的例子：1940 年 10 月 30 日，英国皇家空军（RAF, Royal Air Force）轰炸机司令部被命令采用一种新的轰炸政策，例如"通信中心"等目标将被精确地挑选出来，因为它们"恰好位于城镇和人口稠密的街区"，燃烧弹的使用是为了"在目标处或目标邻近地区"引起火灾。1941 年 7 月 9 日，轰炸机司令部被命令实施夜袭，通过袭击那些"恰好能够对勤劳民众的士气获得附带效果的地区"的目标，达到引起经济混乱和削弱平民斗志的双重目的。[13] 因此，即使是在城市轰炸行动的早期，尽管**瞄准的目标**和袭击的**最初目的**在相当严格的意义上仍是军事性质的（即非居民的），但**在意图的**效果中，所施行的政策包含了对居民和居民住所的毁坏。一种次要的和在那种意义上"附带的"效果，可以是一种完全意图的效果；一种次要的或补充性的手段也仍旧是一种手段。

第二种结果

　　何种事态是手段，以及何种是副作用，取决于引起其发生的选择中所采纳的提议或计划的描述：在头脑清楚的实践推理中，这种推理使计划看上去是一种理性地吸引人的选择。

　　例如，假设英国的核导弹袭击了明斯克，以报复苏联对伯明翰的袭击，

〔12〕 See *NDMR* 92 – 6, 102 – 3, 165.

〔13〕 See *ibid.*, 40 – 1. 在 1942 年，命令又变了，批准轰炸机司令部"没有限制"地使用其武力；他们"最初的目标""集中在敌人民众的士气"；指挥官被明确地命令，由于现在的政策包括攻击敌人的士气，适用于敌方占领区域的规则（如占领的法国），禁止"对民众有意图的轰炸，如此这样"，并不适用对敌方领土的轰炸（如德国本土）。这将是非常幼稚的，认为那些做出和收到这些命令的人（假设对士气想要的效果会简单地实现），通过将军事工业目标的毁坏移到有平民的相近的目标，因此这些民众将对这种毁坏感到更大的震惊和沮丧，比起他们在地平线上看到或在报纸中读到这种毁坏，或者通过令人印象深刻和令人恐惧的烟火表演。烟火表演变得令人恐惧和因此打击士气仅当它们以这样一种方式被实施，即使得所有观看他们的人因他们自身、他们的朋友和他们最珍贵的所有物会因此被毁坏而恐惧。除了毁坏讨论中的某些人或所有物，没有任何方式能使得人们对他们自身、他们的朋友和他们的所有物产生一种持续的恐惧。因此那是相关联的，虽然是次要的目标和意图。

为了制止苏联再对英国的城市进行更多的袭击，并显示英国绝不会投降。英国的袭击可能会瞄准明斯克的军事设施和人员（由于目标手得体守礼并且喜欢以那种方式"直指意图"），这可能也会对苏联的军事行动有某些重要的影响。历史可能（或可能不）与特定的效果相关——对苏联的军事目标和军事行动——在后续的军事活动中被证明是决定性的。但如果那种效果并未进入下令袭击者的实践推理中，那它就仅仅是一种副作用，而那些在袭击中被杀害的苏联军事人员并不是**作为**——在这样的描述下——参战者而是仅仅**作为**一个城市的居民，这个城市及其居民在威胁的（可能是"惩罚"的）可怕行为中意图被摧毁；也就是说，这些苏联的参战者是**作为**非战斗员被杀的。意图是以非战斗员的身份杀死他们。

第三种结果

任何在其行为的效果中欢迎和庆祝的人，那些绝**不**改变他们的实践推理（并因此采纳和实施的计划）以引起那种效果的人，并不意图它。

这种结果通过对意图和情感进行区分得出，情感以一种方式或其他方式总是伴随着意图。但是，既然这样奖励式的副作用能够真正成为副作用，甚至能被预见（如果它们绝不在被选择的提议中得以提供），那么对这一结果的完全理解和接受就必须依赖于我如今转向的讨论：意图和预见。

II. 意图和预见

在对意图新的英国司法理解中，第二个要素是意图和预见之间的明显区分：一个人预见的可能或甚至确定地来自于一个人行为的某种确定的结果，并不需要一个人意图那种结果。

正如我在第一部分注意到的，法律学术界的作者们实际上一致认为，"意图的法律概念"在被意图的结果中包含所有被预见为**确定的**结果，甚至是行为者绝不想要的结果。[14] 我同样注意到，法官基于何种程度对抗和拒绝这种观点还相当不确定。确定的是，他们拒绝这种观点——"在西方世界的法律系统内"[15] 发现的——预见结果**可能**发生，或至少很有可能发生的行为者，意图那些结果。[16] 但那是格兰威尔·威廉姆斯长期进行运动反对的一种观点，尽管他同时参与运动同意这样一种观点：对一个人行为结果的预见，作为确定的或"道德确定的"，或"实质上确定的"，或"实践中确定的"，**是**意图它们（"间接地"）。尽管如此，这似乎对我来说，在最高层面上，英国法官已经决定不阻碍对"意图"的理解带有一种微弱而人为的区分，因此在"极有可能的"（且并**非**如此必要的意图）和"实质上确定的"（且如此**必要的**意图）结果之间得出区分。[17] ⁜

　　新的司法原则的本质是，意图是一种常识性的概念，必须留给陪审团，而不试图对其进行指引，也不强加甚至暗示对于"意图做""意图""有意图"等的某些特殊的法律含义。既然如此，就能够很好地回忆起对意图的常识性概念是如何无关于学术界的概念，即预见为确定之事就是所意图之事。

　　一个人，知道阳光会使窗帘褪色而挂窗帘，并不是因此意图使它们褪

183

---

〔14〕　不仅仅是法律学术界：参见 Sidgwick, *The Methods of Ethics*, 202；Chisholm, "The Structure of Intention".

〔15〕　Fletcher, *Rethinking Criminal Law*, 443；但是比较 445，重要教义上的不同：一方面介于德国法和苏联法之间，另一方面介于德国法和昂格鲁美国（可能是法国）法之间。前者的法律体系通过在意图一种特定结果的轮廓内包含间接欺诈行为（*dolus eventualis*），得出故意行为和疏忽大意行为之间的区分。

〔16〕　See esp. *R v Hancock* 〔1986〕 1 All ER 641 at 649 g – j；likewise, Lord Goff, "The Mental Element" at 43 – 7.

因此，他们已经清晰地，如果是含蓄地，驳回了在 *R v Desmond & Barrett* 案中的指引，《时代》（*The Times*），1868 年 4 月 28 日（这是谋杀，"如果一个人做出一种行为不是为了夺取生命，而是知道或相信生命可能会因其行为被牺牲"），哈特依此成立了他的观点："对法律来说，一种预见的结果就足够了……法律并不要求在这种情形中，结果应该是某种所意图之事，在某种意义上，被告计划去实现它，要么作为一种手段，要么作为一种目的"：Hart, *Punishment and Responsibility*, 119 – 20. 同样清晰地，法官拒绝了 Sidgwick 的声称，即 "为了确切的道德或**法律讨论**，最好在'意图'术语下包含被预见为确定或可能的一种行为的所有结果"：*The Methods of Ethics*, 202.

〔17〕　上议院的认可，在 *Moloney* at 1039d 中，对刑事上诉法院在 *R v Steane* 〔1947〕 KB 997 at 1004 中判决的认可，使得（正如格兰威尔·威廉姆斯含蓄地承认，"间接故意" at 428）对一种原则的拒绝成为必要，即结果若是确定的那就是被意图的。

色；穿鞋的人并不是意图使鞋被穿坏；乘飞机穿越大西洋的人，预见了确定的时差，这么做并不是意图要有时差；那些喝多了的人，很少意图他们明知确定的宿醉；那些习惯性结巴的人，确定地预见到他们的言语将会引起烦恼和焦虑，但他们并不意图这些副作用的发生。[18] 事实上，我们可能会把意图在理论上延伸的概念称作意图的伪受虐者理论（Pseudo – Masochist Theory of Intention）——因为它认为，那些预见到其行为将会对自身产生痛苦效果的人，**意图**那些效果。

更进一步，共同道德（common morality）将相当大的重要性归因于区分所意图的和作为确定被预见的。在整个二战期间，英国政府感到被这种道德所束缚，以维持对公众完全错误的假象，即其轰炸政策并不包括意图杀害或伤害民众这样的袭击；部长们不断欺骗议会，通过坚称对位于工厂附近民居的轰炸不过是——尽管**诚然是确定**的——对工厂和其他"军事目标"夜袭轰炸的一种副作用。当轰炸机司令部的司令官秘密地向空军部抗议这种欺骗，要求空军部停止对公众否认其轰炸行动的意图是"消灭德国城市及其居民本身"，并停止声称对德国城市的彻底摧毁仅仅是一种"针对敌人发动战争的手段和能力进行全面攻击所不可避免的伴随物"时，空军部拒绝了，并坚持"事实上这种区分在向公众展现轰炸反击的目标和成果时，具有极大的重要性"。[19] 当然，讨论中的区分仅仅介于作为确定预见的效果和意图的效果之间。

针对这一切，理论家们"间接的意图"（obligue intention）理论提供了一种未受分析例证的极其受限的方式。主要事件（The pièce de résistance），是由格

---

〔18〕 进一步参见 Boyle 和 Sullivan，"The Diffusiveness of Intention Principle：A Counter – Example"（给出由 Anscombe、Austin、Kenny、Fleming、Pitcher 提出的其他反例的引文。Boyle 和 Sullivan 自己的反例：口吃作为一种鲜明预见且努力克服的副作用，而其试图为父亲的名誉辩护）。

〔19〕 See *NDMR* 42 – 4. 必须铭记在心，这种区分仅仅为了公众而得以维持：给轰炸指挥部秘密的持续命令使一切毫不含糊地清晰起来，最迟从 1942 年 2 月 14 日开始，袭击针对平民住所优先于涉战工厂而进行；因此，例如 1943 年对汉堡的大规模且重复的袭击不包括计划轰炸区域中的任何汉堡的相关战争设施，而仅仅包含其居民区；作战命令开始为"意图：去摧毁汉堡"：*ibid.*，41.

兰威尔·威廉姆斯创造并在每一处得以重复,[20] 为了取得货物或获得机体保险而炸毁一架飞行中的飞机,由此杀害了飞行员;它认为,这是对于(间接的)意图杀害的一个明显的例子。该说什么呢?

这绝不是意图杀害、有意图杀害,或者意图去杀害的情形——添加修饰词"间接的"毫无作用,除了一种胡言乱语,这不是由**反映**在通用语言中的洞见,而是由对意图分析的一种理论——这种理论对其没有任何分析——所驱使的。然而,一个人必须立即添加到,由于我们语言的思维差别,这**是**一个被告不能被认为是**没有意图地**杀害的案件——因为"没有意图地"意味着事故,或者错误,或者缺乏预见。[21] 由于我们语言的另一个细微差别,我认为,这也是一个"故意地"(wilfully)杀害的案件——因为"故意地",在我看来,意味着不是非故意的。但炸弹对飞行员的作用,尽管不是非故意的,也不是有意为之的,因为它们不是被告的目的或手段的一部分,而这被算到通过选择炸毁飞机而采纳的提议中。在道德关涉的意义上,它们是副作用。

对比另一个飞机的案件。恐怖分子劫持了一架飞机。其中一个人携带着一个定时装置,准备引爆安置在一个城市中的炸弹;这个装置只能通过从极高之处自由落体来摧毁。恐怖分子公开要求准备好一个降落伞,以便他们当中的女人可以在飞行中离开。乘务员选了两个降落伞,并割断了其中一个的开伞索,计划(a)交出有故障的降落伞,如果离开的恐怖分子携带了定时装置,但是(b)**交出完好的降落伞如果她没有携带定时装置**;乘务员唯一的关心在于定时装置的摧毁。结果,公开要求降落伞的恐怖分子携带了定时装置,而那个被给予有故障的降落伞的女人摔死了。"间接故意的恐怖分

185

---

[20]　Williams, *Mental Element in Crime*, 34 – 5;[English] Law Commission,"Imputed Criminal Intent", Law Com. No. 10(HMSO, 1967), para. 18; *Hyam*[1975] AC at 77C, per Lord Hailsham; Law Reform Commission of Canada, *Report on Recodifying Criminal Law*, vol. 1(1986), 20. Cf. Law Reform Commission of Canada, Working Paper 29, *Criminal Law*:*The General Part*:*Liability and Defences*(1982), 181 – 2; Williams,"*The Mens Rea of Murder*"at 388.

[21]　因此它是一种杀害,这既是故意的也是非故意的,因为"故意的"[intentional(ly)]模棱两可地介于"有意图的"(intended)和"非故意地"(unintentionally)之间。

子"，格兰威尔·威廉姆斯认为（无论如何，飞机乘务员故意给了一个逃生的罪犯一个有故障的降落伞）：

> 这似乎很清晰，从法律上讲，乘务员必须被认为有杀害罪犯的意图。他预见到罪犯死亡的确定性，如果事情按照他认为可能的那样发生，即使他并不想要那种死亡。[22]

对我来说，清晰的是，我的故事中的乘务员（其实践推理有一种被格兰威尔·威廉姆斯所忽视的实质含义）显然不是意图杀害恐怖分子，尽管他预见到且接受他自己的选择将确定造成她的死亡。她的自由落体和死亡是乘务员破坏定时装置计划的副作用。

当然，乘务员对恐怖分子毫无公正可言；将要杀害别人的一个人，并没有被以致死的对抗措施公正对待。另一方面，在货物炸弹中被杀害的飞行员被极不公正地对待了；他的生命仅仅被视为似乎轻于投弹者所获得的保险费的价值；投弹者侵犯了黄金法则（Golden Rule），既然他不希望自己的生命因此故意地被其他人毁坏，其并不依照任何道德责任（如为了自己或他人而防卫）来行为，而是想要由此获得财物。

在一个法律体系中，把所有的刑事谋杀划分为两种严格区分的种类——谋杀和过失杀人——以严重性排列，很容易因同情的压力而将货物投弹者分配到更加严重的种类中，尽管分类集中于对二者的区分，即有意图的和非意图但因不顾后果和不讲理的疏忽导致的死亡，货物投弹者的杀害并不是意图造成死亡的一个案例。但增加这种压力的头脑清楚的方式是，我认为：拓宽谋杀的含义，使其不仅包含（a）有杀害意图地去杀害，而且包含（b）没有合法的正当理由或借口进行一种一个人确定将要杀害的行为。[23]

---

〔22〕 Williams, *Mental Element in Crime*, 52 – 3.

〔23〕 正如我所说的法官似乎因其含糊和人造而拒绝的区分，难道不是重新介绍一种区分（介于确定和意识到的极大可能性之间）吗？是的。但在这里，它并不是在对谋杀（意图）的关键词的意义（*explanans*）的解释中使用，而是在对一种区分的独立定义中使用，这种区分不可避免地是人造的（介于谋杀罪和过失杀人罪之间，履行刑事杀人罪的详尽和专属的范畴）。对于法律制度概念混乱的痛苦，试图将"意图"人为地扩展到包含间接欺诈行为（*dolus eventualis*），参见 Fletcher, *Rethinking Criminal Law*, 325 – 6, 445 – 9. 对于定义一种没有意图杀害的谋杀的其他技术，参见 *ibid.*, 264 – 7.

这样一种定义，与 1985 年和 1986 年由英国和加拿大法律改革委员（Law 186
Reform Commissioners of England and Canada）所提意见具有同样的范围。但是，这
些提议中的每一条都涉及在欺骗性的通用语言术语"意图"和"目标"
（purpose）上强加一种人为的法律含义，以使他们在对谋杀的定义中挑出精神
要素。英国委员会将谋杀定义为（在其主要分支上）意图去杀害，把**意图**
定义为犯罪的一种要素，即（a）想要其存在或发生，（b）意识到其存在，
或者（c）几乎确定它存在或将要存在或发生。[24] 他们区分"有意图地"行
为（即带有意图）和"有目的地"行为，是有意图的行为的子类（在其人
为扩展的含义上），在此，一个人**想要**（want）犯罪的相关要素存在或者发
生。然而，加拿大人选择将"有目的地"作为人为扩展的术语。他们把谋
杀定义为有目的地杀害，把有目的地行为定义成就后果而言：为了作用于要
么那种结果，要么一个人"知道包含那种结果"的另一种结果。[25]

通用语言术语中的这些特殊含义所施加的压力，甚至在法典草案应用于
特殊案件之前就出现了。加拿大人，当给出目的的扩展含义时，认为"间接
的或非直接的意图"延伸到——就一个人所知——一个人的目标所需要的结
果。但回忆起"有目的地"这种延伸含义时，在定义谋杀之际，他们对
"间接的或非直接的目的"唯一的说明就是造成死亡——而这并非其所想要
的——是作为达到某些确实想要的其他目标的一个**必要步骤**。他们由此给出
了无意的证言，推动了意图的（或有目的行为的）真正的分析，即手段对
目的而言，步骤对目标而言。同时，英国委员会使他们自身具备一种相似的
对"意图（的）"人为的定义，一种仅仅通过将其对"蓄意地"（knowingly）
整个定义附加在其对"有目的地"整个定义之上而制成的人造物。因此，
我适当地提议，应分离地定义谋杀中的精神要素，在普通意义上的意图或确
定（"知道"）死亡会由一个人缺乏合法的正当理由或借口的某种行为所

---

〔24〕　Law Commission, *Codification of the Criminal Law*, HC 270（London, 1985），202（draft Code s.
56），183（draft Code s. 22）.

〔25〕　Law Reform Commission of Canada, *Recodifying Criminal Law*, vol. 1（1986），54（murder），20
（"purposely"）.

引起。

最后提到的资格不仅需要与我想象的乘务员和降落伞的例子相符合，还需要与最基础和平凡的例子相符合，即对意图和确定性的预见极其重要的区分：知道止痛药会加速死亡，为了压制死亡的疼痛而对药物进行管理。与**此**案件相关，在"罗马教会"的"双重效应"（double effect）原则外在的矛盾中，格兰威尔·威廉姆斯在 1956 年第一次提出："当一种结果作为确定被预见，似乎其同样是被想要或被意图的。"[26]

他声称，相对立的观点包含了人为性或虚伪性，对于区分一个医生，"在其头脑的最重要的地方是以终止病人的存在为目标"，以及一个医生，开出同样的药剂是**为了减轻痛苦**，"使其头脑稳定地避开在其职业训练中教授给他的不可避免的结果"，并且"不欢迎病人的死亡作为一种仁慈的解脱"。[27] 因此，威廉姆斯对所谓的双重效应原则显示出完全彻底的误解，在此相关方面，不过是一种就被选择的手段和目的进行的对意图的分析。这样一种对意图的分析与对未意图但预见到的结果"保持头脑清醒"毫不相关，也与一个人是否于情感上欢迎那种结果毫无关联。它完全是关于何种应算到理性提议中（道德的或不道德的），这种提议由一个人通过选择而采纳，并因此构成了如其所做的行为那般的即刻理由。在威廉姆斯自己的解释中，很明显，第二个医生是通过开出能缓和痛苦的具有最小必要性的一定剂量，为了减轻痛苦而行为;[28] 算入这个医生的提议中的所有，都是其减轻痛苦的责任和通过实施计算好的剂量来完成这种责任，不是为了通过死亡带来解脱，而是为了减轻痛苦。这样一种医生能够现实地且果断地决定永远不会意图杀害，或者意图引起死亡，而只在死亡是一种从痛苦中解脱的方式的范围内迎接病人的死亡。这不是一种"意图的指引"，是人为的、虚伪的，或者根本就不是。

然而，困难的道德问题确实出现在这种明晰性的边缘。假如携带定时装

---

〔26〕 Williams, *The Sanctity of Life and the Criminal Law*, 286.

〔27〕 *Ibid.*, 286, 288.

〔28〕 *Ibid.*, 285, 286.

置的人——乘务员——因此给出有故障的降落伞的那个人,是一个无辜的乘客呢? 假如遭受剧烈痛苦的人,这种痛苦只有通过实际上致命的剂量才能缓解,而其对相当平凡的生活还有很多年的期望呢? 为了"法律的目的"所做之事,也许在某些方面并不是合理的。法律能够通过类似的方式,把此种情形标记为"自我防卫过度"的过失杀人一类。

这种分类由澳大利亚法院在 1950 年后期发明,并由英国法律委员会 188
(English Law Commissioners) 提议在英国采纳,加拿大人提议在加拿大采纳。但是,澳大利亚高等法院 (Australian High Court) 现在拒绝了自己的成果,谴责这种中间的分类是一种在指引陪审团时过度细化且实际不可行的根源,应交给陪审团做出清楚无误的概括性判断,而面临仅有实施了谋杀行为和完全宣告无罪的选择。[29] 没有人会想象,这些关于对陪审团指引的可行性和随后的程序公正的争论,能帮助描绘相关的**道德**界限,即对正直良心深思熟虑的相关界限。

个人防卫与杀害意图

个人防卫的普通法,最近由澳大利亚高等法院所陈述,从另一个重要的方面区分于道德。因为,根据高等法院,以个人防卫而合理行为的人对谋杀罪来说是无罪的,即使他们表现出杀害的意图。[30] 但是,古典的道德原则,正如阿奎那在著作中所陈述的——其著作是所谓的双重效应原则的主要历史来源——认为尽管个人防卫使**明知要涉及死亡的**(假如行为并未超过防卫严重侵犯的必要限度)**行为**正当化,它也并不使杀害行为正当化,即有杀害意图所实施的同一个行为。[31]

后者并不是一个神学家无关于日常人们良知的改进;正相反,在道德思想中,它找到了一个位置,位于没有被厌恶或歧视的优越性(或坏的哲学)

---

[29] *Zecevic v Director of Public Prosecutions* (1987) 162 CLR 645, overruling *R v Howe* (1958) 100 CLR 448 and *Viro v R* (1978) 141 CLR 88.

[30] *Zecevic* at 662.

[31] *ST* II – II q. 64 a. 7.

的感觉所败坏的任何地方。让我用英国殖民统治地区的两个例子来阐明在其廉洁和腐败形式中大众的道德思想。

1854 年，西澳大利亚的立法机关制定了一部法规，"为了抑制非法在逃的罪犯实施的暴力犯罪"——所称的暴力罪犯，当然是和立法者相同的评价——叙述道，"司法人员及其助手，当其努力逮捕罪犯践行其职责时，其生命受到致命武器抵抗的危险"，法规假设，当一个武装的罪犯被要求自首而他拒绝这样做，反而——

189

> 有合理的原因相信，他将使用（他的武器）以防止自己被逮捕，那么，在这样的情形中，这些法官、警察、治安官或者官员……或者对于任何实施帮助行为的自由人……通过任何上膛武器的开火，**使罪犯失去能力或者被制伏，为了对其进行逮捕**，而对逮捕者没有任何身体上的伤害，这应该是合法的；为了防止因此造成这种罪犯的死亡，同样应该认为是一种正当的杀人行为。[32]

之后不到三年，在总督约翰·鲍林爵士（Governor Sir John Bowring LLD）任期的香港立法机关——边沁**作品**的编辑者——制定了一部法规，"为了更好地保护殖民地的和平"。其中一个关键的条文：

> 作为警卫兵或巡逻兵依法行为的每一个人，在晚上 8 点到太阳升起的任何时候，据此经过授权，当其行为时，能够开火：**有杀害意图**或杀害效果，去杀害任何他遇到或发现在室外的、有合理原因怀疑其有不恰当目的的，或者被他质疑时忽视或拒绝对质疑给出合理解释的中国人。[33]

我认为，在此没有必要对这两条清楚易懂的条文进行评论。

---

〔32〕 No. 7 of 1854（WA），preamble and s. 5（emphasis added）. 第六部分相似地规定试图逃跑的罪犯可能会被警卫兵或保卫射击，"为了防止这样的逃跑"。

〔33〕 No. 2 of 1857（Hong Kong），s. 11. 在其有效的 7 个月后，这部条例被中止（明显地按照伦敦的殖民办公室的指示）并在同一天被另一部条例（1857 年第 9 号）所替代（1857 年 7 月 15 日），二者大体是相同的，但省略了我所引用的条款。第二条例一直处于中止状态，直到 1887 年被法令修订条例（Statute Law Revision Ordinance）所废除。

"但是做 X 仅仅是做 Y！"

有些人对阿奎那提出的区分缺乏耐心。他们会说，有些行为，无论是否出于自我防卫都是杀害，选择做这样行为的人，不管愿不愿意，都是意图去杀害。故意在近距离直接对盗贼用猎枪开火，这种行为是有意图杀害他们而做出的，即使这样做是唯一能够阻止他们暴力侵犯的方式。那些反而承认一个人的意图是由其实践理性所定义的人，做出了这种声称，或甚少作出让步；就其可欲性特征而言，一个人想要这种目的；在此描述下，一个人判断其选择的手段对那种目的是恰当的。[34]

因此，安斯库姆在涉及胖子堵住了受到涨水威胁的洞穴探险者的逃生通道时，谈到了一种提议，通过移开一块岩石而打通一个出口，而这块岩石的 190 移动将压碎那个胖子的头：

> 在这一点上，双重效应原则使其自身成为一种奇怪的策略，选择一种描述——行为是有意图的，鉴于在此描述中的行为是有意图的行为。"我正移开堵住出口的东西"，或者，"我除去挡在路上的岩石"。暗示的是，我正在做的**所有一切**都是达到我目的的一种手段。[35]

我打断一下。其一，在这种描述中所做之事是被意图的，不是作为一种"策略"而"选择"这种描述，也不是作为某种防御而做出这种描述——设计这种防御是为了满足某个审查法庭。它是由作为行为者的一个人的实践推理所确定的，由一个人寻求的清楚明白的利益所确定的，由一个人在承诺放弃那种利益的描述下选择的手段所确定的。其二，谈到"暗示着……我正在做的**所有一切**都是达到我的目的的一种手段"是含糊不清的，既然"正在做"，如同在此领域中的每一个其他术语，介于作为意图的（有意图的）行

---

〔34〕 Kenny, "Intention and *Mens Rea* in Murder" at 165, 173（but contrast 165）; Duff, "Obscure Intentions" at 774, 778.

〔35〕 Anscombe, "Action, Intention and 'Double Effect'" at 23.

为和作为行动与结果的人力所及的有趣模式的行为举止，是含糊不清的。这种"暗示"是正确的，在一个人**正有意图地做**的所有一切这种意义上〔把"有意图的"按照与"意图""意图做"严格相关的含义来理解，而不是在会话中按照与"非故意地"，即偶然地（accidentally）相反的含义来理解〕。这种暗示是错误的，如果采纳它来否认一个人对其明知会造成的结果负有道德责任，这种结果就是一个人完全预见到的、其选择手段不可避免的副作用。但对"双重效应原则"恰当的理解，并未做出这种否认。

安斯库姆继续说道：

> 这就似乎等同于一个人可以说"我仅仅从如此这般的空间中移动了一把刀"，而不管事实是那个空间显然被一个人的脖子所占据，或者被支撑一个攀岩者的绳子所占据。

我打断一下，双重效应原则绝不意味着一个人可以任意选择而"不管"确定的副作用。一个人对副作用的接受必须满足所有的道德要求（必须是"相称的"，正如它通常含糊表达的那样），某事是一种副作用而非一种意图的手段，使得满足一个重要的但仅仅是一种道德要求成为必需：一个人绝不**选择**——意图——去破坏、损害或妨碍某种基本的人类善的任何示例。

> "胡说，"我们想说，"做那就是做这，如此相近以至于不能假装仅仅第一种给了你行为是有意图的描述。"因为一个行为不仅有许多描述，在某些描述中它确实不是有意图的：也有在一些描述中它是有意图的。因此你不能仅仅选择其中之一，并声称已经就此排除了其他所有。

我再打断一下。其一，确实，一个行为会有许多描述，在这些描述中行为是有意图的，甚至回忆起"有意图的"模糊性，而这安斯库姆并未注意到——行为是有意图的那些描述，与一个人计划中的某些部分相一致。[36]

---

〔36〕 正如安斯库姆在 *Intention*，46（para. 26）中所说：因此有一行为具有四种描述，每一种都依赖于更广泛的情形，每一种都与下一种相关联，作为达致目的的手段的描述……

因此，从一个洞穴中移开岩石以清出出口的人，在上述辨识出的强烈意义上有意图地（a）移开岩石，（b）团队努力合作，（c）清出一条逃生路线，等等。一个人不能仅仅选择其中之一，并声称已经排除了其他所有。但是其二，双重效应的"原则"并非关于选择描述，更不用说仅仅一种描述了。它反而认为，**正在做成之事**，并非仅仅通过观察行为举止而确定看到以何种意识与何种结果而做出了何种行动。相反，它是由一个人所选择之事来确定的，在对选择有吸引力的描述中（不是对旁观者，也不是对良心具有可接受性的描述）。这也不是为了某种特殊的推诿目的而设立的某些"原则"。相反，它是一种相当普遍概念的隐含义，在这种概念中的一个因素是意图——这个因素不得不确定一种人类行为，从道德上说是何种行为——以这种意图，一个人完成其所做之事。[37]

安斯库姆继续道：

> 通过一种指引你意图的内在行为，你不能简单地引起它——你意图**这个**而非**那个**。

我同意。

> 关于你选择的达致目的的手段的情境和目前的事实，决定了你必须承认意图是何种描述……假设，例如你想要训练人们形成用金钱支持教堂的习惯。如果你以其作为洗礼的一个条件而从他们中强

192

---

[37] See e. g. *ST* I - II q. 18, aa. 2，4，5，6，7，10（行为由他们的"客体"进行道德性的阐述）；q. 12 a. 4 ad 2, and q. 19 a. 5c（意愿的"客体"是在行为者理性的提议中一并采取的目的和手段）；q. 72 a. 3 ad 1 and 2（手段作为努力的客体是目的，因此是被意图的）；also II - II q. 64 a. 7c；see Boyle, "*Praeter Intentionem* in Aquinas" at 653 - 4，663 - 5；Foot, "The Problem of Abortion and the Doctrine of Double Effect", in her *Virtues and Vices* at 21；and Moore, "Intentions and *Mens Rea*" at 261，考虑我在此分析意图的方式，会（按照 Foot 的说法）"从最开始使［双重效应原则］杂乱不堪"。正相反，该原则在其源头上（*ST* II - II q. 64 a. 7），在其可信并重要的很多适用中，取决于如此这般细微的区分。Foot 和 Moore 可能考虑到的是，这样的区分产生了结果，一种确定类型的被普遍的天主教教义所定罪的堕胎并非有意图的杀害——他们可能会假定（a）维持这种定罪是原则的主要观点，（b）定罪依赖于杀害是有意图的。第一种假设是完全错误的，第二种是相当有问题的［see essay III 18 at 298 - 302（= 1973b at 138 - 41）］，虽然我对这些和近几页纸的讨论都没有充分地区分手段和副作用，以及正当化的副作用和非正当化的副作用［参见第 13 章，尤其是第三部分］。

拿钱财，你就不能说你没有使他们为此付钱。

我打断一下：关于这个例子所说的是正确的，但并不能支持安斯库姆的论断来反对我提出的意图的解释。因为，"从人们那里强拿钱财作为洗礼的一个条件"和"让人们为了洗礼而付费"表达了同一种观点。因此，既然意图是提议性的，那么在此就不能成为一种使人们为洗礼而付费的意图（作为训练他们从财政上支持教堂的一种手段）。

> 所有这些都与我们的洞穴探险者相关，仅当压碎他的头是移动岩石的一种直接效果……如果你确实知道［移动岩石时你将会压碎他的头］，那么当压碎是直接的，如果你想移动岩石，则你不能假装没有意图它……［但是］考虑那些结果不是如此直接的案件——你正在移动的岩石必须有一条移动轨道，当你直接移动它之后，在岩石必须行进的轨道上将压碎他的头。在此，确实仍有余地可以说你没有意图那种结果，即使你能预见它。

我认为，这种通过参考对原因和结果纯粹物理上的"直接性"（immediacy）来区分意图的和非意图的尝试是无根据的，是对分类的一种混淆，是一种把人类行为举动从人类行为中省略的做法。我知道没有这样的**论断**，即安斯库姆提出的反对其自身的分析，在她 25 年前的著作《意图》中，对那个将有毒的水泵入一个住宅的男人的意图。在一个有差别的情形中，"那个男人的意图可能不是去毒死［房子里的居民］而是仅仅通过其日常工作来获得收入"：

> 在那个例子中，尽管他知道就他的某种意图的行为而言——由此，即补充房屋的水供应，在我们的标准中是有意图的——那也是一个用**有毒**之水来补充房屋水供应的行为，它是不正确的。从我们的标准来看，认为他用有毒之水来补充房屋水供应的行为是有意图的。我并不质疑结论的正确性；它似乎表明我们的标准是更

好的。[38]

注意到安斯库姆所接受的对正确的分析是多么细微：不仅仅毒死居民的行为——那并不是物理上"直接的"——不是意图的，而且**用有毒之水来补充房屋的水供应**也不是意图的（因为水被下毒并不是泵水者的提议，即补充水供应以进行其日常工作）。没有什么能比在水供应中出现毒物更加"直接的"了：作为**行为举止**，用水补充供应**仅仅是**——在这样的情形下——用有毒之水来补充。对意图（有意图）和因此**的行为**进行可靠分析的标准要求我们区分，明知泵入的是有毒的水和有意图地泵入有毒的水（或者有意图地泵入有毒的水来污染水供应）。对此种情形中的这个男人而言，水供应被下毒是一种副作用。

安斯库姆在 1957 年有一个最终思考：

> 问题出现了：我们描述过的那个男人的意图的利益能是什么呢？谁会仅仅做日常工作呢？等等。无疑地，这不是一个道德的或法律的利益；如果他所说的是正确的，**那**也不会赦免其谋杀之罪！我们只是对这个男人在此方式上真正是什么样感兴趣。[39]

但是，我们怎么能确定法律和道德对一个关于人类诚然有趣的真相是中立的呢？我认为，安斯库姆并没有提供一种道德理论来表明道德对这样一种真实而有趣的区分一定是中立的。并且，在所有容易想象的情形中，泵水者将在英国法中被认为有罪，这样的事实表明，谋杀在法律中的延伸超出了其主要的分支，有杀害意图的杀害（或造成痛苦的身体伤害），并且实际上同样包括一个次要的分支：没有合法的正当理由和借口，明知将会杀害而进行的行为。

但所有的这些确实都是不现实的！确实有案件，一个人行为举止所知的身体特性正好定义了一个人正在意图的和正在做的！格兰威尔·威廉姆斯重提了这个例子：

---

[38]　Anscombe, *Intention*, 42（para. 25）.

[39]　*Ibid*. , 45（para. 25）.

如果一个古怪的外科医生，当他进行一项阑尾手术时，为了之后的一个实验而移除了病人的心脏，我们则不会带有多少同情来听取这个医生的争辩。他并不意图造成病人的死亡，但会对病人应该继续生活感到相当开心，如果病人没有心脏也能继续存活的话。[40]

在"古怪医生"范例的早期版本中，格兰威尔·威廉姆斯总结到，"这样一个案件明显是谋杀"。[41] 它确实是。但不是由于 D 意图杀害 P，正如安斯库姆在其他地方评论的，这样的杀害可能比某些有意图的杀害更加麻木不仁和令人发指。[42]

194　　外科医生意图并且确实处理了身体，即正是那个病人的身体，作为他自己的身体来处置。尽管他的选择不是准确地去杀害甚至可能损害病人/受害者的身体功能——尽管死亡和身体功能的损害是副作用——外科医生的选择正**是**对待其他人类的身体实体和真实，好像那个人仅仅是一个类人的物体（subhuman object）。道德错误，在对外科医生的意图的精确分析方面，是**明知涉及死亡强制的**一种形式；一个人，甚至作为一种副作用承受死亡，为了作用于这样一种其他人的工具性，在最完整的意义上对这种明知造成的死亡"没有借口"。如果法律和共同的道德思想都认为这是一种谋杀，我们就不应报怨。但我们不应曲解我们对意图的理解，为了在假定谋杀的种类的范围内来理解，过于未经考虑，以至于被限制在**意图**杀害（或严重伤害）的范围内。***

---

〔40〕　Williams, *Mental Element in Crime*, 13.

〔41〕　Williams, *Criminal Law: The General Part*, 39.

〔42〕　正如安斯库姆和我共同注意到的：

意图和预见是不同的，并且……对被害人伤害或危险的意图（也即目的）不是谋杀中的精神要素所必需的部分。即使没有这种意图，不合法的行为也可以是蓄意谋杀的。"不合法的"在含义上更接近"错误的"（wrongful）而不是"非法的"（illegal），一个行为的不合法可能在于它毫无借口地危及某人的生命。

Linacre Centre, *Euthanasia and Clinical Practice*, 26 〔ed. Gormally, *Euthanasia, Clinical Practice and the Law*, 39〕.

Ⅲ. 意图为什么重要

对于一个人意图的（和所做的）和一个人作为预见的副作用而接受的，二者之间的区分具有重要意义，因为自由选择很重要。[43] 因为有一个自由选择（在其道德性重要的意义上），仅当一个人对不一致的可选择的可能目的（X 和 Y，或 X 和非 X）有理性的动机，一个人由于其所提供的可理解的善（工具性的善和基础的善）而认为这种目的是可欲的——并且除了一个人的选择本身，没有任何事**确定**了哪一个选项是被选择的。现在，当选择时，一个人采纳一种提议以引起确定的事态。一个人承诺其自身将引起的事态——其工具性的和基础性的目的——正是由那些清楚明白的描述所辨别出来的，这种描述使其似乎具有理性的吸引力和可选性。可以说，一个人因此所采纳的与其意愿相综合，即与作为一个行动的主体的自身相综合；一个人**变成**了其看到有理由去做的和选择使其去做的那样——总之，即一个人所意图的那样。除相对立的自由选择之外，没有什么可以逆转这种多样化的自我构成。

除了意图，没有自愿的形式——如牵涉到明知造成副作用的自愿，这种副作用通过一个人不选择其所选而能够避免发生——在受到确实形成一种意图的事实的影响下，能够实现自我构成。在自由选择中形成一种意图，不是一个有一种内在的感觉或印象的问题；而是一个**使自己**去做某事的问题。因此，例如，如果一个人没能去做其为自己设定要做之事，则他就**已经失败**了。［当然，一个人不以其致力于目的的同样方式致力于手段。如果一个选项和一个不那么矛盾的手段变得可行，一个人就可能会改变其选择并采纳新的手段，而没有任何改变其规划的清晰感觉。但很多目的也是手段，甚至目的为了其自身的价值而被搁置一旁，且没有改变一个人个性的强烈**感觉**。意

195

---

〔43〕　对这一部分所触及问题的一种更加详细的解释，参见 Boyle，"Toward Understanding the Principle of Double Effect"; also *NDMR* 288 – 94.

愿的重要性不是由一个人的"感觉"（sense）决定的，即一个人的感觉（feel-ings）。]

意图和副作用之间进行区分具有**道德**重要性。因为一个人选择去（意图去）破坏、损害或者妨碍一种基本的人类善的某种示例，其选择和行为与那种基本的人类善形成的理由相对立。它永远不会是合理的——因此它永远不会是道德上可接受的——与一种理由相对立而进行选择，除非一个人有理由这么做，而这对于不那么做的理由在理性上是更可取的。当**不去**行为的理由是一种**基本的**人类善时，就不会有一种理性上更加可取的理由去选择，从而去行为。（由于基本善是人类能参与其中的方面，在特定的人中间它们的示例不能作为行为的理由而互相理性地相称。如果它们能——如果有一种理性的方式对这些行为的理由进行排序——排序低的理由，因此被认为是理性上更不可取的，基于此而停止成为一种**理由**；排序高的理由将合理地不受阻挠，而那种情形将停止成为介于理性地吸引人的选项间被自由选择理性地激发的一种情形。）因此，一个人**意图**去破坏、损害或妨碍一种基本的人类善的示例，其行为必定与理由相对立，也就是不道德的。

但是，每一个选择和行为或多或少有当前的或远期的负面影响——以某种方式造成损害或妨碍，或者限制损害的妨碍或限制妨碍——某些基本的人类善的示例。因此，尽管一个人可以抑制去**选择**伤害一种善的实例，其也**不能**避免**损害**人类善的某些实例；有一些这样的伤害是不可避免的，因而不能从行为的理由规范中排除出去。因为，道德规范排除了我们能够掌控的非理性；它们未排除接受我们作为理性的行为者所面临的不可避免的限制。接受——明知会造成——伤害，作为副作用对基本的人类善所造成的伤害，将与理由（不道德的）相对立，只有当这么做是与另一种理由相对立，即一个理由不是与如此这般精确地选择有关，反而是与知情的接受、意识和因果有关。确定存在其他种类的理由——尤其是不偏不倚和公正（黄金法则）的理由，由角色责任和先前的承诺而带来的理由。这些道德规范——尽管没有绝对排除那些凭借做某些方面的行为——如果一个人去行为，这些方面是不可避免的——则确实承认我们得慎重对待接受**哪一种**坏的副作用。**** 除了在相当少的情形中，即对副作用的接受明显是不公正的或恣意的，那就没有什么绝对的道德规范了。因为在很多情形中，其他选项的副作用将对某些人类善同样造成伤害，或者对非常重要但无法衡量的善造成伤害。

那么，应该经常拒绝选择，因为引起副作用将是不公正的或不忠实的。这样说来，一个人能够推定确认有害的副作用并**不是**为了拒绝一种选项而给出理由，这种唯一的情形是：（a）在这种情形中，可行的替代性选项包含了**意图**去破坏、损害或妨碍基本的人类善的某种示例，或者（b）在这种情形中（如果有任何情形），任何可行的替代性选择项，尽管没有包含这样一种意图，也必定伴随着有害的且不能被合理接受的副作用。

注

✝**法律的经济分析以及在侵权中对意图的不承认**……（第 173 页）。参见 now essay 11（"Intention in Tort Law"），sec. Ⅱ；earlier and brieferis essay Ⅳ. 16（"Allocating Risks and Suffering：Some Hidden Traps"）（1990b），sec. Ⅳ.

✝✝**1985 – 1987 年确定的英国司法原则拒绝吸收，对意图的实质确定的预见**……（at n. 17）不幸的是，上议院在 *R v Woollin*［1999］1 AC 82 at 93 案中声称，要紧跟奈德里克（Nedrick）和汉库克（Hancock），再次使法律重新陷入混乱，通过把"可能"和"决定是支持陪审团的"作为"一个实质确定被预见的结果是一个意图的结果"之含义（在一项谋杀指控的背景下，并没有证据表明想要杀害或造成严重的伤害）。这个令人非常不满的裁决迫使上议院在 *Re A*（*Children*）（*Conjoined Twins：Medical Treatment*）［2001］Fam 147 案中声称要把医生的意图视为"蓄意谋杀的"，即医生计划分离共享器官（不能维持两个生命）的一对连体双胞胎，为了拯救那个强壮的双胞胎婴儿，但同时认为他们不是"有意图的"，例如，为了《欧洲人权公约》第 2 条的目的（European Convention on Human Rights，art. 2）而故意地剥夺了赢弱的双胞胎的生命权，并使他们的手术正当化，要么通过其"必要性"［由沃德（Ward）和布鲁克（Brooke LJJ）采纳的、并未令人满意的基础］，要么由于赢弱的双胞胎"将会死去，不是因为她被有意图地杀害了，而是因为她自身的身体不能维持其生命"（双胞胎案可进一步参照下一个尾注和第13章的第一个尾注）。

然而，甚至在 *Woollin* 案中，所有的婴儿都不健康。在这篇文章中，司法原则的提出掩饰了所引案件中的很多不恰当。例如，参见第14章注释10中讨论的 *Moloney* 的段落。

***古怪的外科医生和意图损害功能……（pp. 193 – 194）。我的讨论没有充分地考虑，无论外科医生的意图是否——并不包括死亡，而确实包括截肢——作为侵犯身体完整性的一种手段。在假定的情形中，心脏的移除是提升医学知识的一种手段；在无例外错误截肢的例行情形中，功能的损害和对身体完整性的侵犯是一种手段，如助长乞讨，或者一种目的，又或如出于怨恨而这么做。问题的出现涉及分离连体双胞胎（参照前一尾注），并在第13章的第一个尾注的末尾进行了考虑。在这样的情形中，对意图和行为分析来说，具有决定性的是一个人 V 的身体状态和活动本身是否是另一个人或其他人健康安宁的一种威胁，并且 V 的身体切割和肢解是减轻那种威胁的一种手段。这就是为什么战争行为对自身、其他人或共同善的合法防卫能够在阿奎那对防卫意图的分析中被提及，不但涉及生命的善（这是在 *ST* Ⅱ – Ⅱ q. 64 a. 7, and in *CCC* 2263，2267；essay 13 at n. 66 中考虑的方面），而且涉及身体完整性的善。相反地，只要没有来自于 V 的威胁，正如在古怪外科医生的情形中，V 的身体损害——至少作为一种对 V 的身体完整性的侵入——是被意图的，尽管仅仅作为一种手段。当手段问题被作为手段考虑时，对 V 外科手段的介入——从切断到截肢——并不是对 V 的身体完整性的侵犯或使 V 的功能损伤，当行为是为了维持 V 的身体完整性和功能目的时。[一如既往，对 V 的效果被认为是副作用，这容易受到一种第二性的道德分析（a second moral analysis）的影响，就规范而言，尤其是对支配副作用的引发和接受的公正这一规范而言。]

****对副作用不公正的或恣意的接受……（p. 196）在后文，聚焦于道德绝对（moral absolutes），我并不允许这种例外，而且还把"道德绝对"这一术语限制在规范之中，这无例外地排除了由其客体所阐述一种行为，那是它的意图。

第 11 章

侵权法中的意图 *

198 　　侵权中的责任，除了过失（negligence）还需要基于其他因素吗？是否有必要，甚至是否正确，把**伤害的意图**作为承担责任清晰的基础，独立于关乎合理预见和恰当范围以及程度上的关心的问题？20 世纪早期对侵权在故意侵权和过失侵权方面的分歧，是否应该抛弃？在对意图作为人类行为中一个真实的要素未能清晰理解的情形下，不能对诸如此类的问题进行理智的回答。这些问题是这篇文章并不试图解决的。而文章的目的在于，指明学术文章——其很大程度上不同于法律的经济学分析和《侵权法重述》（第二版）[*Restatement（Second）of Torts*]——是如何模糊了意图的现实，并且这种现实又如何在原则的司法发展中得以阐明，这些原则极大地区别于在贸易和劳动关系中的非法侵权（battery）与共谋伤害（conspiracy）。

I. 意图：目的和手段，或者希望和想要（desires）

　　意图是一个困难的、复杂的并且可用的概念，在道德和法律评价中完全配得上其中心地位，因为它甄别出思考（deliberation）和选择的中心现实：在行为的一个计划和提议中手段和目的之间的关联，这种行为由**选择所采纳**且优先于可选择的提议（包括什么事都不做）。一个人所意图的正是他所选择的，无论作为目的还是作为手段。包含在一个人意图中的，是一个人计划

---

* 1995a; secs I and II are a later version of essay IV. 16 (1990b), secs III – VI.

（提议）部分中的所有，无论作为目的还是作为影响其目的的手段——所有，这是一个人如其表现出的行为的理由中的部分。读到"计划""提议""思考""选择"这些单词时，一个人应该忽略所有形式的（formality）和"深思熟虑"（deliberateness）的隐含义；在相关意义上，**为了引起某事或作为完成某事的一种方式**，只要有**尝试**，或者做某事的行为（或限制做某事），就会有一个计划或提议。只要一种行为过程优先于带有吸引力的某种选项，就会有思考和我所说的通过选择对一个提议的采纳。在所有这些问题中，哲学家们都有一个对共识实质性的和依据充分的衡量。[1]

据此，通用语言有很多方式谈到意图和有意图的。它不仅展开了"意图"的同源词，还展开了如下词汇，例如"试图地"（trying to）、"带有目的的"（with the objective of）、"为了某种目的"（in order to）、"目的在于"（with a view to）、"为的是"（so as to），也包括足够常见的简单的"为了"（to），以及很多其他术语。

例如，考虑霍姆斯在 *United Zinc & Chemical Co. v Britt*[2] 案的法官附带意见中使用的词语"准备了一种伤害"：

> 弹簧枪和诱捕陷阱的责任产生于这样的事实——被告没有基于这样的假设（擅自闯入者会遵守法律而不擅自闯入），但是正相反，被告期望擅自闯入者并**准备了一种伤害**，这种伤害不会比他拿着枪并开火更加正当。[3]

差不多三十年前，霍姆斯对意图的语言给出了同样的观点：一个设置了诱捕陷阱的土地所有者——

> 明确深思过，他将有一种权利去假设它不会发生［即擅自闯入］，并且造成的伤害站得住脚，就如同他在现场并亲自这么做了。

〔1〕 最近的文章，参见 e. g. Duff, *Intention*, *Agency and Criminal Liability*, chs 2 and 3；Kenny, *The Metaphysics of Mind*；Moya, *The Philosophy of Action*；White, *Grounds of Liability*, ch. 6；White, *Misleading Cases*.

〔2〕 258 US 268 （1922）.

〔3〕 *Britt* 258 US at 275, per Holmes J for the Court （emphasis added）.

他的**意图**可能会使他成为最后一个违法犯罪者（wrong‐doer）。[4]

这种争论由希尼·史密斯（Sydney Smith）在著名的对 *Ilott v Wilkes* 案的评论中出色地讲清楚了，王座法庭（King's Bench）在 1820 年的裁决：土地所有者，对其弹簧枪和诱捕陷阱[5]做出了注意通知，对由此被伤害的擅自闯入者不承担责任。如下是史密斯的妙语：

> 我并没有说陷阱和枪的设置者引诱闯入者进入；但我说的是，**他意图**对在通知后闯入的人进行死亡的惩罚。他把他的枪用荆豆和灌木遮掩起来，并尽其所能使其看上去极其自然；他在那把枪中放入了金属块，这样做是打算杀害擅自闯入者。对一个未受挑战且没有反抗的人的杀害，我不禁认为这似乎与业主直接用枪射击擅自闯入者是一样的谋杀……谁的手或谁的脚触到了使枪开火的扳机真的[有关系]吗？——真正的谋杀者是**为了摧毁的目的**而**准备**了杀害工具，并把杀害工具置于手或脚可能会触碰的位置。[6]

或者，正如史密斯在《爱丁堡评论》（*Edinburgh Review*）两篇文章中的第一篇所指出的：

> 你自己开火的行为和放置一个做同样事的机器之间有什么区别呢？……在两种情形下都有同样杀害的**意图**——在两种情形下都有明确相同的人类力量；只是在后一种情形下步骤相对更多。[7]

因此，霍姆斯和史密斯都用许多替代性的术语和词汇表明"意图"的同

---

〔4〕 Holmes, "Privilege, Malice, and Intent" at 11 . 霍姆斯添加道（*ibid.* at 12），争论中的意图是"实际的意图"，而不是意图的"外部标准"形式。在他看来（*ibid.* at 1），法律发现其有伤害的表现和伤害的极大可能性。

〔5〕 典型的诱捕陷阱实际上是弹簧枪：一种沉的、上了膛的猎枪，其扳机被连接在弹簧和金属线上，二者被设置于隐藏的线上，一旦有人被线绊倒，就会进行射击。典型地，这种枪被设置在森林和花园中是为了阻止偷猎者，使其丧失能力并惩罚他们，而在当时的法律之下他们不过是擅自闯入者。

〔6〕 Smith, "Man Traps and Spring Guns", in his *Works* at 345 – 6. 这一段落被置于 *Ilott v Wilkes* 案件想象的第五个法官的口中，所以比史密斯自己通常的风格要故意更加沉闷。

〔7〕 Smith, "Spring Guns" in his *Works* at 324.

义性。从意图语言的严格意义上说，他们的文章，正如亲自射杀一个并没有
实施暴力行为或暴力威胁的擅自闯入者，确实是带有杀害或伤害意图的简单
杀害或伤害，设置一个弹簧枪也是这样，其包含意图（有条件地但确实是）
去做同样的杀害或伤害，而"没有亲自开枪"。[8] 一个人带有意图不能合法
地"直接地"（亲自）完成之事，其不能带有同样的意图"间接地"（机械
地）完成。

　　现在，这种争论事实上由 *Ilott v Wilkes* 案中的原告律师正当地提出，并
由王座法庭四位守规则的法官一致拒绝。[9] 法官对于区分机械射杀和亲自
射杀的论断是没有说服力的。四者之二的判决进行的最初争论有更大的吸引
力，霍姆斯法官在 Britt 案中的法官附带意见即对这种争论的回应。首席法
官艾博特（Abbott）因此这样认为：

　　　　我相信，很多人在其领地上设置了描述中这种装置的人，这么
　　做并不是有意去伤害任何人，而是确实相信，他们给出的对这种装
　　置的注意通知将在此防止任何伤害的发生，而且没有人在看到注意
　　通知时会足够无力和愚蠢到使自己暴露在随着擅自闯入而可能发生
　　的危险之中。[10]

而贝雷（Bayley）这样认为：

　　　　这种装置可能会毫无疑问地被设置而没有任何伤害的意图，仅
　　仅为了以威慑的方式保护其财产；极有可能，这个案件中的被告将
　　同任何人一样对原告承受的伤害感到抱歉。[11]

201

　　有关意图的谬误在每一个案件中都足够清晰。首席法官艾博特称，除非
他假设一种对涉及弹簧枪频发"事故"的极大程度的忽视或自我欺骗，他

---

　　〔8〕 *Robert Addie & Sons v Dumbreck* 〔1929〕AC 358，376，per Lord Dunedin. 对于有条件的意图，
sec *NDMR* 81 - 6，99 - 100，111 - 12，124；and essay 12 below.

　　〔9〕 *Ilott v Wilkes*，3 B & Ald 304，106 ER 674（KB，1820）；参照原告答辩律师论证的开篇句，
3 B & Ald at 307，106 ER at 676.

　　〔10〕 *Ibid.* at 307，106 ER at 676.

　　〔11〕 *Ibid.* at 307，106 ER at 677.

明显混淆了意图的和**希望的**。[12] 他所假设的土地所有者完全可能同时想要并希望，没有人擅自闯入并且由此没有人会被射伤，然而，他们明显地意图那些（如果有任何）擅自闯入者将会被射伤。正如希尼·史密斯陈述的观点：

> 但是，如果这对设置者来说，是真的相信——如果他认为仅仅有注意通知就将使人们远离——那么他一定认为枪的设置是完全没用的：如果他认为很多人会被制止，而很少一部分人会进入，那么他一定打算射伤那些少数人。认为他的枪永远不被召唤去行使其职责，他不需要设置枪，并相信为了保护财产而谣传它们被设置或被上膛……设置一把**上膛的**枪的人**打算着**如果它被碰到，就会开火。[13]

"打算做"（means to）是"意图做"的另一个同义词。

对于贝雷的论断，第一个没能记起，一个人不仅仅意图其最终目的（如保护他的财产），也意图其为了那些更远目的而选择的所有手段（如伤害或杀害偷猎者，作为一种惩罚和一种对以后的偷猎行为的制止以及偷猎能力的丧失）。一个人选择的手段确实是其**接近的目的**（proximate ends），[14] 时多时少地接近这种目的。（"为什么你携带那个枪和金属线？""为了设置一个捕人陷阱。""为什么那么做？""为了惩罚、制止和使偷猎者丧失能力。""为什么那么做呢？""为了进行捕猎的游戏。""为什么要捕猎呢？""为了有机会显示我的技能，与我的朋友和伙伴们见面。"）而贝雷的第二个论断简单地混淆了一个人形成和具有某种意图以及一个人带有情感，例如与事前的（*ex ante*）勉强和事后的（*ex post*）后悔相对的热情和怀恨。带有最蓄意意图的

---

〔12〕 参见 Hansard, 17 Parl. Deb.（series 2）col. 19（23 March 1827）；同样参见 col. 26，内政大臣罗伯特·皮尔谈道："日常事故和不幸源于［弹簧枪作为捕人陷阱］的使用"，在 *Ilott* 案中，受害者正在收集坚果；在 *Bird v Holbrook* 案中，4 Bing 628，130 ER 911（CP, 1828），受害者正在寻回邻居走失的孔雀。

〔13〕 Smith, "Spring Guns" in *Works*, 325（Smith italicized only "loaded"）.

〔14〕 亚里士多德和阿奎那对意图这种重要特点的解释（其缺乏词语，几乎没有对现实的一种理解），参见第 9 章，第 161–163 页（边码）。

很多犯罪（与因此的非法侵权和其他侵权），都是伴随极大的悔恨实施的，如果仅仅因为有被察觉的风险。

希尼·史密斯的文章精心策划了在 1827 年的法案中达到高潮的改革行动，宣布在英国所有的户外弹簧枪的设置为不合法。为弹簧枪辩护的最后且 202 最冷酷直白的议会演讲是由爱伦堡法官（Lord Ellenborough）做出的，作为新兴的年轻政治家，其是前首席大法官爱伦堡（Lord Chief Justice Ellenborough）的儿子。但甚至是他，也感觉到需要用面纱来遮盖捕人陷阱设置者接近的意图，通过使其与其他动机相混淆（更远的目的和更远的意图）：

> 设置弹簧枪的**目的**不是对任何人造成人身伤害，而是阻止偷窃行为的实施；那种目的通过击中一个无辜的人作为有罪者而完全实现了。议案与英国法的原则相对立，其保护一个人的财产，与由普通手段进行保护的困难成比例。[15]

这里的面纱是真正半透明的，因为论断默许地承认，制止的"目的"（意图）将会实现，仅仅通过至少对少数擅自闯入者施加伤害或死亡，无论擅自闯入者是有罪的还是无辜的；这种伤害或者死亡因此被意图为达到制止目的的某种手段。在普通法的基本结构中，自健全的法理学开始，有这种意图的一个个人对另一个人的杀害或伤害仅仅是一种交换的非正义（commutative injustice），无论这个人的远期目的、目标和动机是什么。[16] 它是一种行为，是人与人之间的一笔交易，不能因所谓的假定危险或通过诉诸对同意者不构成损害（*volenti non fit injuria*）[17] 的格言，对未来有更大伤害的恐惧，或者出于分配或分派正义（distributive or allocative justice）的考虑——介于土地所有者、游戏者和偷猎者之间，无论是寻找的游戏（如不幸的 Ilott）还是坚果收集的游戏——而使其正当化。

---

〔15〕 Hansard, 17 Parl. Deb.（series 2）col. 296（9 April 1827）（用间接引语替代直接引语）。

〔16〕 See below, pp. 211 – 15.

〔17〕 格言（含义是：如果危险具化了，愿意冒险的人是没有被冤枉的）是 Bayley 和 Holroyd JJ 在 *Ilott v Wilkes* 案中判决的一个主要理由；他们的论点是：如果（或既然）没有伤害的意图，警告便否定了责任（既然受到警告的人是愿意的——愿意冒着被射中的危险）。

当年轻的爱伦堡法官直白地识别出——设置弹簧枪明确地为了**造成伤害**或作为一种停止偷猎的制止**手段**——一种共同的目的，他是不准确的。他的观点由 *Bird v Holbrook*[18] 案中的事实所说明。被告——郁金香园丁——作证说他不张贴注意通知的原因是：他希望**通过伤害**而抓住郁金香小偷。当然，不是他仅仅使年轻的 Bird 残缺不全，而 Bird 正试图在大白天帮助一个邻居重新抓住那只误入 Holbrook 设有傻瓜陷阱花园里的雌孔雀。

Ⅱ. 被误解和拒绝的意图

理查德·波斯纳使 *Bird v Holbrook* 案成为其早期发表的对普通法的经济学分析含义评注中最引人注目的部分。[19] 确实，这正是波斯纳在其教科书对故意侵权种类的论述中所引用的案件。[20]（在那一点上）否认任何规范性的目的，仅仅提供"解释"法律的"模式"（pattern），[21] 波斯纳认为案件中的问题是"两种合法活动的适当安置，即种植郁金香和饲养孔雀"。[22] 弹簧枪可能是在一个警察保护微乎其微的时代里保护郁金香最划算的方式；但他们阻碍家养动物饲养主将其追赶到其他人的财产上，"因此增加了饲养动物的成本"（圈养成本或走失成本）。[23] 对普通法法官的挑战因此是：以波斯纳的观点，设计"一种责任规则使这两种活动的（共同）价值最大化，除了任何保护性的或其他的成本（包括人身伤害）"。[24]

因此大笔一挥，有关意图伤害的整个问题被从观点中扫除了：不仅"人

---

〔18〕（1828）4 Bing 628，130 ER 911. 案件中的事实是在 1827 年法案之前出现的，案件因此以未经改革的普通法为基础进行了裁决，民事上诉法院（Court of Common Pleas）依据 Best CJ（其曾经是 *Ilott v Wilkes* 案中王座法庭的初级法官），决定其总是与 1827 年法案一致，就有关未注意通知而设置弹簧枪而言。Best J 在 1821 年 6 月 3 日做出的解释预示了这个裁决，在希尼·史密斯反对 *Ilott v Wilkes* 案的第一篇文章中，作为对其受到严厉攻击的回应。See Smith, "Man Traps" at 341－2.

〔19〕Posner, "Killing or Wounding to Protect a Property Interest" at 209 et seq.

〔20〕Posner, *Economic Analysis of Law*, 206－11.

〔21〕"Killing or Wounding" at 211.

〔22〕*Economic Analysis of Law*, 207（7th edn, 2007, p. 205）.

〔23〕*Ibid*.

〔24〕"Killing or Wounding" at 210.

身伤害"被类同于饲养孔雀的其他成本中，而且这种事实被认为是完全不相关的，即**这些**伤害是由意图去伤害某个人（尽管并未预期其仅仅是一个抓孔雀的人）的人所做出的。1827 年，在议会以及随后在整个美国的普通法院[25]中流行的争论被认为毫无意义。依波斯纳所说，如此明确地"意图既不在这儿也不在那儿"。[26] 为什么不呢？答案是这个不合逻辑的推论的（*non sequitur*）一个范例。

> 认为社会绝不允许为了巨大的经济价值而牺牲人类的生命，这种看法当然不正确。机动车的驾驶就是很多致命活动的一个例子，这些活动不能以相比其带走的、其挽救了更多的生命得以正当化。汽车的例子也不能区别于弹簧枪的案件，由于设置弹簧枪的那个人意图去杀害或者伤害。在这两个情形中，死亡的风险产生并且可以实现其目的的其他方式来替代（走路而非开车）因而被避免；在两个情形中，行为者通常希望危险不会成为现实。[27]

204

简而言之，意图死亡和粗心大意的危险造成死亡是相等的，因为二者都包含了造成死亡的风险；如果 A 包含了关于 B 的重要之事，那么 A 就相当于 B。在文中，还有其他的含糊其辞（equivocations）。

首先，对"牺牲"的含糊其辞。波斯纳对短语"牺牲人类生命"的使用与下述两种决定是等同的：其一，决定建造一幢摩天大楼，期望约三个建筑工人将摔下去并死亡；其二，决定杀害三个建筑工人，以鼓励其他人达到绩效目标。其次，对"希望"的含糊其辞。波斯纳声称，在粗心大意的杀害与有意图的杀害二者中，"行为者通常希望危险不会成为现实"，这仅仅综合并重复了首席法官爱博特和贝雷在 *Ilott v Wilkes* 案中的混淆。粗心大意

---

〔25〕　See e. g. *State v Childers* 14 NE 2d 767，770（Ohio 1938）：

由于当局压倒一切的重要性，一个人以陷阱的方式夺取另一个人的生命或施加身体的伤害是不能被正当化的……除非，依照法律他可以被正当化，他亲自在场，并夺取了生命以及施加了身体的伤害。

〔26〕　"Killing or Wounding" at 206.

〔27〕　*Ibid.*

的驾驶员希望没有碰撞，**并且**如果有的话，没人会因此而死。捕人陷阱的设置者希望没有人会侵扰他们的财产，但是任何人如果这么做了就**会**被枪击。在混淆情感和意愿时，波斯纳并没有观察到情感的勉强，很多甚至大多数谋杀者在实施犯罪时都带有这种勉强。

波斯纳关于意图的文章充满了谬误和疏忽。例如，为了证明意图的侵权和非意图的侵权之间的区分是"令人困惑和没有必要的"，他的教科书开始于：

> 大多的意外伤害是有意图的，即在此意义上伤害者知道通过采取额外的预防措施能减少意外事故的可能性。意图的要素是显而易见的，当侵权行为者是一个企业，能从其过去的经验中预测其每年将施加一定数量的意外伤害。[28]

停留在意图这种概念腐败的潜力上是吸引人的。例如，一个人可以预见，针对困难的话题进行演讲和写作，除非延伸出了其指定的范围，必然会使一部分公众感到困惑。因此，在波斯纳的解释中，一个人有困惑的意图。那么很好，为什么不抛出一些故意的错误并且带有困惑和欺骗的（真正）意图，以便于达成其教育和说服的目标呢？

205　　但更直接的反对是，波斯纳关于意图的概念是一种虚构，一种对人类行为的错误理解。那些有意图的侵权行为的中心现实是——波斯纳在他之后的论述中一开始提到的——如他所说，"被告**试图**去伤害原告"。[29]

然而，在波斯纳［和兰代斯（Landes）］之后的论述中，那现实的一瞥不久就模糊并消失不见，正如关于意图和行为的事实与规范性的考虑和结论完全混淆。兰代斯和波斯纳的第一步是正确的：对波斯纳早期主张的反驳（尽管未明言），即那些明知伤害是极有可能的而经营一个企业，一定意图这些伤害。但他们做出这一步是基于经济的论证，这种论证的结论是——没有经

---

〔28〕 *Economic Analysis of Law*, 119（similarly, 7th edn, 2007, p. 204），然而，意图的和非意图的侵权之间的区分是没有必要的，故不再明确得出这种结论。

〔29〕 Landes and Posner, *The Economic Structure of Tort Law*, 149（涉及袭击、殴打和错误监禁）。

济目的是通过从风险企业对伤害分类为有意图而得以实现的——仅仅在两种假设的帮助下达成：（1）企业所带来的风险是可证明为正当的；（2）对那些实施行为的人来说，伤害既不是所欲的，也不是有利的。[30] 经济的论证因此是乞题且多余的。而由第二种假设所提议的意图概念，是无根据的。

由于"想要"从不是意图的标志（除非"被想要"在特定狭窄的意义上，准确地与"被意图"相等），设置捕人陷阱者可能强烈地希望，没有人会擅自闯入并被枪击，然而意图任何**确实**擅自闯入者**将会**被射杀。相反地，副作用（一个人不试图/意图引起的作用）可能会受欢迎，在那种直接的意义上是被想要的——尚不是被意图的。一个人可能选择参军（作为应召入伍或作为志愿者）仅仅因为这是一个人法律上的或爱国的责任，那么欢迎并因此想要，而没有意图去这样做，额外的副作用使个性多样化得以展现。轰炸部队的司令官可能会将平民伤员以及随之发生的道德败坏和阻断高速路的平民难民营当作一种受欢迎的额外奖励，而不是意图它们。这是可能的，假如，（a）他们不把平民伤员和他们欢迎的效果甚至作为一种次要目标（a secondary aim），（b）他们仅仅选择军事目标，校准炸弹并计划轰炸是**专门**为了破坏那些目标，一旦军事目标被消除则立即停止对包含平民的区域的轰炸。

已然宣称的，一条风险**合理**的铁路的管理员并不意图死亡，那些随着时间在其运转中其预见确定要发生的死亡，兰代斯和波斯纳的下一步仅仅重新陷入他们被称为"意图的可能性理论"中，被古怪地描述为一种次分类 206 （sub－category）——"故意施加一种伤害，无论伤害者是否相信他是不正当地行为"。[31] "当一个人做某件具有压倒可能性而产生一种明确结果之事时，

---

[30]　*Ibid.*, 150, 151.

[31]　*Ibid.*, 151.

当其否认那种结果是意图的，我们应该恰当地怀疑"，[32] 但是在很多情形中，这种怀疑会完全错位。再次考虑，明知其会使有些观众感到困惑的演讲者；或者明知其将使听众烦恼的结巴者；或者明知穿鞋会使鞋坏掉的人；或者明知会有时差而飞越太平洋航线的人——所有这些不想要的效果都不仅仅是可预见的，还是确定的。[33]

应当回到兰代斯和波斯纳最初提出并确认但之后（正如我们刚刚看到的）宣布为荒谬的思想上来。那些意图一种结果的人，无论是为了其自身的目的，还是作为达到其他目的的一种手段，正试图（尽管是勉强地）引起其发生。意图一种结果的人并非试图造成结果的某种风险，而是试图造成那种结果。不满足于将事情留给机会（留给冒险/留给风险），反而进行干涉以实现其意图的结果。至于那种结果，他们所关心的风险不是它发生的风险，而是它不发生的风险。并且，既然我们缺乏能力——仅仅通过意愿而使某事成为特定情形，一个人意图的结果将不会发生的风险就不过是一种不可避免的副作用或其意图、选择和行为附带的伴随物。

III. 意图： 目的和手段， 或者预见的结果？

英国法主张，意图去伤害并不表现为侵权行为，不然那种意图将是合法207 的。但是，采纳了这样一种观点的上议院的决定——在 *Mayor of Bradford v*

---

〔32〕 *Ibid.*, 153. 兰代斯和波斯纳添加到，为了提供结果想要的但不大可能的例子（如 B 试图通过从桥上扔一块鹅卵石来破坏一辆高速行驶的车）。

意图同样可以从可能性、严重性和规避成本的任何结合中推断出来，表明伤害不仅仅是合法活动的一种副产品。将不会被听到及否认他想要破坏车；对其动机没有其他貌似有理的解释……关键的因素是，伤害者的规避成本对活动的社会利益来说是相对低的（ibid）。

这里，全面的正当理由问题完全陷入传说中对意图的讨论。对动机的一个现实解释并不依赖于知道"避免"行为的成本或依赖于行为的合法性。然而，"副产品"是一个依赖于意图（所意图之事，因为由选择所采纳提议中的一种目的和手段）和副作用之间的区分的概念。对规范性与人类学思考之间的混淆几乎不能更加完整了。

〔33〕 一个人几乎是被诱惑地称作意图的"可能性理论"（probability theory），把这种痛苦的副作用归类为意图的、意图的伪受虐者（pseudo–masochistic）理论。

Pickles[34] 和 *Allen v Flood*[35] 案中——被身体的行为举止和人类行为之间的混淆、意图和感觉之间的混淆以及所意图的和副作用之间的混淆所毁坏。对动机相关性的广泛否认被美国法迅速、普遍且有说服力地拒绝了。此外，它们的影响由于侵权共谋去伤害之原则的发展极大地减少了，这种发展反映出一种对意图的真实特性普遍且更加合理的理解，也反映出辨别何种行为正被做出时它们的角色，以及激发的感觉和明知会造成的副作用间的区别。⁺

　　排水时，水会另外渗到当地公共供水公司的土地下，Pickles 的意图是强迫供水公司来出钱购买水。抗辩人声称，[36] 这包含着一种去伤害公司的意图，其声称可能会很好地——在某种程度上——因其仅仅是一种错误陈述而被驳回。就 Pickles 所采用的提议来看——他脑中的想法——无论作为目的还是作为手段，都不是为了给公司造成伤害，而是使他的土地（和/或从土地上流出的水）有价值。[37] 当然，这种目的**可能**已经被损害公司财务的深层目的所激发了——一种**别有用心的动机**（ulterior motive），可能其自身就是一种目的（恶意的情形）或者以达至某些更多的、别有用心的目的的一种手段。但抗辩并没有给出任何它是这样的暗示。[38] 因此，案件可能会搁置在那里。在上议院广传的格言，[39] 大意是合法的行为不能由恶意或者其他动机或意图使其涉及侵权，这是无正当理由的。与之伴随的格言，诉诸一种在

---

[34]　［1895］AC 587.

[35]　［1898］AC 1.

[36]　这种声称的陈述包含在 *Pickles*［1895］AC 案件 589 中得以释义的一种申辩，因此：他没有一个真诚的（*bona fide*）意图去从事其矿产品，与……他的意图是伤害上诉人，以及因此尽力引诱他们要么购买他的地，要么给他其他的赔偿。

[37]　See above n. 36, below n. 38, and *Pickles*［1895］AC at 595, per Lord Halsbury LC and 600, per Lord Macnaghten.

[38]　在从属的文化中，Pickles 通常被认为由恶意激起了动机，但是审判法官 North J 并没有这样的发现，并认为他（Pickles）是出于经济的自我利益而行为。North J 的发现，即 Pickles 是"不诚实"的，仅仅意味着 Pickles 为了商业采矿的目的而挖矿井的声称不可信。参见 Corporation of Bradford v Pickles［1894］3 Ch 53, 68：

他的行为是意图给他的石头排水，不是为了他可能能够这么做，而是为了原告可能会被迫付费使他不要这么做。

[39]　See *Pickles*［1895］AC at 594, per Lord Halsbury LC, 598, per Lord Watson, 598, per Lord Ashbourne, and 601, per Lord Macnaghten.

正确做出和错误做出因素之间的对称性——声称，好的动机不能使非法手段合法化，因此坏的动机不能使合法手段非法化[40]——似是而非地忽视了道德中一个最基本的原则和道德哲学最重要的主题。并不存在这种对称性。一个人的行为将是正确的，仅当其手段和目的**都是**正确的；因此，**一个**错误做出的因素将使一个人的选择和行为错误，为了行为的正确性，一个人行为的**所有**方面必须是正确的。行为人的意图必须一直向上（或向下）地具有可接受性。

在 *Allen v Flood* 案中，[41] 被告是钢铁工人工会（ironworkers' union）的一名官员，其威胁下令工会成员罢工，从而"恶意地"诱使雇主（合法地）解雇原告，被告因此被起诉。原告是一个造船工人工会的成员。证据显示，这种威胁的做出是为了惩罚造船工人曾为其他雇主做了钢铁工人的工作。陪审团被如此指引，即"恶意地"意味着"有意图并为了对原告在其生意中造成伤害"，陪审团发现被告恶意地诱使雇主终止原告的合同。上议院通过极微弱的多数票推翻了这个判决，其结论与对被告意图的恰当细致的理解不一致，但在意见中实际显示出的对意图的理解是很令人困惑的。在主要的判决中，如沃森法官（*Mayor of Bradford v Pickles* 案中最松散的法官附带意见的作者）公开地吸收了含有与"外在行为"[42] 相对立的"内在感觉"的"动机"。这种方式泄露了**普遍**无根据的假设，即人类行为可被辨别出——为了道德的和法律的评价——且独立于行为人的意图。的确，外在的**行为举止**可以被如此地辨别出。但无数的**行为**不能真正被辨别出它们是什么（在评价其正确或者错误，合法或者不合法**之前**），除非并且直到其包含的外在行为被理解成**如此这般意图的实施**。应该将这种轻拍后背视作一种欢迎、一种警告、一种

---

〔40〕 See *ibid.* , at 594, per Lord Halsbury LC and 599, per Lord Ashbourne.

〔41〕 [1898] AC 1.

〔42〕 在任何法律问题上，恶意并不依赖于影响行为者意志的邪恶动机，而是依赖于行为者深思和实施之行为的非法特性……当所做的行为是，除了激起行为的感觉外，合法的民法不应注意到它的动机。[*Allen* (1898) AC 1 at 94, per Lord Watson.]

总的来说我不能欣赏松散的逻辑，其混淆内在感觉和外在行为，将行为者的动机作为由他使用的手段之一来对待。(*Ibid.* , at 98, per Lord Watson.)

鼓励、一种屈尊俯就、一种等待警察的信号，或者其他的什么呢？

形成和实施这些有助于形成和定义行为的意图是一个没有"内在感觉"，而有一个实际的想法、一个计划、一个提议的问题——无论多么地即刻和非正式——这是一个人通过选择所采纳的。这样一种计划包括目的和手段，可能是非常紧密相关的（如同打招呼欢迎）。实施任何计划、从事任何行为都会有副作用——由行为的人造成的、可能是明知造成并完全预见到的，仍不是有意图的。

对意图概念的不恰当处理（无论以何种名义）使 *Allen v Flood* 案中的大 209 多数判决被标记出来，大多数尤其失败于辨别"恶意"[43] 概念的模棱两可，这是法律来源和随后出现的专业论文以及审判法官对陪审团的指引所遇到的问题。在那种概念中，恶意包含"以损害邻人为代价使自身获益"的目的。但是，"以……为代价"含糊地延伸为两种非常不同的情形：（1）邻人的损失是最终的或**中间的**目标/目的/意图（而使自己受益不过是一种受欢迎的副作用）；（2）使自身获益是目标（而使邻人受损只是一种预见的，可能甚至是一种受欢迎的副作用）。[44] 的确，上议院拒绝了包含这种混淆的恶意概念；法官认识到其与赢者获得所有的（winners – take – all）商业竞争的合法性不相容。[45] 然而，他们并没有辨别出混淆的来源：未能从这种贸易成功——使失败者受损——确定的副作用中区分出意图，以保障所有可能的贸

---

〔43〕　See *ibid*., at 118 – 21, per Lord Herschell. 注意到霍姆斯在 1895 年 10 月 21 日给 Pollock 的信件中涉及上诉法院 *Allen v Flood* 案中的观点："我附加到众多法官的讨论中如此少的重要性，无论是英国的还是美国的，不管是否包含普遍的理论——除了在一个特定的管辖权中他们如此做的事实。在 Pollock 于 1898 年 3 月 10 日给霍姆斯的信中，涉及在上议院同样的案件："我认为那个决定对于无数多半陷入细微区分混乱的人来说，是唯一安全的决定，当他们不能理解时，我认为他们是不公正的"：Howe, *Holmes – Pollock Letters* i, 65, 84 – 5.

〔44〕　我并不假定，无论何种情况下对邻居的损失或伤害只要是有意图的，就有或者应该有责任。Ames, "How Far an Act May be a Tort Because of the Wrongful Motive of the Actor"（一个行为由于行为者不正当的动机，到什么程度可能是一种侵权），这也可能仍然是对围绕 *Allen v Flood* 案的问题最有帮助和启发的处理，他识别出大量的案件，即使在这些案件中一个具有最应受谴责动机（更远的意图）的被告逃脱了责任。因为，例如，他要求原告去做的或避免去做的已经是原告去做或不去做的法律义务：*ibid*., at 412 – 13, 或因被告享有法定特权：*ibid*., at 413 – 14, 或因被告的恶意仅仅延伸到未履行，当他没有义务去行为时：*ibid*., at 416 n. 1.

〔45〕　See *Allen* [1898] AC at 164, per Lord Shand and 179, per Lord James.

易（在此意义上"赢得"贸易）。[46]

那种区分内在于一些竞争的案件中，从 *Mogul Steamship Co. v McGregor*,
210 *Gow & Co.*[47] 案开始，最后当温斯肯特·西蒙（Viscount Simon LC）在 *Crofter
Hand Woven Harris Tweed Co. V Veitch*[48] 一案的主审判决中区分了争论中的
真正问题时，区分才真正成为一个外在和中心的主题：

> 要回答的问题……不是"结合者感激，或者他们被认为应该感
> 激，其他人会从他们的行为中遭受痛苦"，但是……"这种结合的
> 真正意义是什么呢"？检验不是对原告来说这种结合行为的自然结
> 果是什么，或者被告意识到或应该意识到紧接而来的结果性的伤害
> 是什么，而在于事实上当结合者如其所做的那样行为时，在其脑海
> 中的目标是什么。重要的不是结果，而是目的。[49]

因此，西蒙法官（Lord Simon）避免了"意图"这一术语，而宁愿使用
"目标"（object）或"目的"（purpose）的表述；但随后的案件和讨论谈到意
图的同义性时，通常采用他的分析。[50]

对于英国法和苏格兰法，*Allen v Flood* 规则，即动机或意图是不相关的，

---

[46]　确实，Lord Herschell 拒绝恶意的概念时，认为合法的竞争实践包括这样的案件：

被告的真正目的是引诱货主与他们订立合同，而不是与原告订立合同，并因此以原告为代价使
他们自身获利，并通过阻止他们从运输贸易中分得一羹而伤害他们。其直接目的是**干扰和干涉**在他
们贸易活动中的原告。（*Ibid.*, at 140.）

意图和副作用在这里被完全混淆了。

[47]　［1892］AC 25. 法官在这一案件中处理意图和副作用所带有的不确定性，可通过一个引用
得以例示：

没有任何事暗示着伤害原告的一种意图，除了这种伤害会是被告为他们自身获得运输贸易利益
的结果时，通过给顾客提供，比他们的对手即原告愿意提供给顾客的更好的条款。（*Ibid.*, at 60, per
Lord Hannen.）

相似地，参见 *ibid.*, at 36, per Lord Halsbury LC.

[48]　［1942］AC, 435.

[49]　*Ibid.*, at 444 – 5.

[50]　参见 *Lonrho plc v Fayed* ［1992］1 AC 448, 463 – 8. 在 *Lonrho Ltd v Shell Petroleum Co.* ［1982］
AC 173, 189 案中，Lord Diplock 在这一点上把"意图"和"目的"视为同义，无声地忽略了他自己
的观点，即在法律或至少在刑法上，被预见的结果是被意图的（参见 e. g. *Hyam v Director of Public
Prosecutions* ［1975］AC 55, 86）. Clerk and Lindsell, *Torts*, 886 n. 13, 888 n. 34, 称赞了"目的"（ob-
ject）一词，轻易地进入对极为重要的意图和主要的意图伤害的论及。

被 Crofter Harris Tweed 绝对地限于没有结合（共谋）的情形。[51] ✝✝无论何处只要有结合，意图伤害就具有决定的重要性，尽管在稍微多样的方式中取决于被用于影响结合者目的的手段自身是否可起诉。[52] 因为，即使当共谋者选择的手段在没有意图伤害证明的情况下本身是可起诉的，如此意图的出现确定了共谋者的行为将不能被正当化。[53] 当意图伤害是确定责任的先决条件时（因为手段亦是不可诉的），这种意图也是**足够**确定责任的，除了当意图对其他占支配地位并合法的目的来说仅仅是一种次要的从属物，[54] 且不 211伴随任何非法的行为时。

　　美国在此领域的侵权法沿着几条不同的路线发展。一方面，动机不能使民事侵权成为一种合法行为的原则已经遭到了普遍的反对。[55] 即便霍姆斯也拒绝它，从他对一般过失法（negligence law）"外部标准"的强烈支持，能区分出在此情形下动机的相关性。[56] 艾姆斯（Ames）对非相关动机原则的微

---

〔51〕　共谋伤害的侵权最近被夸张地描述为"反常的"（参见 *Lonrho plc v Fayed*〔1992〕1 AC at 463，467），但从更广的角度看，它是对意图（动机）不相关性的宽泛的原则，例如对于 *Bradford Corporation v Pickles* 案和 *Allen v Flood* 案，其不只在美国法和民法方面看上去是反常的，甚至从英国普通法的诸方面看也是反常的，这不仅包括共谋伤害的侵权，而且包括恶意控告的侵权以及在 *Christie v Davey*〔1893〕1 Ch 316（1892）案和 *Hollywood Silver Fox Farm Ltd v Emmett*〔1936〕2 KB 468 案中所例示的那种滋扰侵权。

〔52〕　如果手段是不合法的，则伤害原告的任何意图都会满足；如果他们自身是合法的，则伤害的意图必须是共谋者的主要目的：*Lonrho plc v Fayed*〔1992〕1 AC at 463，468.

〔53〕　只要案件谈到对"正当理由"或"正当性"的一种需要，那些词语就似乎并不胜于对证据需要的一种描述（关于他的贸易或其他合法利益），被告能提交这种证据以满足原告的情形是：原告举出被告方有明显意图伤害的证据时。

Clerk and Lindsell，*Torts*，890 - 1（citations omitted）.

〔54〕　Fleming，*The Law of Torts*，669 - 70 陈述道，共谋者可能合法的意图伤害，作为促进一种目的的手段，其真正地且显著地具有建设性。但他的权威是在一个 1900 年的案件中一审时对一个动议的反对判决。

〔55〕　这落入缺少强有力的驳斥之中。参见《侵权法重述》（第二版）（1977 年），§ 870 comment i.

〔56〕　它被认为，显而易见地（*prima facie*），意图施加暂时的伤害是行为的一种原因……这要求一个正当理由，如果被告是为了逃脱……对这种范围内的思想并没有充足的答案，即动机是不可诉的并且法律的标准是外部的。决定一个人有义务要预见之事时，这是正确的，但对决定他能使自己所预见的伤害正当化的程度来说，这不必然是正确的。〔*Aikens v Wisconsin* 195 US 194，204（1904）（citations omitted），per Holmes J for the Court.〕在霍姆斯：《特权、恶意和意图》第 2 - 3 页中有所预示。

妙但有力的攻击，在成为主导案例的 *Tuttle v Buck* 案中几乎被逐字逐句地采用。*Tuttle v Buck*[57] 案中的意见阐述了沃森法官（Lord Watson）在 *Allen v Flood* 案中广泛的格言之一，继续论证了其过于宽泛和不真实性并依艾姆斯敲定的方案未被承认的文本得出结论：

> 一个人使自身变成以更低价格提供商品的某个生意竞争对手的顾客，这种做法通常是一种服务于自身利益并能以公平竞争获得正当性的合法方式。但是，当一个人在生意上开始处于对立面，并非为了其自身获利而是不管其自身的损失，仅仅为了将竞争者逐出市场并有意图在其完成恶意目的后退休，那他是因一种放任的错误和一种可起诉的侵权而有罪。[58]

与此同时，霍姆斯、艾姆斯和美国法院没能采纳英国的立场，即意图伤害否定了正当性。相反，相关的美国侵权原则（正如霍姆斯想要的)[59] 普遍地接受了一种观点，这种观点至少在其公式化的表述中与功利主义的道德思想是一致的，并且与传统的共同道德（common morality）远非一致：伤害意图的有意施加是可起诉的，无论是否有共谋，当且**仅当**强加责任将与社会中通常具有社会和经济利益的立法者相冲突的利益间的"平衡"保持一致。[60]

Ⅳ. 推定的意图、真正的意图和对个人的正义

侵权和犯罪的普通法在至少两个世纪都自我运作，而免于对所有直接伤

---

〔57〕 119 NW 946（Minn. 1909）.

〔58〕 *Ibid.*, at 948. Cf. Ames, "Wrongful Motive" at 420：
然而，如果一个人应该开一家对立的商店，不是为了其自身获利，而是不管自身的损失，仅仅为了把原告逐出生意市场的唯一目的，并带有在完成其恶意目的后立即退休的意图，那么造成伤害的这种恶意不是完全不可辩解并且是一种侵权吗？

〔59〕 参见如霍姆斯：《特权、恶意和意图》第 3 页：意图施加暂时的伤害……是可诉的，如果**不是基于正当理由而做出的呢**？（添加强调）大体参见凯利：《对霍姆斯侵权理论的批判性分析》第 705 – 707 页。

〔60〕 See *Restatement（Second）of Torts*（1977）, § 870 comments c, e.

害的客观形式的人造物——由重罪谋杀和非法侵犯的责任之原则所例证。将与道德相关的"主观"区分介绍进法律原则的过程被功利主义复杂化了。功利主义对陈旧的虚构毫无耐心，但它也有一个自己的日程安排，在其中——既然只有"结果"重要——对意图和预见甚至可预见性的区分而言，就没有基础的或普遍重要的作用了。因此，法律原则的重塑在某种思想的阴影下得以进行，这种思想被十九世纪后期成熟的功利主义集大成者——亨利·西季威克（Henry Sidgwick）带有特色地直接表达出来："对确切的道德或法律讨论的目的来说，在'意图'的术语下最好包含一种行为的所有结果，这种行为的结果被预见为确定的或可能的。"[61]

这种对霍姆斯甚至称作"实际的意图"和一种纯粹被认定的、虚构的意图的吸收，被英国[62]刑法中不断增强的力量和明晰性所拒绝接受，如果不是被美国[63]刑法所拒绝接受。但它通过《侵权法重述》（第二版）中意图的定义，使其处于（不是没有某些重要的改变）美国侵权原则的核心：

"意图"一词被用于对这个问题（subject）的重述，以表示行为者想要造成其行为的结果，或者他相信结果是实质上确定地起因于那种行为。[64]

因此，对于能够赢得比赛的唯一希望在最后一个洞——在水上行驶很长 213 一段——的高尔夫球手来说，其意图——根据《重述》——在池塘里丢了球。

---

〔61〕　Sidgwick, *The Methods of Ethics*, 202.

〔62〕　See Goff, "The Mental Element in the Crime of Murder" at 42 – 3; and essay 10 at nn. 2 – 5, 16 – 17.

〔63〕　See e. g. *United States v United States Gypsum Co.* 438 US 422, 445 (1978); *Sandstrom v Montana* 442 US 510, 525 – 6 (1979)：
在刑法中，意图的因素传统上被视为一种分叉的概念，要么包含了目的的明确要求，要么包含了对认知或者意识更加笼统的要求。这是在英国被逐渐拒绝的观点 [And see now essay Ⅲ. 16 (1998b), n. 22]。

〔64〕　*Restatement (Second) of Torts* (1963) § 8A. Comment b 添加道："随着结果会紧接着发生的可能性降低，并变得不太有实质可能性，行为者的行为失去了意图的特性。"这种**意图程度**的概念，夸大了美国法学会（American Law Institute）对"意图"概念和在常识与哲学上理解的意图之间的区别。

在法律中强加这种虚构的情形就是结果确实重要，人们对于他们预见（极有可能预见）和能够避免的结果有道德责任。反对虚构的情形，部分地是它确实是虚构的，部分地是在反对功利主义的共同道德上，那些道德责任被如下标准所评价——出于在这部分的剩余之处描绘的理由——区别于控制一个人所意图之事的标准。谋杀和过失杀人之间根本的区别，正如在现代刑法中所理解的那样，仅仅是对这种标准类型之间的宽泛区分最明显的注解。[65]

陈述这种区分时，共同道德对结果并非漠不关心。但是，它在重要的结果间包含了基于选择者特性的选择和意图的影响。它致力于**选择会持续**这样的事实。一个人通过选择所采纳的提议——在形成一种意图时，以及在一个人的深思熟虑中使提议具有明显的吸引力的推理过程中——在一个人的意愿**中保持**并坚持为一个人的行为倾向。可以说，提议（和因此的意图）被结合到一个人的意愿，以及一个人在现实世界实际的方向和态度中。这是采纳一种提议的真正的、经验主义的（虽然是精神上的）和固有的效果。处于一个人提议**之外**的无论何种结果，因为这种结果既不因其自身的目的被想要，也不作为一种手段被需要，这些结果并**未**结合到一个人的意愿中。虽然一个人可能预见到这些结果，并接受其将造成这些结果或接受它们的风险，这个人也并未采纳它们。它们是副作用，是附带事件。一个人接受它们时完全可能是有罪的。但有罪的原因并不是一个人意图它们，而是一个人错误地，比如不公正地，接受它们作为一个人确实意图的附带事件。对一个人接受它们的性格的影响、并不像是形成一种意图（甚至一种勉强的意图）所具有的动态的、塑造性的影响。

当一个人意图对另外某个或某些人进行某种伤害时——当一个人的提议包含——无论多么勉强地——某些对他们的（例如）身体完整性的伤害，或

---

〔65〕 并不是每一个谋杀定义的细节是——或者可能需要——来自于杀害的意图或造成痛苦的身体伤害的意图，参见 essay 10 at n. 23.

者对他们参与现实认知的伤害，或者对他们生计方式的伤害[66]——一个人 214
将自身塑造成一个在最直接的方式上利用其他人的人。这也是如此，无论一
个人是否为了其自身的目的而意图那种伤害，作为报仇或怨恨，或者作为一
种手段，作为杀一儆百的（pour encourager les autres）杀害或伤残，为了诈骗目
的的欺骗，为了公正目的的伪证，或者为了政治目的而策划的金融破坏。在
每一种情形中，一个人完全使那些其他人的现实和满足（reality and fulfilment）
让步于其自身的现实和满足，或者某些其他团队的现实或满足。**意图**伤害
时，一个人准确地使他们的所失变为其所得，或者某些其他人的所得；一个
人在那种程度上，把他们耗尽了，把他们当作物质，一种不再包含他们自身
的善的资源。

共同的、非功利的道德原则，一个人绝不选择（意图）伤害任何一个人
类个体，同时表达和维持了这样的理解，即每一个人类个体是远胜于仅仅一
个功用或财富（在某些武断地被选择的未来时刻被衡量）的中心，或者使
财富或功用最大化的一个通道或管道（又，在某些**被选择**的未来时刻被衡量
的最大化）。它表达和维持了每一个个人的**密度**，如此说来如果你愿意，或
可以说是**尊严**，作为一种在基本权利上**每一个人**的平等。选择去伤害其他人
是典型的错误，是对权利否定的杰出模范。

政府和法律初始的功能以及总是基本的（虽然不是唯一基本的）功能是
纠正这种对权利的否定，这种交换的非正义（commutative injustice），通过确保
加害者对被害者进行补偿的交换正义（commutative justice）。[67] 毫无疑问，对
政府和法律制度的这种活动有一种分配的、分派的正义。从对要进行的可能
的活动、引起的花费和要承担与分配的个人责任的通常估计来看，法律将任

---

[66]　意图破坏财产或在他人的财富中伤害他人的道德重要性，不同于照这样的意图伤害别人，
由于财产和财富是工具性的而非那个人固有的基本善，由于必要时，世界上的个人资源，包括财产
条目，在满足紧急情况的程度上变得普遍。Cf. *Vincent v Lake Erie Transp. Co.* 124 NW 221（Minn.
1910）. 支付赔偿（而非损害）的义务似乎并非基于伤害的意图，而是基于一种直接造成伤害的有意
图的行为，例如基于带有意图的非法侵入土地或动产的某种暗示性的类推。

[67]　阿奎那的术语"交换的正义"，相较于亚里士多德"矫正正义"（corrective justice）的相似
概念，更好地包含了相关考虑的多样性。参见 generally *NLNR* 178‑9.

务的某些部分分配给了承担和保证交换正义。这样做是一个分配正义的行为，但从属于对个人间交换的非正义和潜在交换的补偿的正义之间先前的、可辨认的关系。再者，以这种方式，个人的尊严及其自身（在他们作为人的现实和潜在性中的每一个基础方面）中的每一个目的再次得以表达和维持。因此，对试图通过波斯纳所称赞的方式来决定一个如 *Bird v Holbrook* 案的法官来说——比较种植郁金香的花费（和收益）与饲养孔雀的花费（和收益）——将是一种对权利的否定。

在补偿正义（reparative justice）的行为中，政府和法律可被视为有一个这样的角色——极其不同于实现任何未来的"最终状态的"（end‒state）事态的角色。政治团体，不同于一个工程公司——必须在工程的最后对其股东作出解释，它并没有什么**目标**（goal）。它在履行其责任上的成功，不能被任何与会计相媲美的技术所衡量。成功和失败应被其他规范所衡量，在这些规范中禁止并纠正对人的有意图的伤害的规则是基础性的。

意图加害的道德责任和随后的法律责任是典型的效仿。避免这类错误仅仅是一种对正当行为所必需的但又不充足的条件。但是，对于作为达到目的的一种手段，一个人可能会伤害到每一个个人，相同的方面会延续并影响到公正的极其不同的原则。在此，一个人遇到交换的非正义中的极其不同的原则，这种交换的非正义涉及由人所强加的有害的可预见的副作用，在其行为和遗漏中，这些人没能遵从于如黄金法则所规定的理性原则，违背了真相，例如没有人对地球上的资源有一种假定的（apriori）较优的主张，没有人因此对任何部分有无条件的主权。黄金法则在其适用中首先包含了对一个人感觉的洞察力，其次还包含了一种由一个人的感觉所建立的关心标准之冷静而理性的坚持。[68]

未混淆公正规范和禁止确定的意图的规范时，法律思想也能够，并且确实合理地在**意图的类似物**中发现了公正的和非公正的标准。因此，带有意图伤害的目的设置弹簧枪的错误，为把那些人的忽略辨别为不公正的——那些

---

〔68〕 See essay I. 14, sec. Ⅶ（= 1992a at 149）.

继承了早已设置的弹簧枪且没有伤害意图而对其进行维持的人——提供了一种类似物，一种范例；或者为他们允许相似的致命和隐藏的条件得以在他们的土地上持续提供类似物或范例，当他们明知致命的掩饰之物对包括擅自闯入者的无辜陌生人也有一种致命的吸引力和诱惑时。但类似性的范围必须被控制，不是出于言语的或"概念的"考虑来控制——"陷阱""圈套"等双关语——而是出于公正的考虑来控制：一个人希望其他人对自己和自己的朋友如何表现；一个人会如何表现，并想要其他人如何表现，当一个人的朋友或孩子偏离了正路时。

这种公正的概念，作为对交换正义的一种塑造性的原则，认识到情绪在道德原则的内容和应用中的适当作用，而这种道德原则本身是单纯理性的。这些情绪在法理和法律推理过程中使其存在被感知，一般的方式就在传统和习惯的形式中，也在此时此刻我们社区"理性人"的丝毫不无情的生活中。[69]

理性的人从不以伤害邻居的意图而实施行为（或抑制这样的行为）。在这种程度上，法律继续其几世纪长的与道德相汇合的轨道，且并未偏转到宽泛且简单的功利主义的道路上来（这提供了同等的不可比较性和因此永远不会成功地做那些胜于给权力者想要之物提供合理化之事了），[70] 法官和法理学家将越来越不满足于随便的假设，即出于正当的自我防卫（包括为了其他人的个人防卫）的一种强制行为对一个人所实施的伤害是**有意图的**。反而，他们对为了自身或其他人的个人防卫的分析越来越感兴趣，并被这种分析所吸引，这种分析是由给出共同道德和意图现实的哲学思想家提出的、同样是他们可能最深刻和最有影响力的讨论。[71] 为自身辩护时，它当然可能有这样的情形：一个人意图去伤害其攻击者，作为一种目的（满足一个人的憎恨、怨恨、愤恨、想要报复）或者作为一种手段（制止攻击者或潜在的攻

---

〔69〕　See generally Kelley, "Who Decides? Community Safety Conventions at the Heart of Tort Liability".

〔70〕　See essay I. 15 (1997b).

〔71〕　*ST* Ⅱ－Ⅱ q. 64 a. 7.

击者，或者使某些未来的报复攻击丧失能力）。但如果一个人没有任何那些意图，那么一个人的**意图**可以是且应该是简单地**停止这种攻击**，通过在手边的停止它的任何方式。所有对攻击者的伤害，包括一个人预见为确定的伤害，可以是一种没有意图的副作用。因此，出于对人的尊重，这样一种副作用应该是未被意图的——所以也不应该是侵权，假如某个人通过选择其知道或应该知道安全且容易使用的最少伤害的有效方式，而公正地做出行为。[72]

V. 结论

217 我的讨论在这篇文章开篇所提问题的答案中已经有所暗示，即关于侵权责任真正的（very）基础和结构的问题。但文章的论证集中于三个初步的问题：独立于人为概念的延伸，什么是意图；为什么如此理解的意图在道德上重要；一种伤害的意图如何是一种在任何行为中本身错误做出的因素，独立于其他错误做出的因素（如疏忽大意）。所有这些最初问题的关键在于，介于意图和欲望、行为举止和行为、意图的结果和预见的（甚至是欢迎的）副作用之间相关联的一系列区分。当一个意图的形成因其本身是什么样而被理解时，这些区分就变得清晰了：对一种提议的采纳，无论多么迅速和自然，这种提议是一个人在思考中所形成的且倾向于任何可选择的选项——对一个人的选择是可用的。

注

✝原则的削弱的影响，意图去伤害并未使侵权行为反而变成合法行为……（text after n. 35）。这种影响在 *OBG v Allan*［2007］UKHL 21 案中——对两种更加截然不同的经济侵权，每一种都准确地基于意图被断言（没有与共谋相关联）——被复兴和澄清所进一步削弱：（i）D 对不同合法手段的使

---

［72］ See essay 10 at nn. 31 – 3.

用，带有意图引诱 T 违背与 P 的合约；(ii) D 对非法手段的使用，带有意图对 P 造成伤害（要么通过 T 的合法决定或通过其他的因果关系）。在霍夫曼法官（Lord Hoffmann）和尼古尔斯法官（Lord Nicholls）做出的两个主要判决中，对意图的解释是相对明白易懂的。霍夫曼法官的每一个解释都包含了对两种侵权的评论，因为"意图的概念在两个案件中是相同的"。我插入符号来标记上述使用的 P、D、T 模式中的各方：

（42）下一个问题是：什么被算作导致违约的一种意图？为此，区分目的、手段和结果之间的差异是必需的。如果一个人明知而导致违约，那么他意图实现某种更远的目的甚或宁愿实现那种目的而未造成违约的手段通常并不重要。吉埃先生（Mr. Gye）[D] 非常可能宁愿获得瓦格纳女士（Miss Wagner's）[T's] 的服务，而她没有违背她与拉姆雷先生 [with Mr Lumley，P] 的合约。但那并不重要。再次，人们很少出于简单的不关心的恶意而通过非法手段故意造成损失。它通常是为了实现保障其自身的一种经济优势的更深层的目的……

（43）此外，如果违约既不是本身作为某个目的，也不是达到目的的某种手段，而仅仅是一个可预见的结果，那么在我看来，它不能因这种目的而被认为是有意图的。我认为，那是法官们和作家们的意思，当他们认为原告一定'被瞄准了'或'被作为目标'了。依我所见，上诉法院的大多数都是错误的——允许 *Millar v Bassey* [1994] EMLR 44 案中的行为进行下去。贝茜女士（Miss Bassey）[D] 违背了为录音公司 [T] 演出的合同，并且这是一种可预见的结果——录音公司会违反其与伴随的音乐家们之间的合同 [P]，但那些违约既不是贝茜女士想要的一种目的，也不是实现那种目的的一种手段。

（62）在 *Lumley v Gye* 侵权案中，一定有一种导致违约的意图。在非法手段的侵权中，一定有一种造成损失的意图。已经被意图的目的是不同的……[O] 一个人可能意图导致违约而无意造成损失。同样地，一个人可能意图造成损失而无意导致违约。但是，意图的概念在两种情形中是一样的。在两种情形中，区分目的、手段和结果之间的差异是必要的。一个人意图造成损失，即使它是一种一个人实现自身富足的手段。此外，一个人对损失是没有责任的，这种损失既不是一种所欲的目的，也不是实现它的一种手段，而仅仅是对一个人的行为的一种可预见的结果。

218 （63）在 *Tarleton v M'Gawley* 案中，奥赛罗（Othello）［D］的主人可能并未有任何针对其他贸易者之事［P，其顾客被 D 的枪炮所恐吓］。如果 P 离开并到其他水域去碰运气，D 将会祝他好运。他仅仅想要自己垄断当地贸易，但他意图使其造成损失。我认为，这是伍尔夫在 *Lonrho plc v Fayed*［1990］2QB 479，494 案的段落中所要表达的全部，而这被证明是有争议的："尽管他可能并未意图引起那种结果发生，以便实现他视为最终的目的，从原告的观点来看，无论被告的动机是什么，他所遭受的损害将是同样的。"

（64）另一方面，我认为亨利在 *Barretts & Baird* (Wholesale) *Ltd v Institution of Professional Civil Servants*［1987］IRLR 案中是正确的，当他认定由农业部的公务员进行的支持工资请求的罢工并非意图对那些未获得有关出口肉类和申请补助金所必需证书的屠宰场造成损害。对屠宰场的损害既不是罢工的目的，也不是实现那种目的的手段，而罢工是为了向政府施压。

对于伍尔夫的法官附带意见，霍夫曼法官在第 63 段的解释是非常宽容的；在表面上，这个意见似乎要表达对意图特有的后果主义的漠不关心。"你是否由于意图（作为一种手段或一个目的）或者作为一种副作用被杀害，这有什么关系？不管怎样你都死了！"

在 *OBG v Allan* 案中，尼古尔斯法官对意图的解释同样依赖于对目的或手段、副作用之间的区分，但使如下变得明确——对非法手段的使用，剥夺了 D 对手段和副作用之间细微的区分（text and nn. 44 and 58 above），这种原则在美国原则中得以使用，但在 *Allen v Flood* 案中却被英国法所拒绝。谈到第二种（非法手段的）侵权时，尼古尔斯法官认为：

（164）……这种侵权的另一个重要因素是被告伤害原告的意图。被告可能会意图损害原告的［P's］生意，要么作为其自身的一种目的，要么作为达到目的的一种手段。被告可能意图伤害原告作为其自身的一种目的，例如他对原告有怨恨。更常见的是，被告意图对原告的生意施加损害作为达到那种目的的一种手段。他施加损害作为手段，据此保护或提高他自己的经济利益。

（165）在任一这些情景中对原告施加的有意的伤害，满足了这种侵权的精神要素。正是如此，即使被告并不希望伤害原告，在那个意义上他也宁愿原告没有挡住他的路。

（166）更细微的思想状态并未满足。这要求一种更高程度上的责任，因为意图充当了起作用的因素，这种因素使得对被告强加的责任正当化，由于原告对被告实施的一种并不可诉的错误行为所导致的损失。被告涉及损失的行为必须是故意的。尤其，被告对于其非法行为可能或将可能损害原告的先见之明，不能等同于为了这种目的的意图。被告必须**意图伤害原告**。这种意图必须是被告行为的一种原因……上诉法院的大多数于 *Miller v Bassey* ［1994］EMLR 44 诉讼过程的案件中，在这一点上陷入错误。贝茜女士并未带有因此伤害任何原告的意图而违反其录音合同。

（167）我给上述注释添加了一种解释。选取一种情形，一个被告寻求促进其生意，通过追求一种他知道将会——依其本质必然——对原告造成伤害的行为。换句话说，即原告的损失是被告获得的对立面的某种情形。被告的获得和原告的损失，据被告所知，是不可分地相关联的。在没有引起另一发生的情形下，被告不能获得其一。如果被告在这样的情形中继续进行，为了获得他所追求的利益，他的思想状态将会满足非法妨碍的侵权的精神要素。这与萨姆纳法官在 *Sorrell v Smith* ［1925］AC 700，742 案中采取的方法相一致：

> 当被告行为的整个目标就是抢走原告的生意时，那么被告的获得一定是原告的损失。那么问题如何成立？差异消失了。被告的成功是原告的消失，他们不能寻求其中一种结果而不追求另一种结果。

［霍夫曼法官在同样的含义上，于 134 段引用了萨姆纳法官同样的段落，具有同样的效果。他和尼古尔斯法官都没有注意到萨姆纳法官的这一段牵涉到结合或共谋，与侵权的共谋伤害发展的原则几乎不一致，在 *Crofter v Veitch* ［1942］AC 435 案中，因为萨姆纳法官的辞藻意图说服我们：恶意，219

即使在共谋中也不能使行为成为侵权，然而霍夫曼法官和尼古尔斯法官引用了完全相同的措辞，为了或多或少相反的目的——说服我们，一个纯粹利己主义的为了获得的目的并不否认"意图造成损失"，这对使用非法手段的责任是必要的。]

†† 共谋伤害的以意图为基础的侵权是反常的吗？ （n. 51）。*OBG v Allan* [2007] UKHL 21 案中，重申了 *Allen v Flood* 案中的原则，霍夫曼法官评论道（第 15 段），在共谋中，"一个坏的动机能够例外地构成责任"。尼古尔斯法官于第 145 – 148 段重申了缺乏共谋"未使用非法的手段而有意造成的损害，其本身是不可诉的"。他认同对非法手段这种要求的批评是有强制力的，而原则也不像"实用主义的"那样如此合理且有原则（147）。在霍夫曼法官的观点中，有一种强制力——美国的原则创造了"许多不确定性"——毫无疑问，因为它所要求得出的介于所意图和非所意图之间的区分，以及使其影响变得公正所需要的资格都需要很多准确性，以及随之而来的复杂性。

在法律制度中权利滥用原则的有限的重要性上，其得以明确地表达，参见 Reid，"权利滥用原则：一个混合管辖权的视角" [The Doctrine of Abuse of Rights：Perspective from a Mixed Jurisdiction' (2004)] Electronic J Comparative L8：3。

第 12 章

条件性意图与预备性意图 *

Ⅰ. 关于条件性意图

为了终结一种不光彩的法律混乱，上诉法院在 1979 年 6 月谴责条件性 220 意图这个概念，称其为"伪哲学的"（pseudo – philosophical）。[1] 但这种混乱是由律师们自己制造的，几乎不是由哲学培养起来的，是真实的或伪造的。

1977 年 12 月，同一个法院宣称："不能够说，在头脑中考虑盗窃的人只有当其发现之物值得盗窃时才有当前去盗窃的意图。"[2] 现在，很多去盗窃的人并不知道他们将会找到什么，他们当中也很少有人决心去拿并带走他们碰巧遇到的任何东西。大约过了一年，上诉法院的措辞被下级法院[3] 当做是对小偷和窃贼[4] 的特许。随后，总检察长提及此问题时，上诉法院解释[5] 说，它的措辞省略了：只有当他们发现值得盗窃之物时才意图盗窃，

---

* 1994a.

〔1〕 *Re Attorney – General's References*（*Nos 1 & 2 of 1979*）[1980] QB 180 at 186，per Roskill LJ.

〔2〕 *R v Husseyn*（1977）67 Cr App R 131 at 132，per Lord Scarman.

〔3〕 e. g. *R v Bozickovic* [1978] Crim L Rev 686：一个带有去偷任何值得偷的东西的意图，作为侵入者进入一个公寓的人，并不能够（根据 Husseyn）被认为带有这个偷盗的意图进入这个公寓。诺丁汉刑事法庭的这个判决，被上诉法院在 1979 年的判决含蓄地否决。

〔4〕 See Law Commission Report No. 102（1980），appendix E（"Conditional Intention" and R v. Husseyn），para. 6：

在 *R v Husseyn* 判决的几个月内，"有条件的意图并不充足"的提议就所有这些盗窃和相关罪行中被治安法官和刑事法院法官所接受，造成了检察机关的挫败和困惑，并使刑法丧失名誉。

〔5〕 Loc. cit. , n. 2 above.

但并不知道将会发现什么的那些人，并不能被认为有**盗窃某种特定物品的意图**，因此对于试图盗窃那个特定物品的指控必须被宣告无罪。从此以后，这个问题通过使指控的物品不那么特定而被避开了：拿走了一个装有设备的手提袋的那些人，一旦被发现就将其遗弃了。不应该被指控为试图盗窃装在手提袋中的特定装备（在指控中明确指定的），而应被指控为试图偷盗（某些或所有）手提袋中装的东西。[6]

有更多持续的兴趣是这个事实，法官们在 1977 年的含糊不清引起了争论，其反对"条件性意图"的说法，这与平息问题的法院具有同样的愤慨。[7] 同样地，辩护人和法律委员会也是如此。[8] 为什么呢？律师们很少会详细说明他们反驳的理由。但是，其陈述的内容表明了如下含义。

条件，涉及把一种意图称作"有条件的"，并不影响一个计划和目的的采纳、决定的做出、意图的形成。相反，它们仅仅影响计划、决定或意图的实施。那些翻找别人财物来看是否有任何值得盗窃之物的人，可能根本不确定到底要不要去盗窃。但更常见地，他们已经**决定盗窃**那些经过检查他们可能判定为有利可图且安全的任何东西。需要由陪审团决定的是：做出被指控的罪行时，那个基本的决定已经作出，还是那个人仍然对偷盗任何东西拿不定主意？[9] 在盗窃的决定已经作出的情形中，重要的不是——假如指控是谨慎地不明确的——那种得以充分说明的意图包含一种条件：如果我发现有值得盗窃的东西（比如钱）。并且，其不重要的理由也能如上述那样加以说

---

〔6〕 [1979] 3 All ER at 153. See also *Scudder v Barrett* [1980] QB 195, (1979) 69 Cr App R 277; and *R v Bayley & Easterbrook* [1980] Crim L Rev 503 (Appeal No. 4903/B/79, Lexis transcript) 在每一个案件中，指控是"试图盗窃一个属于某某的盒子里面的东西"，这个不成功的上诉人的目的就只是拿走一些里面的东西，如果有的话，正如他们可能猜想的那样。

〔7〕 See [1979] Crim L Rev 444, [1979] 3 All ER at 145.

〔8〕 [1978] Crim L Rev 444 - 5, [1980] QB 180 at 186; Law Com. Rep. No. 102 (1980), appendix E.

〔9〕 *See R v Walkington* [1979] 2 All ER 716 at 724, 在 *Re A - G's References* (*Nos 1 & 2 of 1979*) [1980] QB 180 at 194. 因此：

在此领域，意图的任何情形中所得出的区分，是介于一个决定去盗窃的人和一个还未决定去盗窃的人之间。(Letter to the Editor [1978] Crim L Rev 444.)

明：这个条件是一个限制了意图客体（所意图之事）[10] 的条件，并非主体，并非确实已经形成（在此情形中开始依此行动）某种应受责备的意图并错误地意图的行为者……当我们说"确实已经形成"时，我们可能等同于说"无条件地已经形成"，意味着意图的形成已经切实发生了，已经不再对任何事是条件性的了。因此，我们能够非常明白法官们的焦虑——以免陪审团被误导对意图的条件性感到迷惑，尽管在其客体或内容中是条件性的，但其已经确实——无条件地——形成了。[11]

或者，我们可以宣称这样的危险：关于条件性意图的法庭讨论将招致熟练的律师从"我将做 X 如果 C"（无可怀疑地）转换到"如果 C 我将做 X"，并且之后会声称（似是而非地）在仅仅条件性意图中，真实的决定和作为结果的意图，去做 X 及时**紧跟** C 的发生，正如在后者语言表达的表面语法中呈现出的那样。[12]

Ⅱ. 一个意图的条件性是否真的重要？

一个广泛的哲学共识接受了：确实存在一种意图的种类或类型，其被适

---

〔10〕 自始至终，"客体"指的不是一个人（主体行为者）的最终目标（即动机，例如取悦自己的配偶），也不是指包含在一个人的行为中的物质客体（如一个人意图偷的东西），而是指一个人**意图的行为**，有条件地或无条件地实施盗窃（那个东西，如在那儿的某些东西）来取悦其配偶。

〔11〕 焦虑并非牵强。大量美国的上诉案裁决关于意图的本质——这在带有杀害意图的袭击中是所需的——显示了大量的混乱。一些法院认为，当 A 带着杀害 B 的意图而袭击（威胁）了 B，如果 B 没有服从伴随着这种威胁的要求，则 A 实施了犯罪：*People v Connors* 97 NE 643（1912）（Supreme Ct of Illinois）。另外的法院认为，这个犯罪不会被实施，除非 A 意图借助袭击来杀害 B：*State v Irwin* 285 SE 2d 345 at 349（1982）（North Carolina Ct of Appeals）。到目前为止，一切都很好；任何一个都主张是对法令维护性的解读。但是大量触及了同样结果的主要案例，正如 Irwin 那样做的，并不是通过要求那种袭击作为杀害的一种手段，而是通过宣称伴随着威胁的一个有条件的意图并非一个"真正的杀害意图"："在这样一个情形中，并不存在一个实际的或当前的杀害意图，并且可能永不会存在，由于意图对于某些不太可能发生的其他事件是有条件的"：*Stroud v State* 95 So 738（1923）（Mississippi Supreme Ct）。

〔12〕 注释：在关于有条件的意图（"去做 X 如果 C"）如此严谨的表述中，这个"如果"解读为通常意味着"如果和仅仅如果"。我将使用"我将会"这种形式，作为等同于"我将打算去"，使用这个现在逐渐过时的辅助形式来区分意图与预测的表达方式之间的差异。

当地称为条件性意图。[13] 这种共识也伴随着另一种：甚至当意图**不是**这些条件性意图之一，虽然主体对其的形成很少曾是无条件的，即"不顾环境"而形成；[14] 很少有任何持续的意图（打算）是无条件的，在"不可废除"或"不可撤销"的强烈意义（"我意图去做它，不管发生什么"）方面是无条件的。不要忘了这个共识的两个进一步深入的论点，似乎很便利地去称那些不是条件性的意图为"无条件的"。

223 　　条件性和无条件性意图，正如所说的，其不可减弱地在类型上彼此区分，因为其"拥有不同类型的客体"；也就是说，"那种行为者意图之事的类型在每一种情形中都是不同的"。[15] 确切地说：

　　　这个条件——"如果琼斯（Jones）在那儿"——并不是行为者意图一个条件……也就是说，[如此] 条件都不是行为者拥有这些意图的条件……意图的客体包含了一个条件；这个条件在某种程度上是**所意图之事的一部分或意图有关之事的一部分**。[16]

　　这种客体类型的差异可以被认为是，梅兰（meiland）说道，在三种标准的差异中，其中两种对我来说貌似有理。[17] （1）当 C 是一种在一个人意图

---

　　〔13〕 See e. g. Meiland, *The Nature of Intention*, 15 – 25；Castañeda, "Conditional Intentions, Intentional Action and Aristotelian Practical Syllogisms" at 248 – 9；Wilfrid Sellars, "Conditional Promises and Conditional Intentions (Including a Reply to Casta？eda）" at 202 – 3, 207 – 8, 212 – 14；Castañeda, "Reply to Wilfrid Sellars：Intending and the Logic of Intentions" at 423, 427 – 33；Cartwright, "Conditional Intention" and literature there cited.

　　〔14〕 Cartwright, *ibid.* , at 236, says：
　　所有的意图都是在一个复杂的信仰网的背景下形成的，其中一些是意图形成的条件……诚然，任何意图的形成都受这些条件的制约。所有的意图都因此是外在地有条件的。

　　〔15〕 Meiland, 16, 26.

　　〔16〕 Ibid. , 15, 16 – 17 (Meiland 强调的重点)。Cartwright, "Conditional Intention" at 235, 表达了就内在条件（其是意图内容的一部分）与外在条件（其是意图形成的条件）两者之间差异而言的要点。

　　〔17〕 Meiland, 17 – 18. Meiland 指出了第三种差异，但这似乎不够充分合理：(a) 当 C 是一种意图（这将因此是一个有条件的意图）客体的一部分，这个事实——C 将适用（如果并当其确实适用了）会是随后做 X 的一个理由，但是产生这个意图的理由不必包括任何相信 C 将会适用；(b) 如果相信 C 将会适用是行为者产生去做 X 的无条件的意图之理由的一部分，那么这个 C 会适用这个事实就是随后做出 X 的一个理由。此处 Meiland 的逻辑似乎是错误的，因为在 (b) 中关于无条件的意图所说的甚至对那些有条件的意图同样也是正确的——行为者在没有任何相信 C 事实上会适用的情况下形成了意图。

（"去做 X，如果 C 适用"）的客体中所明确的情形或条件，并且一个人开始相信 C 将**无疑**不会适用，那么其不会对做 X 改变主意，仅仅基于 C 将无疑不会适用；但是当一个人有一种无条件的意图（至少对 C 来说），并且知道 C 将不会适用，其会改变去做 X 的主意（并且基于被认为将得以适用的 C 并没有适用这一理由而准确地改变它）。[18]（2）当一个人有条件性意图去做 X 如果 C，其不需要相信 C 将会适用，因此不需要相信一个人总会努力去做 X；但一个人不能有做 X 的**无条件的**意图，但同时不相信其将努力去做 X。[19]

但是这两个差异，比起客体的内容，更多地有关主体的天性（dispositions）。并且，在差异（1）中断言的尽管真实，[20] 却似乎不重要。这一种类的意图会由于主意改变而被终止，而对其他种类的意图简单地停止"运转"并消失，对 C 的非适用（non‑obtaining）而言，这又有什么关系呢？乌尔里希（Ulrich）进入一所房子，意图进入餐厅盗窃曾在这里看到的银质刀具——一

224

---

〔18〕　Meiland, 18.

〔19〕　Meiland 的阐述是混乱的，因为他认为：

除非他改变了做 X 的主意，开始相信对他来说去做 X 是不可能的，或者他被阻止努力去做 X，这个行为者不能有一种去做 X 的无条件的意图，并同时不相信他将努力去做 X。

但如果一个人已经改变了去做 X 的主意，这个人就不再有去做 X 的意图了；并且如果一个人开始相信其做 X 是并且将是仍然不可能的，这个人就不能保留做 X 的意图了（尽管这个人可能仍然意图去尝试，徒然地去做它——运用每一块肌肉来推动一块 100 吨的物体）；并且如果一个人知道他将一直被阻止哪怕是尝试去做 X，这个人能够，同样地不再意图去做它。因此我忽略了附带条件。

〔20〕　由于意图从不意味着在这些情形下被执行……如果一个人相信条件并不满足，并且他放弃意图及其执行的理由是这种假设的不满足，那就并没有改变主意（Cartwright, "Conditionnal Intention" at 250.）

的确，但更确切地说，一个人也应该谈到这种情形——并没有条件被期待能够达到特定的时间，并且信念的改变仅仅是来自于产生 C 可能不会发生（或者就行为者已经决定去做 X 如果 C 而言，在任何期间都不会发生）的信念。Meiland 的陈述，"……开始相信 C 事实上不会适用"，首先涉及了在"X 的不可能性"中的这样一种信念。[我认为，相关的"不可能性"是实际的不可能性。Broderick, "Conditional Objectives of Conspiracies" at 903，批判了《标准刑法典》（Model Penal Code）对有条件的目的的接受，就是满足包含目的的犯罪行为中的目的性要求；他争论道，这将导致荒谬，例如若纳粹在下一次国会选举中赢得多数席位就同意炸毁国会大厦的人被定罪。但并未显示出炸毁国会大厦的意图或共谋，除非协议达成时双方就认为纳粹的胜利是一种实际可能性。Broderick 进一步的观点是，认为一个去做 X 如果 C 的共谋应该是可被处罚的，只有当共谋者认为 C **可能**是可辩护的，但还是没有很好地被他的主张（在 906）所辩护——当共谋者们认为 C 是不可能的，他们"从未真正期望履行协议"。]

个在共识和梅兰看来并不是有条件的而是无条件的意图。克拉里（Clarrie）进入房子并意图去偷银制刀具，如果在那里有任何银制刀具并且假如他看到并没有内部的防盗报警器——一个有条件的意图。当进入时，每个人都会发现这所房子除了防盗报警器外别无一物。乌尔里希改变了计划的主意并撤退了。克拉里"根据计划"也撤退了。无条件的与有条件的意图似乎并不基于乌尔里希与克拉里道德责任或法律责任间的差异，也不基于其可能适当地对其目的感到后悔的条件或强力间的差异，如果当他靠近房子时，其良知有效地起作用了。

梅兰的差异（2）是怎么回事？考虑"我将做 X 如果 C"与"我将做 X 当 C"之间是否存在一种重要的差异，后者，即无条件的意图伴随着对 C 将会适用的信念，这一事实有多么重要呢？梅兰的观点是，后一种信念伴随并且基于一个深层的信念："我将努力去做 X 当 C。"[21] 但他没有否认一种有条件的意图，"我将会做 X 如果 C"是伴随着这种信念——"我可能将（would）努力去做 X 如果 C。"他没有否认伴随着一个无条件意图的预测性的信念可能受制于明示的或暗示的附带条件（provisos）或击败性条件——很多情形中，这些条件会使预测"我将（除非……）"几乎并不区别于"我可能将，如果……"意图在其持续和执行过程中受限于这类条件或附带条件，很多方式中的其中一些能够通过如下不完整的列举（系列）来表示：

"我将不会做 X 除非……"

"我将不会做 X 直到……"

"我可能将做 X 如果……"

"我将做 X 如果……"

"我将做 X 当……"

"我将做 X 假使……"

---

〔21〕 Scheer，"有条件的意图"，争论到"我意图努力做 X"等同于有条件的"我将做 X，如果我能"，因此是一个范例性的有条件的意图的恰当范式。他的主要目的是质疑戴维森的观点，认为一个人可以意图做他不确定能做到的事情；在这样的情形中，根据 Scheer，一个人能够仅仅意图去努力——任何其他关于去做 X 的意图的陈述，在如此这样的情形中，只能涉及在一个目标明显的意义上的"意图"，人们打算但还没有做决定去做的事情。我不质疑也不接受 Scheer 的观点。

"我将做 X 除非……"

"我将做 X 无论如何……"

"我打算做 X。"

最后一个范示被包含进去，原因正如已经提到的，这样一种不合格的陈述通常不是一种不可撤销的且不可废除的意图（"不管怎样""无论如何"）的表达，而不过是一个由"除非我弄错了"而使其不合格的报告或其他断言，这是/或包含了对无错误性的一种声称。[22] 预先假设（例如世界将以现在这样的相同形状继续运转）是每一个或实际意义上意图的每一种形成，以及每一个意图的条件，但其中很多只有在不寻常的情形下才会引起注意，并且其中的大多数通常都不言而喻。[23] 如果所有这些暗示的预先假设和附带条件使最后一个由范示所清晰表达的意图合格化，同样，他们也会使"我将做 X 当 C"合格化。再次，乌尔里希说的"我将盗窃银器当我进入餐厅时"似乎在重要性上几乎无差于克拉里说的"我将盗窃银器如果我发现哪儿有的话"或"我希望能找到药品，但如果我发现任何银器我将会盗窃它"。

梅兰所提供的主体/行为者相关标准的差异，应该不会让我们忘记其主要论点：无条件性与条件性意图仅仅在其各自的客体上互不相同，并且一个条件性意图的条件并不是主体所拥有（形成）那种意图的条件。那个论点

[22] 类似地，Anscombe, *Intention*, 92：

在日常生活的细微活动中，说"我打算，除非我被阻止了"会是荒唐的，正如在一个人给出发生了什么的每一个报告之后，都说"除非我的记忆欺骗了我"。

[23] Davidson, "Intending" at 94：

……不存在有限的事物的清单：那些我们认为可能会阻止我们做所打算的事情，或那些导致我们留在自己手头的情形……我们很清楚我们意图去做的事情是什么，由于细节被蒙在鼓里，因而成了陷阱。

这些评论似乎独立于戴维森的论点：（a）该意图是"全力以赴"可欲的判断或评价的态度；（b）条件的意图中的所有条件都是带着当前的意图去行动的原因（94）；（c）一个人可能意图做一些事情，即使这个人不太确定能去做它（92）。Moya, *The Philosophy of Action*, 156，展示了戴维森是如何通过对这个广泛地和有效批评的教义（a）（一种忽略了去做可欲之事的决定是可取的争议）的接受，而被强迫接受争议（b）。Moya 进一步提出使争议（b）合格适当的理由，通过意识到在一个有条件的意图中条件可能包括：除了现在是行为理由的条件，对于手段或事实上目的（意图的利益）的可用性来说，也是条件。Scheer，"有条件的意图"争论到（c）是误导性的，如果一个人不确定是否能做 X，其意图将是"去做 X 如果我能"（等同于"努力去做 X"），例如，"如果我能通过考试去法学院上学"或"努力去法学院"。

似乎正确。每一种类型的意图都同样在做出某些选择（决定）[24] 中得以形成，并且同样能够保持稳定或不稳定，同样都受制于未言明的附带条件，同样与行为者的其他意图一致或不一致，同样伴随着热切的期望或勉强的感觉，诸如此类。与一个人已经形成和还未形成一种意图之间——介于那些已经做出决定和还在犹豫不决的人之间——的差异相比，条件性与无条件性之间的差异是无足轻重的。（正如我们将看到，甚至后一种差异也只有有限的重要性，当犹豫存在于选项中时，而其中一个选项是无条件地非道德的或非法的。）[25]

为了看到条件性意图和非条件性意图之间差异的最终的非重要性，应考虑弹簧枪捕人陷阱的例子（这在 19 世纪早期给普通法带来了不光彩，在 20 世纪中期给理查德·波斯纳以机会来表明一种无节制的法律经济分析将藐视基本道德的要求。）[26] 为了阻止偷猎者，把猎枪设置于绊线沿线的那些人，227 很可能希望偷猎者将被如此有效地阻止（例如通过弹簧枪警告的通知），以至于不会有人被枪击中。但是如果他们用实弹填装了猎枪，则表明他们相信有人可能会来偷猎。并且，假设他们的头脑是完全清醒的，其意图一定是——如果偷猎者来了，他们将被击中。那么，那个意图是有条件的还是无条件的？这个问题关系到客体，并且似乎没有明确答案。（"如果 C，X 将自动

---

〔24〕 并非所有的意图都是一个选择或"决定"的内容。例如，人们可以形成去搭末班车的意图，末班车就在 11：10，随后当被告知 11：10 的末班车已被取消了，这个人形成了去搭 10：45 那班车的意图，而无需做出任何新的决定和选择，甚至重新做出承诺赶上末班车。这在选择的实施中是常见的；其推进了选定的行为方式，当情况出现时他明智地适应了环境并自发地形成了意图。但这并不是意图，或确定地形成意图的范例，其是通过选择而采纳建议。（安斯库姆宣称意图不必经过意图的形成而开始时，她打算的是否是其中一种情形呢？参见"Events in the Mind"at 63.）至于在一个人打算的目标意义上的意图，详见上文 n. 21 与下文Ⅲ的内容。

〔25〕 而对于某些目的，一个完全形成的意图的条件性可能会削弱其重要性。因此，在 *R v Immigration Appeal Tribunal, ex parte Masood* [1991] Imm App R 283（高等法院，1991 年 1 月 22 日，Lexis 正式文本）中，Simon Brown J 认为，这里的法律问题是——结婚的主要目的是为了共同生活还是为了获准进入英国，事实上，双方当事人共同生活的真实意图是一个"有条件的意图"，即取决于能够住在英国，所以反而削弱了附加到接受的意图的分量，那样共同生活的意图可以合理地被判断为不是主要的。

〔26〕 See essay Ⅱ, secs Ⅰ and Ⅱ, 特别是对波斯纳的评论，"Killing or Wounding to Protect a Property Interest"at 209 - 11；Posner, *Economic Analysis of Law*, 119 - 32.

发生，因为我已经确保了它将会发生"，这种说法并不等同于"如果 C，我将一定做 X"，但可能实际上是相同的。）在这样的情形中，清楚的是，主体（那些将猎枪置于此处并以此方式将其上膛的人）一方确实存在枪击任何闯入其灌木丛或花园的外来者的一种意图。[27]

然而，就意图的哲学反思来说，使条件性意图坚定地留在舞台上仍然是很重要的。如果艾伦（Alan Donagan）已经唤起了条件性意图的现实，他就很难谴责圣托马斯对使用权（usus）与主权（imperium）的分类是混乱的和错置的。[28]因为艾伦比大多数人更了解一个人辨识人类行为的组成部分，不是通过内省而是通过对各种各样情形的反思，一个人故意做某事的行动已经开始但并未完成的情形。[29]但是，艾伦对如此情形种类的列举简单地遗漏了那些情形——一个人已经选择了行为方式但实施此选择的时机还未出现。因此，他加入到哲学家们与神学家们的长队伍中，他们草率地把主权（imperium）视为纯粹的虚构，而在思考后的很长时间，主权被判断和选择所终止，在曲折迂回的情形中，一个人因主权对所做之事进行理性的控制。[30]

Ⅲ. 关于预备性意图

有些意图的客体是对主体确定可能未来的深思熟虑和意图，是可能被使用并完成至行为的条件。如果存在"目标"，一个人"头脑中"之事——那些是意图而不是单纯的希望，即使一个人还未决定是否追求它们，那是因为一个人已经决定严肃对待它们，并非仅仅通过空想，而是通过真正的**深思熟虑**——关于如何获得或进行它们，或者如何为能够获得或进行它们做好准备。

228

---

〔27〕　因此，Criminal Code（Revised Statutes of Canada 1985，C－34），s. 247（1）：
每一个带有给他人造成死亡或身体伤害意图的人，不管确定与否，设置或安放或者导致其被设置或安放的某个陷阱、装置或其他有可能造成他人死亡或身体伤害的任何东西，都对这个可提起公诉的罪行有罪。

〔28〕　Donagan，"Thomas Aquinas on Human Action" at 649 – 52.

〔29〕　*Ibid.*，at 654.

〔30〕　See *NLNR* 337 – 42.

在他模拟的自然科学方法中，霍布斯认为深思熟虑什么也不是，除了对善恶结果交替的想象"或对（同样的事情）交替的希望与害怕，或交替的欲求去做或放弃在考虑中的行为"。一个人在其深思熟虑中偶然遇见的这些去做、去放弃的欲求中的每一个，都被称为诸如霍布斯所说的，"意图（intentions）和倾向（inclinations），但不是意愿（wills），确实存在然而只是**一种**意愿，在此情形中也可能被称为**最后的**意愿，尽管**意图**经常改变"。[31] 但这些声称不仅仅与习惯用法不一致。对替代性选项的吸引力的深思熟虑并不是对削减和改变的意图以及连续改变的心意之间不断摇摆的问题。

以关于意图与深思熟虑之间关系的经典英国案例来说，一个意图在租约到期时拆除房屋的房主，并不能（一项法令，正如阐明那样提供）从即将离开的租户索要房屋破损费的赔偿；但一个房主，指导专业的咨询家对拆除和重建制订计划，并将其提交至有关机构以弄清涉及的费用和条件——

> 可能仅仅是保留了他的决定，直到其掌握了财务数据，足以决定这个方案是否是商业上有价值的。一个如此合格但缓期的目的并不能……等同于原则内的一种"意图"或"决定"。它仅仅是深思，直到有利于商业价值的决定所必需的材料都已现成可用，并导致这样一种决定。[32]

---

〔31〕 Thomas Hobbes, *Of Liberty and Necessity*（1654），in Raphael, *British Moralists 1650 – 1800* para. 96（霍布斯的强调重点）。约翰·奥斯丁似乎同意这一点：*Lectures on Jurisprudence*（1869）1, 429. 格兰威尔·威廉姆斯也确实这样：*Criminal Law: The General Part*, 36. See generally essay 10 at n. 8.

〔32〕 *Cunliffe v Goodman*〔1950〕2 KB 237 at 254, per Asquith LJ. 注意，所谓的"原则"简单地说就是，只要有一个拆除的意图存在，这个房屋通过司法解释和裁决可以被视为在房屋"将会于租约到期后已经被或租约很快到期后将会被拆除的"房屋的法定概念之内。[Landlord and Tenant Act 1927, s. 18（1）.] 这个司法解释会关注这个事实，即 1927 年法案的 s.1 提到了一个"拆除的意图"，但是在 s.18（1）不同的措辞中引入了明显区分于任何优柔寡断状态的一个意图概念的使用。后来与 1927 年法案相并存的法规，明确说到了房东意图做的或在其他条件下（和明显同义的）提出要做的：Landlord and Tenant Act 1954, s. 3（1）（f）；Opencast Coal Act 1958, s. 30（3）（c）；Housing Act 1985, s. 556 and Sch. 2, Part 2；Housing Act 1988, Sch. 2, Part 1（"intends" or "intention" to demolish）；Landlord and Tenant Act 1954, s. 12（1）（a）；Leasehold Reform Act 1967, s. 17（1）；Local Government and Housing Act 1989, Sch. 10（"proposes to demolish"）.

从表面价值来看，对"深思"（contemplation）的这种讨论尽管比律师们"计算出"的步骤的说法不那么让人迷惑，但这几乎与霍布斯相反的宣称一样夸张——霍布斯认为，当深思熟虑可替代的选项时，一个人冲突的倾向是摇摆不定的意图。但阿斯基斯大法官（Lord Justice Asquith）几乎并不认为"深思"某事是值得深思的！他意味着一种对选项的主动思索和探索的过程："我在考虑推翻这栋建筑。"根据阿斯基斯大法官和科恩（Cohen）法官的理解，这可能包含一种"临时的"（provisional）意图，不是为了混淆，而是其强调一种"确定的"但"可撤销的"意图。

他们在此处如此谈到临时性的意图是否合适？他们正在考虑的情形，我认为可以从一个和其他两个范例来理解：

（1）如果净预期成本低于一百万英镑，我就决定拆除房屋，然而我还不知道他们在调查中是否多于或少于那个数目；在此，我可能同样会说——**要么我已经临时性决定**（有临时性的意图）**去拆除，要么我还未做出决定**（没有形成意图）**去拆除**。

或者，正如其真实情况和某些法官的评论而非建议那样，情形也可被理解为另一种范例：

（2）我决定去调查拆除的利弊，这样一种调查可能需要我采取很多措施，那些措施是如果我以一种确定去拆除的意图而行为我将会采取的措施；但我采取那些措施的目的仅仅是为了准备好做出一个明智的决定——是否拆除。

在某种程度上，科恩法官和阿斯基斯大法官理解范例（2）中的事实，他们希望谈到**去拆除**的一种意图，即使是一种仅仅"临时性的"意图，也似乎走得太远了。[33]

然而，即使范例（2）中——在范例（1）中更有理由地——存在一种意图；已经存在一个决定；事情已经超出了对可能性纯粹地感兴趣和保持开

---

[33] 当然，也有文本，其中"临时的意图"就是准确的描述，例如，在强制实施补偿法令之前，量刑法官应将他临时的意图（这么做）告诉律师，因此对于被告的手段的合理询问能够得以实施，律师也能提交相关材料。[R v Hewitt（1990）155 JP 243（Court of Appeal, Crim. Div.）]

放。我将会说，意图是**程序性的**或**预备性的**。它是（形成于）一个提议或目的的采纳：去做所需之事（a）做出一个是否拆除的明智的决定，更进一步，在很多情形中，为同时去做所需之事（b）做好准备（be in a position）。例如，如果一个人确实决定去拆除，其将做好充足准备。并且，这种程序性的或预备性的意图其本身——当然——就是无条件的。

230　　我们是否应该说，如果一个人做出了这样一种预备性的决定——进入其能进入的这样一种状态，如果一个人因此选择去做 X 并且成功做成了——这个人就是在形成一种（正是）去做 X 的有条件的意图，即一种去做 X 的意图，如果在调查中，其似乎是合适的？那种描述似乎是可能的。[34] 然而，它掩饰了这样的事实——当一个选项对我来说似乎"在所有情形中都是合适的"，我可能仍然没有选择它，也即去采纳它（去采纳它可能就是形成相应行为的意图）。被掩盖的事实是，这个实质性的决定——去做 X——仍然需要做出（并且可能永不会被做出，即使一个人在未来的某个时间判断此情形完全有利于去做 X 并且认为没有替代性的选项如此适合。）

　　通用的习惯性用语对于预备性意图（这也是相当普遍的）是否是一种有条件的实质性意图，显示出举棋不定。更重要的事实是，那些做出如此程序性决定[35]——仔细考虑和/或进入一种状态去决定并且"如果需要"实施 X——的人向自己显示出**做 X 的意愿**。如果 X 是那种没有人应该做之事，这样一种程序性的/预备性的决定参与到实质性的意图 X 并做 X 的非道德中。

---

　　[34]　Cf. Luke 14：28：

　　对于你们其中的，打算［KJV/AV，JB；Gk. *thelon*；Vulgate"自愿地"（volens）；RSV"想要的"（desiring）；Douai and Knox"有想法"（ha［ving］a mind）；NAB"如果你们之一决定"］盖一座塔，未第一个坐下来计算成本的人，他是否足以去完成它？

　　[35]　我并不维护 Pink 提出的观点，"有目的的意图"at 343－4，那个"意图做 A 就是……一个目标导向的、类似行为的状态——一种由行为者所形成和保持作为他随后去做 A 的一种手段的状态"；see also 356，程序性意图的某些情形可能近似那种状态。但是，这个观点是过度的。总体上更为均衡的观点是 Pears，"Intentions as Judgements"at 229：

　　我们无疑可以有意地形成意图，并且当它们保留在我们中间，我们把它们的坚定性当作我们可以做出一种有意图的贡献的东西时……我们就形成和保持了我们的意图，不仅是为了达到我们推迟的目标，也是偶然地因为进一步的理由……提前获得的优势与能够依靠某些处理方式来做出特定行为。

（那并不是说它与实质性的意图"同样邪恶"或后者正如实施那种意图"一样邪恶"；那只是说，其包含同种类的非道德性——如盗窃或谋杀——正如去做 X 的实质性意图和故意去做 X 一样。）

两个想象的例子（随后我将指出一个真实的案例并切中要害）。（1）正要结婚，有人对自己说他将是一个忠诚的丈夫，但是决定保留妙龄少女的地址簿，只是以防止婚姻没能给他期望的所有满足。通过那种决定，在他的内心里他是个通奸者，即使他还没有作出实质性的决定去使用地址簿给一个女孩打电话或进行性约会。（2）一个嫁给了某个粗暴酒鬼的女人，考虑如果丈夫太过分了，就在他睡着时把他的床点着，她决定把这个想法当做一个她可能某天会采纳的并依此"使其保持开放"的切实选择，她买了一罐汽油并放到她的壁橱里。她的选择让她在内心里成为一个谋杀者。当一个人决定做好准备时，通过这种方式，其形成了一个无条件的意图，做出了一个直截了当的尽管程序性的决定：现在做准备，**如果** C，一个人能够**要么**当即形成一种去做 X 的无条件意图，或者要么倾向于：**如果** C_1 形成一种去做 X 的条件性意图。并且任何这样深思熟虑的决定都将是一个**选择**，对这种（程序性的）选项的采纳优先于替代性的不一致的选项。

在刚刚所考虑的每一个情形中，都有一种条件性的意愿（conditional willingness），它起源于一个决定，这个决定把某种可能的意图不是当作仅仅一种"抽象的"可能性，而是当作一种意图——当特定条件具备时，一个人可能确实（"很可能"）形成的意图。确实，这个意愿是，或可能是，加倍条件性的，因为（实质的）意图——一个人因此有（预备性）意图准备好去形成的——是一种可能——如果或当其形成时——要么是条件性的，要么是无条件的。因此，预备性意图有一种客体可能翻倍的条件性。然而，只要其自身是由采纳一种提议所形成的，预备性意图就有在主体方面的无条件性，以及因此对所有意图的自我决定和特征塑造的重要性。他在客体方面也有一些无条件性。这还不是选择去做 X，也甚至不是**如果** C 选择**去做** X。它是明确的意图，不是为了从进一步的深思熟虑中排除去做 X 的选项，作为一种单纯的诱惑，而是为了在一个人的深思熟虑[36]中保留那种选项，作为一种仍然**"适格的"**（eligibilium），作为值得选择的（**对我可选的**）。在那种意义上，对那种选项而言，一个人给出了一种真正的尽管仍然有限的赞同的意愿（虽然通过选择去采纳它，但与其他选项相比还未更倾向于它）。

Ⅳ. 把一种选择当做可接受的：共识*

圣托马斯在对故意行为的分析中，为意愿的行为留出了空间。凭此，一个人赞同行为的一种明确提议，而在未做出选择时；他把这种赞同叫做共识（consensus）。

它是一种意愿：一个人是有思想的、有倾向的，愿意把某些手段 X 当作是可接受的。常常某种替代性的选项，Y 同样也是可接受的：一个人还未采纳（并且可能事实上从未采纳）要么 X 要么 Y，优先于其他选项。[37] 在这个常见的情形中，共识是显著不同的事物［在现实中］和理由［ratione］（概念上的）也区别于选择（electio）或选择（chaice）。[38] 但是在任何情形中，共识的产生并不仅仅是对 X（和 Y）将是保证一个人感兴趣的某些利益的有效方式的判断，而是把 X（和/或 Y）当作一种可接受的选项，对一个选项感兴趣——作为一种我将使其继续保留的生动选项，尽管我在同样感兴趣的方

---

[36] Cf Minucius Felix, *Octavius* (c. 190/220 AD), 35, 6：

你禁止通奸，但你又做了。然而我们［基督徒］仅仅对我们的妻子而言我们才是男人。你惩罚罪犯，当他们被实施时。对我们来说，即使考虑去［cogitare］犯罪也是一种罪恶。你害怕证人。我们甚至害怕我们自己的良心，因为它是我们无法逃避的。

* 此章中，为了区别 consensus 和 assent，以便于上下文的理解，将 "consensus" 译为共识。第 8 – 14 章中，除此章外，"consensus" 统一译为"赞同"。——译者注

[37] *ST* I – II q. 15 a. 3.

[38] *Ibid.*, a. 3 ad 3：

si inveniatur unum solum quod placeat, non differunt re consensus et electio, sed ratione tantum：ut consensus dicatur secundum quod placet ad agendum；electio autem, secundum quod praefertur his quae non placent. 如果只有一个［提议的行为方式］被发现是可接受的，共识和选择实际上就并没有什么区别，尽管它们在概念上是不同的，既然此处一个人可以说，由于提议的行为方式是［被发现是］可接受的，那就存在共识；或者说，由于这个行为方式比那些被发现是不可接受的行为方式更具倾向性，那就存在选择。

面仍然有相矛盾的可替代选项。

　　作为一个真实的倾向，共识能够成为对可能选项的一种致命罪恶的接受，即使还未完全选择去做它、并未意图它，即使是有条件地去做它。但阿奎那关于共识的正式论述对被我称为"当作可接受的"[39]事使用了赞成（placet）这一术语，而他之后对罪恶的**共识**的讨论脱离了一种特定类型的情形，即一个人想象和体会某种可能的行为时，达到一种感官愉悦（sensery pleasure）和愉快（delectatio）。[40]那并不是正在勉强考虑**之事**，而是一种真正承认不公正行为的意愿。随后许多新经院主义哲学家把问题完全混淆了，他们提出行为的一种概要。其中，**共识**先于（而不是如圣托马斯所说：紧跟）理由的判断，这样一种选项（明确的手段）是可获得的，并对一个人感兴趣的某种目的是合适的。[41]因此，它变得如此容易以至于忽略了这个事实——一个人对尚未被选定的某种选项的赞同，可能（正如某些选择）伴随着非常强烈的厌恶感，并且可能仅仅是对一个人所假定之事是巨大罪恶中较轻者这一想法的赞同——并且仍是一种不正当行为（正如在其内心），当其还能对它感到后悔时，其一定会感到后悔。[42]

V. 英国核威慑中的预备性意图

　　如果一个政策实施起来将是邪恶的，那么建议（counsel）它或为实施它　233

---

〔39〕　*Ibid.*

〔40〕　I-II q. 74 a. 7; cf. aa. 6 and 8.

〔41〕　See essay 9, sec 1.

〔42〕　Cf. the commentary of Peter de Scala OP（插入到阿奎那的 *Commentary*［*Reportatio*］on St Matthew's Gospel 并长久地归因于阿奎那），在 Mt 5：28 中评论到（"任何一个人，看着一个女人并对其动淫念，这个人就已经在他的心里和她实施了通奸"）；de Scala 解释道，这个文本说"对她动淫念"（而不是直接地"为了实施通奸"）以便告诫我们，不仅这种恶以及对这种恶行的**共识**是错误的，而且去享受快感［在这种恶行中］的**意图**或**共识**也是错的。并且他注意到，奥古斯丁和杰罗姆所做的解释，即这种说法等同于"因此他可以看到这个女人的目的是在内心里动淫念去做这个［通奸］，如果这个机会将自己呈现出来"（即如果有机会使自己呈现出来，他应在其最后提供出来，以采取措施这样去做：idest ut eam eo fine videat ut faceret si facultas se offeret）。因此传统将意图和**共识**当作是道德性地，在类似的情形中，借助有条件的意图的模式来解释思想的非道德的罪恶的某个范例。

制定计划同样也是邪恶的。[43] 提建议的人意图它被采用，作为对一种意图形成的称赞。"制定计划去执行一个政策"显而易见的含义是：采取初步的措施去实施一个当前（即使是有条件的）的意图。但是，正如吉奇在同样的地方指出的，有些人为威慑的道德性辩护，因为他们正在建议的"这个政策"就这一点来说只不过是：有这个政策的出现，这个政策的执行将包含集体杀戮。其他人认为这个政策只不过是：让我们的选项保持开放，尽管对这种我们将"处于这种状态"去选择"在这一天"的杀害性选项并没有最小的承诺。因此，仍然有余地对前提的适用性进行辩论，这也是吉奇为了判断核威慑的道德性所详细论述的。逐渐地，辩论转移到了包含在任何可靠的威慑政策中的（条件性）意图的问题上，并且吉奇的前提逐渐被更经常地详细叙述为"不正当的**意图**原则"（wrongful intentions principle）：去做它将是邪恶之事，意图它也是邪恶的（甚至是条件性的）。

对于拒绝或修正不正当意图原则的理由，所有严肃的努力都证明，到目前为止，其依赖于结果主义的前提，因此正如道德判断的结果主义理论一样根本站不住脚。[44] 同样，现代国家所维持的核威慑都是或者可能是一种虚张声势，任何这样的假设，都已经被证明不仅是实际上毫无任何根据的，而且正如其可能看起来令人诧异那样，也是逻辑上不可能的。[45] 但是，对核威慑实际的公共政策的分析，显示了英国的政策（不像如法国或美国那些国家）已经包含了：缺乏直截了当的实质性的有条件的意图，去做 X 如果 C——如果我们的城市被袭击，就实施（不可避免杀害的）[46] 城市互换或最终报复。反而，英国的政策包含了一种预备性的意图，[47] 正如通奸的新郎和蓄意谋杀的被虐待的女人在预备中的意图。

在采纳和/或参与此政策的过程中所做出的决定，不多不少地把这些行

[43]　Geach, "Conscience in Commission" at 92.

[44]　经典的中心（locus classicus）是 Kavka, "Some Paradoxes of Deterrence". 对于 Kauka 论述的结果主义的特性，参见 *NDMR* 79*n*, 180－2, 244－6, 251－67.

[45]　*NDMR* 113－23, 128－31.

[46]　*Ibid.*, chs IV and VI.

[47]　*Ibid.*, 6－11, 31－3, 57－8.

动当作"开放的""真正的"选项。这不是一个**以此方式"制定计划"**的问 234
题，即一个职业学院训练一种技术性技能时的练习那样制定计划。而是一个
为了形成（或执行）一种意图而制定计划的（在吉奇的陈述中）问题，意
图一旦形成，就将会去谋杀。其内容的多层条件性确实把如英国这样的威慑
政策区别于捕人陷阱或一个世界末日机器（为了不可避免的大量报复而完全
自动的一个系统），并区别于在传统的美国政策和法国政策中表达出的
（非）条件性意图。尽管如此，英国的政策包含了赞同，无论多么勉强，是
对某种前后一致的威慑的两种战略上至关重要但不可避免谋杀的因素的赞
同：实施城市互换（为了结束战争升级或阻止对我们市民的进一步攻击），
以及对敌方社会的最终报复的爆发（倘若我们"已经没有更多可以失去的
了"），是否应把这种赞同（assent）或意愿（去杀害）**称为一种条件性意图**
（去杀害），这个问题是需要解决的一个相当次要的问题，如果愿意，可以
由规定来解决。[48]

---

〔48〕　正如我们在 *ibid.*，80，82 所做的（"因为在一个道德分析中，重要的不是"意图"这个单
词，而是行为的意愿的实际情况，即使有需要满足的条件"），99 - 100.

第 13 章

行为中的"直接"和"间接"*

I

形容词"直接的"与"间接的"被用于天主教堂教义权威的一些文件中，来限定那些涉及一个人引起坏结果的特定方式的名词。那些形容词被用于区分如下情形：一个行为的人意图坏的结果，要么作为一种目的，要么作为一种手段；[1] 与道德行为者，在做某些其他道德上正直的行为时，仅仅作为副作用而接受坏的结果。与其使用"直接的"和"间接的"，其似乎更倾向于论及所**意图**之事和**作为一种副作用**[2]**所接受**之事，我们在此将经常这么使用。

为了理解这种区分，我们应从考虑自由选择和实现选择的行为开始。那些是善的或恶的——对于通过做出那样的选择并实现选择而塑造自身的人类来说，在第一种实例中是善的或恶的。群体也会思考和行动，并且其行为也会影响和塑造自身。当然，每一个参与到公共行为（communal action）中的个体都将在这样做时做出他或她自己的自由选择。

道德的善恶是一种关于这些选择是否合理以及如何完全地或不充足地合

---

* 2001a（with Germain Grisez and Joseph Boyle）.

〔1〕 参见 CCC 2271；约翰·保罗二世：《生命的福音》的圣谕，1995 年 3 月 25 日的第 62 例："直接堕胎"。这些和其他最近文件的一种主要来源，在这一点上，是庇护十二世表述在《生命的福音》注释 66 的第 62（see essay 9, n. 55）中的陈述套路。

〔2〕 参见 Grisez, *Living a Christian Life*, 473 - 4.

理的问题，也就是说，其与对所完成之事或所避免之事的完全合理的判断相一致。[3]

在孩子们能够做出自由选择之前，情感的动机将其吸引至或将其转移至某些可能性，并且这类动机在一个人的成年生活中也会起作用。当一个人变得能够被理性所激发时，其进入了道德领域——通过推理要做什么，通过或多或少将一个人的情感动机彼此结合起来并与理性结合起来，通过或多或少理性地做出自由选择。但是，存在行为的一个理由，借此一个人可能因此被激发或指向选择，那是什么呢？本质上，它是为了理解介于某种利益（借此，一个人或其他人可以被满足）和某些行为（一个人预期会包含或带来那种利益）之间清楚明白的联系。

选择存在于不同选项之间。情感的动机和理性的动机都暗示了似乎一个人有能力以某种或某些确定的方式去实现的可能目的。在对去做什么的思考中，一个人既考虑为了这种利益以这种方式去追求这种目的的提议，又考虑以不同方式追求同一种目的的替代性提议，或者为了同样的或其他利益而追求一种替代性目的的替代性提议。一个人不得不选择，仅仅因为存在很多包含着什么都不去做的提议的这些替代性提议——替代性选项。

在前面三段进行介绍并彼此相联系的看法，使得把行为理解成具有道德

---

〔3〕　当然，这种陈述必须被限定。人们正确判断要做什么和根据判断在行为中实践自由的能力，能够或多或少地被限定在多种多样的方式之中。因此，一个人的道德品质有赖于关系到他/她理性行动能力的自我决断力。因此，一个理性行动能力被限定的人可能是一个好人，即使是决定了他/她自己去实施某种错误的并且不会被一个不受这些限制的好人所做出的行为。由于那种原因，天主教道德神学家和牧师的实践都意识到，一方面在行为人及其选择所具有的"主观的"善恶，与另一方面被全然的实践合理性所衡量的行为的"客观的"善恶之间的区别。这种区别同样能够被标明：尽管我们不提倡这种谈论的方式——借助将"善""恶"这两个形容词保留用于限定行为人与选择——而是非这两个形容词用于限定选择和行为。当然，善恶是非有时以我们认为的与充分的道德性及牧师的实践不一致的方式来区分。例如，Keenan, *Goodness and Rightness in Thomas Aquinas's Summa Theologiae*, 173 - 4，认为被仁慈和"怜悯"所控制的行为都是"善的，尽管不必然是正确的"——诚然，即使是不正当的也是善的——并且那种"正确性的缺失并不会影响"行为是道德上善的描述。再者，有些基督教神学家坚持认为实践合理性有时需要一个在这个堕落世界中的正直之人去实施罪恶——去做那些真正错误之事。如此把善与是、恶与非区分开来的方式，将是非从实践理性的基本人类善和审慎的道德美德中分离出——这是一些传统的天主教道德神学家和牧师实践绝不允许的行为。

重要性变得可能。在使那种理解变得可能的过程中，那些看法也使得对语词、概念和现实的恰当理解变得可能。这些语词、概念和现实是道德和法律分析集中关心的，不只在信奉犹太教和基督教共有教义的人中，也在（正如将显示出的）广泛不同的文化背景中：意图、选择和预见；目的、手段和副作用。

最清楚易懂地弄清楚这些语词、概念和现实的方式，就是考虑某些例证——对提议（选项）、采纳提议的选择，以及实施那些选择的行为的例证。

情形 A：一个拿着钱去买周五午餐的男孩在商店橱窗看到了一个精致的飞机模型。他考虑这两个选项：买午餐来解决饥饿与买飞机模型在周末玩耍。他预见到，如果买飞机模型则下午会很饿，如果买午餐就会没有周末的乐趣。他为了周末的乐趣而选择买飞机模型；意图的目的（目标）是周末的乐趣，所选择的手段是买飞机。那么，饥饿不可避免地紧随其后；它是一种预见的副作用。它是一种**副作用**，准确来说因为这不是他采纳的提议的组成部分——**为了周末的乐趣而买飞机**，正如没有周末乐趣不是他未采纳的提议的部分——为了**避免饥饿而买午餐**。

情形 B：一个患有高血压的男人被提供了一种药物来降低血压。服用这种药物会有人们所称的副作用；某些副作用还非常罕见且致命。这个男人知道这些副作用，但知道正遭受过早去世的风险时还是选择服用该药；碰巧，他死于该药某种罕见的副作用。在选择服用这种药时，出于活得更久的目的，他采纳了使用这种药来降血压的提议，但是也接受了副作用：死于药物副作用的（很低的）可能性。尽管他预见并引起了所接受的风险，冒那种风险绝不是其意图的组成部分——其试图达到的目的和为了达到它而选择的手段。

情形 C：一个派对上的男人考虑三个提议：要么待到天亮并（很不舒服地）睡在沙发上，要么叫一辆（昂贵的）出租车，要么（眩晕地）自己开车回家。自己开车回家会很便宜，但是冒着撞倒路人的风险是该选择的副作用，并且碰巧，他把人撞倒了。这个车祸灾难是该选择的进一步的副作用。他对那种副作用负有责任。也就是说，他本应考虑到这样一种副作用并做出

237

一个或其他替代性选项的理性选择。但是如果女主人犯了心脏病并且为了送她去医院，他接受了在同一情形下开车的同样风险，那么他开车的选择就很可能是合理的。

情形 D：一个女人决定在她兄弟的审判现场出庭作证，尽管她强烈地意识到自己不受控制的口吃。她的目的是帮助她的兄弟获得公正，帮助的手段是作证，副作用是公开的口吃。这个副作用是该女人行为举止不可分离的组成部分；她讲话时一直口吃。但那个副作用本身是多余的；诚然，正是那个副作用妨碍了她出庭作证的目的（因为口吃分散了陪审团的注意力并可能使陪审团恼怒），口吃并未包含在她的意图中。她选择并尽其所能地正常陈述。她没有选择口吃，实际上她也确实尽其所能地不口吃。

情形 E：一个农民阉割了雄性牛犊，目的是为了改变它们的荷尔蒙激素构成并让它们长胖和易于管理。他接受这样做将使它们无法生育，如果农民并不认为把它们育肥和让它们安静能更加赢利，那么他会为了牛群繁衍而让一些牛犊保有生育能力（而不是在繁殖季节雇佣公牛以育种）。他所做的**举动——通过阉割使牛犊绝育**与**通过阉割来育肥并使它们安静**——这两者之间并没有什么区别。但是，育肥的提议极其不同于绝育的任何提议。因此，尽管这个**履行行为**是绝育（正如任何人都会说谁又仅仅盯着这个**履行行为**及其生理影响），关于在农民的提议中所包含之事的任何问题都不会参照其行为举动被解决。诚然，既然绝育（达到一种不育的状态）对农民来说既不是目的（目标）也并非手段，那么绝育并不包含在他所采纳的提议中，也不是他所选择的，为了人类行为论述的目的，它也不是他**正在做**之事。

正如我们说过的，对选择和行为的分析也可以像适用于个人行为那样适用于群体行为。（诚然，对"提议"的讨论被审议议会的领域所改写）因此，我们将要考虑的下面两种情形，正好是群体行为，但同样也可以是一个强大的个体的行为。

情形 F：一个俱乐部的大多数成员都投票赞成一项动议，即称赞一位不太受某些人欢迎的即将离职的总裁。这样做时，他们接受了与少数派敌对的副作用。选择去称赞这位总裁的投票中——他们实施了构成称赞行为的举动并且达到了这么做的目的。

　　情形 G：一个公司的管理者们仔细考虑，于一月份关停生产线的一个提议以及于五月份关停生产线的一个替代性提议。为了更换工具，生产必须被暂停一个月。出于生产的目的，五月将是最好的月份；为了短期的财务目标，一月会稍微好一些。但是一月份关停生产线会有将工会联合扼杀在萌芽中的效果，而在五月关停生产线将给工会足够的时间来组织并强加给公司一些不受欢迎的要求。如果管理者为了把工会联合扼杀在萌芽中而选择在一月份关停生产线，他们的意图就不仅是为了关停生产线并更换工具，还为了把工会联合扼杀在萌芽中——阻止工会联合不仅仅是副作用。如果短期的财务收益并不是管理者们做出选择的理由，则他们也不意图它。尽管他们预见到它并且欢迎它，财务收益也仍然是一个副作用。既然如此，如果管理者们知道这次将不会有短期的财务收益，他们就没有理由来重新考虑自己的决定。如果管理者们出于生产目的为了改进工具在五月关停生产线，那么增强的工会联合就是一种不受欢迎的副作用。

239　　情形 H：一个间谍，对他的女房客已经知晓他的叛国感到恐惧，仔细考虑为了确保她的沉默是必须做的事。尽管想要她持续的陪伴，但他极其勉强地决定杀害她。他把她带到了一个可爱的乡村景点，并带着巨大的遗憾将她推下悬崖。对自己厌恶得作呕，他检查以确定她确实死了，之后如计划的那样报告了这起"事故"。在为其所行为的目的的意义上，尽管他的意图是保持她的沉默，但那并不是他意图的所有。他同样准确地意图他所选择之事：杀了他的伙伴。女房客的死并不能被当作副作用。他的厌恶、后悔和自责并不会使他意图杀害她的这一情形有任何改变。

　　尽管先前的例子不胜枚举，甚至这八个例子都单独提供了足够的数据来说明文章所讨论的行为理论是充分合理的，并且适用于整个选择和行为的范围，而这完全独立于对其善恶是非的道德判断。

　　情形 A 阐明了一个行为实施了由选择所采纳的提议，行为人意图[4]不仅要实施那个提议，还要实现其为了采纳这种提议的利益的目的。这种情形同样也表明一个人的行为有非意图的副作用，在行为人有意图的举动尽可能多的某些预见的和不可避免的结果中，仍然是非意图的。

　　情形 B 强调了：加强了这样的观点，当一个人实施某种选择时故意带来坏的影响，他并不需要去意图它们。即使一个人能够预见并引起它们，也没有选择它们；其仅仅接受它们——并且的确是自由地接受它们。

　　情形 C 阐明了：一个人的行为已经预见但未意图副作用时，其对于接受这些副作用就有道德责任。但是，既然不是所有适用于意图做某事的道德标准都适用于接受坏的副作用，那么一个人有时能够合理地接受那些错误地故意引起之事。

　　情形 D 阐明了：一种副作用不必是偶然地起因于实施一个人选择的履行行为。甚至实施一个选择所凭借的行为举动的一个完整的部分，可以是一种副作用，而这样一种副作用甚至能先于组成一个人有意图的行为的举动的部分，为了一个人正在进行的行为的利益，这种副作用先于效果更是如此。

　　情形 E 阐明了：依赖一个人打算做之事与仅仅当作副作用接受之事，一个人只能做两种行为之一，这两种行为在类型上相互区别，即使在一个人的 240 行为举动和可观察的背景中的所有之事都是相同的。

　　情形 F 阐明了：我们的分析所清晰表达的行为的结构，甚至在这种情形中被发现，即一种或同一种行为举动同时是对行为的选择、对行为的行使以及对所做之事目的的认识。尽管所有分析性不同的因素联合组成了它，这种道德行为也有一种极其区别于自身的副作用。

　　情形 G 阐明了：一个人正在做之事可预见的和受欢迎的效果，这些效果可以成为行为的理由，其实并不需要是被意图的，即使一个人准确选择作为如果其确实意图其将会的那样。一个人所做之事可预见的效果，只有在其确

---

〔4〕 通用语言（正如阿奎那：参见下文 n. 22）以两种不同方式谈论"意图"：（1）为了一个人做 X 的利益而去做；或者（2）为了那样的利益而去做 X。See e. g. *Aquinas* 166.

实存在于一个人行为的理由之中才是有意图的。如果不是这样，那么它们既不是一个人在选择中所采纳的提议，也不是为了所选择之事利益的目的：这些效果既不是手段也不是目的。

情形 H 阐明了：意图是由行为人作出选择的理由以及精确地选择去做之事所构成的，并非由行为人所感觉之事或想要之事，或勉强或渴望去做之事，或对行为必要性的后悔之事所构成的。

前面的例证同样论证了在通用语言中使用的涉及意图或有意图的许多方式中的某些。这些方式不仅包括了"意图"的同源词，也涵盖了如"为了……的利益""出于……目的""带有……的宗旨/目的/旨在/目标""为了""以便""以……为目标"（至少如我们听到和使用的那种说法）和通常足够简单的"为了"，以及其他术语。事实上在这类语境中，使用如此多的同一含义的不同表达来轻松且准确地沟通，至少暗示着意图和副作用的概念是合理且准确的，并且所有这些术语所表明的确实都是现实。另外，刚刚所列的很多正式和非正式的词语和说法，正如其他语言习惯说法中的相似表达一样，都涉及我们正在概述的关系，这些关系的**术语**是哲学上似乎更加静态性的习语所表达的："目的""手段""意图""选择"与"非意图的影响"或（同义的）"副作用"。

现实，甚至思考和行为的人类现实，并不需要被那些投身其中的人反思性地理解。对意图、选择和行为的理解与分析，在犹太基督教徒对自由选择的坚定认同所引导的基督教反思中，毋庸置疑地达到了最大的明确性。但即使不是由那种认同所塑造的文化，也已经或多或少地明确承认意图的现实、其与某些其他现实的差异，以及对于行为的道德评价和因而法律评价的重要性。

241 19 世纪和 20 世纪早期，许多学者声称古人很少甚至根本没有对意图之事和非意图之事（是否是疏忽的、确实偶然的或预见到和勉强接受的）之间的差异有所理解或感兴趣。对古人思想的普遍观点夸大了后期基督教的清晰性与早期较少差异化的思考两者间的距离。这种对古代思想的现代视角的夸张形式被貌似有理地提出质疑，尤其受到犹太教的圣经专家、罗马法的历史学家——大卫·道博（David Daube）的质疑。道博对证明[5]回顾的引用也暗示了其力量：

在整个希腊文学中——神话、传说、历史——或对于这个问题在圣经中，并没有一种简单的情形，即一个无意图杀害的人被处死，哪怕是在自我救助和血亲复仇的过程中，也哪怕是通过公共权威；并且虽然有法律（正如我刚刚谈论到的）[6]使故意[不正当的意图]具体化并强加死刑，如通过直接殴打来杀害的行为。并不存在一个单独的情形，让这一事实完全适用。[7]

我重申：来自东方的、古希腊的以及古罗马的根源，并没有提供一个没有意图的杀害者被处死的例子。当然，我没有把盛行的学说所认为的观点引入情形中。是的，如果不是为了如此这般特殊的情形，他就会被杀害。我想要提供一种他被杀害的实例：这当然是一个适度的请求。如果盛行的观点是正确的，就会有成百上千个实例……[8]

因此古代思想和实践确实注意到了意图，在行为的效果中得以区分出来——例如，故意或非故意造成的死亡。当然，后者包含偶然和疏忽大意造成的死亡，同样也包括实施去做某些其他事的选择过程中作为一种预见的副作用而造成的死亡。

一种相似的理解可以在现代的、世俗的法律思想中观察到。受到功利主

---

[5] See esp. Daube, *Roman Law*, 157 – 75.

[6] See *ibid.*, 164：处理杀人案时，早期的法律不仅将非故意的行为者和故意的行为者等同起来，并且这个做法是来自对区分二者的盲目无视和漠不关心。事实上，完全的等同比流行的观点更罕见地发生，而其发生之处是一种权宜之计（pis aller），诉诸决定一种给定的情形中落入哪一方面的过程中不可逾越的实际障碍：通过把它当作谋杀者，即任何通过直接打击或用铁片去杀害的人，公正就在大多数的事件中得以实现，尽管无辜者时不时地会受困。这个替代选项会为了这个法律而被完全放弃。在摩西五经中，有两个情形——借助直接打击去杀人而造成的死亡与用铁片杀人造成的死亡——都被保留下来 [脚注："Exodus, 21. 12, Number, 35. 16——在他们原初的设定中，正如造成我们修饰它们之前的文本仍未提供保留意见"]。对那些应受的人来说，后一项法令是公开限制法律严格性的立法的一部分。但前者同样也被设定为适用于恶意欺诈 [不正当的意图] ——正在被客体化的且由外在情形所构成的恶意欺诈行为。

[7] *Roman Law*, 165.

[8] *Ibid.*, 174.

242 义对自由选择特有的否认所影响的法律思想家们，经常争论道：法律对外在的可观察的行为及其结果的典型关注，被减少的总体上的纯社会危害的目的所正当化。在这种概括中，一个显著的要素——由边沁发起且被一些近期的法律理论家有力辩护的主张：被预见为确定的或高度可能性的后果是有意图的。但是，即使这种观点的主要拥护者们也已经发现他们不得不接受作为一种特定事实的意图，是一种极其不同于"意图"（intent）的现实，借助法律虚构将其归咎于某人：尽管知道或能够知道——这种伤害将非常可能由行为或遗漏引起，但仍然做出行为或者遗漏。并且如今法律界有些重要领域，其中虚构——预见为非常可能的后果是有意图的——这被简单地拒绝或严格地涵盖了。正如美国联邦最高法院在 1980 年指出并于 1997 年重申的那样：

> 蓄意杀人罪的普通法经常区分：一个人**知道**作为其行为的一种结果，另一个人**将被**杀害；和一个人其行为带有夺取另一个人生命的特定目的。[9]

　　毫无疑问，不论当前的法律还是基督教的教义和反思都否认或忽略了——一个人对外在于其意图的行为的结果负有道德责任。醉驾司机的情形（情形 C）证明了一种方式：那些预见的或应被预见的且对我们人类福祉有影响的**副作用**，是道德上重要的且并不外在于行为人的责任。但那种情形也表明：如何接受这种结果或这种结果的风险，准确地作为**副作用**，这是由不同于关系到意图结果的道德（或法律）规范所决定的。如果这个醉醺醺的司机选择（意图）杀了受害者，那么司机因其所处的状态对受害者的死亡不负有责任。不管多么故意地和愿意地，他对受害者所面临风险的接受，是在疏忽大意的道德和法律规范上被评价，而不是在禁止故意杀人的道德和法

---

〔9〕 *United States v Bailey* 444 US 394 at 405（1980）（法院判决）（添加强调）；这个引用的观点在对 *Vacco v Quill* 521 US 793 at 802（1997）（法院判决）案更全面的审查中被重新确认，这终止于一个低等联邦法院早期司法观点的引用："当艾森豪威尔将军命令美国士兵登陆诺曼底，他知道自己正在将很多美国士兵送向某种死亡……他的目的，虽然是为了把欧洲从纳粹中解放出来。"因此，他并没有杀害盟军士兵的意图。士兵的死亡仅仅是一种预见到的副作用且根据天主教神学家们通常称为双重效应原则被合理接受（一个联邦最高法院在 *Vacco v Quill* 案中的判决用明显的同意来暗示出的一个"原则" at 808 n. 11）。

律规范上被评价。

并非所有适用于一个人选择去做之事的道德标准都适用于接受副作用，就此而言，并不是说后者总是更加不严肃的或应受责备的。当一个医生知道他必须在午夜之前给某个患者药物不然患者就会死亡时，仍然选择出门去完成一个极获利的且必须在午夜之前完成的交易（他推断鉴于他在患者死亡之 243 前给了她药物，就没人会知道他会晚给患者药物），这个医生因重大过失（或"放任行为"）而犯过失杀人罪。并且，那个杀人罪完全可能是比（例如）一个店长对一个敲诈勒索他的歹徒的杀害而更为严重的罪恶。[10]

II

描述和分析前述章节所展开的情形时，我们采用了行为的人或个体的视角。道德性地评价人类行为时，一个人必须识别出行为是从那个视角而非从一个观察者的视角被评价的。诚然，行为的人或个体的视角甚至也将被运用于那些背景中（例如**情形** C），即分析和评价的焦点不是意图去伤害，而是没能达到某种标准，例如适度谨慎（due care）的标准或某种相似的道德要求。

即使在道德评价的背景中讨论行为，很多理论家也没能采纳和持续地保持行为人的视角，并且他们中的很多人根本没有采纳这个视角。这些理论家可以说是从外部、从旁观者的视角——把主要的和独有的注意力放在了因果关系上——来考虑行为、举动与结果。如此对行为人的审慎视角的替代和放弃，在道德神学的天主教手稿中很常见：参见如下第三部分。旁观者的视角能以其他方式加以采用，例如通过以下来试图理解行为：参照"多种多样的因素"[11] 或

---

〔10〕 副作用的道德评价是重要而艰难的，并且仍未在天主教道德神学理论中被充分研究。一个去做必要工作的努力在 Grisez, *Difficult Moral Questions* 中得以实现，apps 1 和 2.

〔11〕 See essay III 18（1973b）at 298："被明显地诉诸或含蓄地依赖于做出一种判断，即恶劣效应被算作是作为一种手段意图的……"在那篇文章中，菲尼斯对意图和行为的理解并没有如在文章 8 中（1987b）那样精确。〔参见 essay III 18 段中第二个尾注。〕

各种各样"含义的背景",〔12〕或参照被认为可以通过比较人类当中善恶的比
244 例来进行评价的结果。对行为人视角的最终替代,是那些在教皇通谕《真理
的光辉》〔13〕中作为比例代表制提倡者被提到的道德学家的典型特点。

因此,对通谕来说,在因其与天主教信仰〔14〕不相容而拒绝比例主义〔15〕

---

〔12〕 参见如 Porter, "'Direct' and 'Indirect' in Grisez's Moral Theory" at 631:我们根据含义更
为广泛的语境想到了他们[如我们的行为],有些反映了在不同的原始行为中一般的因果关系,有些
是文化构造物,而很多将两种考虑结合起来。玻特认为社会发展了行为概念和语言,来挑选出任何
对于原因的广泛多样性有趣的人类行为,这种想法是对的。但是这些理由经常很少或并未与道德评
价有关系,并且会经常聚焦于很少或没有顾及行为人的视角而被挑选出的行为的可观察的单元。

〔13〕 在早前的作品中,我们已经批判了在比例主义者中建立起来的关于行为的论述。See e. g.
Grisez, *Christian Moral Principles*, 240 with 248 - 9 (nn. 5 and 13); Finnis, MA 77:

基督徒对上帝及其神圣意志的反思,以及基督徒之于人类选择和行为的道德性反思……决定性
地先于"原因"的无差别的概念,用选择或意图以及允许或接受的行为分析性的区分来替代这个概
念。正如一个人读遍 20 世纪晚期复杂的比例主义的道德主义者的文章,其将吃惊地看到他们在每一
处都失去了对区分的这种掌控。他们已经倒退回无差别的且成问题的"原因的"邪恶[当然,包括
对"原因"启蒙的延伸,来包含任何一个人能够防止但并未防止之事,一种与基督教神圣的圣洁
(divine holiness) 理解不一致的概念]。

这段的脚注谈道:

参见 Bruno Schuller, S. J. , "La moralite desmoyens" at 211 (造成道德邪恶绝不会被正当化,造成
非道德的邪恶在追求相应的重要的非道德的善的过程中,被正当化), 221 - 22, 对于所有的善,拥
有其有助于人类的幸福……无论一个人选择什么……由选择引起的消极结果,是作为结果产生的积
极结果的一种纯粹的手段; Peschke, "Tragfohigkeit und grenzen des Prinzips der Doppelwirkung" …at
110 - 12. 此处 Peschke 宣称"双重效应原则"(他归于天主教神学并攻击称),不是就直接地或间接
地意愿或意图或选择或所做而言,而是就直接地或间接地"造成"而言; Fuchs, *Chirstian Ethics in a
Secular Arena*,85 ("禁止的道德规范,其禁止一种行为,因为它造成了一种先道德的错误……")

〔14〕 约翰·保罗二世之教皇通谕《真理的光辉》在 1993 年 8 月 6 日对比例主义的拒绝并不依
赖于通谕第 74 - 76 中的描述,而是其中正式的(并且重复的)对这种理论、目的论和比例主义者理
论特征的谴责,认为不可能根据它的种类限定其为道德上恶的——它的"客体"——对某些种类的
举动和特定行为的深思熟虑的选择,除了对为某种选择做出的意图,或对与所有人相关的行为的可
预见后果的完整性的意图的考虑。(no. 79; 在 no. 82 的逐字逐句中。)

注意到那个例子中,意图"被用于这样的意义上,即行为人的目的[进一步的或最终的目的]
区别于他/她选择的手段——行为的客体,同样在 no. 78 中被描述为(诚然,被定义为)行为人的
"最接近的目的"。在"意图"更为宽泛的意义上,我们通常使用的、一个人所做的与为了做此事的
利益的所有目的都是被意图的。

〔15〕 参见《真理的光辉》(罗马教皇的通谕)(Veritalis Splendor) no. 29 ("一些神学思维和某
些哲学断言的倾向与揭露的真理不一致")。教皇判断的理由——在通谕中处理的包括比例主义的理
论都是与天主教信仰不一致的——例如在第 52 段的末尾和他重复使用圣经的地方(see nos 48, 78 -
81 quoting Romans 3: 8 and I Cor 6: 9 - 10)——来证实与分歧性理论不一致的教义——能够看到。
See also Grisez, "Revelation versus Dissent".

的过程中，为了道德评价的目的对行为进行理解时，肯定内部视角的首要性是恰当的。紧跟其对"比例代表制提倡者理论的论题、特征"的正式论断——那是被天主教所拒绝的，通谕认为："对道德判断来说，首要的和决定性的因素是人类行为[16]的客体。"这个论断使人回想起通谕先前章节里所说的内容：

> 人类行为的道德性首要地并根本性地依赖于由深思熟虑的意愿所理性选择的"客体"……为了能够领会一个行为的客体——其道德性地明确说明了行为，因此有必要把自身置于**行为人**[17]**的视角中**。

最近的那个判决具有决定性的重要意义。它是哲学上合理[18]的，即使其根基——出于在通谕中进行确认的目的——其稳固地植根于启示的确认，是对良知中心、对内心、对带来善恶行为的"内在"的确认。[19]

行为人视角的重要性在阿奎那的反驳中得以主动强调，在其中一个显著的段落中，对道德神学两个十二世纪的流派的反驳，即以不同方式未能意识

245

---

　[16]　*Veritatis Splender* no. 79；Likewise no. 82；see n. 14 above.

　[17]　*Veritatis Splender* no. 78（在原版中的重点）。这个引文中遗漏的语词提及了"富有洞察力"，在 *ST* Ⅰ - Ⅱ q. 18 a. 6 中仍然有效。

　[18]　参见 *NDMR* 292 - 3；"Who Is Entitled to Double Effect?" at 486 - 92；和文章 10（1991b）与文章 11（1995a）。注意：有些人认为当前文章的作者们，或其中的一两个，对《真理的光辉》（参见 e. g. McCormick，"Some Early Reactions to Veritatis Spender" at 486）："我（同其他人一道）明白菲尼斯对通谕的第二章所引起的作用"的内容负有重大责任。因此，我们有机会说：（a）我们没有被要求在任何阶段为文件起草任何东西；（b）格里塞茨（而不是菲尼斯）在 1987 年 11 月被请求提供建议，并在 1989 年 4 月被请求对整个第一版草稿进行评论，且在 1990 年 1 月又被请求对第 2 部分的第二版草稿进行评论，菲尼斯在准备评论的过程中协助了他，但是在 1990 年 2 月 6 日他的回复之后，格里塞茨就没有再被请求做任何事了，并且（像菲尼斯）和任何包含在这个事件中的其他人于 1993 年 8 月 6 日文件签署之前前 42 个月里没有关于这个作品的任何交流；（c）在提出的建议和评论中，我们十分坚定地遵循了我们的观点——对我们的思想来说，任何古怪的东西都不应出现在通谕之中；（d）格里塞茨在一系列的观点中发表了意见，但实质上，这种意见并没有或其实质建议也几乎没有——那些包含在我们反对天主教道德学家的争论中也没有——出现在通谕中；（e）尽管在通谕中有些重要的观点——或多或少地与格里塞茨（尤其作为根本性选择对信仰的理解）或我们（尤其是关于基本善的教义）所有人所辩护的观点相一致，我们没有提议通谕做出如此观点，并且我们愉快且惊讶地发现那些观点，当通谕出现时。

　[19]　See Mark 7：20 - 3.

到从行为人视角理解的行为客体的适当重要性。这个问题，在值得总结的争论中被如此清晰地构建出来。[20]

在十二世纪的第 25 年到第 50 年间，彼得·亚伯拉德（Peter Abelard）模棱两可地争辩道：行为举动是道德上无关紧要的，并且行为的道德性完全取决于**意图**。他被广泛地理解为——否认存在无例外的且非重试的（non‑tautologous）消极规范。因此，传统的代表者们进行了回应。在十年到二十年间，彼得·伦巴德（Peter Lombard）的**主张**（Sentences）攻击了亚伯拉德的立场，通过将其与奥古斯丁（Augustine）反对撒谎的论述的文章进行对比，这被伦巴德解释为犹太教和基督教传统中毫无例外的消极规范所详细说明的行为，被称为"其自身"是不正当的（自身是恶的：mala in se），准确地因为——伦巴德声称——其不正当性（wrongfulness）并**非**来自于目的、意愿、意图或实施如此行为的人的动机。

在一个单独的段落中，阿奎那反驳了亚伯拉德（正如广泛理解的那样）与彼得·伦巴德。他认为，确实存在行为，其每一个本身是不正当的，并且不能以任何方式被正当地做出（de semalus, pui nullo modo bene fieri potest）。但这些行为准确地由于行为人的意愿、意图和目的，其是不正当的。当我做出这样一种行为时，我进一步的意图、我的**自愿的意图**（voluntas intendens）、我最终的目的（终极目标）（finis ultimus），例如把钱给穷人，它们可能并没有什么不正当。反而，不正当之事（由相关联的消极规范挑选出的以排除之事）是我的选择，我的**选择权**（electio）或**自愿的选择**（voluntas eligens）、我的直接目的［最近的目标（eliectum proximum）或最近的目的（finis proxomus）］，例如伪造这份文件。我的"外在行为"（也即为了实施我的选择我所做的所有事情）的善恶是非，依赖于我所有相关意愿的善恶是非：意图的目的、选择的

---

[20] See also *MA* 65 – 7；*Aquinas* 165 – 6.

手段与接受的副作用。[21]

　　阿奎那对"最接近的"（proximate）和"更远的"（further）客体（objects）的涉及，从本质上和术语上（在《真理的光辉》中得以重申）澄清了这个问题。一个人能够术语化地——阿奎那不仅这么做了——成为最接近的与遥远的意图的客体或意图。[22] 但同样，一个人也能够表明——如阿奎那经常表明的那样——最接近的客体与更远的客体之间的差异，通过把前者称为"选定的客体"（或简单的"客体"），把后者称为"意图的目的"（或简单的"意图"）。更为广泛的与更为狭窄的意义上的"意图"都是恰当的，原因在于，最接近的目标和更远的目标两者间的差异是紧密相连的。在追求某种目的的过程中，一个人所采纳的每一种手段也将是一种目的，无论何时存在一种先前的手段——同行为者更加接近。以阿奎那的标准为例：在走向橱柜，为了拿草药，为了混合成药剂，为了瘦身，为了保持健康……的一系列中，每种要素既是与先前要素相关的一种目的，又是与任何更远的要素相关的一种手段。[23] 在一种更为宽泛的意义上谈论"意图"时，一个人可以说系列中的每一个因素和阶段都是有意图的（或行为人的一种意图）。或者可以在更为狭窄的意义上谈论"意图"，并且区分出更接近的直接目的与进一步的深层目的，且为后者保留了"意图"这个术语。《真理的光辉》在更为狭窄的方式上使用"意图"来表示目的，**超过了**那种客体，其是"在行为 247

---

　　[21]　Sent. Ⅱ d. 40 a. 2c and ad 2 and ad 3；and see De Malo q. 2 a. 2 ad 8. 注意阿奎那的文章（Sent. 2 d. 40 a. 3 c），因外在行为坚持意愿作为客体，意愿的内在行为从其外在具有善——当然，虽然不是从外在行为作为一种行为表现，而是从外在行为准确地作为被意图的和被意愿的［quia actus exterior comparator ad voluntaten sicut objectum, inde est quod hanc bonitatem voluntatis actus interior ab exteriori habet，non quiden ex eo secundum quod est exercitus sed secundum quod est intentus et volitus…］

　　[22]　参见 e. g. ST Ⅱ - Ⅱ q. 64 a. 7c；In Matt. 7 ad v. 17［no. 661］。"意图"两种意义上的区分在 De Malo q. 2 a. 2 ad 8 中得以清晰地详细叙述，正如选定的手段和目的一样被包含在"我的意图之中"（参见上文第 167 页）这种更为宽泛意义上的可适用性。

　　[23]　不仅仅是为了行为者行为利益的最终目的，那被称为与之前发生之事相关的目的：介于最初的行为者和最终目的之间的每一个中间手段，被称为与之前发生之事相关的目的（omnia intermedia quae sunt inter primum agens et ultimum finem dicuntar finis respect praecedentium）。［In Meta. V. 2 n. 9（no. 771）；同样参见 In Phys. Ⅱ. 5 n. 6（no. 181）；ST Ⅰ - Ⅱ，q. 1 a. 3 ad 3；essay 9, sec. Ⅱ.］

人[24]方面一种对意愿的深思熟虑的行为的最接近的目的"。

在一篇简明扼要的文章中（不同于阿奎那即刻应对亚伯拉德与伦巴德的文章），通谕拒绝了比例制提倡者对客体特定重要性的忽视，以及被传统的毫无例外的道德规范所禁止的反而如伦巴德那样对行为的一种误解：

> 借助某个给定的道德行为的客体，一个人不能意味着仅仅物理秩序的一个进程或事件——基于其在外部世界引起一种特定事态的能力进行评定。相反，那种客体就是在行为人方面决定意愿的行为的深思熟虑决定之最接近的目的。[25]

使用一种"最接近的"目的（客体）与一种更远的目的（意图）两者间的对比——如阿奎那在他对亚伯拉德和伦巴德的批判中使用的对比——通谕随后又详细论证了其中心的确证：如启示录（revelation）和传统教义那样，这是可能的：

> 根据其种类——其"客体"对某种特定种类的举动或特定行为的深思熟虑的选择，限定其为道德上邪恶的，除了对因其做出选择的意图的考虑，以及对相关所有人的那种行为的可预见结果的整体性考虑。[26]

在此，如我们所言，通谕在更狭窄的意义上使用"意图"这个术语，与"客体"（正如**目的**相对于**手段**）相对比。但是，既然几乎每一种手段同时又是与手段相关的目的——其仍然更接近于行为人的举动，对"意图"更加广泛的使用已包含手段和目的，这在传统中也很好地形成了。这种更为宽泛的意义特别常见、贴切，当道德分析的问题并非是否善之事是为了恶之动机而做（或如《真理的光辉》第79：恶之事是为了善之动机而做），而在于是否一种结果是被意图的——是被选择（采纳）的提议的一部分——或反而是一种副作用。既然那是讨论中的主要问题，关于允许使用强力甚至致命的强

---

[24] *Veritatis Splender* no. 78.

[25] *Ibid.*

[26] *Ibid.*, no. 79；逐字逐句地翻译在 no. 82.

力来防卫自己或他人，那么，发现阿奎那构建其对于那个问题的解决方式是就"意图"而非"客体"而言，就不足为奇了：

> 没有什么能够阻止一种单一的行为具有双重效应，仅仅其中之一是意图的（in intentione）而另一个是一种副作用（**非意图的**：外在于意图）。现在：具有道德重要性的行为，根据所意图之事，而非副作用之事［由于后者是偶然的/附带的（per accidens）］，其获得了种类（recipiunt speciem）……[27] 因此，从实施自卫的行为者之行为来看，将伴随两种效应：一个是对人自身生命的保护，另一个就是杀害袭击者。[28]

但是，重点绝不限制于为自己或他人防卫的问题。极其普遍的："具有道德重要性的行为不是作为一种副作用所发生之事（非意图的：praeter intentionem），而是准确地从一个人所意图（本质上意图：per se intentum）之事中，获得其种类（species）。"[29]

Ⅲ

在近几个世纪，道德神学家们集中讨论了引起那种本身是不正当地意图的效应的合法性问题。他们努力去辨别条件：在这些条件下，一种行为的恶劣效应将不是行为的一部分，而这种行为被认为是一个选定的手段。但尽力这样做时，他们不幸地没能采用且持续保持行为人的视角。与其聚焦于行为

---

〔27〕 此处有一个反向引用，明显的关于 *ST* Ⅰ - Ⅱ q. 72 a. 1 与 Ⅱ - Ⅱ q. 43 a. 3. 普遍地："道德重要意义的行为（道德的）不是从作为一种副作用（偶然性地）发生的且外在于一个人的意图（非意图的），而是精确地从一个人所意图的（本质意图）方面获得其种类（种属关系）。" Ⅱ - Ⅱ q. 150 a. 2c. 甚至更加普遍地："人类行为和举止本质上是其所意图之事"，附带（偶然性的）发生的是副作用之事（非意图的）：Ⅱ - Ⅱ q. 37 a. 1c；q. 38 a. 1c.

〔28〕 *ST* Ⅱ - Ⅱ q. 64 a. 7c. 圣托马斯这篇文章的根本重要性在 *CCC* 2263 中得以表明；详见下文 n. 66.

〔29〕 *ST* Ⅱ - Ⅱ q. 150 a. 2c. 甚至更为普遍地，"人类行为和举动本质上就是人们意图的（根据意图：secundum intentionem）"，并且附带发生的（偶然性的：peraccidens）就是副作用（非意图：praeter intentionem）：Ⅱ - Ⅱ q. 37 a. 1c；q. 39 a. 1c；cf. Ⅰ - Ⅱ q. 73 a. 8c.

人选择的准确客体，他们聚焦于外部观察者可辨别的因果关系。因此，努力解释要求时：一个人选定的手段不包含任何邪恶之事，他们把手段概括为原因，并声称一种行为的任何恶劣效应都一定不是为了所做之事利益之良好效应的一种原因。例如，在他对双重效应（double effect）的论述中，亨利·戴维斯（Henry Davis）在手稿的开头讲道：

> 首先，纵使其有可预见的邪恶效应，在行动（motion）中设定一种原因是允许的，鉴于……其次……一种良好效应也产生于行为，至少同邪恶效应一样是紧接着的和直接的，也就是说，假如邪恶效应并不首先出现也不起因于良好效应。[30]

这是一个错误。一种恶劣效应比一种良好效应更为紧接着且直接地产生于一种行为，或者先于和引起一种良好效应，这并不借由其自身使恶劣效应成为良好效应的一种手段。一个把自己身躯掷于手榴弹之上的英勇士兵，选择把他的身躯当做护盾，因此飞溅的弹片将不会杀死他的同伴。然而他并不选择把自己的毁灭当作一种手段，即使把自己掷于手榴弹之上的效应——他的身体吸收和减缓了弹片而被毁灭——是更紧接着的和更直接的，并且的确产生了手榴弹几乎没有或没有伤害到其同伴这样的良好效应。对于一个人所意图之事（作为一种手段选择）和一个人造成的仅仅作为一种副作用而接受之事，二者之间更多乏味的例子已经在上文给出，正如**情形** A 和**情形** B，以及在**情形** C 到情形 G 中更进一步的改进。当代的（天主的）教诲职责在很多教义中都依赖于这种区分。在《**生命的福音**》中，例如区分安乐死与（a）对某种非凡的和不相称的治疗手段的拒绝或放弃，与（b）使用止痛药"即使后果是缩短寿命"，基于"如此情形中，死亡并非所意愿的或所寻求

---

〔30〕 Davis, *Moral and Pastoral Theology*, i 13 – 14.

的", 如上这种区分是基础性的。[31]

我们认为, 严密的思考经常涉及开颅术的产科急救程序是很有帮助的。就其本身来说, "开颅术"严格地意味着切开头颅。[32] 但讨论中的程序是一项手术, 至少在过去某些时间里被认为是具有医学指征意义的; 当一个婴儿的头颅太大以至于不能正常分娩时, 能使用工具来压碎婴儿的头颅 (可能在清空颅骨之后), 为了把婴儿从产道中移除并挽救母亲的生命, 否则孕妇会连同其孩子在分娩中丧生。1884 年, 天主教宗教法庭 (Holy Office) 伴随着教皇的赞同, 声明任何人都不能安全地在天主教教育机构中教授, 上述这种程序是道德上允许的; 1889 年宗教法庭又重申补充道, 任何人都不能安全地教授——"任何对胎儿或孕妇直接致命的外科手术"是道德上允许的。[33]

那种开颅术经常被认为是直接杀害, 故其在道德上是不能接受的, 这很 250 容易理解。可以做出很多论点以表达或强化这种想法。(a) 进行开颅术当然只是杀害婴儿。任何人都能看到发生了什么事: 婴儿的毁灭和死亡得以观察, 而不仅仅是被预见。(b) 以粉碎颅骨的方式来杀害婴儿, 本身并没有帮助母亲。挽救母亲依赖于把胎儿的尸体从产道中移出这个进一步的程序。(c) 这种杀害也不能被说成是无意图的。如果有人对外科医生说"你正在杀害婴儿", 则外科医生无法令人信服地回答"我不打算那样做"或"我不是有意这样做的", 如果这个外科医生是在摘除妊娠子宫瘤, 他就能令人信

---

　　[31]　*Evangelium Vitae*, no. 65, 引用除了庇护十二世, 还致函给一个国际医生组织 (1957 年 2 月 24 日) Ⅲ, *AAS* 49 (1957) 147. 同样地, *CCC* 2279. 相似地, *Vacco v Quill* 521 US 793 at 808n. 11 (1997), 这个判决通过了纽约州生命与法律特别行动小组, *When Death is Sought Assisted Suicide and Euyhanasia in the Medical Context* (1994) at 163:

　　广泛地认同——止痛药品的供应是伦理性与专业性地可接受的, 即使当这种治疗可能加速患者的死亡, 如果这种药品是用来消除疼痛和剧烈不适而非用来造成死亡。

　　[32]　"开颅术"不能适用极其不同类型的行为。至少从 1945 年以来, 在医疗飞速进步的环境下, 仅仅是产科的开颅术就常常被称为"部分生产堕胎", 而手术的目的准确地说是为了杀死未出生或部分出生的胎儿。这些并不是天主教道德神学或教条所讨论的存在问题的手术, 尽管对天主教神学讨论的部分生产堕胎与产科危机之间差异的反思将阐明合适的描述、理解以及在这里所讨论的危急情形的道德评价。

　　[33]　*DS* 3258/1889 - 90. 1895 年宗教法庭宣称, 基于教皇的赞同, "根据 1884 年和 1889 年的规定", 一个人"不能安全地进行"那些为了挽救母亲生命而追求胎儿早产排出的手术, 即使意图胎儿有可能被活着生出来, 尽管它会太早产以至于不能存活: *DS* 3298/1890a.

服地这么回答。另外，（d）在除了这个产科危机的任何其他背景中，同一种类的举动将是故意杀害婴儿——如今所说的"部分生产堕胎"（partial birth abortion）。（e）这种行为**绝不**是为了帮助婴儿。（f）这是令人厌恶、令人恐惧且（g）与天主教教义相悖的。

尽管貌似有理有据，然而这些争辩都是不合理的，并且它们每个都能被一一反驳。

（a）把这种行为及其结果当成一个事件或一系列事件，或在自然世界中的一组因果关系，观察者能够轻易地看到开颅术是杀害婴儿，并且正确地描述为是直接那样去做。但教皇通谕教育道，当进行道德反思并寻求以决定什么样的人类行为就是或曾是正在被思考、选择和执行时，以那样的方式考虑行为及其结果就是错误的。

> 借助一个给定的道德行为的客体，一个人不能意味着——仅仅物理秩序的一个进程或事件，基于其在外部世界引起一种特定事态的能力进行评定。[34]

251　　正如阿奎那经常表达的那样，一种人类行为的种类（当由理由的要求所衡量时）确定了行为的道德特性是善或恶、是或非，其不是一般性质（in genere naturae）（在自然秩序上）的种类，而是在道德层面（in genere meris）（人类思考和选择的秩序中）上的种类。[35] 为了忠实于传统和当代教诲职责，有必要超出对"正在被做之事"的片面常识性的论述——在论述中，可以明

---

〔34〕 *Veritatis Splender* no. 78. 正如 no. 79 所阐明的，行为的道德相关种类是由——诚然，本质上等同于——其客体所决定的。并不存在行为的道德相关的"本质"，除被决定的种类之外。因此 May, "The Management of Ectopic Pregnancies: A Moral Analysis" at 141, 是错误的，在认为那样一种行为——区别于被认为是一个自然事件中的一种举动——能够是"其本质是杀害一个人"，如果杀害并未包含在行为人所采纳的提议中，并因此未包含在行为人的客体中。May 声称，如上，"如果我选择采纳挤压胎儿的头骨和大脑的提议，我可能不是……想要孩子死"的说法不会被论据所支持，并且在情境中只是一种循环论证。他的同等声称（如上）认为，当我的提议就是为了让某人脑袋开花，"我就不能够合理地宣称我不那样意图，如选择去杀害那个人……〔或者〕我通过选择采纳一种提议来停止一种无端的袭击，如以克制力量的行为来自我防卫"这是与 *ST* Ⅱ-Ⅱ, 9. 64, a. 7 的清晰意义和在 *Veritatis Splender* nos 78 and 79 以及在 *CCC* 2263-7（参见下文 no. 66）中的含义相反的。

〔35〕 See e. g. *Sent* Ⅱ d. 24 q. 3 a. 2c; d. 40 q. 1 a. 1c and ad 4 and a. 4 ad 2; d. 42 q. 1 a. 1c; *ST* Ⅰ-Ⅱ q. 20 a. 3 ad 1 and a. 6c; *De Malo* q. 2 a. 4 ad 7 and q. 7 a. 3c. See further essay, sec. Ⅲ.

白之事,以及诸如原因的系列要素,被给予相对于在上述第 I 部分所阐明的
有关现实的一种未经思考的优先性,正如我们在那里看到的:基于行为人的
视角,现实也被常识性观察到的事情所辨认。在更为广泛的世俗争辩中,片
面诉诸"常识"(common sense)经常被用于嘲弄由庇护十二世、保罗六世与
约翰·保罗二世所确定的立场:区分,是介于为了压制疼痛而使用止痛药并
接受加速死亡作为一种副作用,与借由结束生命而施用可能完全同样的剂量
来压制疼痛。对这种区分和其他相似的以意图为焦点的区分的拒绝,频繁地
出现在安乐死和协助性自杀的争论中。

(b)的确,压碎婴儿的头颅本身并未帮助到母亲。为了帮助她,外科医
生必须实施额外的进一步的手术(将婴儿的尸体从产道中移除),但是很多
外科手术的程序并不能提供直接的好处,并且其本身又仅仅是破坏性的:移
除一个人颅骨的顶端、终止心脏跳动等。比例制主张者对传统的批评,频频
地宣称所有这些情形:做邪恶之事作为达到某种善的目的的手段,是明显可
正当化的。但当任何这类外科手术包括产科危机的开颅术,被认为不仅仅是
一系列行动,还是一种由采纳一种提议所形成的人类行为,其道德种类就变
得清楚了。更多的论述参见如下第 IV 部分。

(c)的确,一个移除妊娠子宫瘤的外科医生可能令人可信地说:"我不
是打算杀害婴儿"或"我不是故意杀害婴儿"。并且,由于开颅术以令人印
象深刻的物理直接性而立即导致婴儿的毁灭,一个进行开颅术的外科医生不
太可能会做同样的事。然而,一个进行开颅手术并且可以充分分析这种行为
的外科医生,抵制那些将会支配观察者感知的物理和因果关系因素的不当影
响,那个医生可以正当地说"我绝不是意图杀害婴儿"和"杀害婴儿并不
是我目的的一部分"。当然,因开颅术给婴儿带来的致命损害被预见和自愿
接受,在对那些词语多样的使用中,可以被称为"故意的"和/或"意图
的"。但是,当问题在于引起那种致命损害是否违反了无一例外排除滥杀无
辜的诫令和道德规范时,这种事实——引起其发生,在**那种**意义上可以被称
为意图的和故意的——是毫不相关的。重要的是,杀害是否是作为一种寻求
的目的(显然不是)或**作为一种选定的手段**而引起的——换句话讲,在

252

《真理的光辉》所界定的意义上，杀害是否是实施开颅手术的外科医生的行为客体。[36]

(d) 开颅术可能在物理上无法区分于"部分生产堕胎"。但由两种选择所采纳的提议，以及因此两种手术的客体是完全不同的。为了完成选择性堕胎的任何目的而做出的部分生产堕胎，在杀害被归类为杀婴罪之前，行为的客体是去杀害婴儿。出于至少挽救母亲生命的目的而实施的开颅术，行为的客体是为了减小胎儿头部尺寸以便将胎儿及其尸体从产道中移除。如果胎儿已经死了，就不会实施任何部分的生产堕胎手术。如果卡在产道中的胎儿已经死了，将仍然会实施开颅术。这种区别，是两种手术相区别的重要标志，在人类行为的道德重要意义上，这两种手术被认为是**人类行为**。

(e) 尽管我们刚刚讨论的开颅术是在婴儿颅骨的内容被清空以便被压碎的情况下进行的，但开颅术并不是帮助**婴儿**的一个手术，故可能存在一种开颅术的形式：尽管通常的结果是婴儿的死亡，外科医生依然希望：切割和挤压头颅而无需清空其内容将不会导致婴儿的死亡。同样，这也表明了：开颅术通常导致婴儿死亡的事实不足以确认什么是或不是这种行为的客体以及这种行为的道德种类。考虑另一个重要问题时，那种事实是相关的：即使开颅术能够无需违反那些**无一例外排除**意图杀害的诚令和道德规范，其对婴儿难道不是不公正的吗？是如此不正当且因而杀人的吗？那个问题在本章没有被考虑，因为它不能由行为人作为一种目的意图或作为一种手段选择之事所确定。[37]

(f) 开颅术会让人厌恶和恐惧，这是毫无疑问的。对医生和护士来说，
253 这也毫无疑问是令人恐惧和厌恶的，他们必须对母亲和孩子都死亡做好准备，同时进行开颅术，以增强无论如何其中一个可以存活的可能性。但是，

---

〔36〕 关于什么是作为一种目的被意图的或什么是作为一种手段被选择的相关问题，在教会关于那种明显违背了排除所有滥杀无辜的规范（如直接堕胎）的教义中，这些问题是很清楚的；参见 *Evangelium Vitae* no. 62（庇护十二世排除所有直接的堕胎，即每一种都趋向直接毁灭子宫中的人类生命，"不管这种毁灭是作为一种目的被意图的还是仅仅作为达到那种目的的一种手段"）；同样地，参见 *CCC* 2271.

〔37〕 这个问题被格里塞茨简略地加以考虑：*Living a Christian Life*, 503.

任何情形都不能使他们的厌恶和恐惧帮助他们判断其真正应该做的是什么。如果他们正确地分析了这两个选项，他们将会明白，无一例外排除意图杀害的规范并没有排除实施开颅手术这个选项，并且他们的判断应相应地由对母亲和孩子二人公正的考虑所决定。[38]

（g）以准确性来诠释教会文件，人们会发现教会从未指导说，开颅术是意图杀害或实施开颅术是道德上不正当的。涉及开颅术的三份文件都是由宗教法庭发表的，并且其中两个都有教皇明确赞同的、对个别主教所提问题的回应。前两个问题（在 1884 年和 1889 年）涉及开颅术，但回应仅仅宣称在天主教教育机构中不能进行教授是合法的。第三个问题（在 1895 年）涉及不能存活的胎儿的提早排出，而回应仅仅宣称那个手术不能安全地实施；故表明，这种回应与确实涉及开颅术的早期法令彼此相一致。

认为有些事不能被安全地教授和甚至认为它不能被安全地实施，并不是宣称它是非道德的。相反，它是为作为一个老师的责任的忠实履行以及良知的形成，提供牧师的指引。得到这个建议，忠诚谨慎的老师和医生会意识到，尽管开颅术可能是道德上可接受的，但他们的道德责任是继续假设——　254开颅术是道德上不可接受的。但是，19 世纪明智地给出的大量牧师的指引并不能在今天被正确地遵从。宗教法庭的回应，有效终止了那些日子里神学理论家们的争论。然而，既然宗教法庭并没有宣称开颅术是非道德的，其回

---

〔38〕　Brock, *Action and Conduct：Aquinas and the Theory of Action*, 204 – 5 n. 17 说道：托马斯的观点将允许我们假定这个外科医生不是针对胎儿的死，不是为了胎儿的死亡而挤压头颅。然而——同样是在托马斯的观点中——不管他的进一步目的，他的行为就是旨在造成无辜者被挤压头颅；并且很确定地在那个程度上它是不公正的……多么不公正？那么，一个完好无损的头颅的价值是什么呢？人的生命依赖于它。

但是 Brock 没能展示出，外科医生选定的行为客体与被描述为"为了把胎儿从产道中移除而进行的头颅缩小"相比，被描述为"造成无辜者被挤压的头颅"显得更为恰当（参见下文 n. 47 及文本 n. 63）。然而，Brock 似乎可能沉默地承认开颅术不必被反对杀害无辜的毫无例外的道德规范所排除，并因此让其道德特性的评价基于公正和正义的评价上。为了支撑他的观点——它是不公正的，他引用了（但仅仅是用拉丁文引用的）*ST* Ⅰ - Ⅱ q. 73 a. 8；但这个引用没有切中要害，由于它仅仅用了这种方式——尽管不是意图的，可结果仍能加剧**早已被判定为不正当之事**的严重性。请注意，是否以及在何种程度上未出生婴儿的生命"有赖于"不受开颅术影响的这个问题在我们所考虑的产科危机中还远远未被弄清楚——这是一种无论采取什么措施这个孩子都被预期要死亡的情形。

应就不能为一种反对立场（例如我们的[39]立场）的合理争论提供基础，其基于对完全与传统和当代教诲职责相一致行为的一种理解——这种理解并未由 19 世纪的神学家们以足够的清晰性进行明确表达。[40]

然而，尽管宗教法庭的那些回应避免宣称讨论中的手术是非道德的，教会的教义在其他地方，尤其是在 20 世纪，其教导完全阐明了对未出世婴儿的直接杀害，即使为了挽救母亲的生命，也总是不正当的。我们把这种教义视为信仰的真理。[41] 我们的立场是，一个医生能够实施开颅术，即使包含清空婴儿的头颅，而没有意图杀害婴儿，开颅术不是一种直接杀害。*当然，即使当引起一个人死亡的不是直接杀害，这么做通常也是极其不正当的。我们不会否认，除了开颅术是直接杀害外，可能还有其他理由来谴责开颅术的实施。[42]

除了正在考虑的七种观点，凯文·弗兰纳里（Kevin L. Flannery）最近提出了一种论断："存在积极的理由**不去**"把婴儿的死亡从开颅术"手段的范围"中分离开来。[43] 弗兰纳里，实质上如同所有的天主教道德学家，认为在如下情形中没有直接杀害，即为了拯救孕妇的生命，将她癌变的子宫连同其中未出世的婴儿一同摘除（"子宫切除术"），不可避免的结果是婴儿迅速死亡（也许比本可能的时间早了几周）。他也接受了"导致婴儿死亡并不是与开颅术的实施概念性相联系的"，**并且"压碎头颅与胎儿的死亡之间存在

---

〔39〕 我们的论点也得到一些完全忠诚于教会教义的神学家们的分享；参见 e. g. Zalba，没有什么可以妨碍一种行为的两种效果……这能被适用于堕胎治疗的最初吗？（"Nihil prohibit unins actus esse duos effectus"…Numquid applicari potest pricipium in abortu therapeutico?）at 567 – 8.

〔40〕 参见 e. g. Waffelaert，"De Abortu et Embryotomia"，特别是 ST Ⅱ – Ⅱ q. 64 a. 7 在第 165 – 171 项中所尝试的诠释。

〔41〕 参见格里塞茨，"主张的可定义性：故意杀害一个无辜者总是非常严重的事"（The Definability of The Preposition：The Intentional Killing of an Innocent Human Being is Always Grave Matter）。

〔42〕 拒绝我们对意图的论述，并且认为开颅术或其他任何行为都是直接杀害那些忠诚的天主教徒，他们的确应该形成与这样的行为相关的良知，根据教会的教义，所有对无辜者的直接杀害都是严重错误的。并且，即使如果确定那个可能的行为将不会是直接杀害，所有忠诚的天主教徒也应该本着他们的信仰就公正怜悯的要求去形成他们的良知。

〔43〕 Flannery，"What is Included in a Means to an End" at 510 et seq.

这种逻辑独立性"。[44] 但他声称:"这两种情形,开颅术和子宫切除术有不 255
同的逻辑结构。"[45] 他指出这两种情形"逻辑性地"相互区别的两种方式。

首先,子宫切除术是"针对女性"实施的,而开颅术"是针对婴儿"
实施的。我们回应:这种差异并不能表明开颅术是直接杀害。一个反例就阐
明了这一点。所有那些阿奎那展示的自我防卫的行为,都无需包含意图杀害
和直接杀害,尽管是"针对"被杀害的人实施的。[46] 一般而言,为了 Y 的
利益而对(或"针对") X 实施的行为,或为了 Y 的利益而对 Y 实施的行
为,这种事实,对于区分所意图之事和作为一种副作用所接受之事,无法提
供任何标准。

其次,弗兰纳里的第二个"逻辑性的"差异:尽管在子宫切除术中
"胎儿的死亡"处于对行为的描述之外,因"对孕妇的子宫切除术是为了她
可能会重获健康";而在开颅术中,为了从杀害胎儿的手段范围内分离开来,
有必要重新描述开颅术的行为,称其为"头颅压缩手术"。如此分离或重新
描述,他认为,这是"人工的"(artificial)。[47] 这种争辩同样失败了。对道
德分析来说,重要的并不是可能包含或可能不包含在那些由观察者,或者甚
至由行为人反思自己所做之事而可能给出的各种各样的描述中,而是那些包
含或没有包含在一个提议中之事,这种提议是对选择可能采纳的思考发展而
来的。只有对那个提议真实的详细叙述,才能够成为为了道德分析的目的而
详细说明某种行为的一种描述。我们的争论,正是弗兰纳里没能讨论的或很

---

[44] *Ibid.*, at 506.

[45] *Ibid.*, at 511.

[46] 注意:说到这里时,我们绝不暗示开颅手术中的婴儿就是一种不正义的侵略者或其他任何
种类的侵略者。(诚然,我们否认未出生的婴儿曾是一个侵略者。)阿奎那在自我防卫中对意图的分
析并不依赖于存在不公正的侵略行为。

[47] *Ibid.*, at 511–12. May, "The Management of Ectopic Pregnancies" at 142, 表达了他对弗兰纳
里文章的赞同,并且在第 140 页中也表达了他的想法"格里塞茨和波义尔都真正地根据它意图的
(在未来的意义层面上,区别于当前的意图)结果来重新描述这种行为"。在两种情境中,对"重新
描述"的讨论意味着不过是关于宣称的一种修饰性的手段,毫无争议,格里塞茨和波义尔已经争论
过的,在当前文章中进一步争论且重新详细论述的对行为的描述是不可接受的。Pace May at 142,
"格里塞茨和波义尔更倾向于称 [开颅术] 为'头颅挤压手术'"是不真实的。它作为一种致命的挤
压和排空行为的物理特性,在我们的讨论中不应被回避和缓和。

少反驳的，当某人在一个产科困境中为了挽救胎儿或母亲的生命而选择对胎儿实施开颅术时，对行为的道德相关的描述不会包括杀害婴儿。

正如上述第 II 部分所显示的，我们刚刚使用的反驳弗兰纳里的论断的行为分析，并不仅仅是一种我们特有的哲学和人类学观点，而是植根于传统中被教权所运用，且在《真理的光辉》中得以明显地教授。弗兰纳里对行为分析不充足地掌控在其主张中显示出来，在随后的一篇文章中，即如果一个针对癌变子宫的子宫切除术被不必要地过早实施，那么切除术就"变得不仅仅是实施子宫切除术，而是一种直接杀害"。[48] 这是一种重要的混淆。[49] 为了挽救一个女性于缓慢生长的癌症而实施子宫切除术，当她的孩子本可以通过等待几周进而被拯救且这对母亲不会有更大的危险，这种切除术变成了极其不正当的杀害，实际上不仅对婴儿很不公平，同样也会被称为（蓄意）杀人。但是，这种非正义并不会把（蓄意）杀人转换为直接杀害；正如婴儿的死亡是一种副作用，正如若手术晚一些实施且得以正当化其将会成为的那样。

值得增加一个在弗兰纳里新近文章中对意图、客体、提议和直接性进行混淆的例子：在有人于飞机上放置了炸弹以便能够筹集到**飞机本身的**保险（**不是**针对乘客和机组人员的人寿保险）这一情形中，弗兰纳里正确地认为"任何人被杀害都不是这个提议的一部分"，并且不同于 G 先生"因为想要 H 先生死"就走进餐馆并射杀了 H 先生的情形，"飞机投弹者的意图是仅仅尽可能延伸到飞机的毁灭"。[50] 但同时，他又说，"飞机投弹者和 G 先生都意图死亡"，并且他们二人"意图侵犯"人类生命的基本善，因为"飞机的毁灭事实上就意味着乘客的死亡"。[51] 这两套陈述也相互矛盾。确实，乘客

---

〔48〕 Flannery, "Natural Law mens rea versus the Benthamite Tradition" at 395.

〔49〕 弗兰纳里也同样不准确地声称（同上）：在阿奎那的术语中，目的（一个人所意图的）明确规定了这种行为，但它并不是这个行为的本质［ST I - II q. 7 a. 3〕：它并非一个人正在做之事的部分，它是"一附带性的目的［aliquis finis adiurtus——… I - II g. 7 d. 3〕"。

但在 ST I - II q. 7 a. 3〔ad 3〕中，阿奎那并没有说一个行为明确规定目的是"附带性的"（即被弗兰纳里称作"不是行为本质的部分"）；反而，他认为附带性的目的与明确规定的目的是相对的。

〔50〕 Flannery, "Natural Law *mens rea*" at 393, 392, 396.

〔51〕 *Ibid.*, 396.

的死亡外在于提议，并不是投弹者所意图的；而投弹者造成他们死亡的意愿及其如此的行为，仍然是严重不正当的。一个跳到手榴弹之上进而挽救同伴的士兵，也会期待这"事实上"意味着自己的死亡，但并不因此而侵犯人类生命的基本善，因为（正如我们在上文第 III 部分开头指出的那样）他没有选择造成自身的死亡。

IV

最近，简·玻特（Jean Porter）专门写了一篇文章来反驳：由格里塞茨（当前这篇文章的其他作者）发展的对行为和意图的论述，为"直接行为与间接行为之间的差异"提供一种令人信服的论述。她认为："格里塞茨对这种差异的运用显而易见地反思了早前的道德判断——这种差异服务于道德判断以便在事实之后进行正当化。"[52]

玻特提供了一个显然详尽和仔细的叙述，以针对格里塞茨关于如下的论述，何为一种**手段**（即"直接地"选定和意图之事）而非一种**副作用**（即仅仅"间接地"意愿和所做之事）或一种**目的**（即选择者**更远的**意图）。但她认为他的论述在 1970 年发表的一篇文章中"已经最完全地阐明了"，他对**手段**理解的关键是那篇文章中重要的一个概念，即"履行行为的不可分割性"（indivisibility of performance）。玻特文章的主体部分以一种方式或其他方式被用于某些争辩，[53] 试图展示对履行行为不可分割性的不满意，作为一种"对人类行为的整体性进行道德评价的标准"（618）和/或一种"为了区分直接伤害和间接伤害的标准"（627）。但是，"履行行为的不可分割性"并没有被格里塞茨在 1970 年以来关于行为的任何一部作品中使用，这种不可分割性也没有在我们合作过的关于行为分析的任何一部作品中起到任何作用。尽

257

---

[52]　Porter，"'Direct' and 'Indirect' in Grisez's Moral Theory" at 612（下文插入的数字表示他文章中的页码）。在 no. 4 中，她宣称在波义尔与菲尼斯著作中所表达的对这些问题的观点和格里塞茨的观点并没有什么重要的区别。

[53]　Grisez，"Toward a Consistent Natural—Law Ethics of Killing" at 88，85。

管履行行为的不可分割性对我们理解意图和行为毫不相关——这对自 1970 年以来我们作品的许多细心的读者是显而易见的——但它仍然会有帮助：我们已然明显宣称，在其他地方，1970 年的文章诉诸"履行行为的不可分割性"是一个错误的步骤，这是由如下失败造成的，即未能重视"行为人的视角"之决定性的重要意义，以及一个行为人在思考中发展起来的、对选择的一种可能性的提议。

玻特认为，在她对履行行为不可分割性的批判中，有一些真实和重要的东西。格里塞茨在 1970 年的文章中说："挤压和移除婴儿的那个行为，一种事实上会摧毁生命的行为，可能挽救母亲于另外的不可避免的死亡。"[54] 但正如玻特正确指出的，开颅术的实施是可分的："如果医生在挤压胎儿的头颅之后直接走开，那么母亲将几乎确定仍然死亡"（629）。[55] 这种可分性——其毫不相关性——暗含在上文第Ⅲ部分我们对开颅术的讨论中：婴儿的死亡是改变其头颅尺寸的一种副作用，还是挽救母亲生命的进一步行为的手段；没有一种手段的副作用是手段的一部分。[56]

对于玻特的中心论断，即我们对行为的分析缺乏客观性，而且被源自"另外的考量"（631）的先前道德判断所制约，对此应该说什么呢？她的论点是在后特伦托教（post－Tridentine）的道德学家（参见上文第Ⅲ部分）中常见的分析，有一种优于我们的分析的优势，他们对原因—结果和手段—目的的吸收"为评价行为者的意图提供了一种客观基础"。

存在"客观的"这种含义为她的论断提供貌似合理性的解释。物质世界中的原因和结果是可观察的。因此，如果杀害被单纯地理解为造成死亡，那么一个人能够观察约翰杀害玛丽，就如同一个人能观察一只猫杀死一只老

---

[54] *Ibid.* , 94.

[55] Lombardi, "*Obstertrical Dilemmas and the Principle of Double Effect*", at 205－9 同样表明了实施开颅术并未独自挽救了母亲的生命而是需要进一步的行为，也暗示着杀害婴儿必要地是一种为了挽救母亲生命的好目的的坏手段。但 Lombardi 没有提及格里塞茨在履行行为的不可分割性中的错误，但提及了波义尔对于否认进一步的行为在挽救母亲的过程是有必要的这一错误：参见 Boyle, "Double Effect and a Certain Type of Embryotomy" at 307.

[56] See also Grisez, *Living a Christian Life*, 502－3.

鼠。但是，正如上面所解释的，除非一个人采纳并稳定保持行为人的视角，否则一个人不能提供甚至承认对一种道德行为的唯一描述是道德相关的和真实的，并因此是道德上客观的。因此，玻特认为恰当的客观性甚至不是道德上相关的。

很容易理解，为什么这种"不相关的客观性"被玻特和许多其他人援引。尽管观察者能经常在某些方面推断另一个人行为的道德客观性的描述，他/她的提议绝不会是一个可观察的客体。因此，拥有如朗尼根（Bernard Lonergan）所称的天真幼稚的外向意识的人，总是可能认为人类行为真实可靠的客观性并不是真正客观的，并且行为分析所需要的客观一定来自于对原因和结果的外部观察或对任何或每一个观察者完全可了解的其他因素的外部观察。

相对应地，玻特认为我们对手段与副作用的区别仅仅是主观的，因为这种区分并不是基于原因和结果的顺序（"行为的因果性结构"）。

> 没有这样的基础，行为者的意图可能会根据**任何能够被认为是**行为者在行动中的目的和动机而被描述。在那种情形下，将很难明白双重效应原则如何排除任何事情，因为任何行为**都能被认为是**被指引到某种善或其他善，当就行为者的意图能够被描述而言时……那么问题来了：格里塞茨对直接/间接［如手段/副作用］区分的解释，是否同样为确定行为者的意图是什么提供了一个客观标准？或者，这是否为描述行为者的意图留出了开放的可能性，在就**无论何种善的目的**激发了讨论中的行为而言时。[57]

因此，玻特维持了格里塞茨的论述——我们已经在这篇文章的第 I 部分 259 进行了阐述，其根植于第 II 部分展示的传统中——其论述并没有为一个人正在做之事提供一种客观鉴别的基础，因此使行为的道德评价完全受任意或操纵的支配。

---

[57] "'Direct' and 'Indirect' in Grisez's Moral Theory" at 620.

我们在先前的引用中，已经强调了显示玻特核心观点的那种说法。关于一种行为，那些观察其履行行为的人，那些为了他们各种各样目的谈论它的人，"所能说之事"确实是正如玻特指出的：是无限多样化的。诚然，行为和意图的那个人，对行为和行为的意图"所能说之事"，是多样化的、无限的、不稳定的，如果那个人作为一个观察者对其目的和动机进行反思。而且，反思行为和意图并将这些向他人表现出来的行为人，的确很有可能通过参考他们拥有的"任何善的目的"来形成其论述，并且会抑制或谎称——可能甚至对他们自己——可能激发他们的任何其他目的，以及其采纳但宁可不考虑和/或被认为已经采纳的任何手段。然而这些都不应模糊这样的事实，即关于所意图之事和正在被做之事的真实性是可行的，是首要的如果不是排他的，对于**在**行为中的行为人来说——在思考、选择和实施选择的过程中——这组成了现实，即所有对意图和行为的论述必须遵照的现实，如果它们是真实。

每一个头脑清醒且诚实的人都知道，他或她真正地或客观地正在做什么。这样的人知道他们所考虑的目的是什么，以及他们拥有理由的手段是什么，鉴于这样的目的去选择，并且优于其他选项实际上正在选择。罗伊知道，例如他把某个袭击者的攻击视为一个**杀害**长期痛恨的敌人**的机会**（或者一个已经签订契约，并为了钱去杀人的人），并且他也知道采取措施时任何观察者都会合理地判断，意图仅仅作为自我防卫的手段来阻止袭击者的攻击，他确实是且真实地——客观地——为了复仇试图去杀害（或履行契约）。罗伊的自知之明是客观的。因此，在相反的情形中也是如此。罗伊，作为一个已被抢劫很多次的店长，可能会得到一把枪——当作一种虚张声势——对邻居宣称将会在自己的店里杀死下一个抢劫者。当她看到一个年轻的恶棍形迹可疑地在其外套里移动某物，她判定自己又将在枪口的威胁下被抢劫，于是她试图射向他的肩膀却射中了他的心脏。对陪审团而言，所发生之事已经很可能是一种直接的意图杀害，实施其威慑的威胁。但事实上和现实中，它不过是一种没有任何杀害意图的选定的自我防卫行为，为了终止她错误地相信是一种袭击的行为。

一个人所做的具有道德重要性的行为，客观上就是那个人选择去做之 260
事，因为其做出那些选择时所拥有的理由。一种真实且道德上客观地对此行
为的描述，是一种预期（正如行为仍将被做出）在提议中拥有的描述，行
为人在思考中塑造、由选择所采纳的提议。一个行为客观地且能被客观地认
为将是何样，并非由行为人或其他人可能认为的那样或其他人可能合理地
（尽管是错误地）推断其将成为那样所影响。一个行为人正在做之事的现实
也没有被充分和客观地描述，通过仅仅激发它的目的而言，而忽略了行为人
作为追求那些目的所选择做之事。

未能注意到行为人的视角，玻特系统化地未能注意到选择的手段（在
《真理的光辉》中，传统所恢复和重申的，称之为行为的"客体"）。她对行
为的论述使行为简化至意图的目的和对外的举动——"直接的身体运动"被
她称作"原始行为"。即使她提供的对行为的目的和动机的论述也倾向于忽
视选择**手段**的**理由**。我们将在评论她对行为类型的例子中，指出这种疏忽。

目前，我们阐明了玻特对行为的误解，通过简单地指向一个显著的例
子，当她基于一般理论水平陈述其观点时出现的例子。这个例子恰恰发生在
文章中段，她承认道：

> 格里塞茨本可以承认确实有无限多的对每一个行为的正确描
> 述，并且他仍然认为只有这些描述当中的一个才是道德相关的，即
> 就行为者事实上确实意图之事来描述行为。

她在这一点上评论道，"这种论断并不能够解决那种困难，她认为就是
在格里塞茨尽力区分出手段与副作用的过程中面临的那种困难"。因为：

> 如果一个人接受了托马斯主义的原则：每一种行为都是有意地
> 指向获得某种善（如格里塞茨所做的），那么，紧接着的就是每一
> 种行为能够在行为者自愿寻求的某种善的范围内被描述。为什么行
> 为者不应根据那种善来描述他的意图，且将他造成的损害降至行为
> 可预见的但未被选择的方面呢？（622）

她问题的答案很清晰。如果一个年轻女性选择将她胚胎期的孩子从子宫

中抽吸出，作为预先阻止不受欢迎的选择的一种手段——介于放弃她的孩子让他被收养和抚养他之间。那么对这种人类行为的一种描述——例如"终止妊娠"——就忽视了她那样做的选择是为了达致其目的的一种手段，这在某种必要的方面是客观上不完整的。

但是，并非注意到我们的行为理论对其问题所给出的答案，玻特设想：格里塞茨"将通过声称讨论中的意图必须从心理上和逻辑上加以理解"（623）。借助"心理上的"，她指的不是理性的而是情感的动机："即使再多的重新描述也不能改变行为者想要之事的**现实**"，当"想要"被理解为涉及（如她理所应当的），例如"憎恶""复仇欲""怨恨""嫉妒""残忍"或者"某种相似的动机"时（620）。

然而，尽管某些这样的情感性因素确实有助于激发成年子女决定在保险金用完和遗产耗尽之前引起年迈父母的死亡，然而既非情感动机也非财务收益的期望能**详细说明**孩子选择和所做之事。如果那些情感和理由激发孩子想出一种方式来加速父母的死亡，并且孩子采纳了那个提议，那么他们所选择和所做之事就是加速父母的死亡。即使他们使用的手段不能被外部观察者所识别——作为加速死亡的手段，孩子的实践推理塑造了其选择：**加速其死亡，作为**达到他们目的的**一种手段**，目的来源于情感的动机和/或理性的考量。同样，患有唐氏综合症的新生儿父母可能会考虑，通过拒绝向新生儿提供一种简便、有效且不昂贵的手术来终止孩子的生命，无论何种情感动机驱使了那种思考。如果他们决定拒绝手术，作为杀死孩子的一种方式（手段），那么无论他们告诉自己或其他人什么，他们确实（"客观地"）意图杀死孩子。通过询问关于他们意图和行为的这种真实是否是"心理上的"或

"逻辑性的",[58] 将很少甚至没有任何收获。并且，在诸如此类的情形下询问（如玻特反复做的）是否"行为者"的意愿必须必然地聚焦于杀害，而非聚焦于所寻求的善，这样的询问是完全离题的（623）。[59] 一个行为者选择去杀害某人，无论为了何种善，都必然地和真正地聚焦于所寻求的目的和作为达到目的的手段而选定的杀害行为。

　　努力地表达她的论断：格里塞茨并没有很好地区分手段与副作用，玻特 262 列举了多种多样的情形。她问道，首先，"格里塞茨如何能够道德性地区分自卫中的杀害与安乐死"（624）？尽力展现出这两种行为不能通过不同方式加以区分后，她最终注意到格里塞茨会指出并已经在每一处指出过：（使用她提供的）在安乐死的情形中和自卫行为中的杀害相对立，行为者的行为准确地旨在被杀害的个体的死亡（624）。但是，并非处理这种准确地提供了玻特所称格里塞茨不能提供的回应，玻特改变了主体。她注意到，格里塞茨有时已经让注意力指向一种**迹象**或**表现**，即介于为了停止一种袭击而做出的致命性举动（接受袭击者的死亡作为一种副作用），和为了杀害袭击者而做出同样举动二者之间的区分：第一种情形中，如果袭击由于袭击者的受伤或逃跑而被中止，那么行为者将停止这种致命性举动；然而在第二种情形中，行为者将会或很可能坚决继续这种致命性举动，抓住机会去终结袭击者。未能注意到格里塞茨针对选定的手段在自卫与安乐死之间的差异所做的分析，她争辩道，那种差异的迹象或表现并不是一种合格的标准。当然，我们同意它不是一个合格的标准，因为它根本不是什么标准。

---

〔58〕如果这个问题得以强调，我们就能够指出，行为的结构被认为是道德评价的主题问题，从属于阿奎那在其 *In Eth* 开始的段落中所确认的四种秩序的第三种——那种一个人能够通过思考和选择而带入其自身举动中的秩序，正如不可减弱地区别于自然的秩序（包括很多被称为"心理的"东西），②逻辑秩序和④艺术与技艺的秩序。See e. g. Grisez, *Boyand the New Theisnt*, Ch. 14；Aquinas, 20 – 3，52，and index s. v. "four orders". 至此，随后，在道德评价中所考虑的结构既不是"心理的"也不是"逻辑性的"，尽管存在心理的和逻辑性的，正如在道德生活中与对它的反思中的本体论的以及技术性的因素。

〔59〕玻特（at 621）已经把"必要地"介绍到她对格里塞茨的某种引用的引入中，而在那儿"必要地"并未出现。她随后继续说："当格里塞茨认为一个同时拥有良好与邪恶效应的行为并不是被邪恶效应所定义的，除非邪恶效应必须被包含在这个行为者的意图之中……"并且她又继续思考那可能是什么种类的必要性，因此构建了一个与格里塞茨道德理论不相关的辩证逻辑。

在对作为这种迹象标准的适当性不相关的质疑中，玻特考虑到这样的可能性——一个女人在反抗强奸的自我防卫中使用致命的力量，这并不会立即成功地阻止袭击者，并认为：那么，可能她会再次试图去杀害他（625）。通过说"再次试图去杀害"，玻特不经意地阐明了其争论的不相关性，因为格里塞茨对道德上可接受的致命的自我防卫准确的分析是：那**不是**试图去杀害。对于一个受害者，如果其先前的举动是纯粹的自卫行为，"再次试图"杀害一个袭击者在逻辑上是不可能的。玻特也考虑到了那种可能性：一个试图使一位患者安乐死的医生，如果在第一次的尝试中出乎意料地"不知怎么的没有杀害患者就消除了患者的痛苦"，这个医生可能会停止安乐死的行为（625）。在这种情形中，她充分合理地指出非杀人意图的迹象通常是什么并不能成为一种标准。但她忽略了医生第一次的选择：试图杀害其患者，医生已经做出了一种杀人的行为，无论在随后的反思中其自身、玻特或任何其他人是否意识到了这一点。

263 另一个玻特举例的情形，其提出用以显示格里塞茨关于行为的论述并不能（没有偷偷地凭借先前的道德评价）区分出手段与副作用，也即开颅术的例子。我们在先前的章节已经讨论过这个例子，但现在准确地明白格里塞茨有关开颅术的观点如何被玻特所应对很重要。她请求读者：

> 考虑以下这种情形：一个医生通过向孩子实施开颅术挽救了一个分娩母亲的生命。在格里塞茨看来，这样一种行为是正当的，因为它不可分割地既是一种杀害行为又是一种拯救母亲生命的行为（629）。

玻特明显地提到了格里塞茨在 1970 年构想的观点。[60] 他更为近期的观点在 Living a Christian Life（1993）一书中被提出，也正是玻特在她文章的其他地方所引用的。对于玻特考虑的特定问题——终结一个婴儿的生命是否是

---

[60] 即使如此，她错误地宣称了那种立场，并非不可分割性为开颅术正当化，而是不可分割性仅仅是它的道德可接受性的必要条件。甚至在 1970 年，格里塞茨指出了不可分割性并非行为正直的唯一必要条件。

有意图的（“直接的”）或反而是作为一种副作用被接受的（“间接的”）——格里塞茨并未参照不可分割性来陈述其观点：

　　婴儿的死亡不需要包含在选择去做开颅术所采纳的提议中。[脚注引用缺失] 这个提议能够仅仅**改变孩子的物理尺寸并移除他/她**，因为作为一个物质客体，这个身体不能保持其所在之处不以母子双亡的结局收场。为了理解这种提议，其帮助注意到婴儿的死亡对于寻求的目标没有任何促进作用：诚然，手术是完全一样的，如果婴儿已经死亡。采纳这种提议，婴儿的死亡只需要作为一种副作用被接受。[61]

忽视对医生提议的清楚表达，玻特谈到格里塞茨关于不可分割性的先前的观点并争论道，包含在开颅术中的“原始行为”（直接的身体行动）事实上是可分割的，因为医生可能会在挤压完胎儿的头颅后一走了之，而忽略需要用于挽救母亲（把婴儿拿出等行为）的进一步的原始行为。既然对于任何外科手术都能同样这么说，“很难去明白他［格里塞茨］怎样能够允许任何医疗手术，其要求一系列原始行为且其中一些在行为的直接效果中是毁灭性的”（659）。并且，那种**归谬法**（reductio ad absurdum）将紧随而来——若玻特对格里塞茨立场的解释是充分合理的。但它并非充分合理的，而且她承认，“或许这个例子所展示的就是我们错误假设了戴维森（Davidsonian）的原始行为是对格里塞茨道德分析的整合”（629）。她的“假设”——“戴维森的”或其他任何种类的“原始行为”（直接的身体行动）是或曾是对格里塞茨道德分析的整合——是毫无根据的，且与她所考量的他所有文本中关于行 264 为的论述都明显相反。[62]

---

〔61〕　*Ibid.* , 502（添加强调）。

〔62〕　在玻特给予（不适宜的）声望的 1970 年的文章中，格里塞茨说道：在人类行为的秩序中，一种手段必须是一个单一的、完整的人类行为……现在一个人的行为从两个源头得到他的整体性。其中一个源头就是人类意图的整体性。（“意图”在这里不仅仅指目的的意图，还指一个人理解其行为的意义——当他将其选定为达到某个意图的目的的手段时所具有的意义）。

又或者说：“**手段**与**意图**两者都具有**行为性的方面**（阿奎那的外在行为）**与人类意义的一方面**（阿奎那的内在行为）”：“Toward a Consistent Natural—Law Ethics of Killing” at 88，85（添加强调）。

　　玻特认为，那种可能性，即"原始行为"并非格里塞茨对分析的整合。但她没有放弃——试图将其归因于格里塞茨一种未能采纳行为人视角的行为的论述，仅仅注意到原始行动和总体的意图，而忽视了**选定的手段**：

> 　　也许，对开颅术例子的解释取决于如下事实：挤压的原始行为，同进行的一系列其他行为一道，由行为者总体上挽救生命的意图所影响，特别是由于格里塞茨坚持认为具有道德重要性的是行为者的意志，正如其采纳的提议所决定的那样（629）。

　　玻特提及，"他采纳的提议"可能意味着她已经抓住了格里塞茨分析的中心要点。然而，她仍然没能注意到提议并非由一个总体的意图所影响的原始行为，而是被理解为可能的手段的行为。开颅术的行为无论其可能包含什么样的直接身体运动，都是被格里塞茨早已在其书引用的段落中准确描述的那种行为：改变婴儿的物理尺寸并移除他/她。在那本书的同一页的前半部分，他给出了对提议/行为的另一种相同的描述："一个开颅术（使用工具以清空和挤压胎儿头颅以便能够从产道中将之移除的手术）。"这两个构想都描述了同一种行为，并且是通过识别行为的"客体"而实施的。[63] 两者都相称于这样的方式，在一个医生考虑**是否**要实施这种行为的思考中，在孩子的父母或其他任何作出决定的相关人的思考中，选择和行为可能被概念化。

　　并非给出她自己关于开颅术的道德评价——正如她想象格里塞茨理解它一样——玻特立刻继续声称她（错误地）归因于格里塞茨行为的论述，将使避孕正当化，通过"把某种使用避孕措施并进行性交的原始行为结合到某种意图中，比如，用一种负责任的方式来表达夫妻间亲密的意图"（629）。此处，玻特不知不觉且毫不费力地证实了，能较好地或不当地进行处理的人们，能够为了道德重要性的思考和选择而辨识出手段。例如，"使用某种避孕措施"并非她所称的"原始行为"；其也未能辨认出任何直接的身体运动

265

---

〔63〕　她同样在上文 n. 38 回应了 Brock。

或如此运动的系统。相关联的身体运动，毕竟可能是那些包含在戴避孕套或服用避孕药诸如此类的行为中。相反，使用避孕措施是一种被指定为达到某种目的的一种手段的人类行为——使用某些东西，无论是什么东西，使一种性交的行为比其将会造成的那样更加不太可能导致怀孕。简而言之，玻特在此处使用的"避孕"这一术语涉及一种手段，正如其通常在思考和形成提议——为了一种目的而行为——中识别出的：防止怀孕。

此外，玻特对于我们允许对怀孕有争论的观点所提出的建议是不正确的。因为，在我们看来，一个人不能做出玻特所称的"用一种负责任的方式表达夫妻间的亲密"的行为，而不在某时或其他时候通过做出**两种选择**而采纳**两种提议**：（1）进行避孕；（2）此时此地进行夫妻间的性交。每一种都是选择，以及为了达到目的的手段的实施；每一种都可辨别为不同种类的行为（尽管它可能包含很多身体运动）；并且，没有一种能够在道德上被评价而不涉及，就像在第一个例子中那样，作为**那种**行为时它的特征。

正如在此章节的开头所言，玻特首要的论点是，格里塞茨应对他控诉理查德·麦考密克（Richard McCormick）[64] 的同一事情感到惭愧：对道德问题采取立场并为其寻找理由（631–632）。她的文章是一种为了对格里塞茨进行指责的精心尝试。我们已经展示出，她对格里塞茨行为理论的评述以及为了批判它而做的尝试都彻底失败了。她还声称我们关于行为的论述与传统不一致，但我们已经在此处和其他任何地方展示出了我们的论述主线是完全传统的。

然而，有一件事玻特是对的：我们对于开颅术的分析并非为教会的教义辩护。但是，那种事实单独就足以歪曲她的首要论点。格里塞茨的著作并不是努力为传统天主教道德信条提供一个系统的哲学性辩解（611）。如果那已然是他的目的，他当然不会表达出对于开颅术、死刑及战争中的杀害所一直秉承的观点。他也绝不会采取这样的立场——试图去杀害一个人是不正当 266 的。他将感到满意，而不是去辩称自己的论点是信仰的真理：故意杀害无辜的

[64]　See *Christian Moral Principles*, 157.

人总是一个严重的问题。但是正如这般，他批评关于死刑与战争中杀害的传统观点，并争辩死刑一直都是不正当的伤害，即使是伤害敌方交战人员的行为，也只有当造成死亡的行为在没有任何意图杀害的情况下才能被正当化。[65]

值得注意的是，天主教会的教理问答在其修订本中最为清楚明白地——关系到死刑、战争以及一般意义上的杀害而不是开颅术（并未被提到）的杀害——采取了如格里塞茨辩护了 30 年的那种立场。杀害人类仅仅在不是有意图的情况下才能被正当化。[66] 这强调了那种重要性：对于信仰的一种合理理解，以及对于恰好所意图、所选择和所行为之事带有准确性和一贯性的理解的一种合理的哲学。

注

⁺**开颅术不必是直接杀害**……（p. 254，n. 41 之后）另一种背景——在这种背景下思考行为理论、行为分析和由开颅术引发的意图问题——是分离共享活命器官的连体（"暹罗孪生的"）双胞胎，以这样的方式：(a) 除非两者被分离，否则将会因器官不能维持两个生命而很快死去。(b) 分离将导致其中一个或多或少地即刻死亡，即从对每一个双胞胎存活都必需的活命器官中分离出来的那一个。(c) 双胞胎中，稍微强壮的另一个将合理地被期待无限期地从手术中存活下来。这种情形于 2000 年 9 月被英国上诉法院在 Re A (Children) (Conjoined Twins: Medical Treatment) [2001] Fam 147（参见文章 10 的尾注）中加以考量。威斯敏斯特教堂大主教 Cardinal Murphy – O'Corner 递交了一份法律理由书，争辩道：双胞胎的父母判断这个提议的分离手术在道德

---

[65] See e. g. *Ibid.* , 220; *NDMR* 309 – 19.

[66] 修订过的 *CCC* 对正当化的杀害情形的完整对待，正是在阿奎那对并非意图杀害侵犯者的致命的自我防卫行为所具有的"双重效应"两者之间的区分这一理论的支持下：no. 2263（参见上文 nn. 28 与 34）。相对应地，只有"如果这是反抗不公正的侵略者唯一有效的维护个人生命的方式"的情况下，惩罚才是致命的：no. 2267. 并且，战争中的杀害仅仅作为"合法的防御"时才是可正当化的，也就是在"对共同善的保护需要一个不公正的侵略者变得没有能力去造成伤害"，并且使用武器的权利只有在"为了击退侵略者"时才是正当的。

上不可接受的想法是正确的。然而，主教的法律理由书并非声称那个手术包含了去杀害的一种意图。至此，法律理由书和这些文章中提出的意图分析是一致的。但是，它确实声称手术包含了致残那个被选定从共享活命器官上分离出来的弱者的意图；同样地，《连体婴儿：作为致残的分离》（*Conjoined Twins*：*Seperation as Mutilation*）在第 243 – 245 页进行了论述。那种声称与这些文章所阐述的对意图的理解是不一致的。《棘手的道德难题》（*Difficult Moral Questions*）早先已经分析了该问题，作为一种假设的并涉及早些年实施的一种相似的分离（"雷克伯格双胞胎"）：

我认为直接杀害无辜者始终是错的，倘若直接杀害被理解为是作为一种目的所意图的或作为一种达到某个目的的手段所选择的杀害……我也承认，分离婴儿的尝试包含了导致弱者死亡的生理性的直接原因，因此外科医生直接杀了她，在这样的意义上，即手术本身直接导致了她的死亡。然而，没有理由认为外科医生意图弱者的死亡作为一种目的，也没有必要选择她的死亡作为一种手段。共有的心脏和肝脏并不是任何一个双胞胎独有的；选定的为强者塑造一个适宜的心脏的手段是从弱者身上切掉共有的心脏，选定的为强者提供肝脏的手段也是从弱者身上切下。当然，那会导致她的死亡，但她的死亡是这种选定手段的一种效应，一种绝不会有助于达成所追求目的的［效应］……

质疑［这］……有些人也许会提出如下争论。假设并非连体的同卵双胞胎出生时便被相似的心脏缺陷所折磨，因此若不做心脏手术则两个都不太可能存活，再假设外科医生移除了弱者的心脏并把它用于为强者塑造一个更为适宜的心脏。由于较弱（双胞胎中生命力较弱）一方的死亡，尽管是移除他/她心脏的一种效果，绝不会有助于所寻求的目的，即使这个手术没有包含对一个无辜者故意杀害。然而，这种争论仍会继续，即移除较弱者的心脏当然是本质上不正当的；如果不是这样，则不待将死之人死去就从其身上移植重要器官的行为也就没什么不正当的了……

我承认，在我的分析中，移除弱者的心脏和从将死之人身上移植重要器官的做法将不必要包含意图伤害。但我坚持认为这样的手术在本质上是不正当的，因为它们包含了对功能性身体完整的故意侵犯。这个手术将包含两种

267

截然不同的步骤：①拿走人体中对某些功能十分必要的某些器官，和②把这些器官及其功能给予其他人。第一个步骤将被选定为一种手段，这个选择将包含剥夺人们的某种功能。分离雷克伯格双胞胎的手术仅仅包含了单一的步骤：从这个双胞胎中较弱的妹妹身上，连同两个婴儿所共享的心脏和肝脏，把较强的婴儿切除。因此，似乎对我来说，这个手术并不包含侵犯较弱婴儿的身体完整性的意图，而仅仅只是接受她被剥夺了她们姐妹俩所共有的器官的份额。

主教在 *Re A* 案中的法律理由书谈到了一种"蓄意的毁损侵犯"（deliberate - mutilating invasion），似乎那与意图毁损的侵犯是同等的。但是，"蓄意的"（deliberate）延伸到可预见的和可接受的（即使后悔的）副作用。阿奎那在自我防卫中对意图的论述同样适用于伤害和杀害行为，并认为伤害行为与致命性效应都能被故意引起而没有伤害或杀害的意图，当一个人的意图是停止一种其没有义务接受的对其他生命的威胁。因此，如果一个正在熟睡的婴儿将落到一个会使一所满是孩子的学校被焚化的按钮上，而唯一能够阻止婴儿落到按钮上的方式就是射杀它——那样婴儿就会倒向其他地方，如此能得以实施而没有伤害或杀害的意图，即使对婴儿来说效应是毁损性的或致命的、"蓄意的"，即在完全知情和可控制下做出的。（这正如洞穴中那个范例性的肥胖男性，在第 10 篇的第 II 部分的第 189 - 194 页已经被充分考虑；同样参见第三个脚注。）根本性的不同在于一个人 V，其出现和运动并未对 X 带来威胁，但其心脏将有益于 X；进入 V 的身体去移除其心脏的意图，是为了 X 的利益而去伤害 V 并损害他身体完整的一种意图（并且是与意图杀害的行为一样毫无例外不正当的）。

‡‡弗兰纳里接受了开颅术与死亡不是"概念上相关的"……（p. 254 at n. 44）。我们在此处对"接受"的使用得出的一个草率推断似乎是，由卡瓦诺在《双重效应推理》（*Double - Effect Reasoning*）的第 66 - 71、91 页中提供的对这篇文章解释的唯一基础（在那种唯一的基础上，对我们的整个意图和行为理论所提出的）。根据卡瓦诺（90），我们认为，一个人仅仅意图那些"效应"，即被"概念的必要性"包含在"一个人所使用的描述其行为的词语"中的效应：

菲尼斯、格里塞茨和波义尔都发现了日常语言对［双重效应的推理］太具限制性了。在这里，他们都提出了概念上的必要性（更加充分地处理［第90页］）。哈特认为，"［一个］可预见的，但不想要的结果将被视为有意图的，如果它是一种如此直接且总是与所做的那种行为相联系，以至于这种联系被视为概念性的而非依情况而定的"（Hart 1967）。紧随这种推理的思路，一个人违背了禁止杀害无辜者的规范，当其情不自禁却又不能将其行为概念化为杀害时（69）。

卡瓦诺随后详细阐述了他（难以置信地）归因于我们的进路。他的讨论总结为他在上文90中做出的批判：

一个人所意图的，不仅仅是包含在人们用于描述其行为所使用的词语的概念分析中的东西。一个行为者对意图的表达，将引导我们去询问她为什么以及打算怎样行为，正如她自己已经在关于她对我们所说的那种行为的思考过程中谈到的这些问题。我［卡瓦诺］现在转向这些（为什么以及怎么样）问题……

但是，最后一个段落表明了**我们的**立场。我们对根据"概念的必要性"268或"概念的关联性"进行某个行为分析，其中无论是什么都并不感兴趣。我们只会在关系到弗兰纳里时谈到"概念性的"，仅仅因为他对概念的或"逻辑的"必要性感兴趣。我们对意图和行为的理解，完全依赖行为人在涉及选择与行为的思考中提出的"为什么"与"怎么样"的问题。转向这些问题时，卡瓦诺忘记了其无基础的较早的声称（67）——我们这样做是"笛卡尔式的"且被安斯库姆的《意图》（一本我们严格遵循其中进路的书籍）所反驳。他问道（70），我们的论述是否真正禁止任何伤害；因此他为假设提供了进一步的基础，即他只注意到文章涉及开颅术（尽管即使仍遗漏了我们对"部分生产堕胎"所讲的内容）的那些部分，并且他还忽略了第Ⅰ部分中以情形H达致顶点的8种情形。尽管他引用了这篇文章第Ⅱ部分开头的语句，但他的讨论仍然忽视了我们在那一部分所提供的理由，对于采纳行为人的视角，不是为了说服的目的来描述他的/她的行为［正如卡瓦诺（68）所暗示的］，而是行为对选择与行为的实际上的思考。

第 14 章

直接歧视中的意图*

一个学校在招生时，依照东正教（Orthodoxy）首席拉比（Chief Rabbi）的标准，以种族的（ethnic）和因而人种的（racial）理由，优先考虑东正犹太教（Orthodox Jews）的孩子，这是直接歧视；因为根据那些标准，除非一个男孩成为东正教的皈依者，仅当其出生时，他的母亲通过皈依或带有种族性质的母系血统（matrilineal descent）成为东正教徒，他才是东正教徒。因此在 *R (E) v Governing Body of JFS*[1] 案中，英国最高法院以 5 比 4 的结果认为，是意图（interntionality）而非种族（ethnicity）导致了意见的尖锐对立。盛行的观点是"公正地做这即做那"的一种变体。[2]

对于直接歧视中的意图，持异议的少数派得出更好的结论，却并未找到一种决定性的论据。除一个判决以外的所有八个判决都是从错误的基础出发，即把"基于种族背景的歧视"（直接歧视）视为在 *Birmingham City Council v Equal Opportunities Commission* 案[3] 和 *James v Eastleigh Borough Council* 案[4] 中由法官意见所确定或界定的那样。一种更好的观点是，*JFS* 案中的直接歧视问题在结构上极其不同于 *Birmingham* 案中个体一致且正确裁决的直接歧视问题，而在结构上相同于 *Eastleigh* 案中的直接歧视问题，因其被驳回前将持续造成法律的混乱和法官的分裂，故以 3 比 2 的决定推翻了上诉

---

* 2010a.

〔1〕 [2009] UKSC 15.

〔2〕 See essay 10 at 189 – 93 above.

〔3〕 [1989] 1 AC 1155.

〔4〕 [1990] 2 AC 751.

法院的一致判决。不幸的是，*JFS* 案中校方的律师并没有请求法院重新考虑 *Eastleigh* 一案，甚至四位持异议的法官也没未意到 *Birmingham* 案和 *Eastleigh* 案之间结构上的差异，以及后者彻底的毫无根据（radical unsoundness）。

三个案件都认为，决策者对待某些人相比于其他人更加不利，不合法地因为"由于"（on the ground of）他们的性别（*Birmingham* 案和 *Eastleigh* 案）或"种族背景"（*JFS* 案）：根据相关的成文法，不能给这种"直接歧视"提供 270 任何正当化理由。在 *Birmingham* 案中，决策委员会准许女孩进入选择性的单一性别学校，仅当女孩的测试成绩大幅高于男孩的门槛成绩。对待女孩的成绩和申请不同于男孩是有理由的：只有这样，准许入学的女孩总数才会保持在女孩可用的总数范围内——而这相比于男孩的总数要少很多。因此，委员会的推理在不止一方面公然参照一个孩子的性别作为对待其比相反性别的孩子更加不利的**理由**。委员会既未怀有对女性的敌意，也未怀有倾向于男性的偏见，这种未受质疑的证明——一种在上诉法院和上议院被不恰当地描述为"没有意图去歧视"的事实——被当然地认为无关紧要。对女孩设置更高的入学门槛这种饱受抨击的决定，对待女孩申请应试者因其是女孩而更加不利，尽管仅仅作为平衡可用入学名额的**一种手段**。法官的裁决是正确且必然的。因此能够恰当地阐述为：诚然从其表面的表述来看，委员会的决策制定包含一种意图（作为一种手段被采纳），在选择时对待一种性别比对待另一种性别更加不利的意图。

另一方面，在 *Eastleigh* 案中，委员会准许达到领取养老金年龄的人免费进入游泳池的理由（原因）与任何人的性别无关。作为**目的**（目标、理由），它能缓解领取养老金的人推测可能遭受的贫困。作为手段，它是对一种标准的采纳（由于查证的容易性），这比收到养老金和处于贫困状态而更加容易查证，即领取养老金的能力：达到领取养老金的年龄。恰恰议会在确定领取养老金年龄时，对不同性别存在歧视（对女人是 60 岁，而对男人是 65 岁）。在委员会的推理和决策过程中，无论公开的还是掩饰的，这种事实都毫无影响。忽视了词语"由于"（on the ground of）和做出决策的主体（委员会）——其"对待"某些人更加有利或不利的原因是"直接歧视"中的问题，法官中的大多数认为，选择的标准（领取养老金的年龄）"**本身……**'由于其性别'而对待女人比对待男人更加有利"，"'领取养老金的年龄'的表述不再是对 60 岁的（女人）和 65 岁的（男人）一种便利的简称"，委员会"决定性的准则"在男人和女人间是"天生歧视性的"，且其"本身就是以性别为基础"的条件。戈夫法官（Lord Goff）认为，案件"并未区别于被告采纳**一种**对寡妇比对鳏夫**更有利的标准**，基于前者更有可能不富裕"。[5] 但是，如果"以……为基础"符合"采纳"（而不是"更有利于"）的标准——如果为了与反歧视法规的相关条文相匹配，它就必须如此——戈夫法官的观点是不能成立的；根本没有理由来假设委员会认为贫困同性别一道，而非同年龄一道。

271

这样来检验它。Eastleigh 委员会的推理和政策及其政策的规划和实施，无论委员们是否采纳和实施它，都将毫无疑问几乎保持不变：（1）完全没有意识到领取养老金的年龄会依照性别而有所不同；（2）每次当领取养老金的年龄是一致的，但随后就会被议会改变，而变成以性别为基础的；（3）每次当领取养老金的年龄是以性别为基础的，但随后又被改变以变得一致；或者（4）在一段时期内，当议会的方案通过明确提供给 60 岁至 70 岁之间每一年龄段的那群人，其在不同性别间形成歧视：（a）与男人相比，更大一部分女人将被宣称达到了领取养老金的年龄，（b）被宣称可以领取养老金的特定女人和特定男人将由每年的生日日期彩票抽奖来确定——结果是，对于 60 岁至 70 岁之间任何特定的人来说，他或她"达到领取养老金的年龄"只能通过基于彩票签发的卡片的产生来抽取决定。正如刚刚列出的四种假设所表明的，大多数措辞变化的主张，即"领取养老金的年龄"是"天生地"以性别为基础的，或者是基于性别差异的"缩写"，能非常恰当地被简单否定。充其量，那些主张同**理由**的法定问题是不相关的，委员会以该理由决定其收费政策，或委员会的工作人员以该理由签发或拒绝游泳的免费票。因为游泳池的门卫可以要求出示证明其达到领取养老金年龄的卡片，而甚至没有

---

〔5〕〔1990〕2 AC 751 at 771F（此处和其他地方都添加了强调）。

意识到现在女人可在更小的年龄获得那种卡片［或在上述（4）所假设的彩票方案中，与男人相比，60 岁至 65 岁的每一年龄段都有更多的女人获得卡片］。在相关的（理由相关的）意义上的"因为"，不能（就此）正确地说，与 *JFS* 案中的黑尔一道，"在［*Eastleigh*］案中要求丈夫为进入游泳池付费而对妻子无此要求，仅仅因为他是一个男人"。[6] 总之，*Eastleigh* 案被错误地裁决了。即使在二十年后，推翻它也是正确的，因为没有人会于己不利地依赖于它，它的错误剥夺了某些决策者为其歧视进行相应辩护的法定权利。

正相反，*JFS* 案的大多数都采纳了 *Eastleigh* 案中对"理由"和"标准"谬误的混合。的确，菲利普斯法官（Lord Phillips PSC）对戈夫法官在 *Eastleigh* 案中的提议表现出不大赞同，问题在于原告是否"会……得到被告同样的对待，要不是因为他或她的性别"，这个问题消除了对**被告的理由**、实践推理和深思熟虑，以及对意图的法定授权的质询，而支持对**造成原告后果的原因的**（没有法定授权的）质询。但是 *JFS* 案中的大多数都认为，学校对申请者适用一种标准，正如［他们所说］*Eastleigh* 案中的委员会一样，是"天生地"（inherently）或"内在地"（intrinsically）歧视性的——这里是种族的（ethnically），因此是人种的［歧视］。

一个人可能会恭敬地建议，*JFS* 案和 *Eastleigh* 案结构上的相似性是相当不同的。正是如此。在 *Eastleigh* 案中，委员会对领取养老金年龄标准的采纳与性别无关。然而（无论委员会是否意识到），议会作为第三方，使得标准至少暂时以性别为基础和带有性别歧视性的。在 *JFS* 案中，学校对东正犹太教成员标准（因为带有倾向性的入学许可）的采纳与种族无关：它关注于——正如在芒斯法官（Lord Mance）对直接歧视的讨论（95）中清晰显现的那样——鼓励或激发男孩的宗教信仰和宗教仪式，那些男孩（由于已经是宗教的成员）能够因此获得帮助以采纳或遵照东正犹太教的信仰和仪式，而无需加入该宗教或经受长期正式的皈依过程。然而（无论学校是否意识到），学

［6］［2009］UKSC 15 at para.［62］.

校在辨别申请者的宗教成员资格中所服从的第三方，即首席拉比办公室［the Office of the Chief Rabbi（OCR）］如此解释这种标准——一个特定血统（最高法院所说的"种族本源"）的人，即使没有证据表明他们自己或他们父母的信仰、宗教仪式或皈依，也会被算作宗教的成员。*Eastleigh* 案和 *JFS* 案中这种基本的结构上的相似性，即使在反对意见的判决中也没有被辨别出来。在 *JFS* 案中被忽视的这种区分的重要性，介于（a）受到抨击的决策者的理由和（b）例如议会或首席拉比办公室的第三方，基于某种理由做出决策，而随意地决定了饱受抨击的决策结果，这种理由可以被看作是对凯尔法官（Lord Kerr）判决中的某一段作了注解，而这也代表了多数派的进路：

> ［a］学校拒绝 M 入学是因为在他的情况中，缺失了所需要的种族组成的关键部分。［b］他们基于那些理由作出决定的原因是宗教性的——［c］首席拉比办公室已经声明 M 不是一个犹太人。［d］他不是犹太人是因为他的种族本源……[7]

学校拒绝的理由在［b］中得以准确表述，尤其是在［c］中。第三方首席拉比办公室作出声明的理由相对过于简单，但对于当前的目的已经足够准确地在［d］中得以表述；这正是在［a］中提到的理由。但是在［a］中，凯尔法官（Lord Kerr）使用了极其含糊不清的术语"因为"（because），说得好像那些理由能被学校所断定，就因为它们能被首席拉比办公室所断定。然而，这个假定的必要性（entailment）失败了，由于在 *Eastleigh* 案中如此明显以及在此处（尽管不是那么明显）同样适用的原因，正如［b］和［c］真正显露出来的那样：委员会或学校的受抨击的决策制定过程、决策的理由和决策本身是完全一样的，即使这些决策者完全没有意识到第三方在裁决领取养老金的资格或东正教时所使用的标准——标准和裁决使得受抨击的决策的**影响或效果**被证明是（在这方面如同其他非直接歧视的案件一样）性别歧视的或种族歧视的。

---

[7]　Para.［116］.

在此，正如在法律的很多其他领域一样，当法院忽视了实践推理、意图、决定和行为的基本结构时，任何事都不会顺利（go right）。因为，直接歧视和间接歧视之间的法定区分根基于那种结构。结构并不是本质上有问题。但是，**看到其全部**才是重要的，才是全部，但这在我们的司法法理（judicial jurisprudence）中普遍被忽视了。亚里士多德浅显的例子将足够确定其本质：你正在做什么？我正在从我的扶手椅中站起来走向柜橱。为什么？去拿一些药草。为什么？为了混合成药剂。为什么？为了减肥。为什么？因为那样我就会健康。[8]（在这里，重要的并非你的目的是否是健康，或者对你来说健康是否反而是获得选举的一种手段，获得选举是变富裕的一种手段，变富裕是购买女人和绘画大师作品的一种手段。）在每一点上，你陈述你努力站起来的理由、你走向柜橱的理由、你拿到药草的理由等。在每一点上，你辨别出在你努力站起来、行走、拿到药草诸如此类当中你的意图。在每一点上，你辨别出一种目的也是（可能除了最后一个行为之外）一种手段，并且同样辨别出一种手段也是（除了第一个行为以外）一种目的。在每一点上，你辨别出你的动机，作为整个一系列动机的其中之一；[9] 你的原因，作为整个一系列原因之一；你的目的和理由，作为整个一系列目标（purposes）、理由、意图和同样作为手段的目的的其中之一。你接受的**任何事**（即使非常勉强地）——和那些**仅仅**你所接受之事——有利于表现为你的行为方式，在对你的理由＝动机＝意图＝目的＝手段（和因此你的行为）的充足解释中

274

---

　〔8〕　*Physics* 2. 3：194b35 - 195b1；*Metaphysics* 5. 2：1013a35 - b3. ［See also essay 9 at pp. 158 - 9.］

　〔9〕　当然，一个人可以规定，正如律师惯常的那样，"动机"象征着一种目的，这处于或接近自一个行为人的即刻努力起一系列的最远处的尽头。在 *Birmingham* 案中，律师和法庭类似地规定了以这种方式使用"意图"。这与历史传统相一致（如阿奎那等人指出的那样），即"意图"象征着目的而非手段。但是这种传统将误导分析，除非一个人同样意识到（正如阿奎那所确定的）实际上所有的手段也是目的——使"意图""意图做"等的适用变得必要，正如"走向柜橱"是为了"变得健康"，"设定一个对男孩更加有利的分数（对男孩有更多的空缺）"是为了"使男孩比女孩（毕竟，其未来是在家里或在柜台后面）更有可能获得选择性的教育"。

（在你实际的实践推理的描述中）显现出来。[10]

因此，如果一个雇主免于所有的种族偏见，而拒绝白人工作申请者，是因为白人不受顾客欢迎，其拒绝他们的理由——和意图、真正的动机、目的与拒绝他们的目标（purpose）——包括他们的种族，其自身（种族主义）不是作为一种目的，而是作为一种手段（为了满足顾客和生意的存续）。如果一个委员会强加给女性申请者更高的标准——仅仅出于历史性偶然的原因，因为有很少的女子学校——那它就是根据性别而行为。如果一个委员会得到女性沙文主义（feminist chauvinism）的鼓励，或者仅仅关心**女性**的贫困而采纳领取养老金的年龄作为免费游泳的一个标准，因为该年龄对于女人更低，那它就是根据性别来决策和行为。如果其他拥有游泳池的委员会采纳了同样的标准，仅仅因为它接近一个贫困的标准并且容易得到证实，那他们就不是根据性别来决策和行为，即使议会在其设立性别差异性的领取养老金的年龄时确实如此。当如此多的法官说得好像这些问题通过简单的对比就能得到令人满意的讨论，例如"动机"（或"意图"）和"理由"之间的对比，而这却很难平息怀疑，即我们的司法制度对那些就我们的法律而言相当重要的一系列概念需要进行充分分析和综合缺乏清晰的认知，尤其对于"直接的"（意图的）和"间接的"（副作用）歧视之间的法定区分。

---

〔10〕 你所预见的你行为的一种效果，但不以任何方式当作是有利于那种行为，这是一种副作用——一种**间接**作用——在你的意图之外，并非你选择去行为的一部分。（你当然不能免于对其的道德和/或法律责任，但这种责任并不是以意图为基础的。）在 Eastleigh 案的上议院中成功的律师直接（755F）诉诸 R v Moloney［1985］AC 905 at 926 案中布里奇法官（Lord Bridge）的主要判决的著名段落：

意图是某种完全不同于动机或想要的事物……通常能够被相对简单地解释……通过某些浅显的例子。在伦敦机场，一个男人登上一架他知道将飞往曼彻斯特的飞机，明显地意图去曼彻斯特旅游，即使曼彻斯特是其想去的最后一个地方，而他登机的动机**仅仅是为了逃脱追赶**。飞机可能存在发动机故障并将转向飞往卢顿的可能性并不会造成影响。**通过登上曼彻斯特的飞机，这个男人确定地表现出其想去那里的意图，因为他将要到达那个地方，这是一种道德的确定**。

然而，事实上，为了逃脱追赶，一个男人登上第一架他看到正在（让乘客）登机的飞机，仅仅因为这给了他逃脱追赶的最好机会，并不需要有任何去曼彻斯特的意图，即使他所登的飞机，他看到（相信，"知道"）其目的地是曼彻斯特——该目的，除在"不是伦敦机场"的描述之下，根本没有进入他的实践推理中；其意图的完整清单为：逃脱追赶→乘一架飞机→离开伦敦机场→到这架飞机的目的地城市的无论哪里藏起来。虽然这诉诸 Moloney 案并未受到布里奇法官的暗指，他在 Eastleigh 案中关于理由的错误显示出同样的分析失败，正如他在 Moloney 案中关于意图的典型错误一样。

随着 2010 年的《平权法案》(Eguality Act) 以 "因为"(because of) 替代 275
"以……为理由"(on…grounds…) 的生效，对这样一种分析的需要将仍然存在。因为，对直接歧视作出定义的新法条使焦点集中于受抨击的行为 ("A 如何对待"）而不是行为的受抨击的效果 ("对 B 有什么效果"）。

第 13 条　直接歧视

（1）一个人（A）歧视另一个人（B），如果是由于一种受保护的特征，A 对待 B 比 A 对待或将对待其他人更加不利。

法案的解释性备忘录 (The Explanatory Memorandum) 陈述道，"词语上的这种改变并没有改变该定义的法律含义，而是为了使它对法案的普通使用者更容易接受而设计的"。即使没有这种保证，定义关注于为什么 ("因为" 什么原因）A 对 B 更加不利，而不是何种因素有助于 A 的行为对 B 的影响，表明决策制定主体对待 B 的方式不能正当地被判定为直接歧视，除非在决策制定主体对决策的实际的动机性的推理中至少有一步涉及一种受保护的特征。

第四部分
个体的诞生与死亡

第 15 章

人类有机体、脑诞生及个体的诞生*

从某种角度讲，对人而言，个体的本质是心理机能。从人的精神或心理 279
维度来看，个体的完整性和持续性究竟是什么需要我们去考量。同时我再次
重申，无论从科学的还是非科学的立场来讲，人类的本质究竟是什么的问题
常常隐藏于表面的持续性（continuity）（该种持续性在意识、行为、记忆等之
中有所体现）之下，并对持续性进行深刻的解读与说明。在现实中，我本应
认为绝大多数人认可的答案为：人是一系列器官的组合，而大脑则直接承担
我们所谓的心理活动。考虑到人类的特性，我同意在大脑成长到足以维持人
的心理机能之前，个体生命根本没有开始。[1]

牛津大学的迈克尔·洛克伍德基于"纯粹的现实立场"进行哲学分析后
谈道，从他第一次提出"脑诞生"的概念用以解释个体生命何时开始，他
"有点吃惊地发现"，此概念近二十年来在天主教学者中广泛流传。[2]

I

脑诞生的概念是脑死亡的对应概念，脑死亡用于解决个体生命何时宣告 280

---

* 本文写于 1988 年，未公开发表。

〔1〕 参见 Lockwood，"Warnock versus Powell（and Harradine）：When Does Potentiality Count？"at
204，205，207.〔脑诞生的概念自 20 世纪 60 年代中期就已经在文学作品中流行，Singer 和 Wells 最
近在他们出版的 Reproduction Revolution〔oup，1984，97 - 8〕）中也开始主张这个概念；然而就我所
知，其他学者并没有将"脑诞生"这个概念同"究竟是什么维持个体生命"这一问题联系起来。〕

〔2〕 参见 Lockwood，"When Does a Human Life Begin？"at 213. 他引用了 Bernard Haring、Ru-
dolph Ehrensing、Roy U. Schenk、Wilfride Ruff 在 1966 - 1974 页的文章。

消亡。[3]

只要个体大脑的相应部分还维持着必要的机能，个体就应被视为活着。类似地，只有当个体大脑的相应部分诞生个体才算是诞生，更准确地说，只有当大脑发展到合适的阶段足以维持个体生命的特征并为其意识活动提供空间，才能说个体生命开始。[4]

总之，当意识活动开始，则人的生命开始；当意识活动停止，则人的生命停止。汉斯·洛克伍德总的观点认为："你我都不是人类有机体"，[5] 我们每个人都仅仅是，或者说"被安置于"[6] 有机体生命的一个阶段，而人类成为这个有机生命体的阶段开始于有机体的大脑或大脑相关部分开始发育，终结于大脑部分功能不可逆转的丧失。

为了使自己的理论更加完整，洛克伍德将脑死亡定义为"脑部高级功能"不可逆转的丧失；与之相对应的是"用以维持呼吸、循环及类似人体机能所必需的一系列低级机能"，以至于当"个体已不再是自己时，有机生物体依然存在着"。[7]

然而，《皇家医学院会议纪要》在 1976 年 10 月 11 日、1979 年 1 月 15 日发表文章，其中记载了英国医学实践中的操作标准，脑死亡的关键要素包括：（1）脑干永久性的功能丧失构成脑死亡；（2）"脑死亡代表着患者真正的死亡，脑死亡时大脑全部功能永久性地、不可逆转地停止。"[8] 以上内容并未提及意识功能的丧失。中立地理解，以上表述是基于"器官整体功能的丧失"这一理念（这里所指的功能是人类等生物体的生存所系）。当然，洛克伍德将脑死亡等同于植物人，但与他同时代的医学教科书坚称两者截然不同。[9] 植物人状态下，人体并没有脑皮质，但脑干依然存在，足以维持个

---

[3]　Lockwood, "When Does a Life Begin?" at 20.

[4]　*Ibid.*, at 23.

[5]　*Ibid.*, at 11.

[6]　*Ibid.*

[7]　*Ibid.* at 24.

[8]　*Ibid.*, at 11.

[9]　British Medical Journal, 13 November 1976, 1187; 15 January 1979, 332（emphasis added）.

体器官的整体机能及生命。[10]

所以，如果真的要从概念上探求人类在死亡中失去的、在诞生中获得的　281
特性，就应当探寻器官整体机能的开始，该机能同样将在死亡中丧失。

II

事实上，器官整体机能始于怀孕期间。胚胎学是一门科学，其中的核心
主体（其研究对象）始于受精。哺乳动物受精数周后，大脑才开始发育。
在这数周里，大脑之外的其他因素控制着器官的发育与能量的流转。但无论
老鼠还是人，一旦发育中的生物体形成了大脑，起统领作用的就是大脑。此
后，只有当大脑功能彻底丧失，生物体的有机统一性才告丧失。

洛克伍德对于探索生命、有机生物体的持续性及其他行为的存续三者之
间的巨大差别毫无兴趣。他从未尝试探寻同种生命间的复杂性、差异性与现
实的生物体（不仅仅在逻辑上）间的多样性的差别。

他信奉 R. M. 黑尔、彼得·辛格、乔纳森·格洛弗、迈克尔·托雷及其
他哲学家都曾提出的"困境法则"：构成不得杀害新生儿或六个月的胚胎义
务的因素，同样构成不得杀害一天大的胚胎的义务，任何人不得阻止可能导
致怀孕的孕前事态（行为及情态）。[11] 诚然，他提出的两难困境和之前其他
哲学家提出的"法则"在一定程度上有所不同。其他哲学家通常区分儿童
产生自主意识的欲望及此前的生命阶段，而洛克伍德将界限划定在胚胎或婴
儿产生大脑及胚胎早期、孕前事态之间。不过，与其他哲学家相同的是，他
同样拒绝承认胚胎的重要性。

事实上，虽然精子和卵子促进受孕的作用是等同的，受精卵或胚胎[12]　282
是受孕之后产生的，但精子、卵子和受精卵三者对个体生命的连续与统一来

---

〔10〕　关于脑死亡概念的总体论述及关于器官整体功能的表述，可以参见格里塞茨及波义尔所著
Life and Death with Liberty and Justice 的第三章。

〔11〕　参见 Lockwood, "When Does a Life Begin?" at n. 29 中所做的论述。

〔12〕　依照生物学关于人类最初阶段的通说，胚胎是指受孕后六十天左右（未出生时）的器官
组织，此后一般称之为胎儿。（在极少数情况下孪生会使情况复杂化，相关讨论参见论文 16。）

说，没有任何可比性。精子、卵子、受精卵截然不同，三者间的区别或差异可以得出：R. M. 黑尔、彼得·辛格、乔纳森·格洛弗、迈克尔·托雷及洛克伍德所提出的困境法则无法以清晰、稳定的方式表达，而洛克伍德关于困境原则的主要构想自相矛盾。关于胚胎早期的实际情况，它曾经是什么？已经存在什么？现在是什么？洛克伍德提出了至少六条不同的陈述：

（1）在胚胎的大脑产生之前，人类即拥有潜能。在受孕之前，精子和卵子起到完全平等的作用。[13]

（2）认为一个将与卵子结合受精的精子、一个刚出生的婴儿都有可能成长为人类个体的观点，忽略了两者之间的决定性差异。[14]

（3）无论即将与卵子结合的精子还是一个刚出生的婴儿，都不具有以下特质……[15]

（4）精子和卵子并不具有发展成为人类个体的可能。[16]

（5）我们不曾是几周大的胚胎，而仅仅曾是精子或卵子。[17]

（6）单独来看，精子和卵子都不具备发展为人的可能，但如果将两者结合起来考虑，则都具备了该种可能。如果将精子和卵子在培养皿中混合，再加以适当的营养液，则培养皿中的物质就具备了发育为（至少一个）人的可能。该精子和卵子的联合系统，通过适合的媒介，具备了产生受精卵的高度可能性。[18]

以上六个表述使用了六个不同的逻辑主语。第一个命题中，洛克伍德提出了精子和卵子的概念，在精子和卵子前使用的是不定冠词，避免使用动词，惯用语是"有可能"，使得精子和卵子究竟是单数还是复数具有模糊性，两者的结合是不确定的，只是存在结合的可能，但没有确定该种可能的前提和

---

〔13〕 参见 Lockwood, "When Does a Life Begin?" at 19.

〔14〕 *Ibid.*, at 28.

〔15〕 *Ibid.*, at 27.

〔16〕 *Ibid.*

〔17〕 *Ibid.*, at 29.

〔18〕 "Warnock versus Powell" at 196, 197.

内容。接下来，他提出了三种不同的真实可能性的主体：在第二个命题中是 283
一个精子（a sperm），在第三个命题中是即将结合的精子和卵子（a-sperm-
and-ovum-about-to-fuse），通过连接符来保证其后跟随的动词是单数形式；
在第四个命题中，是精子和卵子两个截然不同的主体（因为原文中两者后面
使用了动词的复数形式）。在第五个命题中，他提到了精子和卵子（有可能
是精子或卵子，因为原文语句从第一人称复数形式转换为第一人称单数形
式）。在第六个命题中，他最终提出了培养皿的概念。在描述时，他既使用
了复数主语（包括复数的卵子），也使用了单数动词，对可能产生的结果用
了复数形式"至少一个人"。而最终的正式表述本身自相矛盾，也不符合两
难困境所暗含的内容：

（1）精子和卵子……永远不是人，其仅仅可能发展为人，发展为人类有
机体，该有机体具有能够维持人体机能的大脑。（2）早期的胚胎……也是
如此。（3）如果胚胎发育正常，有一天它将发育为成熟的人类有机体，每
个有机体都对应着相应的人。（4）然而正如我在文章开头就讲到的，人绝
不等同于人类有机体。

在上面一段话中，洛克伍德承认了精子和/或卵子并不是人类有机体，
而且两者只有首先结合转变为人类有机体之后才能发展成人。但在（3）中，
他其实已经默认了早期胚胎事实上已经是人类有机体，早期胚胎不需要结合
转变为人类有机体而只靠成长发育就能发展为人（在他的正式理论中，表述
为相当于一个人）。[19] 而（2）支持两难困境假定（支持精子和卵子的要素
也支持受精卵），但（2）和（3）相互矛盾。在（3）中，他默认此矛盾的
存在，虽然其仅仅承认所有对哺乳动物早期及人体发育的科学及超自然学研

---

　　〔19〕　对这一点的默认在此后的文章中更加清晰，在"Hare on Potentiality: A Rejoinder"at 348
中，当洛克伍德谈到将胚胎转移到替代性子宫时，他说："胚胎移植并成长为健康孩子的可能性极
大。"

究中，都证实了（在绝大多数情况下）器官结合发展始于受精。[20]

Ⅲ

284　　现在我们将话题转回到大脑。早期的胚胎没有大脑，无法进行思考。但通过吸收代谢及体内器官精确地成长，胚胎同样有能力细致准确地为自己考虑。确切地说，受孕时人类有机体诞生，因为此时受孕体已经拥有了一种独一无二的能力，即拥有意识、理解、选择、目标的潜能的能力；如果用提出的二元论来表述：当有机体受孕开始，则人类有机体形成。

　　简而言之，早期胚胎具有意识思考的能力，这被洛克伍德定义为人的本质特征。[21] 胚胎有这种能力就如同我有能力去说挪威语；并不是我现在能说挪威语，而是我可以通过对外部资源的吸收、转化来获取说挪威语的能力。[22]✛

　　洛克伍德（黑尔和其他人）之所以对有机体的组成、统一性和连续性缺乏兴趣，原因在于其所持有的二元论观点。此观点使他（他们）无法认识到一天大的胚胎（他承认是人类有机体）和人类是等同的，两者都是独一无二的，其能力发展都将产生直接受益。比起洛克伍德（及其同伴）的观点及人类胚胎地位的问题外，该二元论的影响范围更为深远。洛克伍德理论

---

　　〔20〕在此问题上，洛克伍德最值得称道的是，有关精子、单数结合精子和卵子、复数精子和卵子、分离的精子或卵子、分离的精子和卵子的课题上，他从未用任何嘲讽掩饰课题中的不确定性；Hare，"The Abnormal Child" at 369 中写道："我认为 Andrew 的构想就如同你杀害一个胎儿或新生儿一样恶劣……"需要提请大家注意的是，在 Hare 后来的文章 "When Does Potentiality Count? A Comment on Lockwood?" 中（第 220－221 页），强调新生儿已经有了希望和欲望，他们能够伤害自己，但对胚胎、胎儿和配子并没有这样的伤害（第 224 页）；配子、胚胎及胎儿不存在利益，不能受益或受害（第 216 页）。而洛克伍德的重要论点是反对以上观点，参见他后来的 "Hare on Potentiality A Rejoinder"．

　　〔21〕"人是有意识的存在，也即人有能力进行意识思考与体验"，参见 Lockwood，"When Does a Life Begin?" at 10. 值得注意的是，在 "Warnock Versue Powell" at 201－2 中，他对人的含义做出了更精准的描述："一个有感觉的存在成为人的充分条件是，他是稳定地具有诸如自我意识及理性等品质之物种的一员。"（但他没有解释为什么这样一个物种的一员要成为人类，知觉是一个必要条件；他同样没有提及这与他之后反对物种歧视的观点是否矛盾。）

　　〔22〕对"能力"一词进行深入解读，参见 Iglesias，"In Vitro Fertilization" at 35－6.

的价值在于，它清楚表达了许多人都有所考虑的"思想"所蕴涵的含义——如果人们认为本章开头所引证的片段并非有理时，而必然怀有的想法。

洛克伍德试图区分"人"与"人类有机体"两个概念，前者具有利益（可能受益），即使其处在无意识或尚未形成倾向、欲望的状态也不影响该种利益的存在，[23] 而后者即使完全发育成熟也不具有利益（不可能受益）。[24] 但他并没有给出其观点的有关含义。

比如，其中的一层含义是：智力、选择自由、创造性及一系列人的身体动静，比如我在纸上写下这篇文章或你阅读这篇文章，都不是由人类有机体完成的。

洛克伍德的二元论讨论了个人和个体生命、有意识的人和人类有机体、有机体的行为和个人的行为及其他一系列对比概念，其二元论的命运如同他所描述的存在、生命及活动的命运。该种命运是忽略统一性或对其模糊不清，那是在这个世界上我们所最能准确和清晰了解的一种统一性，事实上，那已历经时光考验，对人类来说是典型实质性的统一与同一。统一性在个人的意识行动中有所体现，而二元论的描述含混了这种复杂的统一性（及联系性）。任何二元论都试图成为一种理论（关于单一的、实在的、偶尔具有自我意识和自我导向的有机体的个人同一性的理论），而最终都因无法就选择恰当的观点建立理论体系而失败。[25]

洛克伍德的理论将其陷入一种双重二元论。因为其理论定义并对比了两个对象，然而这两者又都与"个人"概念形成对比。他认为，无论人类有机体还是人类（或自我），本质上都不是个人的（有人性的）。但在 1985 至 1988 年间，他摒弃了双重二元论的部分观点，即放弃了个人和人类之间的

----

〔23〕 "When Does a Life Begin?" at 26.

〔24〕 *Ibid.* , at 29.

〔25〕 See *NDMR* 308 – 9，以及格里塞茨及波义尔所著 *Life and Death with Liberty and Justice* 71，377 – 80，402.

区别，并最终做出了清晰的描述。[26] 现在，他承认作为一个人类即作为一个人。但他依然坚持无用而且难以成立的关于人类有机体和人类的二元论，他坚持"你我都不是人类有机体"。[27]

注

286   本章参考了乔治和多福森所著《胚胎》，特别是第 133 – 134 页关于脑出生和脑死亡的争论；李和乔治所著《在当代伦理和政治视角下的身体二元论》，第 119 – 130 页以及豪斯匹安所著《关于早期人类胚胎的玄学问题探索》。

    ⁺另外，在注释22处提到的"有获取能力的能力……"有机体先天或后天获取能力的能力……在后文我称之为根本能力。参见第 1 章、第 17 章，特别是第 3 章及第 4 – 6 章。该术语在乔治和多福森所著《胚胎》的第 79 – 81 页提及并有清晰解释。而在奥尔森所著 *The Human Animal* 第 86 页，也谈到二阶能力：

    一种观点认为，人类胚胎或胎儿缺乏任何精神思考能力，特别是理性思考和自我意识的能力。一个五个月大的胎儿无法思考、感知或记忆，是因为负责实现这些活动的神经组织尚未发育完全。但随着胎儿的成长，其将具有理性思

---

  〔26〕 换言之，在"When Does a Life Begin?"与"Warnock versus Powell"两篇文章之间，洛克伍德的观点发生了极为显著的变化。为了更全面地了解，后面的文章建议读者去阅读前者。在较早的文章（第 12 – 13 页），以及晚期发表于《牛津哲学学会》1985 年 11 月（我是此时的评论员）的版本中，他明确否定了人类本质上是个人的说法。但在之后该文章公开出版的版本中（第 201 页），他将人类定义为生物学上人类种族的一员，我们每个人都是个人。

  〔27〕 洛克伍德将该观点视为一种视角而非一种纯粹世俗化的考量。他认为"坚持灵魂不灭的人"与他持有同样的观点，即我们不是人类有机体，"因为他们相信即使我们对应的人类有机体死亡、消逝或归于尘土，我们依然存在"。西方神学思想家阐释了神学传统学说，其内容可概括为两部分：其一，人类有机体的能力（如欲望、思考、自由选择）并非单纯身体性的，所以即使一个人的器官组织死亡、消逝，个体在某种维度上也依然是存在的；其二，"在灵魂得到救赎之前"，存在对"我或任何人及人类"而言都不是我们本身。以上来自 St Thomas 的说法，参见 Grisez, *Beyond the New Theism*, chs 14 and 23.

维和自我意识的能力。二阶能力是指，能够获得用以思考及分析的一阶能力的能力。因此，也有观点认为一般的人类胎儿有精神思考能力，正是这种能力用以区分人类和非人类。即便胎儿不具备一阶的精神能力，仅仅具有二阶的精神能力。

第 16 章

绝大部分人的生命何时开始[*]

抛开真实的或虚拟的神仙、天国或地外生物不谈，在通常意义上，我们说一个存在是人时，说的是他是存活的独立个人。任何人如果宣称存活的具有肉体的人类个体不是个人，不应当被作为人来对待，则他必须论证常规意义上人的概念是错误的，并需要被新的不同的概念取代。否则这种论断不过是武断的歧视，但尚无人提出此论断，也没有预见到有人会提出。

学者中最为认真探讨提出该观点的是迈克尔·托雷，他认为人格是在成长过程中逐渐形成的，不仅仅是没出生的婴儿，即便刚出生的婴儿也不是人。[1] 托雷的论证假设两个基本但无可争议的前提，并以此回避了实质性的问题，这两个前提是：（1）堕胎在道德上是可接受的；（2）未经实践验证的潜能或能力不能将其视为人格的一部分，即使个体确实拥有这种能力。[2]

一些现代新亚里士多德主义者，比如著名的约瑟夫·东泽尔，认为人格依赖于感觉器官和大脑，早期的胚胎确实是存活的人类个体，但它仅仅是人格产生前的存在。胚胎转变为人并产生精神不是渐进的而是突变的，而这个实质性转变发生于大脑开始发育时；从这个节点之后，个人精神开始影响整个个体的发育。[3]（实质性转变是指，由一种个体转变为另一种完全不同的

---

* 1993a（part）.

〔1〕 Tooley, *Abortion and Infanticide*.

〔2〕 Hurst, *Beginning Lives* 107 – 11；Grisez, "When Do People Begin?"；Atkinson, "Persons in the whole Sense".

〔3〕 Donceel, "Immediate Animation and Delayed Hominization".

个体，比较典型的例子是化学反应。）但如同中世纪的亚里士多德主义者，288
东泽尔的观点自相矛盾，且与生物学资料不符。〔4〕发育最初阶段的大脑无
法为智力活动提供身体基础，此时其仅仅能够提供这一基础所需的前体细
胞；如果此时的前体细胞足以产生精神活动，则没有理由认为更早期的前体
不能产生精神活动。每一个人类胚胎都包含所有器官的外遗传性原基，从最
开始时胚胎就具有上文提到的发展趋势。而实质性转变的假设（受精卵形成
之后的某刻将产生精神活动，此刻即实质性转变）对于解释实体存在并无实
际意义，按照经济学中的奥卡姆剃刀原则，*应予以排除。

中世纪亚里士多德主义的观点认为，胚胎在受孕之后几周将产生精神活
动能力，现在看来，支持该观点的生物学基础已经不复存在。中世纪的亚里
士多德主义者，诸如托马斯·阿奎那等人，依据当时的生物学理论来佐证自
己的观点，但该理论如今已经消亡；+当时的生物学认为，生命起源于精液
和月经血，两者都不具有生命，但精液拥有极为有限的活力，能够引导经期
血液进入人体，而月经血能够以一种开始类似植物、而后类似动物的方式成
长并滋养其身体。现在的生物学证明，有机生命体的受精卵虽然是单细胞，
却携带着近十亿的分子信息并进行极具活力、自我引导的融合直至死亡，如
果中世纪的亚里士多德主义者知道这一点，他们应当会同意该学派十八世纪
后继任者（及同时代的其他人）的观点。〔5〕之后的观点认为，受精卵是特
殊的人类（不仅仅是植物性的），即使是最初始的胚胎也已经具有了身体，
具备（但没有发育形成）了理解、思考及选择的能力，这一切来源于胚胎
原基。你或我都有说藏语或冰岛语的能力，虽然我们都无法做到这一点，所
以即使是最早的人类胚胎，在生理上也具有足够的能力进行诸如自我意识、
理性思考及选择等人类活动。（只要给予其时间，让其完成对空气、水和食
物的吸收代谢）他或她具备的潜能就蕴含了用以区分不同人的不同能力。〔6〕

〔4〕　参见 Grisez, "When Do People Begin?"; Ashley, "A Ctitique of the Theory of Delayed Hominization"; Gallagher, "Is the Human Embryo a Person?" at 22–6.

*　该原则内容为：如无必要，勿增实体，即简单有效原则。——译者注

〔5〕　Heaney, "Aquinas and the Presence of the Human Rational Soul in the Early Embryo".

〔6〕　Wade, "Potentiality in the Abortion Discussion".

所以我们既是人类也是具有潜能的个人，但不仅仅是具有潜能的个人或者潜在的人类。

289　　在当代，诺曼·福特致力于证明：受孕后两周才会产生人类个体（其后是个人）。[7] 与托雷和东泽尔不同的是，福特认为人格始于个体生命与人类本质融合之时。常规观点认为自受孕起个体就产生人类本质，福特的结论与生物学上对人类发展的理解产生了根本性对立，以至于其观点根本不可能和常规观点并存。[8] 尽管如此，他的观点还是值得我们认真研究，因为对一些我们常常轻易发表结论的问题，他尝试严肃对待并给出结论。例如，在着床、原条形成、胚胎细胞全部或多数潜能丧失、双胞胎可能自然形成时段的末端之前，胚胎还不能算是个体。

福特认为，在受精阶段，存在论上的个人及生物学上的人类实体（受精卵）就开始了，但不论生物学家怎么想，该个体和16天后开始发育并于死亡前作为同一存在的个体是不同的，尽管两者有着同样的性别和基因。按照他的说法，存在论上的个体和受精卵在第一次有丝分裂时变成两个存在的个体，接下来变成四个，然后变成八个，紧接着变成十二个和十六个、三十二个和六十四个并以此类推；直到第14天，形成了无数个存在论上截然不同的个体。（生物学家认为排除双胞胎情况，则此时只有一个人类存在。）然后在某一刻，上帝让这成千上万的个体结为"一个鲜活的身体"，于是它们突然不复存在了。

福特之所以能得出如此卓越的结论，一方面来源于他的想象力，他发现在大概15天之前，也就是胚胎开始在空间上进行躯体化发育之前，胚胎从形状上看并不像人类；另一方面就是关于孪生和嵌合体（假想两个受精卵融合为一个）的传统难题。然而他的观点使对孪生的解释更加混乱，因为按照他的观点，转变发生在大约第六天或第七天的某一刻，并不是一个个体变为两个，而是成百上千的个体转变为其理论无法解释数目的个体。（福特甚至

---

〔7〕　Ford, *When Did I Begin*.

〔8〕　关于此的具体分析、反驳及相关参考书目，参见 Grisez, "When Do People Begin?"；Fisher, "Individuogenesis and a Recent Book by Fr Norman Ford"；Fisher, "'When Did I Begin?' Revisited".

没有尝试用他的理论去解释有关孪生的现象，而孪生现象是早些年他用以对抗常规观点的主要论据。）

那么，又该如何理解孪生及假想的人类嵌合体呢？简单地说，在生物学 290 上我们总会发现个体。如果有丝分裂后的个体分离或联合而形成嵌合体，我们就可以轻易发现一个或更多不同的个体。孪生是一种不寻常的发育方式，在孪生中先形成的和后形成的个体间具有一种不寻常的亲子关系。而被吸收形成嵌合体，则可被视为一种不寻常的死亡方式。常规观点并未区分两者，但实际上区分并没有本质上的难度。

任何人都不应以想象取代理性。在论辩中，常常可以看到用想象及关联性支配想法及论证的情况。比如，许多人认为动物的一个器官不可能比其他器官加起来更大，或者主要器官不可能是短暂的、一次性的。他们拒绝严肃对待生物学上的资料和哲学上的思考，后者认为胎盘是胚胎的一个器官。现在我们回到开始的问题，许多人（不单是神学家）认为人格或灵魂不可能始于受孕，因为他们无法接受人类在之后的发展中没有明显超越个人生命的最初阶段。但如果理性地分析，这并非不可接受。首先，迄今为止的每个时代，婴幼儿的死亡率都是极高的，几乎和现代西方社会的终止妊娠率一样高；其次，许多妊娠终止是因为严重的基因缺陷，这些终止未生产的并不是人类个体，而只是具有人类基因的存在（如水泡状胎块），这些存在缺乏用以形成外遗传性原基，而这是智力活动所需的器官基础，举凡人类都具有的；最后，如同福特所言，如果认为自己知道上帝如何规制、限定那些不具备智力的生命及规则的边界，那么就太自大了。[9]

任何个体，只要能够发展成为某个种类的实体，就是该种类的一员。人类的精子穿入卵子，发生实质性转变后产生单细胞的人类有机体，并保持自身同一性不变异，发育成为理性的个人；在这样的情况下，此单细胞就是一个人。在非典型的情况下，如具有人类基因的受精卵缺乏形成大脑需要的外

---

〔9〕　See Fisher, "Individuogenesis and a Recent Book by Fr Norman Ford" at 181.

291 遗传性原基，则此时不存在人类，不存在个人，也不存在未出生的孩子。[10] 同时还有另外一类非典型情况，包括部分或全部同卵双胞胎在内的部分人，不来源于被穿入精子激活的卵子，他们的生命开始于受精之后的两到三周，始于其他细胞的分裂或联合。

在此问题上，起决定性作用的并不是拥有独特的人类基因，而是整个生物体的有机融合。该种有机融合始于受精的一刻，不论其后发有机体有一个还是多个细胞，不论这些细胞是全能性的、多能性的还是充分分化的。按照哲学上或生物学上的相关标准，融合造成了实质性转变，但无论随后的发展还是融合本身，都不能算作基因上的实质性转变。⁺⁺如果孪生胚胎这种例外情况对其身份还存在着生物学和/或哲学上的质疑，那么这对余下97%非孪生胚胎身份产生的影响，还比不上如何认定成年连体婴身份对余下人身份认定的影响。

当然，我们的想象力拒绝承认一个理性的成年人与一个比句号还小的、只有两毫克的受精卵是等同的。但我们的想象力同样拒绝区分一个足月的、未出生的胎儿和足月的、刚刚出生的婴儿。从理性上，我们找不到任何结果、原则或标准用以区分成年人、新生儿、足月胚胎或孕中期胚胎，他们都只是一个及同一个人类存在，也就是我们所说的个人，他们同样以一个携带46条染色体的单细胞受精卵作为个人一生发展的开端。

简而言之，基于科学和哲学上的考量，我们产生了两个结论：每一个存活的人类个体都应被视为个人；绝大多数个人始于受精，也就是说，我们中的大多数都曾经是受精卵。⁺⁺⁺

注

⁺在 In mediaeval biology neither semen nor menstural blood is alive（第 288

---

〔10〕 Suarez, "Hydatidiform Moles and Teratomas Confirm the Human Identity of the Preimplemantation Embryo".

页）中，对此进行了更深入的解说。亚里士多德在 *Generation of Animals*，Ⅱ.3：736b3 中谈到两者都不具有动物性生命，"没有人能低估胚胎的作用，认为其是没有灵魂的或没有生命的（因为动物的胚胎和精液中含有和植物一样多的生命）"，参见 Arthur platt 于 1910 年的译文（Jonathan Barnes，1984）。

✝✝安斯库姆在她所著 *Faith in a Hard Ground* 一书的 "The Early Embryo" 一文中认为，在一个"非常短暂的时间内"，早期的胚胎虽然是人类，但不是一个人类存在。她认同亚里士多德和阿奎那的观点（分别参见 *Generation of Animals*，Ⅱ.3：736b 以及 *ST* Ⅰ q. 119 a. 2c），认为"某一阶段的生命具有动物性生命，但不是诸如马或人之类的"，她极为贴切地描述了这种令人震惊的观点。但与此同时，她否认两者提出的从植物性生命向动物性生命转变是一种实质性转变的观点，她似乎认为从活的植物性生命到活的动物性生命的转变并不是实质性转变。但她对其质疑受精卵不是人的理由并未做出明确的阐述，仅仅说因受精卵缺乏"外在表现形式及……人体器官"（参见第 217 页），且虽然受精卵是一个天然的整体（不像心脏那样是分隔的部分），但它"一定程度上缺乏确定性"（参见第 220 页），这也许与出现孪生有关（参见第 215－216 页），也可能与受精卵发育为比如癌症或肉质胎块等有关系（参见第 221 页）。

针对这些疑问，我们必须承认，如同亚里士多德所言，一些有机体在不限定具体物种的情况下也应被视为动物，原因在于"个体的最终结局是发育，而对于每个个体，发育的结局是形成物种独特的特质"。安斯库姆能够接受通常所说的"正式的、终极的原因是相同的"（第 220 页），她也认可只要说一个人"是一个人"，它就将成为一个"真实实在的个体"，就开始控制发育了。她认为在此之前，发育被某个与我们对器官发育的理解不相符的神秘"形式"（终极原因）所控制，在这种形式中，聪明至极的人类（而非老鼠、甲虫或猿）以一种个体化、极具种族特色的方式控制受精卵的发育。

✝✝✝参见 George，Tollefsen，*Embryo* 尤其是第二章和第六章。Olson，*The Human Animal* 第 92－93 页采纳了福特的观点，此观点基本上是对胚胎学的重新解释：受孕后的第二个周末之前，细胞之间的连接是松散的，这些细胞的发育和其他活动并不像生物体的细胞那样运作着；这些细胞是完全一样的，或者说是全能的，它们没有特殊的任务，每一个都可能发育成人类任何器官的细胞。这些细胞中的大部分而后发育成胎盘或其他辅助性结构，而没有发育成胚胎本身。这些部分的功能彼此独立，以各自的速率代谢、分化、发育。

奥尔森认为，受孕后的两周之内并不存在多细胞生物，仅仅是一团或一块细胞（最终这无数细胞突然间变成一个，奥尔森并没有清晰地表述其观点，但这正是他的观点），而他所说的正是胚胎学家的观点。很多胚胎学家都表述过类似观点，但奥尔森只引用了戴蒙德在 *Theological Studies* 的文章及福特的书，福特在书中认可"绝大多数胚胎学家和生物学家"的观点，认为受精卵和三周大的胚胎、八个月大的胎儿及四十岁的成年人是同一个体；福特的反对性观点则依赖于"哲学归纳推理"（第115页），该推理取决于"生物特征"和"存在论特征"之间难以解释清楚的区别。福特承认在受孕后的两或三周内，生物学上只有一个个体（孪生的情况下有两个），而于存在论上，有很多独立且不同的个体。与之相似，胎盘是由胚胎发育而来的，虽然在生物学上属于胚胎的一部分，但于存在论上它并不是个体的一部分（也不是母亲身体的一部分，也不是个体的一部分，于存在论上，它是处在不确定状态的身份不明的废弃物）。但福特关于生物特征的观点没有注意到生物学家感兴趣的并不单单是基因组成或内在固有能力，而是在动态的、目标导向的器官融合过程中两者的结合。福特及其追随者奥尔森关于胚胎生命的观点，缩小或说忽略了生物区别。福特否认有证据证明内在统一性和多细胞个体的存在，然而他忽略了一种极为复杂并具有导向性的过程，也即他和奥尔森提到的，胚胎细胞分化发育成极为不同的内部细胞和外部细胞，并通过标准而典型的器官发育过程彼此连接。福特武断地宣称导向性和终局性是一种本质属性（第149页）。他由此建立起一个邪恶的理论防线，用于保护他的观点并对抗已经为生物学及存在论上的证据所充分证实的个性特征。

第 17 章
人类胚胎的诞生*

I

部分克隆的内容是细胞株，或者是组织培养。在组织学上，克隆而生的 293 细胞（如皮肤细胞或肝脏细胞）与被克隆细胞是相同的。新生细胞与原始细胞是相似的：它们缺乏作为完整生物体自给自足并进行自我引导发展所需的基因原基，以使其发展成为成熟的个体并成为两性繁殖族群的一员。即便原始细胞是人体的一部分或该部分的衍生物，克隆也不会涉及内在的道德问题，而关于克隆胚胎的道德问题是我们应该讨论的。当然，克隆产生了一些附带问题，如关于实验、商业化、负面后遗症、医源性疾病等。但细胞克隆本身的发展是值得鼓励的，其在推动医疗进步上具有广阔的前景。

有些克隆是克隆胚胎。这里，"胚胎"一词包括受精卵、桑椹胚、囊胚及狭义的胚胎（当然包括胎儿），也即不论是由一个细胞、两个细胞或多个细胞组成，每个生物实体都有能够发展成一个物种的成熟一员所需的基因原基。因此，当我使用"胚胎"一词时，是在效法从事研究的先驱们，他们对我刚刚谈到的专业术语及其间的差别有着清晰的认知，并认为"胚胎"一词包含最早的孕体在内。这正是爱德华兹·R. G. 理解的何时是"生命的开始"，例如在培养皿中，受孕后的几分钟或几小时，生命已经开始。爱德

---

* 2000b（Address, "Some Fundamental Evils in Generating Human Embryos by Cloning", 26 November 1999, Conference at European University Institute, Florence, on the Ethice of Biological Research）。

华兹谈道：

> 抵御伤害是胚胎初期既已具有的本能，一直持续到胚包阶段甚
> 至更久，直到胚胎在子宫着床方至消亡。[1]

294　　　谈及"生命的早期阶段"[2]和"胚胎发育的最初阶段"，[3] 也就是单细胞胚胎分化为两个细胞前后的一到两天，爱德华兹表示：

> 道德问题不在讨论之列……我们清楚地意识到我们的工作将使
> 我们评测微观人类存在，也即人类发展的最初阶段。[4]

爱德华兹回忆起（当她出生时）对路易丝·布朗作为他培养皿中的一两个细胞的欣赏，她说："那时她很漂亮，现在她也很漂亮。"在爱德华兹做出的那种决定中，有很多令人惋惜的事情。自那以后即使有成千上万的其他医学技术人员，但爱德华兹具有坦率的伟大功绩。爱德华兹讨论他于1968年与外科医生帕特里克·斯特普托在体内工作的初步协议时说：

> 道德问题几乎没有进入我们的谈话……我们……意识到我们的
> 工作将使我们能够检验一个微观的人类 ——一个处于最早发展阶段
> 的人……[5]

20世纪90年代晚期，"医疗性"开始普及。根据该词，存在两种胚胎克隆方式：一种是繁殖性克隆，另一种是治疗性克隆。该词具有政治性和可操控性，本应被否定。克隆产生胚胎是且必须是繁殖性的，因为从一个人产生其他人就是所谓的繁殖，即便这个繁殖而生的胚胎之后将被销毁，不会像正常婴儿一样成长为独立的生命。而将克隆胚胎作为实验用器官、组织及细胞株的来源，或者用以提高其他人的健康水平也不意味着医疗性。直到1998年和1999年，传播者控制了舆论的传播，"医疗性"一词才真正为人

---

〔1〕 Edwards and Steptoe, *A Matter of Life*, 111.

〔2〕 *Ibid.*, 97.

〔3〕 *Ibid.*, 95.

〔4〕 *Ibid.*, 97.

〔5〕 *Ibid.*, 83.

理解并普及，而医疗性介入是以被介入个体的健康幸福为导向的介入行为。

简言之，与繁殖性克隆对立的医疗性克隆从来都是繁殖性的。实际上，医疗性克隆从来都不是医疗性的。不论我们存在着怎样的伦理分歧，都应共同抵制滥用熟知词汇以掩盖真正想争论、坚持、选择的观点。

我们应当意识到，如今对语言进行操控的目的与方式，同二战期间英 295 国政府所做的如出一辙。当时政府一直向民众严肃地保证其军事行动的打击目标都是军用的，而此时已有内部正式文件记载其军事政策是优先打击并摧毁民居及居民，而后才是生产军备的工厂。选择公开声明的用词时，英国当局主要依赖于语词间惯常并为人所熟知的差别。据此，军事目标一词包含人、军事设备及在军事活动中准备投入使用的设备，但不包括人质及其他居民；即使打击以上人员能够降低对方军队的士气，产生的难民及避难所将阻塞对方的道路等，进而产生良好的军事效果。宣传者操纵语词的方式是在受众处于某种程度的无意识的情况下，将一个广为人知的词语以一种新的方式使用，而只有对这个词语以一种全然不同的方式理解才能获得它们的准确含义。例如，我们说打击目标都是军事的，是因为我们选择打击目标的最终目的是军事上的胜利，而所有的行动也是以此为导向的。如果以这种目标导向的方式来使用"军事"一词，则英政府的声明是非常正确的，但政府不能理所当然地透露其使用"军事"一词的方式和含义。这则声明并非想让民众了解炸弹攻击的目标，而是让民众知晓何种人以及何种实物将被攻击，因为民众需要确信其政府不会通过不正当手段追求胜利，也即不存在以打击平民来加速战争最终胜利的军事政策。但从 1941 年 2 月到 1945 年 4 月，军事政策就是如此，详情可参考我与约瑟夫·波义尔、杰曼·格里塞茨合著的《核威慑、道德与现实主义》。[6] 与之类似地，是最近政府机构对"繁殖性"和"医疗性"两词的运用，他们通过对两词提出新的语境用途取代大家所熟知的使用来误导受众。在新的用法中，受众只有将注意力由选择何种生物及方式去克隆转移到克隆的最终目的上，才能理解他们所讲的两词的

---

〔6〕 *NDMR* 38-44.

区别。

所谓的"医疗性"克隆都是繁殖性的，而且实际上都是非医疗性的。医

296 疗性克隆的目的是产生人体，用于解决当前实验所需的实体或为了其他人类

长远的利益，而克隆体为了这些人的利益注定要被牺牲，不论这些克隆体是

否愿意，也不论其如何哀求。当然，也有人说克隆体十分年幼无知，他们无

法理解自己的死亡。这是实话。但问题是，这个从产生就注定死亡、毁灭的

个体是否终有一天将意识到，自己的命运并不是基于伦理上的判断来决定

的。没有人拷问，当我们选择毁灭他/她时，是否侵害了他/她所拥有的权利。

Ⅱ

二战中，各种主要力量都将以不同方式系统性地侵犯人权作为最高政

策。战争之后，世界卫生组织和国际医药学会回顾了在战争中当权利战胜原

则后对科学的乱用，起草并达成了《赫尔辛基宣言》（特此向主席马佐尼教

授致以敬意）。宣言的核心部分节录如下：

> 第一章第五条 在涉及人类受试者的医学研究中，个体研究受试
> 者的安康必须优于其他所有利益。
> 第三章第四条 在人体上进行研究，应首先保证受试者的健康，
> 其次才考虑科学和社会效益。

所谓的"医疗性"克隆，其本质完全是非医疗性的，也即完全与医疗无

关，或完全就是预设好了要牺牲受试者，这直接影响了受试者的福祉，严重

违反了以上原则，违反了当今政治生活和社会生活的最基本原则。

有人可能会以实验是为了人类为由进行否认，但这是徒劳的。当你认真

观察、检阅那些希望他们的子女生存发展之繁荣并为此付出一切的人们，且

观察他们的语言、想法、意识及决定时，你就能够了解，当个人与胚胎不发

生利益冲突时，人们清楚地意识到接触的胚胎是一个独立的人，是一个主

体，是鲜活的个人而不是物，和一个即将出生或刚刚出生的婴儿一样，是不

可替代的。

　　有人会说，早期的胚胎并不是主体，因为在全能或早期的多功能时期，胚胎可能会自然地分裂为同卵双胞胎，或人为地诱导其分裂。事实上，胚胎确实会分裂。但这又如何？不过是一个主体变成了两个（或多个）主体。基于初始胚胎的连续性，这两个（多个）主体中的一个是否是另一个（其他）的亲代？初始胚胎的生命是否简单地为两个新生命所终结并取代？这些问题才是具有理论价值的。但这些问题的答案并不影响以下事实：初始胚胎具有作为人类主体应有的权利和利益，其后续胚胎同样享有以上权利和利益。以可能产生孪生或分裂为由否认早期胚胎是一个完整的生物体是错误的，早期胚胎具有自我引导的能力且五脏俱全，有能力支持诸如思考、说话、笑等活动。人类个体的整个生命始于受精，不受阻碍地继续发展并具有以上能力。

　　也可能有人会说，早期胚胎不是人类主体，因为它太小了。这也是事实。但人类科学与文明的进步正是以理性判断来取代感性感知和想象。依据理性判断，在你生命的第一天、在我生命的第一天，我们都是非常小的，但这并不说明那个小小的、有人认为不再是你我的胚胎，不是我们自己。我们每个人在彼时彼处就已经具备了全部的基因组成（不要用基因蓝图这个词，从那时起我们就是三维的而非二维的），那种使你之为你、我之为我的基因组成。

　　以上我们都知道，即使无用，也不该试图否定。我担心，我批判此类争议的结果并不是找出事情的真相，而是将一个对很多人有利的结果合理化。

　　也可能有人会说，我用以区分细胞株和胚胎诞生的规范标准前所未闻。我定义的标准是：新产生的细胞是否具有引导其自身发展为成熟族群一员所需要的基因原基。有人会说，DNA 及相关科学技术的发展会在不久的将来淘汰族群的概念。我承认确实有这种可能，但此种情况下，细胞组织是否具有基因原基、个体的根本能力和组织原则是不确定的；而组织原则是判定抛开各维度差别、从根本上认定人类之平等的唯一准则。有时候，我们难以轻易判定展现在我们眼前的是一个受伤的、有缺陷的、畸形的（也许是由于先

辈的原因）个人，或仅仅是一个缺乏基因原基、来源于人但本质上并不是人
298 的生物，比如葡萄胎。但这种非典型案例的出现不应使我们对其他典型情况
心存犹豫，在大部分情况下可以确定的是：我们讨论的主体具有爱德华兹提
到的活跃的自我保护及自我修复的动物性特征。

III

我已经认真研究了所谓的医疗性克隆，之所以说它是非医疗性的在于其
既不希望有益于已经出生的生命，也不希望使未出生的生命更加健康，其目
的在于消耗、利用和破坏。那么，我们又该如何评价所谓的繁殖性克隆呢？
就如同之前我们谈到的，应当在广义引申的范围内谈论繁殖性克隆，这个概
念包含了所有通过克隆繁殖的胚胎并延伸至其出生之后的生命。所以，我应
将这种克隆称为成长性克隆。

为了分析之便，我们假设所有相关问题都已解决，由克隆胚胎发育成的
人能够如同自然出生的人一样得到尊重。此时，对于这种"纯粹"或"理
想"的人类克隆，这种为了使其成长而进行的克隆，我们该说些什么？

我想，也许我们应该这样说：无论通过分裂还是体细胞核转化，克隆产
生胚胎都是一种无性繁殖。克隆就是复制，这仅仅是生物学上定义无性繁殖
的含义之一。之前我已经强调，复制的胚胎是一个孩子，一个和彻底的人
类、具有无可描述的独特性的人类、正常的双胞胎或正常人一样的孩子。但
产生这些胚胎的条件或方式，所有的试管婴儿因为某些因素（生产方式）
而从根本、内在层面变得道德错误。这个在道德上具有重大含义的因素当然
不是使用的技术，更不是因为在统计学或生物学上这样的生产方式是非常规
的，而在于我们所选择并完成的行为恰恰是一种生产行为。而生产目的恰恰
是通过试管婴儿手术为某个人创造一个孩子，在这种情况下，我们关注的是
克隆手术。

299 选择生产是如何变成错误的？原因在于产品本身的意义和价值是由生产
它的制造者和使用它的消费者决定的，所以任何产品的地位都具有替代性。

选择生产方式诞生了孩子的父母和孩子之间的关系，从本质上说，人与人之间的交往关系是矛盾的，而这种交往关系涉及基本的个人幸福及基础性美德，在任何人之间的任何关系中都是适宜的。[7]

简言之，生产者与产品之间的关系就是一种统治关系，该关系与父母子女之间高尚平等的关系是截然相反的。

此外，每一对夫妻都会选择通过婚内性交繁育下一代，这影响着夫妻（通过结合两人体验、践行夫妻诺言）的结合及孩子的出生。即使有时生育需要依赖外界的技术手段帮助配子在性交过程中结合，但这样做的意图依然对行为性质有所影响。在这种情况下，孩子的出生是其父母结合及正常婚姻生活的结果，是婚内性交及夫妻关系的典型情况，是日常生活的组成部分，因而孩子与生育其的父母在本质上是平等的，他们之间的关系是彼此给予和接受，他们对彼此承诺，将一生保持并奉献忠诚。

当然，选择通过试管、克隆或其他方式制造孩子的人，仅仅是将此当做一个长远目标的实现方式。这个目标也可能包含将孩子带入一种真正的父母子女关系中，让孩子同样拥有个人尊严。如果这个目标实现了，则对于孩子和父母都很好。但这不能改变的是，选择制造孩子是通过坏的手段实现好的目的，因为孩子最初的地位是一个产品而且具有替代性。当实验室的缺陷产品被抛弃、剩余产品被用于致命实验或被剥削、被消耗时，这种地位就意义而言显现得非常清晰。

在克隆繁殖中，试管授精的生产特性体现得更加明显。试管技术无需夫妻性交在克隆中体现得更为彻底和戏剧化，克隆既不需要传统生育那样肉体 300 上的结合，甚至不像试管婴儿那样由父亲和母亲两性生殖，而是复制了一个人。（我们无法确定提供卵子的人、提供子宫的人、在出生后照顾孩子的人，究竟谁才是母亲。）

我已经草拟了一些哲学分析的大纲，以证明试管授精的伦理性质和克隆

---

〔7〕 See essay Ⅲ.17；1983e；*LCL* 267. 这里提及的关系是，在计划实施的全过程中——至少当婴儿被认可为可接受、可植入时——生产者和计划被生产者之间的关系。

繁殖的伦理性质在本质上相同，都是一种奴役。虽然试管授精具有伪善的外衣、良好的动机及效果，但这种伪善与收益并没有改变其邪恶的本质。问题在于，一个具有平等尊严的个体，是因为不尊重该种平等的选择而生；因为他们（制造者）违反了"己所不欲，勿施于人"的基本原则，或者说，选择生孩子的人直接违反了一个人应有的最基本的善意。

IV

我曾两次听闻西蒙·尤尔根说，尊重个人尊严的原则"经过了多年的演进"。[8] 他的话使我想起了查士丁尼法典中的著名段落：当时的奴隶主、罗马法学家认可在人类的本源上，人人生而平等，但之后却出现了奴隶制。[9] 正像西蒙教授说的，平等原则经过了"多年的演进"；事实上，平等原则最初是不被接受的，其经过了近千年的体系化发展，期间一直为权势者所侵害，既包括强大的独裁制度，也包括强大的民主制度。

301 我们必须承认，在哲学和法理学讨论中，没有人能单纯地从人类的意见出发，理性地推断出伦理上的结论或其他规范性的结论。许多有权势的人想拥有奴隶；不论宪法如何规定，许多英国、德国的政客及议员致力于推动堕胎的广泛应用；他们为保护一些类人动物而努力，但对于保护一些不那么需要的人类则无这般热情。通过以上事实，也无法得出道德或规范的结论。同样，一个假定的、合道德的、合法的原则或规则是"开放的"，但与更加限制性的原则或规则相比，这也许并不总是理性的理由。我们同样不应因为一

---

〔8〕 Cf. Simon, "Human Dignity as a Regulative Instrument for Human Genome Research" at 43 – 4. 来自人类对德国宪法描述中的基督教和哲学思想，以及保障人类尊严的知识基础。这一描述多年来一直在修改……人的尊严……不是一个静态的概念，而是追随人类发展的动态，使人类的尊严感多年来得到改变……关于［动物权利活动家要求承认动物尊严的要求］的实际讨论表明人类尊严的概念已经被修改了多少，以及它可以被修改多少……德国宪法中关于人类尊严的概念已经在堕胎问题上进行了深入讨论……并且无法在复杂的医学伦理和立法问题中承担举证责任……

〔9〕 参见《查士丁尼法典》第一章第2条第2项。"战争出现了，随之而来的是囚禁和奴隶制；这与自然法是截然相反的，因为按照自然法，人人生而平等。"

些论证是"一击即倒"的就认为这些观点无证明力、荒谬或情绪化,[10] 虽然其中一些确实是这样的。

如果让我总结,我认为德国法的立场基于道德,这一点西蒙教授已经满带遗憾地描述过;这也就是说,理性地看,在几乎每个维度,德国法的立场都优于英国法;而就我所理解的,他试图说服我们英国法的立场要优于德国法。当然毫无疑问地说,英国法的立场,更准确地说是美国式的更为放任自由主义的立场或韩国的立场,将在中期取得优势。但这并非对其有利的结论。

试管授精的先驱罗伯特·爱德华兹的经验已经向我们预示了未来。多年来,他的研究一直为医疗职业的伦理权威和科学研究的批准部门所不喜。但当他在技术上取得成功时,那些曾经排斥他的人全都起身为他鼓掌,并将自己办公室的门和钱包同时对他的工作敞开。我们应当承认,大众包括受过良好教育的人群,依然受到权力和技术的驱使;但我们无需支持也无需反对。

---

〔10〕 Cf. Simon, "Human Dignity as a Regulative Instrument for Human Genome Research" at 37. 在德国法律中,甚至胚胎也受到人类尊严要求的保护。即使胚胎可能为了人类生命的利益被牺牲,也不允许使用胚胎。通过这种程序,人类胚胎将成为一个客体,这对德国的人类尊严是一种冒犯。在这种情况下,对人类尊严的一般情感诉求以一种可击倒的论点的形式被使用……

第 18 章

脑死亡与彼得·辛格[*]

I

302　　彼得·辛格的文章包含三层意图。第一层指出，认为将脑死亡作为死亡标准提升了我们对死亡本质的科学理解的观点是错误的。关于此目的，他取得了部分的成功，但也部分地失败了。他仅仅提出，一些人（值得注意的是，他所说的人都与哈佛标准的提出有关）接受新的死亡标准与"科学地理解死亡本质"并无关系，而是为了不再照看那些不会醒来的昏迷者，并将其器官提供给他人。但辛格没有说明的是，只有他提到的一些人，也就是在哲学家格里塞茨和波义尔看来，基于以上或类似理由接受了死亡的新标准或新定义；而辛格之所以失败是因为其误述了两人的结论及原因（他彻底错误地引用了两人的观点，也错误理解了两人的观点）。对此，我必须说明清楚。

第二层含义是，"指出将脑死亡作为死亡标准存在严重的问题"。我认为在这一点上他成功了。但他本可以将这一问题阐述得更清晰，他采用了格里塞茨和波义尔关于"死亡的本质"的逻辑阐明和理论（这里是指概念化和形而上学的）解读，即两人关于"人何时死亡"的答案。

当一个人在理论上进行了必要的阐明，并致力于获取资料（格里塞茨和

***

　　* 本文系评论文章，发表于 1998 年 5 月 14 日牛津哲学学会的会议上，主要是关于彼得·辛格文章 "Brain Death and the Sanctity of Life Ethic" 的初稿，该文包含了其著作 *Rethinking Life and Death* 第二、三、四章的要素。

波义尔处在20世纪70年代，无法获得这些资料，甚至有些资料连辛格也不 303
知道）时，那么他就有足够的理由否认格里塞茨和波义尔提出的观点，即
"当一个人的大脑功能彻底且不可逆转地丧失时"[1]——为死亡。稍后我们
将谈到这些资料，其依赖于一位美国儿科精神病学家的工作，多年来他一直
赞同格里塞茨和波义尔的观点，并公开支持脑死亡是死亡的标准。但现在，
他认为格里塞茨和波义尔对死亡的主要定义是合理的，但定义与他们提出的
脑死亡是死亡标准的结论相矛盾。与这位儿科学家类似，我对这一结论也已
经转变了观点，而格里塞茨和波义尔依然采用并依赖该理论上的前提论证和
结论。

　　彼得·辛格文章的第三层含义，也是最终的目的即"指出更好的前进方
式"。但实际上，他几乎没有提出证据证明自己的前进方式是更好的，而非
更糟的。当他提出"直白"是其"产生更好结果的方法"的主要优点时，
我觉得必须得说，我认为他能并应该更加直白些。

II

　　辛格的方法论是在争辩中逐渐清晰的。这场争辩的双方：一方是将死亡
本质及时间点作为科学问题而非道德问题考虑的一派，比如格里塞茨和波义
尔，以及稍欠考量的教皇庇护十二世；另一方是如辛格自己，将死亡问题视
为一个伦理问题。辛格引用格里塞茨和波义尔的论述：

　　　　死亡是"器官整体功能不可逆转的丧失"，这是死亡的真实含
　　义，不含任何含义的根本转变、武断解读或主观评价。

　　但这是对格里塞茨和波义尔论述的错误引用，也是一种完全错误的理
解。在以上引文的十五页之前，两人在讨论之前以定义的方式提出了一系列
区别作为前提以展开通篇论述；如果辛格理解了这些区别，他就能更好地理

---

〔1〕　Grisez and Boyle, *Life and Death with Liberty and Justice*, 77.

解整个问题及格里塞茨和波义尔的观点。在这篇文章中，格里塞茨和波义尔谈道：

304

> 死亡可以通过多种方式被定义。通过理论术语定义死亡，可以描述在关于生命的理论框架内讨论死亡时，有机体死亡究竟发生了什么。用事实性术语来定义死亡时，可以描述当符合死亡的理论性概念时有机体显而易见或可推论的情势状态。通过操作性术语定义死亡时，可以描述如何确立归纳死亡时（事实性定义含有的——译者注）的情势状态。[2]

以上三种概念的区别在辛格所引文章的开始部分已提出，但被他忽略。简言之：辛格将格里塞茨和波义尔若干关于**操作性**定义的评价当做了**事实性**定义（这是句子的主体，他从该句子中借鉴良多），也没有注意到他所谓的"伦理而非科学"之辩既不是关于操作性定义也不是关于事实性定义，而是两人关于理论性定义（或称理论性阐述）的。

为了讨论重回正轨，同时更清晰地认识死亡与大脑的关系，让我们遵循格里塞茨和波义尔关于"定义死亡的新构想"。在开篇，两人提出我们需要"重新定义死亡"，现代重症监护方法已经凸显了原有死亡的概念是"模糊的概念"。旧的操作性定义将呼吸和心跳停止作为死亡的标准，这种定义十分有效，因为"人人都能注意到活体和死尸的区别，以及垂死之身和腐朽溃烂间的区别"，同时，人人都能注意到：

> （呼吸和心跳的停止）这个过程是一种典型的死亡，伴随着身体的腐朽，这个过程和传统的死亡标准关联得十分紧密……很明显，当呼吸和循环停止后，在身体开始腐朽之前，某事发生了。这个"某事"就是活体变为死尸的一刻，而这一刻，就叫死亡。[3]

接下来，格里塞茨和波义尔开始论述死亡三重论当中第一个也是最基本

---

〔2〕 *Life and Death*, 63.

〔3〕 See at n. 6 below.

的概念——理论性死亡。[4]

从生物学的角度来分析，我们能更好地理解这个转变的一刻。生命常被描述为某种生化进程，而生物体的生命就是一系列生化进程的集合。但生物体绝不单单是一个集合，而是互相融合的体系。从热力学的角度来看，生物体就是开环不稳定系统，但它通过自我控制实现动态平衡以持续运转。这些控制系统多种多样，但生物体十分复杂并形成了神经系统，而神经系统协调并整合了其他控制系统。这些系统分散在全身，核心在大脑，如果大脑的某些功能丧失了，那么整个系统也难以维持。因此当整个大脑丧失功能、动态平衡被打破、控制系统维持的物质结构失控，则身体开始腐坏。

以上描述定义了理论性死亡……：死亡是器官整体功能不可逆转的丧失。[5]

我先说明两点。首先，我觉得上文是典型的概念上的阐明。如果你喜欢哲学，你就会知道哲学是致力于经验事实，并对此进行更深入的解读和概念化处理，以丰富我们的知识。其次，如同辛格所言，死亡的概念不仅仅适用于人类或有意识的存在。辛格这样表述是为了反对"在常规意义上对死亡的概念进行修正主义上的重新定义"。"为什么要对一个我们都十分认同的概念做无谓的改动？"难道只是为了去论证"温热的、柔软的、还在自然呼吸的人已经死了"？确实如此。但问题并不在于定义以及操纵定义，而在于事实、真实以及理解它们的最好方式。格里塞茨和波义尔的论证以一系列资料为前提，"不仅仅适用于人类或有意识的存在，"在此之后两人谈道，"即使一个胡萝卜也有出生和死亡。"并没有证据能够证明死亡是一个"伦理决定"，或者按照辛格的表述，是"试图将一个重要的伦理决定装饰成科学事实"。让我们看看格里塞茨和波义尔表述中的错误，他们将争论由理论性转移到存在性，进而转移到操作性。他们是这样说的：

[4] *Ibid.*, 76.

[5] *Ibid.*, 76–7.

如果理论性定义将死亡视为存活个体整体功能的永久性丧失，我们就可以理解为什么高级动物的死亡通常都以事实性定义来描述，也就是呼吸和循环功能的停止这两者与肉体腐朽有着密切的关系。……然而，考虑到大脑对维持各系统的动态平衡所起的作用，将死亡以事实性定义的方式描述为大脑功能全部且不可逆转的丧失是有道理的。接受这个概念并不是要在人类多种特征中选择一个，而是接受一个符合事实的理论。[6]

接下来，两人对"大脑整体功能能够被计算机取代"的异议进行了回应：

当用呼吸器维持人体存活时，我们不知道大脑功能是否已经全部且不可逆转地丧失。但这个问题应当通过经验总结来解决，而不是通过哲学。哲学层面上，我们对这种异议的答复是：如果你承认大脑整合并控制一切有大脑的生物体，那么如果此功能丧失，则此有机生物体也不复存在。即使此时生物体其他部分的动态平衡依然维系着，也仅仅是物理上的，它不再是一个有机系统。[7]

下面依然是辛格援引的两人的表述，涉及构建三重定义的最后一步：

如果用操作性术语将死亡定义为整个大脑功能完整且不可逆转地丧失，这个概念就能够被接受并且转化为操作性概念和法律术语，而无需在含义上进行根本转换、武断推测及主观评价。[8]

格里塞茨和波义尔对哈佛委员会的操作性标准提出了一些批评意见，比如关掉呼吸机三分钟以测试是否缺乏自我呼吸的能力。[9]但是，辛格及辛格之前更严格的部分学者则批评1968年哈佛委员会提出的整个体系。他们的批评意见可概括为：

---

〔6〕 *Ibid.*, 77.

〔7〕 *Ibid.*, 77.

〔8〕 *Ibid.*, 78.

〔9〕 *Ibid.*, 66–7.

即使呼吸能够维持（这一点还需讨论），当个体的整个大脑死亡，它也不再是一个存活的个人；哈佛委员会整套体系采用的方式方法原则上不可接受：其一个民营组织试图创造一个法律上不具人格的个体阶层。[10]

对于这种尝试，正如我们所见，彼得·辛格是哈佛委员会真正的继承者；但不无讽刺地说，辛格只是委员会选择实现最终目标的路径。

III

教皇庇护十二世将死亡定义及死亡瞬间问题交给药物专家，辛格认为这是因为他没有看到真正的问题是一个"伦理问题"。不论教皇如何看待麻醉专家和其他医生的能力，脑死亡的问题是在 1989 年宗座科学院的工作小组上提出的。该小组发表了一篇报告，对脑死亡提出了适合的事实性定义和操作性标准，并倾向于认为脑死亡即死亡。当时一位异见者是美籍奥地利哲学家约瑟夫·塞弗特，而小组中一位核心成员是美国临床儿科神经学家艾伦·谢尔曼。但目前，谢尔曼在 1997 年首次发表的 "linacre Quarterly"[11] 一文中初步解释（早于其在《医药科学周刊》上的详细论述）[12] 了他认为自己本人及 1989 年工作小组中的大部分，如同长期以来大部分的医药科学协会，错误地接受了脑死亡即死亡的观点。

自 1989 年至今，谢尔曼一直认为关于死亡理论上的、形而上学的或概念上的定义同格里塞茨和波义尔提出的相一致。格里塞茨和波义尔讨论死亡的事实性定义是脑死亡时提出了小前提，即"考虑到大脑在维持各系统动态平衡方面所起的作用"，而正是在此问题上谢尔曼的观点发生了根本性转变。

307

---

〔10〕 *Ibid.* , 66.

〔11〕 Shewmon, "Recovery from 'Brain Death': A Neurologist's Apologia."

〔12〕 参见 Shewmon, "'Brain stem Death''Brain Death' and Death: A Critical Re-evaluation of the Purported Equivalence"; Chronic "Brain Death": Meta-Analysis and Conceptual Consequences"; "The Brain and Somatic Integration: Insights into the Standard Biological Rationale for Equating 'Brain Death' with Death."

基于物理上的考量，谢尔曼开始拒绝承认"大脑是身体的'中央集成器官'这一公理"。

值得注意的是，谢尔曼在 1989 年之前接受了一种新皮层方法，辛格在一篇批判文章（或说不屑一顾）中提到的杰夫·麦克马汉也认同该种方法。谢尔曼1981 年后在 UCLA 的医学院工作）认为（用辛格的话来说）"一个无脑的畸形人类婴儿是一个并无理智的人类"，因为"一个有脑干但不具有脑半球的婴儿永远不可能拥有意识"。谢尔曼在 1989 年时听闻某事，他用图表描述了当时的震惊：两个无脑的畸形婴儿被一个前儿科护士抚养长大，一个 12 岁，一个 5 岁；其中一个拥有微弱但不可否认的视力，两人都能听、触摸、闻，并能区分家人和陌生人，能通过面部表情、发声及身体摆动来回应音乐。波士顿儿童医院的一位儿童神经学家与谢尔曼合著了一篇论文简述，并作为 1990 年国际儿童神经学会的会议意见发表。在该文中，两人推测至少在先天脑皮质缺乏的情况下，发育可塑性可能会使脑干具有某些脑皮质功能。[13]

308 　　让我来概括一下谢尔曼身上漫长而神奇的故事。基于自己所观察到的现象，谢尔曼放弃了在哈佛医学院学到的一条公理，转而重新检验另一条公理：大脑是否是身体的中心整合器。1976 年英国将脑死亡的事实性概念描述为脑干不可逆转的破坏，但后期资料证明，这是明显不符合实际的：1977年，一名德国神经学家宣称他成功地用电刺激的方法唤起了一位因脑干局部分散受损而深度昏迷的病人的意识。[14]（这种昏迷正是辛格从麦克马汉处援引的情形，即缺乏意识能力是一种偶然情况，用辛格援引麦克马汉的话来讲，"例如，这是脑干保障机制出现问题的后果"，但不像这个刨根问底的德国人，辛格和麦克马汉满足于假设缺乏意识是"不可逆转的"，认为逆转需要"奇迹"发生。）

有一些疾病和病理，比较典型的如最严重的格林巴利综合症，能够导致

---

〔13〕 *Ibid.*, at 57 – 8；Shewmon and Holmes, "Brainstem Plasticity in Congenitally Decerebrate Children"；也可参见 Shewmon, "The ABC's of PVS：Problems of Definition" at 217.

〔14〕 Shewmon, "Recovery from 'Brain Death'" at 51.

"信息无法进入或离开中枢神经系统，从而产生看起来和脑死亡极为相似的闭锁综合症"。[15] 此时病人的意识完全没有受到影响，如果进行重症护理，则在适当的时候病人能够完全康复。病人的身体彻底缺乏大脑的整合作用。尽管此时病人在呼吸、血压调节、液体及营养吸收等方面需要技术协助，但这些替代性技术少于许多病人在重症护理期间所需要的。故，谢尔曼推断：

> 相较于躯体整合作用，大脑的作用更倾向于对身体结构及代谢的调整和微调，而不是身体的"中心整合器"，缺少了大脑并不会导致身体缺乏统一性而不再是身体。[16]

彼得·辛格的论文还概括了一些其他原因（考虑），而谢尔曼已经在其早期出版的医药科学文献中做了充分的证明。例如，在美国一个现代的养老院中，一些病人得到轻微护理，在脑死亡之后可存活长达九个月。[17] 让我们坦率地描述此问题的现状：格里塞茨和波义尔在 1978 年不了解或没有意识到的事实证明了：个人在缺乏大脑控制的情况下也可以实现身体的动态、器官的整合；辛格在 1998 年不了解或没有意识到的事实证明了：个体在缺乏大脑皮质的情况下可以拥有较高程度的意识，至少一个人先天缺乏大脑并给予其适当的社会刺激时才可以；关于疼痛的研究证明了个体在大脑皮质损伤也即植物人的状态下，[18] 可以体验多种痛苦（饥渴、恶心、撑胀、内脏疼痛等）；但现在并没有，也不会有任何表述认为闭锁综合症患者不具有意识。[19] 那么，谢尔曼所修正的死亡定义（事实性和操作性定义）等同于格里塞茨和波义尔提出的理论性定义，鉴于即使是对一个胚胎后期的个体来说，大脑并不确证是，或者确证不是器官整合的必要部分，则：

---

〔15〕　*Ibid.* , at 65.

〔16〕　*Ibid.* , at 66 - 7.

〔17〕　*Ibid.* , at 67 - 9. 同时参见 Shewmon，"'Brain stem Death' 'Brain Death' and Death" at nn. 34 - 6. 毫无疑问，他 4 岁时变成了"脑死亡"［并且整个大脑（包括脑干），已被幽灵般的组织和紊乱的蛋白质液体取代］；也不存在他于 19 岁时还活着的问题。

〔18〕　Shewmon，"Recovery from 'Brain Death'" at 59.

〔19〕　*Ibid.* , at 59 - 60.

　　当多重重要身体系统及身体过程（包括大脑）无可逆转地发展超过系统动态点并失去动态平衡时，死亡即告发生；通常来说（在缺乏保护治疗的情况下），大概是身体常温循环受阻后的 20 – 30 分钟。尽管有些"脑死亡"的病人确实死亡了，但这并不是因为其大脑死亡，而是因为超临界多重系统的损坏；"纯粹脑死亡"而其他器官系统完整的病人并没有真正死亡，而是受到致命伤害并陷入深度昏迷。[20]

IV

鉴于辛格从未支持或反对麦克马汉提出的二元论，[21] 我本不应对此进行评论。二元论的构想十分清晰，不仅仅是一种对普遍性思考和交谈方式的编纂整合。在 1987 年我与格里塞茨和波义尔合著的书中，我针对该问题最基本的哲学异议做了简要的描述：

　　一种将单一人类存在分割为两个实体存在的理论……与这一过程的初始点是互相矛盾的。例如，一个身体—精神二元论者将精神上的个人和纯粹的身体区分开并相互对立，但其无法确定究竟是哪个"我"在承担反思和哲学讨论工作。因为承担此活动的是精神上的个人，而被其他人认为是现实存在的、以自身行为进行哲学交流的生物体，就不是那个进行反思和哲学讨论工作的人。相反，如果将这个"我"定义为以自身行为进行哲学交流的生物体，则进行这

---

〔20〕 *Ibid.*, at 32. 同时可参见 Shewmon，"'Brainstem Death''Brain Death'and Death"中提出的观点：但如果"脑死亡"不是死亡，那又是什么？我们再次确定三个概念水平的定义，解剖学标准和临床测试。现在，基本定义仍然是我们一直讨论的内容：丧失整体的统一性。

〔21〕 See nn. 22 and 24 below. 同时，麦克马汉在其所著 *The Ethics of Killing* 一书第一章第 93 页写道：一个个体实质上存在着两个有意识的实体，然而生物体或纯粹肉体的意识仅仅是一种衍生的意识，也即只能通过有意识部分的功能——比如精神、个人或者"我"这样的概念——来获得。关于麦克马汉理论基础的评论，参见 Lee and George, *Body – Self Dualism in Contemporary Ethics and politics*, 44 – 9.

些反思的精神存在就不是与之交流者唯一认可的实在。精神上的个人和纯粹的身体（这是麦克马汉理论的两个基本内容，然而[22]）是哲学上的两个概念，两者都不是统一的自我，无法解释自身的存在（意识到自身是单一存在）；两者都意图指向除统一自我之外的、无法说清的而又与之相关的实在。[23]

麦克马汉的双实体二元论虽然引人关注，[24] 但也仅仅是二元论的一种特殊情况。辛格谈道，"当然，意识活动所需的大脑死亡就意味着对个体生命一切重要因素的终结"。但照看植物人状态的病人（比如安东尼·布兰德）的护士及其他人，面对对个体及其生命来说什么是重要的问题有着完全不同的看法。[25] 植物人通常能够充分地感受、思考及动作，这验证了格里塞茨、波义尔和我在哲学上坚持的观点：个人的生命就是个人的实在，植物人状态的人仅仅是受到严重甚至致命伤害的人，他们以各自的方式保持着自己的可爱、存在直至死亡。

V

辛格在其文章标题中提到，生命的伦理尊严深藏于哲学家的关注之下。如同已经讨论过的（如果不是他就是其他人，同时提出建议在植物人身上以各种方式进行试验，其中一个甚至可能在试验对象依然呼吸的时候活埋他们），他清晰地阐明了蓄意谋杀他人的建议。按照建议，他无需处理任何伦

---

〔22〕 辛格在自己的文章中谈道："麦克马汉是这样描述无脑畸形婴儿的：鉴于如你我这样的人类本质属性是意识性，可以说无脑畸形婴儿和我们在本质上是两个物种，后者仅仅是一种生物组织体，而且永远算不上是人类生物体。对正常的婴儿来说，其躯体内蕴含着两层实体：一是有机生物体；二是婴儿的意识或自我，这种意识最终促使个体成为真正意义上的人。而对畸形儿来说，它只存在于有机生物体中。"

〔23〕 *NDMR* 308 – 9.

〔24〕 截至 2002 年，麦克马汉否认严格（激进）的双重物质理论，而认同我们在注释 21 中提到的双实体二元论，后者的积极性在于"更为尊重常识"（*The Ethics of Killing*, 92）。但他也承认其理论观点中还是有一些较为凌乱的混淆，即承认于某些时刻存在着两个意识实体。

〔25〕 See essay 19, p. 320.

理上的异议，即便是稍微关注一下。不需要，"我能看见的，对此项提议唯一重要的反对是……这不可能成功"。至少从文章的目的来看，他在策略上已经完全放弃了伦理上的考虑。至于他所担心的如何实现"更好的结果"的道路及策略问题，我一点儿都不感兴趣。辛格的主张省略了伦理部分，并通过杀死先天无脑畸形人、植物人及其他我们判断为不再"重要"的人来推行自己的建议，"我们应当将道德判断简单化，从而推进对所涉问题的公开讨论"；对此，我找不到任何方法评论。我觉得，一个呼吁坦率的人应当比他所表现出来的更加坦诚才对。在他的文章中，负责伦理反思和论证的是对前进、路径、方式的想象图景，在这个图景（就像在列宁主义的幻想中，或一个阴暗悲观的天主教厄运预言）中，我们都以一种类似宿命的方式在追逐，而唯一的问题就是路径：如何以最好的路径到达我们想去的地方。他谈道，"生命的传统尊严""渐渐为医学实践和法律所抛弃"。他最显著的证据是，上议院的布兰德案及一场将他们自己制造却将自己卷入其中的混乱。这源于法官们努力区分作为与不作为，一组来源于有关谋杀（以作为或不作为的方式蓄意杀害他人）法律规定的较为成熟的概念。[26] 在上议院中，最能证明辛格观点的是马斯蒂尔勋爵，他认为这样的法律规定"在道德上和理性上都是畸形的"。大家都同意这种观点。但我认为，公平起见，我们也应当注意到马斯蒂尔勋爵在随后组建的特别委员会中起到的领导作用；而该委员会旨在研究一起类似于辛格提出的案件，并全体一致地重新确认了伦理规范的主要原则，即辛格称之为"生命的尊严"而我宁愿称其为生命有权拥有的道德平等原则。委员会的主要结论以故意杀人和（已经预见可能发生的危害结果但轻信可避免并因而致人）过失死亡之间的区别为基础，从平等权的观点出发：

312

> 社会禁止故意杀人……是法律和社会关系的基础。它公平地保护我们每一个人，体现了人人平等的原则。[27]

---

〔26〕 See essay 19, pp. 315 – 7.

〔27〕 参见上议院医学伦理特别委员会报告，第 237 页；同时可参见 Keown, *Euthanasia Examined*, 102.

当然，辛格所说也可能是对的，也许某一天人民将普遍放弃伦理。但我依然坚持格里塞茨、波义尔和我本人数十年来一直坚持的哲学观点，此观点源于古典哲学论著并有助于理解法律，其内容是：根据这个理论（我在这里提出的，并没有太大差别），你无法从"是"中得出"应该"，即使这个"是"将被普遍地相信并作用于那些有权力作用于它的人，以及将要发生于那些明显无法避免的无意识的人们和此外其生活对于负责的事情无关紧要的人们。

注

李和乔治最近对这一章进行了简要回顾，在两人合著的"Body – Self Dualism in Contemporary Ethics and politics"一文的第 163 – 169 页中，对本章总结如下：

鉴于大部分神经学家依然不确定大脑死亡时人是否可以存活，我们自己也不确定究竟哪种观点是对的……将身体整体功能不可逆转地停止作为死亡标准依然是正当有效的。如果脑死亡的标准是错误的，那么谢尔曼提出的呼吸循环标准似乎就是唯一可靠的选择了，但如此，死亡的概念依然是原来的，即器官整体功能不可逆转的丧失。

两人认为，当一个病人处在心搏停止状态并被指令"不予心脏复苏急救"（与移植无关）时，则以上问题不应阻止器官移植；因为法律及伦理上禁止试图使心脏重新跳动，摘取器官并不会加速死亡，也不带有故意致人死亡的意图（两人本还应考虑到我们在第十章所讨论的不将病人视为奴隶）。如果想更全面地考虑以上问题并了解谢尔曼在生理学上的发现，请参见 President's Council on Bioethics 上发表的"Controversies in the determination of death"一文。最新文献与本章第三节论述不同，请参见李和格里塞茨所著的 Total Brain Death：A Reply to Alan Shewmon 一书。

第 19 章

蓄意谋杀"持续性无意识者"*

切汶里克拉伯的格夫勋爵在有关布兰德案的演讲[1]中称：

> 照顾弥留的病人和安乐死（杀死某人以避免或结束其痛苦）之
> 间存在着一条泾渭分明的界限，一旦跨越就可能导致风险。

九位大法官参与了布兰德案的家庭法院诉讼、上诉法院诉讼及上议院听证程序，按照其观点，尽管被告不赞同，但对长期处在植物人状态的病人而言，负责照顾其的医院和医生可以合法地停止一切维持其生存的措施和药物供给，包括人工通风、营养及水合作用；这种观点确保了现有法律的安全性与合理性。但从另一个角度看，大法官们在此问题上也犹豫不决，并极为艰难地做出抉择。关于这种窘境，布朗恩－威尔金森勋爵做出了清晰的描述：

> 我所得出的结论在某些人看来几乎是荒谬的。允许一名病人在
> 数周时间里因缺乏食物而慢慢死去怎么可能是合法的？即使这个过
> 程毫无痛楚。而通过致命药剂注射让病人马上死亡，以将其家人从
> 灾难中解救出来是违法的吗？我发现，难以对这些问题找到道德上
> 的答案。但毫无疑问，这是法律的规定……

在这种激烈的内心挣扎中，马斯蒂尔法官将法庭一致性裁定的基础描述为"道德和理性的扭曲"。

更符合道德和法律的基础事实是存在的。但即使各方经过深思熟虑，我

---

* 1993b（*Bland*：Crossing the Rubicon?）.

[1] *Airedale NHS Thust v Bland* [1993] AC 789.

们似乎也从未见过律师提出以上事实或裁定书将其作为考虑的因素。

1989 年，布兰德时年 17 岁，他的肺在希尔斯堡惨案中受伤破碎，因呼 314
吸停止导致大脑缺氧。等到呼吸恢复时，其大脑皮质（上部大脑外层）（不
包括脑干）已经受到严重且不可逆转的伤害，随后进行的扫描也证明了其大
脑皮层中不存在脑电活动。此后，尽管艾尔代尔综合医院进行了重症护理，
布兰德还是陷入了深度无意识状态，那是一种通常被叫做"持续植物人状
态"的长期无意识状态，与类似于睡着的昏迷状态并不相同（植物人状态
的病人依然存在反射，比如对声音）。他依然能够独立呼吸，但无法吞咽，
要通过鼻胃管灌入营养液以进食；通过灌肠剂和导尿管来排泄，并需要频繁
注射抗生素。这样的医疗看护之下，布兰德似乎可以存活很多年，并没有死
亡的危险。事故发生后四个月，他的医生认为营养液和抗生素应该停止。但
当医生咨询负责希尔斯堡惨案的验尸官时，被告知这样做有可能导致刑事责
任。三年后，医院提起诉讼，申请裁定准许其"除了单纯为使布兰德结束生
命外，还要使布兰德以最大的尊严及最小的病痛死去"，并不应再提供任何
医疗措施。

对上述两项申请做出裁定的负责人表示，申请可以批准，在类似的案件
中法庭做出过类似的批准；而当家庭成员对此发生意见分歧时（不同于本
案），这种裁定尤为重要。该裁定经过上诉法院的重新确认：为打消公众的
部分疑虑，医院的常规工作流程中必须做出此项申请，至少暂时需要这样
做。但格夫法官希望申请要求能够尽快取消。这种可能性很大，因为提出申
请不符合大法官（地区法院对此持不同意见）所认定的正确司法立场，即
停止生命维持措施不仅仅是有着卓越医疗水平的医生的权限，更是其责任；
因为，此时"侵入"式的生命维持手段已不再是保护病人利益的方式。大
法官们可能没有全面评估其表述所蕴含的意义。按照其表述，医院向法庭申
请的停止许可岂不成了一种侵权或犯罪行为？

什么是"类似案件"？这将由一些医疗水平卓越的医生去考量，究竟哪
些无意识者及其他不知情的病人无法从生命维持措施中获益（整体上评
价）。这种判断是否还依赖于究竟何种方式是"侵入"式的？此概念在地区 315

法院的裁定中并无体现，虽然大法官们十分重视，但他们也没有否认法官巴特勒－斯洛斯夫人的观点，即"不同的喂食方式，比如是用勺子喂一个无助的病人还是从鼻子插入导管"是差不多的。这也是她认为应当称呼此种喂养为"医疗护理"而不是"医疗行为"，大法官们都认为"医疗行为或医疗护理"是描述生命维持步骤的恰当方式，停止其是法律授权的（及命令的）。因此，不管裁定及附带法官理由如何用词，按照本案发出的许可，对布兰德的人工喂养并不是必要的，而各种形式的营养液供给也将在适合的时候停止。

本案显著意义的新颖之处是：绝大多数人，至少是绝大多数大法官认为，此种情况下停止维持措施更为恰当，即使停止行为蕴含着终止他人生命的故意。谈及"故意"（及类似），律师提出了一个十分矫揉造作的学术概念，即故意必须包含能够确切预见的自己行为所产生的后果，该概念虽然听起来十分哲学化，但与常识及司法机关目前的意见不符。在裁定中，没有法官采纳此种定义。[2] 大法官们的解释描述得很清楚：

> 所申请的行为意图通过不向安东尼·布兰德提供其基本生存所需而终结其生命……该行为将导致死亡。（马斯蒂尔法官）

该行为：

> 已经预期将明确导致死亡……本案所提议的……是一系列故意导致安东尼·布兰德死亡的行为……停止人工喂养的最终目标就是致其死亡。（布朗恩－威尔金森勋爵）

洛瑞法官认为：

> 行为的目的就是为了引起病人死亡。

那么这里有两个问题。这个裁决或假定的事实的根源在何处？为什么带有这种目的及结果的"行动"或"行为"不是谋杀？

---

〔2〕 参见 White, *Misleading Cases*, ch. 4，以及 Lord Goff's convincing "The Mental Element in the Crime of Murder."（同样参见第十章）。

首先，根据记录，监护及代理人芒比的"主要意见"认为，建议撤销维 316
持措施是一种蓄意导致布兰德死亡的行为，而最终裁定既没有对这个问题进
行裁决也没有进行评判。同样，上诉法院的裁定也没有涉及这一问题。芒比
提出停止人工喂养就如同切断登山家的绳索或潜水员的导气管，格夫法官否
认（基思法官附议）了该说法。如果芒比的观点是证明存在杀人故意，那
么否认它就是正确的。多年前在安第斯山脉，有一个登山者，登山过程中他
的朋友发生摇晃，因为担心在悬崖之上被拖累，最终切断了朋友的绳索；本
以为朋友必死无疑，而后他吃惊又高兴地发现朋友跌进了厚厚的雪里而毫发
无伤。+在这个例子中，他没有杀人或导致其他较轻伤害的故意。当潜水员
的空气管纠缠在一起时，也可能发生类似的事故。当我们说某人故意制造某
种后果时，必须当且仅当行为带来的后果是经过审慎思考（不论是否系快速
抉择或行为是否为日常生活的部分）并选择的，是计划中的产生结果的手
段。所以，如果一个有法律行为能力的病人因难以忍受的痛苦而要求撤销生
命维持措施，则撤销人无需对可确定预见的病人的死亡承担故意。此时其目
的或主观意图是，尊重病人将自己（或他人）从治疗措施的负担中解脱出
来的意愿。另外，如果停止对病人的营养供给是希望通过死亡确保从定期人
寿保险中获益，或让父母从其子女令人绝望的残疾的场景中解脱，或因持续
多年的公费医疗将终结而花销将由再保险承担，则该行为人确实有致他人死
亡的故意（作为一种方式）。在初审法官并未做出裁决的情况下（很明显，
本案进行了像刑事诉讼一样的交叉询问，意图引导负责的医生说出其商议内
容进而证明故意），上诉法院本应从基础开始讨论本案：讨论是否存在终结
布兰德生命的故意。

其次，如果存在故意并实施了撤销维持措施的行为，是否构成犯罪（谋
杀）？

大多数法官认为不构成，基思法官和格夫法官既不同意也不反对。法官
全体都认为撤销行为是一种不作为，而非积极的作为，并且仅当存在积极作
为义务时不作为才会构成非法，本案显然不存在作为义务。基于这一点，在 317
后续诉讼程序之前，经由司法部指派的法律顾问及财政部律师的指导，议会

及上诉法院均驳回了此项意见，而该意见在判决书和现存报告中并未提及：

> 现在，问题并非撤销治疗是一种作为还是故意不作为，而是撤销行为是否合法……因此，两者之间的区别并不重要，就如同对一个无法律行为能力的病人，控制对其注射致死剂量的行为与撤销必要的护理和药物治疗之间并不存在重要的区别。

但是，仅仅依赖于作为（积极行为）与不作为之间的差别而驳回这项引人关注的意见，虽说为民众所欢迎，但依然将法律置于醒目的"扭曲""几近荒谬"且不必要的境地。

而后该原则进一步发展，并在 *R v Bubb*、[3] *R v Gibbins and Proctor*[4] 两案中得到清晰阐述。此两案并未上诉至总统，也未被上诉法院受理或提及，但两案确立了一项原则：对受抚养人（如幼儿）负有看管义务者以杀害他人或致他人严重身体伤害的意图，故意不提供受抚养人所必需的食物及衣物者，以故意杀人罪论处。当然，这并没有正面回答布兰德案所提出的问题，也即事实上承担照看义务者并不一定负有持续照看以维持其生命的义务。但该原则的合理延展适用直接回答了一项争议：负有照看他人义务者，不能以故意剥夺他人生命的方式行使该项义务。

而真正扭曲且难以自圆其说的法律是，当一个人负有义务照看伤者，在同样故意的情况下，将其行为当做犯罪看待，而把不作为当做合法看待。如法律将具有同样故意的作为和不作为同等看待时，则不存在任何的扭曲。致害故意本身不能构成不作为犯罪是一项已经确定的法律（而非道德）学说，但当该不作为者具有防止此种伤害发生的法律义务时，该学说不能适用。

当然，布兰德案判决的基础是：负责的医生不再负有防止布兰德死亡的义务，其死亡对其本人不构成伤害或损失。或者说，继续布兰德的生命或保持必要的生命维持措施不利于布兰德，或者说，未指向其最佳利益。

---

〔3〕 (1850) 4 Cox CC 455.

〔4〕 (1918) 13 Cr App R 134.

除马斯蒂尔外，上议院高级法官形成该判决的基础是（大部分）伯赫姆 318
案[5]所确立的原则（也有说是在 *ReF* 案[6]中）：处于永久植物人状态且无
康复可能的病人是无利益的。1992 年 11 月 19 日，在总统对布兰德案作出判
决的同一天，澳大利亚高等法院在一起有关风险预警义务的案件中，全体一
致地否定了伯赫姆案中确立的全部原则。[7] 即使该原则在某些恰当的情况
下可以适用，面对究竟谁的生命值得维持（并防止被蓄意终止）、谁的生命
不值得维持的问题，使用该原则也显得无比荒谬。洛瑞的反对陈述并没有带
来帮助，他说他"拒绝承认：相关方面的医疗意见仅仅是一种哲学上的掩
饰，如果接受其将导致安乐死合法化"。现在，问题并非该原则是伪饰还是
真诚，而是该原则和概念的真正含义；以上原则已经由部分民众接受并投入
实践，而该部分民众的医学素质、经验及精神气质决定了其无法接受社会整
体性问题，如意图、一致性、人性及正义。

尽管如此，负责解决以上问题的法官显然完全遵从了医学界意见所蕴含
的原则及概念。法官均提出在布兰德本人和布兰德身体之间存在区别：例
如，"他的灵魂已经远去，留下的不过是肉体的躯壳"，以及"他的身体还
存活，但他本人已经死去……他还存活着但已经不具有生命"（霍夫曼勋
爵）。这种二元论认为，身体不过是真正的人的某种栖息之所及工具，但几
乎没有哲学家（或宗教学家或其他人）真正支持该观点。人类是任何行为
均具有意识指导的复杂个体，该种观点难以解释。按照这种说法，存在两个
不同的主体：一个没有肉体的灵魂和一个没有灵魂的肉体。但没有人认为两
者是独立的个体。对一个人来说，肉体不仅仅是工具性的，而且还是生命的
本质特征。我们每个人都有一个人类生命（而不是一个植物生命 + 动物生命 +
个体生命）；此生命发展包含着一切个体的重要功能，诸如演说、沉思及选
择；当它严重受损时，就开始缺乏上述一些功能，但它还是这个严重受损的
人的生命，没有停止。

---

〔5〕　*Bolam v Friern Hospital Management Committee*〔1957〕1 WLR 582.

〔6〕　*Re F（Mental Patient：Sterilisation）*〔1990〕2 AC 1.

〔7〕　*Rogers v Whitataken*〔1992〕175 CLR 479.

植物人状态的人就是严重受损的人（至少暂时是；"持续"不意味着永久，根据医学学术研究，一些植物人在持续植物人状态数月甚至数年之后总体上康复）。但鉴于人的肉体不仅仅是一个工具，不仅仅是个人价值和本体的外在体现，其还享有个体生命的好处，并参与个体生命的利益，即使在如布兰德这样无望的受伤、缺陷的情况下，肉体依然分享了此种利益。

这是否意味着必须向植物人提供一切可能的医疗护理，即使这些护理本应向状态更好、更有望康复的病人提供，例如心脏搭桥或肾脏移植手术（如同芒比所主张的）。答案当然是否定的。即使在如今这样繁盛的时代，医疗资源也必须节制使用，从理性出发，不应将医疗资源浪费在维持生命的不确定状态中。同样，医疗目标也应该是理性节制的：一是为维持及恢复健康（身体机能的良好运转），或接近健康的理想状态；二是为减轻疼痛。对于像布兰德这样的病人，第一个目标是不能实现的，[†]第二个目标又是无意义的。对这样的病人施加的治疗措施中，只有极为有限的一些对其有益，而出于理性考虑，其他的医疗措施应用给其他更能获益的病人。

但并不是所有照看病人的医生都致力于实现这两个医疗目标。布兰德案的判决似乎含有一个荒谬的推论：如果插管喂养是医疗行为或医疗护理的一部分，则其不是非医疗（家庭或看护）护理，后者是条件较好的家庭及团体为其扶养的成员提供的护理。这个推论不合逻辑之处在于，没有考虑到虽然没有医生的决定通常无法进行鼻管喂养，但插入鼻管或通过鼻管输入营养液并不需要特殊的医疗技术。

当病人情况类似布兰德时，一些旨在预防、减缓、治愈疾病的医疗措施只能起到极为有限的作用，难以证明使用相应医疗资源的合理性；而此时想要停止医疗措施，不需要停止照看以上病人或终结其生命的故意。但想要对一个死亡还未曾迫近的病人停止食物供给及基本的卫生保障，且两者还没有成为明显负担时，则需（a）将致病人死亡作为一种手段，例如为了减轻病人后续阶段的其他负担，或者（b）选择（但该选择隐藏于良好目的及伴随的安慰功能之下）停止对病人的护理。在一个繁盛的社会，而不是诸如被核攻击之后那样的，对于身体健全者的需求更为关注的社会，（b）项选择也许否定了病人的人格，从根本上阻断了人类团结。

上述思想路线在布兰德案中并没有很明显的体现。案件的判决几乎提出了截然相反的论点（当即在克鲁塞案中遇到反对意见，[8] 在罗纳德·德沃金的论述中得到发展，并在霍夫曼勋爵的论述后得到普遍认可）：布兰德生命的存续对其不仅无益反而有害，是对他意志的侮辱与违反。

布兰德的情况本质上与那种严重缺陷但有意识的病人不同，因此上述论点渐渐侵蚀了霍夫曼的法官附带意见：布兰德案不具有"优生学"上的意义和影响。就像近代史所展示的，人们常常口出恶言侮辱、羞辱各种具有严重缺陷的人，此外，缺陷者无法获得对待特殊人群应有的理解和回应。在霍夫曼勋爵的判决中，这一论点得到了极为充分的发展，而该判决中有一份十分含糊的证据，决定了司法如何处理对布兰德存续及其所受看护的侮辱。该判决首先描述了尊重个人尊严的原则，"不论相关人员怎么考虑，任何人都不应被羞辱，不应丧失其作为人应得的对于人的尊重"，而不论其自身做出了有辱人格的行为，还是其他人有不尊重的行为。但接下来，判决又说，停止喂养布兰德将"停止对其的羞辱"，不再让其"怪异地存在"等。该判决从一端转向了对立的彼端，从对个人尊严与羞辱的道德观念转向了"无尊严"的情绪感知。

事实是，布兰德确实可能被羞辱了，例如将他作为性交对象，或在他还活着的时候把他扔进医院的垃圾堆，或基于某种利益认可他还是一个人，他也可能被伤害或得益。但是依照法庭轻率的言辞，护士认真地照顾布兰德并没有羞辱他、贬损他或不尊重其作为人应有的尊严。与之相反，依照马斯蒂尔法官的说法，停止护理的建议要求医护人员"违反其本能、受到的训练及医疗传统"。医护人员与布兰德之间的关系是一种（两者难以互换）人与人之间的团结，该种团结对双方都有益。布兰德案的一大不足是，没有区分羞辱的对象和处在（或被置于）不体面条件（或位置）下的人。许多处在不体面条件下的人，可以通过安稳仁慈地结束生命来摆脱这种状态。

---

[8] *Cruzan v Director Missouri Dept of Health* 497 US 26：[1990]．[See now essay Ⅲ．16（1998b），n.7.]

　　法官们认为，在布兰德案中，生命尊严应让位于意志自由及利益最大化。但令人遗憾的是，没有一份判决试图描述什么是"生命尊严原则"。原则是一种能够引导思考的表述，而对该原则的阐释否认了故意终结（无罪的）他人生命的行为。"自由意志原则"——无论认为应当维持抑或停止医疗护理的意志——在 *Sidaway* 案〔9〕中被推崇为一种接近绝对正确的原则并多次提及，该但原则没有考虑到拒绝医疗是一种自杀行为的情形（例如，拒绝医疗以保证获得定期人寿保险收益，又或是完成相约自杀）。只有格夫法官留意到自杀问题，但他的说法也十分含糊不清。而且他赞同霍夫曼的意见，认为自杀合法化"为人公认的是，在此类情形（自杀）下，自由意志原则也应优于生命尊严"。

　　1961 年自杀法案的发起人否定了"自由意志原则"。〔10〕 事实上，该法案规定严惩自杀共犯就意味着否定了自由意志优先的假设，同时也证实了法律迄今为止依然认为文明社会的人际关系无法接受故意终结无辜者生命的选择。

注

　　✝1985 年春天，在秘鲁安第斯山脉 17 000 英尺的高空，切断朋友乔·辛普森登山绳的人是西蒙·耶茨。1997 年 2 月 23 日，英国独立报刊载了一篇对他的采访，他谈道，当切断绳索时他认为"就像要杀了乔"；但在报道的后面，他也谈及"如果我没有切断绳索，我一定会死"。他说的"像要"无疑表示他了解其行为的性质，不管怎么说，"杀了乔"都意味着将导致乔的死亡。

　　✝✝从此处看，文章的观点似乎是：假定布兰德不属于前文提到的能够基本恢复的情况；也不属于闭锁综合症的情况（在第 18 章、第 19 章谈道，艾伦·谢尔曼认为闭锁综合症不等同于植物人状态）。

---

〔9〕 *Sidaway v Board of Governors of the Betlem Royal Hospital* 〔1985〕 AC 871 at 904 – 5.
〔10〕 See e. g. HC Deb. 19 July 1961, cols 1425 – 6.

约翰·菲尼斯作品目录

| 1962 | a | | "Developments in Judicial Jurisprudence", Adelaide L Rev 1: 317 – 37. |

1962　a　　　"Developments in Judicial Jurisprudence", Adelaide L Rev 1: 317 – 37.

　　　b　　　"The Immorality of the Deterrent", Adelaide Univ Mag: 47 – 61.

1963　　　　"Doves and Serpents", The Old Palace 38: 438 – 41.

1967　a　I. 17　"Reason and Passion: The Constitutional Dialectic of Free Speech and Obsceni-ty", University of Pennyslvania L Rev 116: 222 – 43.

　　　b　Ⅳ. 8　"Blackstone's Theoretical Intentions", Natural L Forum 12: 63 – 83.

　　　c　　　"Punishment and Pedagogy", The Oxford Review 5: 83 – 93.

　　　d　　　"Review of Zelman Cowen, *Sir John Latham and Other Papers*", LQR 83: 289 – 90.

1968　a　Ⅲ. 10　"Old and New in Hart's Philosophy of Punishment", The Oxford Review 8: 73 – 80.

　　　b　　　"Constitutional Law", *Annual Survey of Commonwealth Law 1967* (Butter-worth), 20 – 33, 71 – 98.

　　　c　　　"Separation of Powers in the Australian Constitution", Adelaide L Rev 3: 159 – 77.

　　　d　　　Review of Neville March Hunnings, *Film Censors and the Law*, LQR 84: 430 – 2.

　　　e　　　"Natural Law in *Humanae vitae*", LQR 84: 467 – 71.

　　　f　　　Review of H. Phillip Levy, *The Press Council*, LQR 84: 582.

　　　g　　　"Law, Morality and Mind Control", Zenith (University Museum, Oxford) 6: 7 – 8.

1969　a　　　"Constitutional Law", *Annual Survey of Commonwealth Law 1968* (Butterworth)，2 – 15，32 – 49，53 – 75，98 – 114.

b   Review of Herbert L. Packer, *The Limits of the Criminal Sanction*, Oxford Magazine, 86 no. 1 (new series)，10 – 11.

1970 a   I. 6   "Reason, Authority and Friendship in Law and Morals", in Khanbai, Katz, and Pineau (eds), *Jowett Papers 1968 – 1969* (Oxford: Blackwell)，101 – 24.

b   "Natural Law and Unnatural Acts", Heythrop J 11: 365 – 87.

c   i. "Abortion and Legal Rationality", Adelaide L Rev 3: 431 – 67.

ii. "Three Schemes of Regulation", in Noonan (ed.), *The Morality of Abortion: Legal and Historical Perspectives* (HUP).

d   "Constitutional Law", *Annual Survey of Commonwealth Law 1969* (Butterworth)，2 – 4，27 – 34，37 – 50，65 – 81.

e   Review of H. B. Acton, *The Philosophy of Punishment*, Oxford Magazine, 87 (new series) (13 April).

f   Review of Colin Howard, *Australian Constitutional Law*, LQR 86: 416 – 18.

1971 a   IV. 21 "Revolutions and Continuity of Law", in A. W. B. Simpson (ed.), *Oxford Essays in Jurisprudence: Second Series* (OUP)，44 – 76.

b   "The Abortion Act: What Has Changed?", Criminal L Rev: 3 – 12.

c   "Constitutional Law", *Annual Survey of Commonwealth Law 1970* (Butterworth)，2 – 4，17 – 31，33 – 42，51 – 60.

1972 a   III. 11 "The Restoration of Retribution", Analysis 32: 131 – 5.

b   IV. 18 "Some Professorial Fallacies about Rights", Adelaide L Rev 4: 377 – 88.

c   "The Value of the Human Person", Twentieth Century [Australia] 27: 126 – 37.

d   "Bentham et le droit naturel classique", Archives de Philosophie du Droit 17: 423 – 7.

e   "Constitutional Law", *Annual Survey of Commonwealth Law 1971* (Butterworth)，2 – 5，11 – 25，28 – 41.

f   "Meaning and Ambiguity in Punishment (and Penology)", Osgoode Hall LJ 10: 264 – 8.

1973   a   III. 3   Review of John Rawls, *A Theory of Justice* (1972), Oxford Magazine 90 no. 1 (new series) (26 January).

      b   III. 18   "The Rights and Wrongs of Abortion: A Reply to Judith Jarvis Thomson", Philosophy & Public Affairs 2: 117 – 45.

      c   "Constitutional Law", *Annual Survey of Commonwealth Law 1972* (Butterworth), 2 – 8, 23 – 56, 62 – 6.

1974   a   "Constitutional Law", *Annual Survey of Commonwealth Law 1973* (Butterworth), 1 – 66.

      b   "Commonwealth and Dependencies", in *Halsbury's Laws of England*, vol. 6 (4th edn, Butterworth), 315 – 601.

      c   "Rights and Wrongs in Legal Responses to Population Growth", in J. N. Santamaria (ed.), *Man—How Will He Survive?* (Adelaide), 91 – 100.

      d   Review of R. S. Gae, *The Bank Nationalisation Case and the Constitution*, Modern L Rev 37: 120.

1975   "Constitutional Law", *Annual Survey of Commonwealth Law 1974* (Butterworth), 1 – 61.

1976   a   "Constitutional Law", *Annual Survey of Commonwealth Law 1975* (Butterworth), 1 – 56.

      b   Chapters 18 – 21 (with Germain Grisez), in R. Lawler, D. W. Wuerl, and T. C. Lawler (eds), *The Teaching of Christ* (Huntingdon, IN: OSV), 275 – 354.

1977   a   I. 3   "Scepticism, Self – refutation and the Good of Truth", in P. M. Hacker and J. Raz (eds), *Law, Morality and Society: Essays in Honour of H. L. A. Hart* (OUP), 247 – 67.

      b   "Some Formal Remarks about 'Custom'", in International Law Association, Report of the First Meeting [April 1977] on the Theory and Methodology of International Law, 14 – 21.

1978   a   "Catholic Social Teaching: *Populorum Progressio* and After", Church Alert (SODEPAX Newsletter) 19: 2 – 9; also in James V. Schall (ed.), *Liberation Theology in Latin America* (San Francisco: Ignatius Press,

1982).

b　　　　"Conscience, Infallibility and Contraception", The Month 239: 410 – 17.

c　　　　"Abortion: Legal Aspects of ", in Warren T. Reich (ed.), *Encyclopedia of Bioethics* (New York: Free Press), 26 – 32.

1979　b　V. 18　"Catholic Faith and the World Order: Reflections on E. R. Norman", Clergy Rev 64: 309 – 18.

　　　　　　"The Foundations of Human Rights", Cooperation in Education 26: 19 – 28.

1980　a　　　*Natural Law and Natural Rights* (OUP) (425 pp).

　　　　　　Legge Naturali e Diritti Naturali (trans. F. Di Blasi) (Milan: Giappichelli, 1996).

　　　　　　Ley Naturaly Derechos Naturales (trans. C. Orrego) (Buenos Aires: Abeledo – Perrot, 2000).

　　　　　　Prawo naturalne i uprawnienia naturalne (trans. Karolina Lossman) Klasycy Filozofii Prawa (Warsaw: Dom Wydawniczy ABC, 2001).

　　　　　　自然法与自然权利 ([Mandarin] trans. Jiaojiao Dong, Yi Yang, Xiaohui Liang) (Beijing: 2004).

　　　　　　Lei Natural e Direitos Naturais (trans. Leila Mendes) (Sao Leopoldo, Brazil: Editora Unisinos, 2007).

b　　　　"Reflections on an Essay in Christian Ethics: Part I: Authority in Morals", Clergy Rev 65: 51 – 7: "Part II: Morals and Method", 87 – 93.

c　V. 19　"The Natural Law, Objective Morality, and Vatican II ", in William E. May (ed), *Principles of Catholic Moral Life* (Chicago: Franciscan Herald Press), 113 – 49.

1981　a　　　[*British North America Acts: The Role of Parliament*: Report from the Foreign Affairs Committee, House of Commons Paper 1980 – 81 HC 42 (21 January) (87 pp).]

b　　　　"Observations de M J. M. Finnis" [on Georges Kalinowski's review of *Natural Law and Natural Rights*], Archives de Philosophie du Droit 26: 425 – 7.

c　　　　[Foreign Affairs Committee, *Supplementary Report on the British North America Acts: The Role of Parliament*, House of Commons Paper 1980 – 81

HC 295 (15 April) (23 pp).]

d　　　　[Foreign Affairs Committee, *Third Report on the British North America Acts*:
The Role of Parliament, House of Commons Paper 1981 – 82 HC 128 (22
December) (17 pp).]

e　　　　"Natural Law and the 'Is' – 'Ought' Question: An Invitation to Professor
Veatch", Cath Lawyer 26: 266 – 77.

1982　a　　(with Germain Grisez) "The Basic Principles of Natural Law: A Reply to
Ralph McInerny", American J Juris 26: 21 – 31.

b　　　　Review of Anthony Battaglia, *Towards a Reformulation of Natural Law*, Scot-
tish J Theol 35: 555 – 6.

1983　a　　"The Responsibilities of the United Kingdom Parliament and Government under
the Australian Constitution", Adelaide L Rev 9: 91 – 107.

b　　　　*Fundamentals of Ethics* (OUP; Washington DC: Georgetown University Press)
(163 pp).

c　　　　"Power to Enforce Treaties in Australia—The High Court goes Centralist?",
Oxford J Legal St 3: 126 – 30.

d　　　　"The Fundamental Themes of *Laborem Exercens*", in Paul L. Williams (ed.),
Catholic Social Thought and the Social Teaching of John Paul II (Scran-
ton: Northeast Books), 19 – 31.

e　　　　["In Vitro Fertilisation: Morality and Public Policy", Evidence submitted by
the Catholic Bishops' Joint Committee on Bio – ethical Issues to the
(Warnock) Committee of Inquiry into Human Fertilisation and Embryology,
May, 5 – 18.]

1984　a　I. 10　　i. "Practical Reasoning, Human Goods and the End of Man", Proc Am Cath
Phil Ass 58: 23 – 36; also in

ii. New Blackfriars 66 (1985) 438 – 51.

b　IV. 2　"The Authority of Law in the Predicament of Contemporary Social Theory", J
Law, Ethics & Pub Policy 1: 115 – 37.

c　　　　["Response to the Warnock Report", submission to Secretary of State for Social
Services by the Catholic Bishops' Joint Bioethics Committee on Bio – ethical

Issues, December, 3 – 17.]

d   "IVF and the Catholic Tradition", The Month 246: 55 – 8.

e   "Reforming the Expanded External Affairs Power", in Report of the External Affairs Subcommittee to the Standing Committee of the Australian Constitutional Convention (September), 43 – 51.

1985   a   Ⅲ.1   "A Bill of Rights for Britain? The Moral of Contemporary Jurisprudence" (Maccabaean Lecture in Jurisprudence), Proc Brit Acad 71: 303 – 31.

b   Ⅳ.9   "On 'Positivism' and 'Legal – Rational Authority'", Oxford J Leg St 3: 74 – 90.

c   Ⅳ.13   "On 'The Critical Legal Studies Movement'", American J Juris 30: 21 – 42; also in J. Bell and J. Eekelaar (eds), *Oxford Essays in Jurisprudence: Third Series* (OUP, 1987), 145 – 65.

d   "Morality and the Ministry of Defence" (review), The Tablet, 3 August, 804 – 5.

e   "Personal Integrity, Sexual Morality and Responsible Parenthood", Anthropos [now Anthropotes] 1: 43 – 55.

1986   a   "The 'Natural Law Tradition'", J Legal Ed 36: 492 – 5.

b   "The Laws of God, the Laws of Man and Reverence for Human Life", in R. Hittinger (ed.), *Linking the Human Life Issues* (Chicago: Regnery Books), 59 – 98.

1987   a   I.9   "Natural Inclinations and Natural Rights: Deriving 'Ought' from 'Is' according to Aquinas", in L. Elders and K. Hedwig (eds), *Lex et Libertas: Freedom and Law according to St Thomas Aquinas* (Studi Tomistici 30, Libreria Editrice Vaticana), 43 – 55.

b   Ⅱ.8   "The Act of the Person" *Persona Veritá e Morale*, atti del Congresso Internazionale di Teologia Morale, Rome 1986 (Rome: Cittá Nuova Editrice), 159 – 75.

c   Ⅲ.2   "Legal Enforcement of Duties to Oneself: Kant v. Neo – Kantians", Columbia L Rev 87: 433 – 56.

d   Ⅳ.4   "On Positivism and the Foundations of Legal Authority: Comment", in Ruth

Gavison (ed.), *Issues in Legal Philosophy: the Influence of H. L. A. Hart* (OUP), 62 – 75.

e IV. 12   "On Reason and Authority in Law's Empire", Law and Philosophy 6: 357 – 80.

f   Germain Grisez, Joseph Boyle, and John Finnis, "Practical Principles, Moral Truth, and Ultimate Ends", American J Juris 32: 99 – 151 (also, with o-riginal table of contents restored, in 1991d).

g   *Nuclear Deterrence, Morality and Realism* (with Joseph Boyle and Germain Grisez) (OUP) (429 pp).

h   "Answers [to questions about nuclear and non – nuclear defence options]", in Oliver Ramsbottom (ed.), *Choices: Nuclear and Non – Nuclear Defence Options* (London: Brasseys' Defence Publishers), 219 – 34.

i   "The Claim of Absolutes", The Tablet 241: 364 – 6.

j   ["On Human Infertility Services and Bioethical Research", response by the Catholic Bishops' Joint Committee on Bioethical Issues to the Department of Health and Social Security, June, 3 – 12.]

1988 a V. 21   "The Consistent Ethic: A Philosophical Critique", in Thomas G. Fuechtmann (ed.), *Consistent Ethic of Life* (Kansas: Sheed & Ward), 140 – 81.

b V. 20   "Nuclear Deterrence, Christian Conscience, and the End of Christendom", New Oxford Rev [Berkeley, CA] July – August: 6 – 16.

c   "Goods are Meant for Everyone: Reflection on Encyclical *Sollicitudo Rei Socialis*", L'Osservatore Romano, weekly edn, 21 March, 21.

d   " 'Faith and Morals': A Note", The Month 21/2: 563 – 7.

e   Germain Grisez, Joseph Boyle, John Finnis, and William E. May, " 'Every Marital Act Ought to be Open to New Life': Toward a Clearer Understand-ing", The Thomist 52: 365 – 426, also in Grisez, Boyle, Finnis, and May, *The Teaching of Humanae Vitae: A Defense* (San Francisco: Ignatius Press); Italian trans. in Anthropotes 1: 73 – 122.

f   "Absolute Moral Norms: Their Ground, Force and Permanence", Anthropotes 2: 287 – 303.

1989 a II. 5   "Persons and their Associations", Proc Aristotelian Soc, Supp. vol. 63: 267 –

74.

b Ⅳ.3   "Law as Coordination", Ratio Juris 2: 97 – 104.

c Ⅴ.11   "On Creation and Ethics", Anthropotes 2: 197 –206.

d   "La morale chrétienne et la guerre: entretien avec John Finnis", Catholica 13:
         15 – 23.

e   "Russell Hittinger's Straw Man", Fellowship of Catholic Scholars Newsletter
         12/2: 6 –8 (corrigenda in following issue).

f   "Nuclear Deterrence and Christian Vocation", New Blackfriars 70: 380 – 7.

1990 a Ⅰ.12   "Aristotle, Aquinas, and Moral Absolutes", Catholica: International Quarterly
         Selection 12: 7 –15; Spanish trans. by Carlos I. Massini Correas in Persona
         y Derecho 28 (1993), and in A. G. Marques and J. Garcia – Huidobro
         (eds), *Razon y Praxis* (Valparaiso: Edeval, 1994), 319 –36.

b Ⅳ.16   "Allocating Risks and Suffering: Some Hidden Traps", Cleveland State L Rev
         38: 193 –207.

c   "Natural Law and Legal Reasoning", Cleveland State L Rev 38: 1 – 13.

d Ⅳ.17   "Concluding Reflections", Cleveland State L Rev 38: 231 –50.

e Ⅴ.16   "Conscience in the Letter to the Duke of Norfolk", in Ian Ker and Alan G. Hill
         (eds), *Newman after a Hundred Years* (OUP), 401 –18.

f   Joseph Boyle, Germain Grisez, and John Finnis, "Incoherence and Consequen-
         tialism (or Proportionalism) —A Rejoinder" American Cath Phil Q 64: 271 –
         7.

g   "The Natural Moral Law and Faith", in Russell E. Smith (ed.), *The Twenty –*
         Fifth Anniversary of Vatican II: A Look Back and a Look Ahead (Braintree,
         MA: Pope John Center), 223 –38; discussion (with Alasdair MacIntyre),
         250 –62.

1991 a Ⅱ.9   "Object and Intention in Moral Judgments according to St Thomas Aquinas",
         The Thomist 55: 1 – 27; rev. version in J. Follon and J. McEvoy (eds),
         Finalité et Intentionnalité: Doctrine Thomiste et Perspectives Modernes,
         Bibliothèque Philosophique de Louvain No. 35 (Paris: J. Vrin, 1992),
         127 –48.

b Ⅱ. 10   "Intention and Side – effects", in R. G. Frey and Christopher W. Morris (eds), *Liability and Responsibility: Essays in Law and Morals* (CUP), 32 – 64.

c   *Moral Absolutes: Tradition, Revision and Truth* (Washington DC: Catholic University of America Press) (115 pp) *Absolutos Morales: Tradición, Revisión y Verdad* (trans. Juan José García Norro) (Barcelona: Ediciones Internacionales Universitarias, EUNSASA) *Gli assoluti morali: Tradizione, revisione & verità* (trans. Andrea Maria Maccarini) (Milan: Edizioni Ares, 1993).

d   "Introduction", in John Finnis (ed.), *Natural Law*, vol. Ⅰ (International Library of Essays in Law and Legal Theory, Schools 1. 1) (Dartmouth: New York University Press), xi – xxiii.

e   "Introduction", in John Finnis (ed.), *Natural Law*, vol. Ⅱ (International Library of Essays in Law and Legal Theory, Schools 1. 2) (Dartmouth: Aldershot, Sydney), xi – xvi.

f   "A propos de la 'valeur intrinsèque de la vie humaine'", Catholica 28: 15 – 21.

g   "Commonwealth and Dependencies", in *Halsbury's Laws of England*, vol. 6 re – issue (4th edn, London: Butterworth), 345 – 559.

1992 a Ⅰ. 14   "Natural Law and Legal Reasoning", in Robert P. George (ed.), *Natural Law Theory: Contemporary Essays* (OUP), 134 – 57.
        Spanish trans. By Carlos I. Massini Correas in Persona y Derecho 33 (1995).

b Ⅲ. 7   "Commentary on Dummett and Weithman", in Brian Barry and Robert E. Goodin, *Free Movement: Ethical Issues in the Transnational Migration of People and of Money* (University Park, Pennsylvania: University of Pennsylvania Press), 203 – 10.

c Ⅲ. 15   "Economics, Justice and the Value of Life: Concluding Remarks", in Luke Gormally (ed.), *Economics and the Dependent Elderly: Autonomy, Justice and Quality of Care* (CUP), 189 – 98.

d   V. 9   *"Historical Consciousness" and Theological Foundations*, Etienne Gilson Lecture No. 15 (Toronto: Pontifical Institute of Mediaeval Studies) (32 pp).

e   V. 17   "On the Grace of Humility: A New Theological Reflection", The Allen Review 7: 4 – 7.

1993 a Ⅱ. 16   "Abortion and Health Care Ethics", in Raanan Gillon (ed.).

        Ⅲ. 19   *Principles of Health Care Ethics* (Chichester: John Wiley), 547 – 57.

b   "The Legal Status of the Unborn Baby", Catholic Medical Quarterly 43: 5 – 11.

c Ⅱ. 19   *"Bland: Crossing the Rubicon?"*, LQR 109: 329 – 37.

d   "Theology and the Four Principles: A Roman Catholic View I" (with Anthony Fisher OP), in Raanon Gillon (ed.), *Principles of Health Care Ethics* (Chichester: John Wiley), 31 – 44.

e   "The 'Value of Human Life' and 'The Right to Death': Some Reflections on *Cruzan* and Ronald Dworkin", Southern Illinois University LJ 17: 559 – 71.

1994 a Ⅱ. 12   "On Conditional Intentions and Preparatory Intentions", in Luke Gormally (ed.), *Moral Truth and Moral Tradition: Essays in Honour of Peter Geach and Elizabeth Anscombe* (Dublin: Four Courts Press), 163 – 76.

b   "Law, Morality, and 'Sexual Orientation'", Notre Dame L Rev 69: 1049 – 76; also, with additions, Notre Dame J Law, Ethics & Public Policy 9 (1995) 11 – 39.

c   "Liberalism and Natural Law Theory", Mercer L Rev 45: 687 – 704.

d   " 'Shameless Acts' in Colorado: Abuse of Scholarship in Constitutional Cases", Academic Questions 7/4: 10 – 41.

e   Germain Grisez and John Finnis, "Negative Moral Precepts Protect the Dignity of the Human Person", L'Osservatore Romano, English edn, 23 February.

f   "Beyond the Encyclical", The Tablet, 8 January, reprinted in John Wilkins (ed.), *Understanding* Veritatis Splendor (London: SPCK), 69 – 76.

g   Germain Grisez, John Finnis, and William E. May, "Indissolubility, Divorce and Holy Communion", New Blackfriars 75 (June), 321 – 30.

h   " 'Living Will' Legislation", in Luke Gormally (ed.), *Euthanasia, Clinical*

Practice and the Law (London: Linacre Centre) , 167 – 76.

i   "Unjust Laws in a Democratic Society: Some Philosophical and Theological Re-flections" , in Joseph Joblin and Réal Tremblay (eds) , *I cattolici e la società pluralista: il caso delle leggi imperfette: atti del I Colloquio sui cattolici nella società pluralista: Roma, 9 – 12 Novembre 1994* (Bologna: ESP) , 99 – 114.

1995   a   II . 11   "Intention in Tort Law" , in David Owen (ed.) , *Philosophical Foundations of Tort Law* (OUP) , 229 – 48.

b   III . 14   "A Philosophical Case against Euthanasia" , "The Fragile Case for Euthanasia: A Reply to John Harris" , and "Misunderstanding the Case against Euthana-sia: Response to Harris's First Reply" , in John Keown (ed.) , *Euthanasia: Ethical, Legal and Clinical Perspectives* (CUP) , 23 – 35, 46 – 55, 62 – 71.

c   "History of Philosophy of Law" (465 – 8) , "Problems in the Philosophy of Law" (468 – 72) , "Austin" (67) , "Defeasible" (181) , "Dworkin" (209 – 10) , "Grotius" (328) , "Hart" (334) , "Legal Positivism" (476 – 7) , "Legal Realism" (477) , "Natural Law" (606 – 7) , "Natural Rights" (607) , in Ted Honderich (ed.) , *Oxford Companion to Philosophy* (OUP) .

1996   a   III . 5   "Is Natural Law Theory Compatible with Limited Government?" , in Robert P. George (ed.) , *Natural Law, Liberalism, and Morality* (OUP) , 1 – 26.

b   III . 13   "The Ethics of War and Peace in the Catholic Natural Law Tradition" , in Terry Nardin (ed.) , *The Ethics of War and Peace* (Princeton University Press) , 15 – 39.

c   IV . 7   "The Truth in Legal Positivism" , in Robert P. George (ed.) , *The Autonomy of Law: Essays on Legal Positivism* (OUP) , 195 – 214.

d   "Unjust Laws in a Democratic Society: Some Philosophical and Theological Re-flections" , Notre Dame L Rev 71 : 595 – 604 (a revised version of 1994i).

e   I . 13   " Loi naturelle " , in Monique Canto – Sperber (ed.) , *Dictionnaire de Philosophie Morale* (Paris: Presses Universitaires de France) , 862 – 8.

1997 a   "Natural Law—Positive Law", in A. Lopez Trujillo, I. Herranz, and E. Sgreccia (eds), *"Evangelium Vitae" and Law* (Libreria Editrice Vaticana), 199 – 209.

      b I. 15 "Commensuration and Public Reason", in Ruth Chang (ed.), *Incommensurability, Comparability and Practical Reasoning* (HUP), 215 – 33, 285 – 9.

      c Ⅲ. 21 "Law, Morality and 'Sexual Orientation'", in John Corvino (ed.), *Same Sex: Debating the Ethics, Science, and Culture of Homosexuality* (Lanham: Rowman & Littlefield), 31 – 43.

      d Ⅲ. 22 "The Good of Marriage and the Morality of Sexual Relations: Some Philosophical and Historical Observations", Am J Juris 42: 97 – 134.

1998 a I. 16 "Public Reason, Abortion and Cloning", Valparaiso Univ LR 32: 361 – 82.

      b Ⅲ. 16 "Euthanasia, Morality and Law", Loyola of Los Angeles L Rev 31: 1123 – 45.

      c V. 3 "On the Practical Meaning of Secularism", Notre Dame L Rev 73: 491 – 515.

      d   *Aquinas: Moral, Political, and Legal Theory* (OUP) (xxi + 385 pp).

      e   "Public Good: The Specifically Political Common Good in Aquinas", in Robert P. George (ed.), *Natural Law and Moral Inquiry* (Washington DC: Georgetown University Press), 174 – 209.

      f   "Natural Law", in Edward Craig (ed.), *Routledge Encyclopaedia of Philosophy*, vol. 6 (London: Routledge), 685 – 90.

1999 a I. 2 "Natural Law and the Ethics of Discourse", American J Juris 43: 53 – 73; also in Ratio Juris 12: 354 – 73.

      b Ⅲ. 12 "Retribution: Punishment's Formative Aim", American J Juris 44: 91 – 103.

      c Ⅳ. 20 "The Fairy Tale's Moral", LQR 115: 170 – 5.

      d V. 6 "The Catholic Church and Public Policy Debates in Western Liberal Societies: The Basis and Limits of Intellectual Engagement", in Luke Gormally (ed.), *Issues for a Catholic Bioethic* (London: Linacre Centre), 261 – 73.

      e   "What is the Common Good, and Why does it Concern the Client's Lawyer?", South Texas L Rev 40: 41 – 53.

2000 a Ⅱ. 1 "The Priority of Persons", in Jeremy Horder (ed.), *Oxford Essays in Jurisprudence, Fourth Series* (OUP), 1 – 15.

b Ⅱ.17 "Some Fundamental Evils of Generating Human Embryos by Cloning", in Cosimo Marco Mazzoni (ed.), *Etica della Ricerca Biologica* (Florence: Leo S. Olschki Editore), 115 – 23; also in C. M. Mazzoni (ed.), *Ethics and Law in Biological Research* (The Hague, London: Martinus Nijhoff; Boston: Kluwer, 2002), 99 – 106.

c "Abortion, Natural Law and Public Reason", in Robert P. George and Christopher Wolfe (eds), *Natural Law and Public Reason* (Washington DC: Georgetown University Press), 71 – 105.

d "On the Incoherence of Legal Positivism", Notre Dame L Rev 75: 1597 – 611.

e "God the Father", in Peter Newby (ed.), *Occasional Papers from the Millennium Conferences at the Oxford University Catholic Chaplaincy* No. 1 (Oxford), 24 – 6.

2001 a Ⅱ.13 "'Direct' and 'Indirect': A Reply to Critics of Our Action Theory" (with Germain Grisez and Joseph Boyle), The Thomist 65: 1 – 44.

b Ⅲ.6 "Virtue and the Constitution of the United States", Fordham L Rev 69: 1595 – 602.

c "Reason, Faith and Homosexual Acts", Catholic Social Science Review 6: 61 – 9.

2002 a Ⅳ.5 "Natural Law: The Classical Tradition", in Jules Coleman and Scott Shapiro (eds), *The Oxford Handbook of Jurisprudence and Philosophy of Law* (OUP), 1 – 60.

b Ⅴ.22 "Secularism, the Root of the Culture of Death", in Luke Gormally (ed.), *Culture of Life—Culture of Death* (London: Linacre Centre).

c "Aquinas on *jus* and Hart on Rights: A Response", Rev of Politics 64: 407 – 10.

d Patrick H. Martin and John Finnis, "The Identity of 'Anthony Rivers'", Recusant History 26: 39 – 74.

e —— and —— "Tyrwhitt of Kettleby, Part I: Goddard Tyrwhitt, Martyr, 1580", Recusant History 26: 301 – 13.

2003 a Ⅲ.8 "Natural Law & the Remaking of Boundaries", in Allen Buchanan and Margaret

Moore (eds), *States*, *Nations*, *and Boundaries*: *The Ethics of Making Boundaries* (*CUP*), 171 – 8.

b   Ⅳ. 1   "Law and What I Truly Should Decide", American J Juris 48: 107 – 30.

c   Ⅴ. 10   "Saint Thomas More and the Crisis in Faith and Morals", The Priest 7/1: 10 – 15, 29 – 30.

d   "Secularism, Morality and Politics", L'Osservatore Romano, English edn, 29 January, 9.

e   "Shakespeare's Intercession for Love's Martyr" (with Patrick Martin), Times Literary Supplement, no. 5220, 18 April, 12 – 14.

f   "An Intrinsically Disordered Attraction", in John F. Harvey and Gerard V. Bradley (eds), *Same – Sex Attraction*: *A Parents' Guide* (South Bend: St Augustine's Press), 89 – 99.

g   "Nature and Natural Law in Contemporary Philosophical and Theological Debates: Some Observations", in Juan Correa and Elio Sgreccia (eds), *The Nature & Dignity of the Human Person as the Foundation of the Right to Life*: *The Challenges of Contemporary Culture* (Rome: Libreria Editrice Vaticana), 81 – 109.

h   Patrick H. Martin and John Finnis, "Tyrwhitt of Kettleby, Part Ⅱ: Robert Tyrwhitt, a Main Benefactor of John Gerard SJ, 1599 – 1605", Recusant History 27: 556 – 69.

i   —— and —— "Thomas Thorpe, 'W. S.' and the Catholic Intelligencers", Elizabethan Literary Renaissance, 1 – 43.

j   —— and —— "Caesar, Succession, and the Chastisement of Rulers", Notre Dame L Rev 78: 1045 – 74.

k   "Commonwealth and Dependencies", in *Halsbury's Laws of England*, vol. 6 re – issue (4th edn, London: Butterworth), 409 – 518.

l   "Abortion for Cleft Palate: The Human Fertilisation and Embryology Act 1990", Sunday Telegraph, 7 December.

m   "An Oxford Play Festival in 1582" (with Patrick Martin), Notes & Queries 50: 391 – 4.

2004 a Ⅱ.18 "Per un'etica dell'eguaglianza nel diritto alla vita: Un commento a Peter Singer", in Rosangela Barcaro and Paolo Becchi (eds), Questioni Mortali: L'Attuale Dibattito sulla Morte Cerebrale e il Problema dei Trapianti (Naples: Edizioni Scientifiche Italiane), 127 – 39.

      b Ⅳ.22 "Helping Enact Unjust Laws without Complicity in Injustice", American J Juris 49: 11 – 42.

2005 a I.1 "Foundations of Practical Reason Revisited", American J Juris 50: 109 – 32.

      b I.4 "Self – referential (or Performative) Inconsistency: Its Significance for Truth", Proceedings of the Catholic Philosophical Association 78: 13 – 21.

      c Ⅱ.2 " 'The Thing I Am': Personal Identity in Aquinas and Shakespeare", Social Philosophy & Policy 22: 250 – 82; also in Ellen Frankel Paul, Fred. D. Miller, and Jeffrey Paul (eds), Personal Identity (CUP), 250 – 82.

      d Ⅳ.6 "Philosophy of Law" (Chinese trans.), in Ouyang Kang (ed.), *The Map of Contemporary British and American Philosophy* (Beijing: Dangdai Yingmei Zhexue Ditu), 388 – 413.

      e   "On 'Public Reason'", in *O Racji Pulicznej* (Warsaw: Ius et Lex), 7 – 30 (Polish trans.), 33 – 56 (English original); http://ssrn.com/abstract = 955815.

      f   "Restricting Legalised Abortion is not Intrinsically Unjust", in Helen Watt (ed.), Cooperation, *Complicity & Conscience* (London: Linacre Centre), 209 – 45.

      g   "A Vote Decisive for … a More Restrictive Law", in Helen Watt (ed.), *Cooperation, Complicity & Conscience* (London: Linacre Centre), 269 – 95.

      h   "Aquinas' Moral, Political and Legal Philosophy", Stanford Encyclopedia of Philosophy; http://plato.stanford.edu/entries/aquinas – moral – political.

      i   Patrick H. Martin and John Finnis, "Benedicam Dominum: Ben Jonson's Strange 1605 Inscription", Times Literary Supplement, 4 November, 12 – 13.

j   —— and ——. "The Secret Sharers: 'Anthony Rivers' and the Appellant Controversy, 1601 – 2", Huntingdon Library Q 69/2: 195 – 238.

2006   a   V. 4   "Religion and State: Some Main Issues and Sources", American J Juris 51: 107 – 30.

     b   "Observations for the Austral Conference to mark the 25th Anniversary of *Natural Law and Natural Rights*", Cuadernos de Extensión Jurídica (Universidad de los Andes) no. 13: 27 – 30.

2007   a   Ⅲ. 9   "Nationality, Alienage and Constitutional Principle", LQR 123: 417 – 45.

     b   Ⅳ. 10   "On Hart's Ways: Law as Reason and as Fact", American J Juris 52: 25 – 53; also in Matthew Kramer and Claire Grant (eds), *The Legacy of H. L. A. Hart: Legal, Political & Moral Philosophy* (OUP, 2009), 1 – 27.

     c   "Natural Law Theories of Law", Stanford Encyclopedia of Philosophy; http://plato. stanford. edu/entries/natural – law – theories.

2008   a   I. 5   "Reason, Revelation, Universality and Particularity in Ethics".

        Ⅱ. 7/V. 8 AJJ 53: 23 – 48.

     b   Ⅱ. 6   "Universality, Personal and Social Identity, and Law", address, Congresso Sul – Americano de Filosofia do Direito, Porto Alegre, Brazil, 4 October 2007; Oxford Legal Studies Research Paper 5; http://ssrn. com/abstract = 1094277.

     c   Ⅲ. 20   "Marriage: A Basic and Exigent Good", The Monist 91: 396 – 414.

     d   [V. 13] "Grounds of Law & Legal Theory: A Response", Legal Theory 13: 315 – 44.

     e   "Common Law Constraints: Whose Common Good Counts?", Oxford Legal Studies Research Paper 10; http://ssrn. com/abstract_ id = 1100628.

     f   *Humanae Vitae*: A New Translation with Notes (London: Catholic Truth Society) (31 pp).

2009   a   Ⅱ. 3   "Anscombe's Essays", National Catholic Bioethics Q 9/1: 199 – 207.

     b   Ⅳ. 11   "H. L. A. Hart: A Twentieth Century Oxford Political Philosopher", American J Juris 54: 161 – 85.

     c   V. 1   "Does Free Exercise of Religion Deserve Constitutional Mention?", American J Juris 54: 41 – 66.

d V.2 "Telling the Truth about God and Man in a Pluralist Society: Economy or Explication?", in Christopher Wolfe (ed.), *The Naked Public Square Revisited: Religion & Politics in the Twenty – First Century* (Wilmington: ISI Books), 111 – 25, 204 – 9.

e "Endorsing Discrimination between Faiths: A Case of Extreme Speech?", in Ivan Hare and James Weinstein (eds), *Extreme Speech and Democracy* (OUP), 430 – 41.

f "Discrimination between Religions: Some Thoughts on Reading Greenawalt's *Religion and the Constitution*", Constitutional Commentary 25: 265 – 71.

g "Commonwealth", in *Halsbury's Laws of England*, vol. 13 (5th edn, London: LexisNexis), 471 – 589.

h "Why Religious Liberty is a Special, Important and Limited Right", Notre Dame Legal Studies Paper 09 – 11; http://ssrn.com/abstract = 1392278.

i "The Lords' Eerie Swansong: A Note on *R (Purdy) v Director of Public Prosecutions*", Oxford Legal Studies Research Paper 31; http://ssrn.com/abstract = 1477281.

j "The Mental Capacity Act 2005: Some Ethical and Legal Issues", in Helen Watt (ed.), *Incapacity & Care: Controversies in Healthcare and Research* (London: Linacre Centre), 95 – 105.

k "Debate over the Interpretation of *Dignitas personae's* Teaching on Embryo Adoption", National Catholic Bioethics Q 9: 475 – 8.

2010 a II.14 "Directly Discriminatory Decisions: A Missed Opportunity", LQR 126: 491 – 6.

b "Law as Idea, Ideal and Duty: A Comment on Simmonds, *Law as a Moral Idea*", Jurisprudence 1: 247 – 53.

其他引用作品

引用的其他作品

Ames, J. B. (1905), "How Far an Act May be a Tort Because of the Wrongful Motive of the Actor" Harv L Rev 18: 411.

Anscombe, G. E. M. (ed.) (1953), Ludwig Wittgenstein, *Philosophical Investigations* (Oxford: Blackwell).

—— ([1957] 1985), *Intention* (Oxford: Blackwell; HUP).

—— (1963), "Events in the Mind", in *The Collected Philosophical Papers of G. E. M. Anscombe*, vol. 2, 57 – 63.

—— ([1965] 1981), "Thought and Action in Aristotle", in *The Collected Philosophical Papers of G. E. M. Anscombe*, vol. 1, 66 – 77.

—— (1971), "Causality and Determination", in *The Collected Philosophical Papers of G. E. M. Anscombe*, vol. 2, 133 – 47.

—— (1976), "Soft Determinism", in *The Collected Philosophical Papers of G. E. M. Anscombe*, vol. 2, 163 – 72.

—— (1981), *The Collected Philosophical Papers of G. E. M. Anscombe*, vol. 1, *From Parmenides to Wittgenstein* (Oxford: Basil Blackwell; Minneapolis: University of Minnesota Press).

—— (1981), *The Collected Philosophical Papers of G. E. M. Anscombe*, vol. 2, *Metaphysics and the Philosophy of Mind* (Oxford: Basil Blackwell; Minneapolis: University of Minnesota Press).

—— (1981), *The Collected Philosophical Papers of G. E. M. Anscombe*, vol. 3, *Ethics, Religion and Politcis* (Oxford: Basil Blackwell; Minneapolis: University of Minnesota Press).

—— (1982), "Action, Intention and 'Double Effect'", Proc Am Cath Phil Ass 12 – 25.

—— ([1991] 1995), "Ludwig Wittgenstein", Philosophy 70: 395 – 407.

—— (2008), *Faith in a Hard Ground: Essays on Religion, Philosophy and Ethics by G. E. M. Anscombe* (eds Mary Geach and Luke Gormally) (Charlottesville, VA and Exeter, UK: Imprint Academic).

Ashley, Benedict O. P. (1976), "A Critique of the Theory of Delayed Hominization", in D. G. McCarthy and A. S. Moraczewski (eds), *An Ethical Evaluation of Fetal Experimentation: An Interdisciplinary Study* (St Louis: Pope John XXIII Medical—Moral Research and Education Center), 113 – 33.

Atkinson, G. M. (1977), "Persons in the Whole Sense", AJJ 22: 86 – 17.

Belmans, Th. G. (1980), *Le sens objectif de l'agir humain* (Vatican City: Libreria Editrice Vaticana).

Boyle, Joseph M. (1977), "Double Effect and a Certain Type of Embryotomy", Irish Theological Q 44: 304 – 18.

—— (1978), "*Praecter intentionem* in Aquinas", Thomist 42: 649 – 65.

—— (1980), "Toward Understanding the Principle of Double Effect", Ethics 90: 527 – 38.

—— (1991), "Who Is Entitled to Double Effect?", J of Medicine & Philosophy 16: 475 – 94.

——and Sullivan, Thomas D. (1977), "The Diffusiveness of Intention Principle: A Counter – Example", Phil Studies 31: 557 – 60.

——Grisez, Germain, and Tollefsen, Olaf (1976), *Free Choice: A Self – Referential Argument* (Notre Dame. University of Notre Dame Press).

Braine, David (1992), *The Human Person: Animal and Spirit* (Notre Dame: University of Notre Dame Press).

Brock, Stephen L. (1998), *Action and Conduct: Aquinas and the Theory of Action* (Edinburgh: T. & T. Clark).

Broderick, Patrick A. (1985), "Conditional Objectives of Conspiracies", Yale LJ 94: 895 – 908.

Cartwright, J. P. W (1990), "Conditional Intention", Phil Studies 60: 233 – 55.

Castañeda, Hector – Neri (1982), "Conditional Intentions, Intentional Action and Aristotelian Practical Syllogisms", Erkenntnis 18: 239 – 60.

—— (1983), "Reply to Wilfrid Sellars: Intending and Logic of Intentions", in James E. Tomberlin (ed.), *Agent, Language and the Structure of the World* (Iindianapolis: Hackett), 419 – 34.

Cavanaugh, T. A. (2006), *Double – Effect Reasoning: Doing Good and Avoiding Evil* (OUP).

Chisholm, Roderick (1970), "The Structure of Intention", J of Philosophy 67: 636.

Clerk, J. F. and Lindsell, W. H. B. (1989), *Torts* (eds R. W. M. Dias et al.) (16th edn, London: Sweet & Maxwell).

Daube, David (1969), *Roman Law: Linguistic, Social and Philosophical Aspects* (Edinburgh: Edinburgh University Press).

Davidson, Donld (1980), "Intending", in *ibid.*, *Essays on Actions and Events* (OUP).

Davis Henry S. J. ([1935] 1946), *Morality and Pastoral Theology* (4th edn, London: Longman).

Diamond, James J. (1975), "Abortion, Animation and Hominization", Theological Studies 36: 305 – 24.

Donagan, Alan (1982), "Thomas Aquinas on Human Action", in Kretzmann, A. Kenny, and J. Pinborg (eds), *The Cambridge History of Later Medieval Philosophy* (CUP), 642 – 54.

Donoeel, J. F. (1970), "Immediate Animation and Delayed Hominization", Theological Studies 31: 76 – 105.

Duff, R. A. (1986), "The Obscure Intentions of the House of Lords", Crim LR 771 – 81.

—— (1990), *Intention, Agency and Criminal Liability: Philosophy of Action and Criminal Law* (Oxford: Basil Blackwell).

Dworkin, Ronald (1977, 1978), *Taking Rights Seriously* (rev. Edn with reply to critics) (HUP; London: Duckworth).

—— (1978), "Political Judges and the Rule of Law", Proc Brit Acad 44: 259 – 87.

—— (1981), "Do We Have a Right to Pornography?", Oxford J Legal Studies 1: 177.

—— (1985), *A Matter of Principle* (HUP).

—— (1986), *Law's Empire* (HUP; London: Fontana).

—— (1993), *Life's Dominion* (New York: Alfred A. Knopf; London: Harper Collins).

Edwards, Robert G. AND Steptoe, Patrick (1981), *A Matter of Life: The Story of a Medical Breakthrough* (London: Sphere Books).

Fisher, Anthony OP (1991), "Individuogenesis and a Recent Book by Fr Norman Ford", Anthropotes: Rivista di Studi sulla Persona e la Famiglia [1991] no. 2: 199 – 244.

—— (1991), " 'When Did I Begin?' Revisited", Linacre Q, August, 59 – 68.

Flannery, Kevin L. SJ (1993), "What is Included in a Means to an End?", Gregorianum 74: 499 – 513.

—— (1995), "Natural Law *mens rea* versus the Benthamite Traditon", AJJ 40: 377 –400.

Fleming, John G. (1987), *The Law of Torts* (7th edn, Sydney: Law Book Co.).

Fletcher, George P. (1978), *Rethinking Criminal Law* (Boston and Toronto: Little, Brown).

Foot, Philippa (1978), *Virtues and Vices* (OUP).

Ford, Norman M. (1988), *When Did I Begin*? (CUP).

Forsythe, Clark D. (1998), "Human Cloning and the Constitution", Valparaiso U L Rev 32: 469 at 497 – 502.

Fraser, Russell (ed.) (1985), *All's Well That Ends Well* (CUP).

Freeman, Samuel (2006), "Distributive Justice and the Law of Peoples", in Rex Martin and David A. Reidy (eds), *Rawls's Law of Peoples: A Realistic Utopia?* (Malden, MA and Oxford: Blackwell), 243 – 60.

Fuchs, Joseph SJ (1970), *Human Values and Christian Morality* (Dublin: Gill & Macmillan).

Gallagher, J. (1985), "Is the Human Embryo a Person?", *Human Life Institute Reports*, No. 4 (Toronto: Human Life Research Institute), 22 – 6.

Garrigou – Lagrange, Reginald OP (1951), *De Beatitudine, de actibus humanis et habitibus. Commentarius in Summam theologican S. Thomae, Ia – IIae*, q. 1 – 54 (Torino: Berrutti).

Gavison, Ruth (ed.) (1987), *Issues in Contemporary Legal Philosophy: The Influence of H. L. A. Hart* (OUP).

Geach, Mary and Gormally, Luke (eds) (2005), *Human Life, Action and Ethics: Essays by G. E. M. Anscombe* (Charlottesville, VA and Exeter, UK: Imprint Academic).

——and—— (2008), *Faith in a Hard Ground: Essays on Religion, Philosophy and Ethics by G. E. M. Anscombe* (Charlottesville, VA and Exeter, UK: Imprint Academic).

Geach, Peter (1961), "Conscience in Commission", in Walter Stein (ed.), *Nuclear Weapons and Christian Conscience* (London: Merlin Press).

—— (1969), *God and Soul* (London: Routledge & Kegan Paul).

—— (1977), *The Virtues* (CUP).

George, Robert P. And Tollefsen, Christopher (2008), *Embryo: A Defense of Human Life* (New York: Doubleday).

意图与身份

Gierke, Otto von ([1934] 1950), *Natural Law and the Theory of Society: 1500 to 1800* (ed. Ernest Barker) (CUP).

Gilby, Thomas OP (ed.) (1970), *Summa Theologiae*, vol. 17 (London and New York: McGraw – Hill).

Goff, Robert (Lord Goff of Chieveley) (1988), "The Mental Element in the Crime of Murder" LQR 104: 30.

Gormally, Luke (ed.) (1994), *Euthanasia, Clinical Practice and the Law* (London: Linacre Centre).

——, Kietzmann, C. , and Torralba, J. M. (2009), *Bibliography of Works by G. E. M. Anscombe*, http: //www. unav. es/filosofia/jmtorralba/anscombe, 5th version.

Grisez, Germain (1970), "Toward a Consistent Natural – Law Ethics of Killing", AJJ 15: 64 – 96.

—— (1975), *Beyond the New Theism: A Philosophy of Religion* (Notre Dame and London: University of Notre Dame Press) (republished with a new introduction, as *God? A Philosophical Preface to Faith*) (St Augusitne's Press, 2004).

—— (1977), "Choice and Consequentialism" , Proc Am Cath Phil Ass 51: 144 – 52.

—— (1983), *The Way of the Lord Jesus*, vol. 1, *Christian Moral Principles* (Chicago: Francisan Herald Press).

—— (1985), "Public Funding of Abortion: A Reply to Richard A. McCormick, SJ", Homiletic and Pastoral Rev 85. 9 (June): 32, 45 – 51.

—— (1987), "The Definability of the Proposition: The Intentional Killing of an Innocent Human Being is Always Grave Matter", in *Persona Veritáe Morale: Atti del Congresso Internazionale di Teologia Morale* (Roma, 7 – 12 aprile 1986) (Rome: Cittá Nuova), 291 – 313.

—— (1989), "When Do People Begin?", Proc Am Cath Phil Ass 63: 27 – 47.

—— (1993), "Revelation versus Dissent", *The Tablet*, 16 October 1993, 1329 – 31 reprinted in John Wilkins (ed.), *Uderstanding Veritatis Splendor* (London: SPCK, 1994), 1 – 8.

—— (1993), *The Way of the Lord Jesus*, vol. 3, *Difficult Moral Questions* (Quincy: Franciscan Press).

——and Joseph Boyle (1979), *Life and Death with Liberty and Justice* (Notre Dame: University of Notre Dame Press).

Hallett, Garth (1983), *Christian Moral Reasoning: An Analytic Guide* (Notre Dame and London: University of Notre Dame Press).

Hare, R. M. (1976), "The Abnormal Child: Moral Dilemmas of Doctors and Parents", in S. Gorowitz (ed.), *Moral Problems in Medicine* (Engelwood Cliffs: Pretice – Hall), 364 – 9.

—— (1988), "When Does Potentiality Count? A Comment on Lockwood", Bioethics 2: 213 – 26.

Hart, H. L. A. (1968), *Punishment & Responsibility: Essays in the Philosophy of Law* (ed. John Gardner) (2nd edn, OUP).

—— ([1968] 2008), *Punishment and Responsibility: Essays in the Philosophy of Law* (2nd edn, OUP).

—— (1979), "Between Utility and Rights", Columbia L Rev 79: 828 – 46.

—— (1983), *Essays in Jurisprudence and Philosophy* (OUP).

——and Honoré, Tony ([1959] 1985), *Causation in the Law* (2nd edn with new Preface, OUP).

Heaney, S. J. (1992), "Aquinas and the Presence of the Human Rational Soul in the Early Embryo", Thomist 56: 19 – 48.

Hohfeld, Wesley N. (1923), *Fundamental Legal Conceptions as applied in Judicial Reasoning* (ed. W. W. Cook) (New Haven: Yale University Press).

Holmes, Oliver Wendell Jr (1894), "Privilege, Malice, and Intent", Harv L Rev 8: 1 – 14.

Honoré, A. M. (1987), *Making Law Bind: Essays Legal and Philosophical* (OUP).

House of Lords Select Committee on Medical Ethics (1994), *Report of the Select Committee on Medical Ethics*, HL Paper 21 – 1 of 1993 – 4 (London: HMSO).

Howe, Mark De Wolfe (1941), *Holmes – Pollock Letters: The Correspondence of Mr Justice Holmes and Sir Frederick Pollock, 1874 – 1932* (HUP).

Howsepian, A. A. (2008), "Four Queries Concerning the Metaphysics of Early Human Embryogenesis", J of Medicine & Philosophy 33: 140 – 57.

Hurst, G. (1977), *Beginning Lives* (Oxford: Basil Blackwell/Open University).

Iglesias, Teresa (1984), "In Vitro Fertilization: The Major Ethical Issues", J Medical Ethics 10: 32 – 7.

Iwan, Wilhelm ([1931] 1995), *Because of Their Beliefs [Um des Glaubens willen nach Aus-*

tralien] (trans. David Schubert) (Adelaide: H Schubert).

Kavka, Gregory (1978), "Some Paradoxes of Deterrence", J of Philosophy 75: 285.

Keenan, James F. SJ (1992), *Goodness and Rightness in Thomas Aquinas's* Summa Theologiae (Washington, DC: Georgetown University Press).

Kelley, Patrick J. (1983), "A Critical Analysis of Holmes's Theory of Torts", Washington ULQ61: 681.

—— (1990), "Who Decides? Community Safety Conventions at the Heart of Tort Liability", Cleveland State L Rev 38: 315.

Kelsen, Hans (1945), *General Theory of Law and State* (trans. Anders Wedb) (HUP).

—— (1991), *General Theory of Norms* (trans. Michael Hartney) (OUP).

Kenny, Anthony J. P. (1975), *Will, Freedom and Power* (OUP).

—— (1977), "Intention and Mens Rea in Murder", in P. M. S. Hacker and J. Raz (eds), *Law, Morality and Society* (OUP), 161 – 74.

—— (1989), *The Metaphysics of Mind* (OUP).

Keown, John (1995), *Euthanasia Examined: Ethcal, Climical and Legal Perspectives* (CUP).

Landes, William M. and Posner, Richard A. (1987), *The Economic Structure of Tort Law* (HUP).

Lee, Patrick (1981), "Permanence of the Ten Commandments…", Theological Studies 42 – 422.

——and George, Robert P. (2008), *Body – Self Dualism in Contemporary Ethics and Politics* (CUP).

——and Grisez (2010), "Total Brain Death: A Reply to Alan Shewmon", Bioethice 24/9: 1 Linacre Centre (1982), *Euthanasia and Clinical Practice: Trends, Principles and Alternatives*, A Report of a Working Party (London: Linacre Centre) [republished as Book One of Luke Gormally, *Euthanasia, Clinical Practice and the Law* (1994)].

Lockwood, Michael (1985), "When Does a Human Life Begin?", in Michael Lockwood, (ed.), *Moral Dilemmas in Modern Medicine* (OUP), 199 – 215 at 213.

—— (1988), "Warnock versus Powell (and Harradine): When Does Potentiality Count?", Bioethics 2: 187 – 213.

—— (1988), "Hare on Potentiality: A Rejoinder", Bioethics 2: 343 – 52.

Lombardi, Joseph (1992), "Obstetrical Dilemmas and the Principle of Double Effect", AJJ 37:

197 –211.

Lonergan, Bernard J. F. (1958), *Insight: A Study of Human Understanding* (London and New York: Longmans).

—— (1966), *Collection* (New York: Herder & Herder).

Mackie, John (1977), *Ethics: Inventing Right and Wrong* (Harmondsworth: Penguin).

—— (1980), "The Transcendental 'I'", in Baas van Straaten (ed.), *Philosophical Subjects* (OUP), 48 –61.

Mahoney, John SJ (1981), *Seeking the Spirit* (London: Sheed & Ward).

Maritain, Jacques (1951), *Man and the State* (Chicago: University of Chicago Press).

Martin, Christopher F. J. (1993), "Thomas de Aquino y la Ident idad Personal", A nuario Filosófico 26: 249 –60.

May, William E. (1994), "The Management of Ectopic Pregnancies: A Moral Analysis", in Peter J. Cataldo and Albert S. Moraczewski OP (eds), *The Fetal Tissue Issue: Medical and Ethical Aspects* (Braintree, MA: The Pope John Center), 121 –47.

McCormick, Richard SJ (1978), "Notes on Moral Theology 1977", Theological St 39: 76.

—— (1984), "Medicaid and Abortion", Theological St 45: 715 –21.

—— (1985), "Notes on Moral Theology: 1984", Theological St 46: 50 –114.

—— (1994), "Some Early Reactions to *Veritutis Splendor*", Theological St 55: 481 –506.

——and Ramsey, Paul (eds) (1978), *Doing Evil to Achieve Good* (Chicago: Loyola University Press).

McMahan, Jeff (2002), *The Ethics of Killing: Problems at the Margins of Life* (OUP).

Meiland, Jack W. (1970), *The Nature of Intention* (London: Methuen).

Montgomery, George R. (ed.) (1902), *Leibniz. Discourse on Metaphyics, Correspondence with Arnauld, Monadology* (Open Court).

Moore, Michael (1987), "Intentions and Mens Rea", in Ruth Gavison (ed.), *Issues in Contemporary Legal Philosophy: The Influence of H. L. A. Hart* (OUP), 245 –70.

Morris, Harry (1985), *Last Things in Shakespeare* (Tallahassee: Florida State University Press) Moya, Carlos J. (1990), *The Philosophy of Action: An Introduction* (Oxford: Polity/ Blackwell) Müller, Jan –Werner (2007), *Constitutional Patriotism* (Princeton: Princeton University Press).

Nagel, Thomas (1979), *Mortal Questions* (CUP).

O'Connell, Timothy E. (1978), *Principles for a Catholic Morality* (New York: Seabury Press).

Olson, Eric T. (1997), *The Human Animal: Personal Identity without Psychology* (OUP).

Paulson, Stanley L. (1998), "Four Phases in Hans Kelsen's Theory? Reflections on a Periodization", 18 Oxford J Legal Studies 18: 154 – 66.

Pears, David (1980), "Intentions as Judgements", in Z. van Straaten (ed.), *Philosophical Subjects: Essays Presented to P. F. Strawson* (OUP), 223 – 37.

Peschke, K. – H. (1988), "Tragfahigkeit und Grenzen des Prinzips der Doppelwirkung", Studia Moralia 26: 101 – 17.

Pinckaers, Servais OP (1962), Notes to St Thomas d'Aquin, *Some Theologique: Les Actes Humaines* (Paris: Desclée).

Pink, T. L. M. (1991), "Purposive Intending", Mind 100: 343.

Porter, Jean (1996), " 'Direct' and 'Indirect' in Grisez's Moral Theory", Theological St 57: 611 – 32.

Posner, Richard A. (1971), "Killing or Wounding to Protect a Property Interrst", J Law & Econ 14: 201.

—— (1977), *Economic Analysis of Law* (2nd edn, Boston and London: Little, Brown) President's Council on Bioethics (2008), *Controversies in the Determination of Death* (Washington, DC).

Price, Anthony W. (1989), *Love and Friendship in Plato and Aristotle* (OUP).

Price, Joseph G. (1968), *The Unfortunate Comdy: A Study of All's Well That Ends Well and Its Critics* (Liverpool University Press/Toronto University Press).

Rawls, John ([1993] 1996), *Political Liberalism* (New York: Columbia University Press).

—— (1999), *The Law of Peoples* (HUP).

Raz, Joseph (1986), *The Morality of Freedom* (OUP).

—— (1994), *Ethics in the Public Domain* (OUP).

—— (1998), "Multiculturalism", Ratio Juris 11: 193 – 205.

—— (2009), *Between Authority and Interpretation: On the Theory of Law and practical Reason* (OUP).

Rhonheimer, Martin (1987), *Naturals Grundlage der Moral* (Innsbruck and Vienna: Tyrolia)

Scheer, Richard (1989), "Conditional Intentions", *Philosophical Investigations* 12: 52 – 62.

Schüller, Bruno SJ (1978), "The Double Effect in Catholic Thought: A Reevaluation", in R. McCormick and P. Ramsey, *Doing Evil to Achieve Good* (Chicago: Loyola University Press), 165 – 91.

—— (1980), "La moralité des moyens", Recherches de Science Religieuse 68: 204 – 24.

Scruton, Roger (1989), "Corporate Persons", Proc Aristotelian Soc Supp 63: 239 – 66.

Sellars, Wilfrid (1983), "Conditional Promises and Conditional Intentions (Including a Reply to Castaneda)", in James E. Tomberlin (ed.), *Agent, Language and the Structure of the World* (Indianapolis: Hackett), 195 – 221.

Shewmon, D. Alan (1997), "Recovery from 'Brain Death': A Neurologist's Apologia", Linacre Q 64: 30 – 96.

—— (1998), "'Brainstem Death' 'Brain Death' and Death: A Critical Re – evaluation of the Purported Equivalence", Issues in Law & Medicine 14: 125 – 45.

—— (1998), "Chronic 'Brain Death': Meta – Analysis and Conceptual Consequences", Neurology 51: 1538 – 45.

—— (2001), "The Brain and Somatic Intergration: Insights into the Standard Biological Rationale for Equating 'Brain Death' with Death", J of Medicine & Philosophy 26: 457 – 78.

—— (2004), "The ABC's of PVS: Problems of Definition", in Calixto Machado and D. Alan Sliewmon (eds), *Brain Death and Disorders of Consciousness* (New York and London: Kluwer Academic/ Plenum).

——and Holmes, G. L. (1990), "Brainstem Plasticity in Congenitally Decerebrate Children" [abstract] Brain and Development 12 (5): 1773 – 81.

Sidgwick, Henry ([1874] 1907), *The Methods of Ethics* (7th edn, London: Macmillan).

Simon, Jürgen W. (2002), "Human Dignity as a Regulative Instrument for Human Genome Research", in Cosimo Marco Mazzoni (ed.), *Ethics & Law in Biomedical Research* (The Hague: Martinus Nijhoff), 35 – 45.

Singer, Peter (1995), *Rethinking Life and Death: The Collapse of our Traditional Ethics* (OUP).

Smith, Sydney ([1839] 1859), *The Works of the Rev. Sydney Smith* (London: Longman), vol. I Sololowski, Robert (2003), "Language, the Human Person, and Christian Faith", Proc Am

Cath Phil Ass 76: 27 – 38.

Strawson, P. F. (1959), *Individuals: An Essay in Descriptive Metaphysics* (London: Methuen).

Suarez, A. (1990), "Hydatidiform Moles and Teratomas Confirm the Human Identity of the Prein-ipleinantation Embryo", J of Medicine & Philosophy 15: 627 – 35.

Taylor, Gary (2003), "The Cultural Politics of Maybe", in *Theatre and Religion: Lancastrian Shakespeare* (eds Richard Dutton, Alison Findlay, and Richard Wilson) (Manchester and New York: Manchester University Press), 242 – 58.

Tillyard, E. M. W. (1961), *Shakespeare's Problem Plays* (London: Chatto & Windus).

Tooley, Michael (1983), *Abortion and Infanticide* (OUP).

Voegelin, Eric (1957), *Plato and Aristotle, vol. 3 of Order and History* (Chapel Hill: Louisiana State University Press).

—— ([1944] 1997), "The Middle Ages to Aquinas", in *The Collected Works of Eric Voegelin*, vol. 20 (ed. Peter von Sivers) (Columbia and London: University of Missouri Press).

Wade, F. C. (1975), "Potentiality in the Abortion Discussion", Review of Metaphysics 29: 239 – 55.

Waffelaert, J. (1884), "De Abortu et Embryotomia", Nouvelle Revue Théologique 16: 160 – 79.

Walter, James J. (1988), "Response to John Finnis: A Theological Critique", in Thomas G. Fuechtmann (ed.), *Consistent Ethic of Life* (Kansas City: Sheed & Ward).

Watt, Helen (ed.) (2001), "Conjoined Twins: Separation as Mutilation", Medical L Rev 9: 237 – 45.

White, Alan (1985), *Grounds of Liability: An Introduction to the Philosophy of Law* (OUP).

—— (1991), *Misleading Cases* (OUP).

Wiggins, David (2001), *Sameness and Substance Renewed* (CUP).

Williams, Bernard (2002), *Truth and Truthfulness: An Essay in Genealogy* (Princeton: Princeton University Press).

Williams, Glanville (1958), *The Sanctity of Life and the Criminal Law* [Carpentier Lectures at Columbia, 1956] (London: Faber & Faber).

—— (1961), *Criminal Law: The General Part* (2nd edu, London: Stevens).

—— (1965), *The Mental Element in Crime* (Jerusalem and Oxford: Magnes Press, Hebrew university).

——— (1965), *Textbook of Criminal Law* (2nd edn, London: Stevens).

——— (1987), "Oblique Intention" [1987] CLJ 46: 417 – 38.

——— (1989), "The Mens Rea of Murder: Leave It Alone", LQR 105: 387.

Wilson, George (2008), "Action", *The Stanford Encyclopedia of Philosophy* (Fall 2008), Edward N. Zalta (ed.), http://plato. stanford. edu/archives/fall2008/entries/action.

Wojtyal, Karol (1979), *The Acting Person* (Dordrecht, Boston, and London: Reidel).

——— (Pope John Paul II) (2005), *Memory and Identity* (London: Weidenfeld & Nicolson).

Wright, George T. (2001), *Hearing the Measures: Shakepearean and Other Inflections* (Madison: University of Wisconsin Press).

Wright, John J. (1943), *National Patriontism in Papal Teaching* (Westminster, MD: Newman Bookshop).

Yowell, Paul (2007), "A Critical Examination of Dworkin's Theory of Rights", AJJ53: 93 – 137.

Zalba, Marcellino SJ (1977), " 'Nihil prohibet unius actus esse duos effectus' (*Summa theologiae* 2 – 2, q. 64, a. 7) Numquid applicari potest principium in abortu therapeutico?", in *Atti del Congresso I nternazionale* (Roma – Napoli – 17/24 Aprile 1974) *Tommaso D'Aquino nel suo settimo centenario*, *vol.* 5, *L'Agire Morale* (Naples: Edizioni Domenicane Italiane), 557 – 68.

声 明

以下文章最初发表如下所示:

Essay 1: "The Priority of Persons", in Jeremy Horder (ed.), *Oxford Essays in Jurisprudence*, *Fourth Series* (OUP, 2000), 1 – 15.

Essay 2: "'The Thing I Am': Personal Identity in Aquinas and Shakespeare", Social Philosophy & Policy 22: 250 – 82.

Essay 3: "Anscombe's Essays", National Catholic Bioethics Q 9/1: 199 – 207.

Essay 5: "Persons and their Associations", Proceedings of the Aristotelian Society, supplementary volume 63, 267 – 74.

Essay 7: "Reason, Revelation, Universality and Particulartity in Erhics", American Journal of Jurisprudence 53: 23 – 48.

Essay 8: "'The Act of the Person' *Persona Veritae Morale*, atti del Congresso Internazionale di Teologia Morale", Rome 1986 (Rome: Citta Nuova Editrice), 159 – 75.

Essay 9: "Object and Intention in Moral Judgemts according to St Thomas Aquinas", The Thomist 55: 1 – 27.

Essay 10: "Intention and Side – effects", in R. G. Frey and Christopher W. Morris (eds), *Liability and Responsibility: Essays in Law and Morals* (CUP, 1991), 32 – 64.

Essay 11: "Intention in Tort Law", in David Owen (ed.), *Philosophical Foundations of Tort Law* (OUP, 1995), 229 – 48.

Essay 12: "On Conditional Intentions and Preparatory Intentions", in Luke Gormally (ed.), *Moral Truth and Moral Tradition: Essays in Honour of Peter Geach and Elizabeth Anscombe* (Dublin: Four Courts Press, 1994), 163 – 76.

Essay 13: "'Direct' and 'Indirect': A Reply to Critics of Our Action Theory" (with Germain

Grisez and Joseph Boyle), The Thomist 65: 1 – 44.

Essay 14: " 'Directly Discriminatory Decisions: A Missed Opportunity", Law Quarterly Review (Sweet and Maxwell) 126: 491 – 6.

Essay 16: "Abortion and Health Care Ethics", in Raanan Gillon (ed.), *Principles of Health Care Ethics* (John Wiley, 1993), 547 – 57.

Essay 17: "Some Fundamental Evils of Generating Human Embryos by Cloning", in Cosimo Marco Mazzoni (ed.), *Etica della Ricera Biologica* (Leo S. Olschki Editore, 2000).

Essay 19: "*Bland*: Crossing the Rubicon?", Law Quarterly Review (Sweet and Maxwell) 109: 329 – 37.

索引

自我反驳，I: 65n, 70 – 1, 84, 133, 203; V: 148; social contract, 社会契约, III: 91 – 2; soul and body, 灵魂和肉体, I: 53n, 54; II: 34, 39, 67n; V: 67, 123; state paternalism, 家长主义国家, IV: 135, 137, 270; V: 107, 112, 118; truth and knowledge, 真理和知识, I: 43 – 4n, 63, 97n; types of regime, 政体类型, III: 83; virtues, 美德, I: 283n; weaknesses in, 弱点, I: 30, 59 – 60; IV: 75, 263（也参见 I: 81, 90, 92, 138, 230, 303; III: 104n; IV: 9n, 10, 12, 76, 93, 234, 235, 259, 276, 321, 323, 355n; V: 140, 227, 269, 273）

Armstrong, Robert, 阿姆斯特朗，罗伯特，V: 43n

Arrow, Kenneth, 阿罗，肯尼斯，II: 98n; IV: 54, 55n, 56

Ashbourne, Lord（Edward Gibson），阿什布恩，勋爵（爱德华·吉布森），II: 207

Ashley, Benedict, 艾希莉，本尼迪克特，II: 288n

Aspasius, 阿斯巴修，I: 192n

Asquith, Lord Justice（Cyril），阿斯奎斯，大法官（西里尔），II: 228

assertion（s）, 主张，I: 45, 77 – 9, 85, 93; II: 67, 111, 225; III: 25; IV: 157, 227, 332, 368, 455; V: 149, 159, 164, 167, 173, 205, 372

athanatizein（immortalizing）, 追求不朽（使不朽），I: 123; II: 75

atheism, 无神论，V: 1 – 2, 6 – 7, 13, 20, 31, 34, 45, 51n, 54, 60 – 1, 89, 95, 124, 178, 194, 332 – 4

Atkinson, G. M., 阿特金森，G. M., II: 287n

Atkinson, Lord（John）, 阿特金森，勋爵（约翰），III: 137n

Aubenque, Pierre, 奥本克，皮尔斯，I: 70n

Aubert, J. – M., 奥贝特，J. – M., IV: 187n; V: 253n

Augustine of Hippo, St. on eternal and natural law, 希波的圣奥古斯丁论永恒法和自然法，IV: 127; V: 216; on final reward and punishment, 论终极回报和惩罚，V: 368 – 9, 372 – 3, 374n, 375 – 7; on lying, 论撒谎，I: 193; on marital good, 论婚姻之善，III: 100; on peace and war, 论战争与和平，III: 184, 185n, 188 – 9; on Plato and revelation, 论柏拉图及启示，V: 135; on private punishment, 论私刑，III: 191n; on self – refutation, 论自我反驳，I: 70 – 1, 135; V: 148; on sex acts and pleasure, 论性和欢愉，III: 321, 359, 365; on two cities, 论双城，I: 312;（也参见 III: 291, 321; IV: 9n, 93, 218, 328n; V: 118, 205, 226n, 301n, 341）

Augustus, Caesar, 奥古斯都，恺撒，III: 108

Austin, J. L., 奥斯丁，J. L., II: 183n; IV: 258, 260n,

Austin, John, 奥斯丁，约翰，I: 19; II: 177, 228n; III: 155; IV: 10, 36, 40, 75, 99, 115 – 16, 162 – 3, 400

authority, 权威，IV: 2, 4, 9 & 12; also I: 111, 128, 136, 206, 209, 219, 251, 259; II: 33, 100 – 1; III: 78,

V: 75, 115, 161, 287, 296 – 7n, 299n, 341n, 360, 365

fulfilment (flourishing), see integral human fulfilment, 实现（繁荣）：人类完整实现, I: 5

Fulgentius, of Ruspe, St., 汝斯普的圣富尔根狄, V: 159

Fuller, Lon L., 富勒, 朗·L., I: 63, 259; Ⅳ: 31, 64n, 170, 281, 284, 324, 418, 419n

Gadamer, Hans – Georg, 伽达默尔, 汉斯 – 格奥尔格, I: 147n; V: 144n

Gaius, 盖尤斯, Ⅱ: 75, 102; Ⅲ: 2 – 3; Ⅳ: 117, 183, 218

Gallagher, John, 加拉格尔, 约翰, V: 173

games: language game (s), 游戏：语言游戏, I: 104, 123, 133

game theory, 博弈论, Ⅳ: 2 & 4

Gandhi, Ramchandra, 甘地, 罗摩占陀罗, I: 74n

Gans, Chaim, 甘斯, 哈伊姆, Ⅳ: 58 – 9n, 66, 69

Gardeil, Antoine, 伽戴尔, 安托万, V: 145n, 150n

Gardiner, Harold C., 加德纳, 哈罗德·C., I: 288n

Gardner, John, 加德纳, 约翰, Ⅳ: 6n, 9n, 32, 36 – 7, 43 – 5, 188n, 246n, 247

Garet, Ron, 杰利德, 罗恩, Ⅲ: 356

Garrigou – Lagrange, Reginald, 加里 – 拉格朗日, 雷金纳德, Ⅱ: 155n

Garrow, David, 加罗, 戴维, I: 269n; V:

70n

Gauthier, R. – A., 高蒂尔, R. – A., I: 159n, 186n; Ⅳ: 180n

Gavison, Ruth, 嘉韦逊, 露丝, Ⅳ: 74 – 5

Geach, Mary, 吉奇, 玛丽, Ⅱ: 69, 72, 75, 77; V: 352

Geach, Peter, 吉奇, 彼得, Ⅱ: 40n, 43n, 233 – 4; Ⅳ: 53n; V: 355n, 374n

Gelasius, 格拉西, I: 312

Gellius, Aulus, 格利乌斯, 奥鲁斯, Ⅳ: 187 – 8n

Gemelli, 杰梅利, Ⅲ: 298n

George, Robert P., 乔治, 罗伯特·P., I: 33n, 272n, 324n; Ⅱ: 286n, 292n, 310n, 313n; Ⅲ: 87, 89n, 96 – 7, 324n, 345, 347 – 9n, 355n, 361n, 373, 378n, 382n, 387n; Ⅳ: 120n, 135n; V: 72n

Gerber, Albert, 戈伯, 阿尔伯特, I: 288

Gerth, H. H., 格斯, H. H., Ⅳ: 34n, 224n

Gessert, Robert, 格瑟特, 罗伯特, V: 310n

Gey, Stephen, 盖, 斯蒂芬, I: 297n

Gibson, JB, 吉布森, JB, Ⅳ: 197n

Gierke, Otto von, 基尔克, 奥托·冯, Ⅱ: 94n, 99n; Ⅳ: 203n, 208

Gilby, T. G., 吉尔比, T. G., Ⅱ: 154n

Gill, S. T., 吉尔, S. T., V: xi, 14

Gilson, Etienne, 吉尔森, 艾蒂安, V: 141, 143

Gisborne, John, 吉斯伯恩, 约翰, Ⅳ: 274n

Gladstone, William, 格拉德斯通, 威廉, V: 6 – 7, 209, 211

Glanvill, Ranulf de, 格兰维尔, 兰道夫·德, Ⅳ: 191, 320, 323

254－67，280n，285n－9n，293，302－12；
Ⅲ：13－14，66n，69n，87，97，194n，
198，243n，247n，249n，289n，294n，
296n，297－8，305，310n，313n，339，
345，354－6，372－3，377n，380n，387n；
Ⅳ：52n，55n，68n，293n，357，359n；Ⅴ：
23n，46n，60，76n，80n，82n，110n，118－
19，123，148－9，150－1n，153，161n，
179n，227，268n，278，299－300n，308n，
316n，340，346，347n，355n，360，364，
370－1

Grosseteste，Robert，泰斯特，罗伯特，Ⅰ：
192

Grotius，Hugo，格老秀斯，雨果，Ⅰ：6，125；
Ⅲ：131，191n，202n；Ⅳ：95，146n，337

group existence and action，群体存在及行为，
Ⅱ：4－5；Ⅱ：11

Grover，Robinson，格罗弗，罗宾逊，Ⅳ：53n

Gula，Richard M.，古拉，理查德·M.，Ⅴ：
139－40

Habermas，Jürgen，哈贝马斯，尤尔根，Ⅰ：
41n－6n，48n，50n－3n，55－60，61n；
Ⅳ：125；Ⅴ：99

Habitus，习惯，Ⅱ：10

Hailsham，Lord（Hogg，Quintin），黑尔舍姆，
勋爵（霍格，金廷），Ⅱ：174n，184n；
Ⅲ：35

Haksar，Vini，哈卡尔，威尼，Ⅲ：32n，70n

Haldane，John，霍尔丹，约翰，Ⅴ：61，69，
124

Hale，Lady（Brenda），黑尔，夫人（布伦
达），Ⅱ：271；Ⅴ：99n

Hale，Matthew，黑尔，马修，Ⅲ：12，135n；
Ⅳ：191－2

Hallett，Garth，哈里特，加思，Ⅱ：169n；Ⅴ：
287

Halsbury，Lord（Hardinge，Stanley Giffard），
霍尔斯伯里，勋爵（哈丁，史丹利·吉法
德），Ⅱ：207－9n

Hamel，Edouard，哈姆尔，爱德华，Ⅴ：
140n，259n，261n

Hamilton，Alexander，汉密尔顿，亚历山大，
Ⅳ：154

Hampshire，Stuart，汉普郡，斯图尔特，Ⅳ：
235－9，255

Hampton，Jean，汉普顿，吉恩，Ⅴ：52n

Hand，Learned，汉德，勒尼德，Ⅲ：22

Hannen，Lord（James），汉尼，勋爵（詹姆
斯），Ⅱ：209n

Hanson，Norwood，汉森，诺伍德，Ⅳ：394－
5

Hardie，W. F. R.，哈迪，W. F. R.，Ⅰ：110，
191

Hare，R. M.，黑尔，R. M.，Ⅰ：128，141，
198n，312n，323n，Ⅱ：281－4；Ⅲ：290，
291n

Hargrave，John Fletcher，哈格雷夫，约翰·
弗莱彻，Ⅳ：190n

Häring，Bernard，哈林，伯纳德，Ⅱ：279n

Harlan，Justice（John Marshall），哈伦，大法
官（约翰·马歇尔），Ⅰ：277－8，281n；
Ⅴ：70

harm，损害，Ⅰ：154

Harman，Gilbert，哈曼，吉尔伯特，Ⅳ：224n

Harrington，James，哈林顿，詹姆斯，Ⅳ：

斯，V：159

Hitler, Adolf, 希特勒，阿道夫，Ⅱ：84

"historical consciousness"，"历史意识"，V：9

Hobbes, Thomas, on intention as dominant desire, 霍布斯，托马斯，论作为主导欲望的意图，I：23；Ⅱ：177, 228 – 9；on "public reason"，论"公共理性"，I：13n, 275；summum bonum rejected, 拒绝至善，I：63；also I：6, 26, 28, 43n, 59, 102, 120, 123n；Ⅳ：10, 55 – 6, 83, 95 – 6, 97n, 98, 116, 134, 142, 160, 162, 169, 189n, 239, 255, 264 – 5；V：4

Hobhouse, L. T., 霍布豪斯，L. T.，Ⅲ：66 – 7

Hodgson, D. H., 霍奇森，D. H.，Ⅲ：290n

Hoffman, Abbie, 霍夫曼，艾比，I：301

Hoffman, Justice (Julius), 霍夫曼，大法官（朱利斯），I：301

Hoffmann, Lord (Leonard H.), 霍夫曼，勋爵（伦纳德·H.），I：301；Ⅱ：31, 32n, 215n – 19n, 318, 320 – 1；Ⅲ：148n；Ⅳ：399 – 400；V：99n

Hohfeld, Wesley, 霍菲尔德，韦斯利，Ⅳ：18；also Ⅱ：30；Ⅲ：123n, 137, 283 – 5, 302；Ⅳ：11, 86, 115 – 16；V：36, 90, 94

Holbrook, David, 霍尔布鲁克，大卫，I：321

Holdsworth, William, 霍尔兹沃斯，威廉，Ⅲ：135n；Ⅳ：193

Holmes, G. L., 福尔摩斯，G. L.，Ⅱ：307n

Holmes, Justice (Oliver Wendell), 霍姆斯，大法官（奥利弗·温德尔），I：250；Ⅱ：199 – 201, 209n, 211 – 2；Ⅲ：22, 215,

252；Ⅳ：142, 340 – 2；V：32

Homer, 荷马，I：118 – 19

Honoré, A. M. (Tony), 欧诺瑞，A. M.（托尼），Ⅱ：10, 29n, 83, 133n；Ⅳ：166 – 7, Ⅳ：376n, 409n

Hook, Sidney, 霍克，西德尼，Ⅳ：156

Hooker, Richard, 胡克，理查德，Ⅳ：204, 208

Hooper, Walter, 胡珀，沃尔特，Ⅲ：274n, 281n

Hope of Craighead, Lord (David), 克雷格黑德的霍普，勋爵（大卫），Ⅲ：45n, 63n；144n；Ⅳ：399 – 400

Hopkins, Gerard Manley, 霍普金斯，杰拉德·曼利，V：374n

Horrocks, John, 霍罗克斯，约翰，V：xi, 14

Hospers, John, 霍斯珀斯，约翰，Ⅳ：390, 394

Hovenden, John Eykyn, 霍凡登，约翰·艾克，Ⅳ：190n, 194n

Howsepian, A. A., 豪斯匹安，A. A.，Ⅱ：286n

Hugh of St Victor, 圣维克多的休格，Ⅳ：186 – 7n；V：115

Hughes, Gerard J., 休斯，杰拉德·J.，Ⅳ：341n；V：115, 224n, 258, 261, 262n, 263 – 4, 272, 280

human rights (see also rights), 人权（也参见权利），Ⅲ：1 – 9

Humboldt, Wilhelm von, 洪堡德，威廉·冯，Ⅲ：110, 115n

Hume, Basil, 休谟，巴西尔，V：289n

Hume, David, denial of practical, 休谟，大

inadequate understanding of reason and human good and nature, 理性和人类之善及天性的不充分理解, I: 5, 7, 12 – 13, 24 – 6, 28, 45n, 55, 59, 102, 128, 147n, 204, 236 – 7, 242; Ⅱ: 129; Ⅲ: 9, 320; Ⅳ: 4, 93, 98, 131, 239; Ⅴ: 59; self – referential inconsistencies in, 自我指涉不一致, Ⅴ: 153, 155n; Neo – Kantian, 新康德主义, I: 22n, 147n, 202; Ⅲ: 64, 122; Ⅳ: 10, 75, 162, 166 – 7, 223 – 4; Ⅴ: 22; also I: 287n; Ⅳ: 154, 333, 357; Ⅴ: 4

Kantorowicz, Ernst H., 坎特诺维茨, 恩斯特·H, Ⅳ: 410n

Kaplan, Fred, 卡普兰, 弗雷德, I: 287 – 8n

Kaplow, Louis, 卡普罗, 路易, I: 249n

Kass, Leon R., 卡斯, 利昂·R., Ⅲ: 356n

Kauper, Paul G., 考波, 保罗·G., I: 277n

Kavka, Gregory, 卡夫卡, 格雷戈里, Ⅱ: 233n

Keenan, James F, 基南, 詹姆斯·F., Ⅱ: 236n

Keily, Bartholomew, 凯莉, 巴塞洛缪, Ⅴ: 305n

Keith, Harry, 基思, 哈林, Ⅱ: 316

Keizer, Bert, 科泽尔, 伯特, Ⅲ: 261n

Kelly, George Armstrong, 凯利, 乔治·阿姆斯特朗, Ⅲ: 68n

Kelly, Gerald, 凯利, 杰拉尔德, Ⅴ: 297n

Kelley, J. M., 凯利, J. M., Ⅲ: 43n

Kelley, Patrick J., 凯利, 帕特里克·J., Ⅱ: 211n, 215n; Ⅳ: 139, 352n

Kelsen, Hans, 凯尔森, 汉斯, I: 19, 104 – 9, 112, 254, Ⅱ: 24 – 7; Ⅲ: 168; Ⅳ: 2 – 3, 12, 36, 40, 79, 99 – 100, 108, 112, 142, 162 – 3, 167 – 8, 186, 211n, 244n, 261, 263, 407n, 408 – 9, 411 – 17, 420 – 3, 426 – 7, 429n, 433

Kennedy, Duncan, 肯尼迪, 邓肯, Ⅳ: 229n, 327 – 31

Kennedy, John F., 肯尼迪, 约翰·F., Ⅱ: 5

Kenny, Anthony, 肯尼, 安东尼, I: 143n; Ⅱ: 174n, 183n, 189n, 199n; Ⅲ: 57n; Ⅴ: 163n

Kenny, Justice (John), 肯尼, 大法官(约翰), Ⅲ: 43n

Keown, John, 基翁, 约翰, I: 57n; Ⅱ: 312n; Ⅲ: 253 – 5n, 260n

Kerr, John, 克尔, 约翰, Ⅱ: 272 – 3

Ketley, M. A., 凯特利, M. A., Ⅲ: 273n

Keynes, J. M., 凯恩斯, J. M., Ⅲ: 378n

Kingsley, Charles, 金斯利, 查尔斯, Ⅴ: 43

Kirk, Marshall, 柯克, 马歇尔, Ⅲ: 349 – 50n

Kis, Janos, 克义斯, 雅诺什, Ⅴ: 103n, 105, 107 – 12

Kittel, Gerhard, 基特尔, 格哈德, Ⅴ: 261n

Kleinberg, Stanley, 克莱因伯格, 斯坦利, Ⅲ: 76 – 82

Kleinfeld, Andrew, 克莱因菲尔德, 安德鲁, Ⅲ: 256

Knauer, Peter, 克瑙尔, 彼得, Ⅴ: 297n

Kneale, W. M., 尼尔, W. M., I: 71, 72n; Ⅲ: 162

knowledge: as basic human good, 知识: 作为人类基本之善, I: 2 – 5, 47, 62 – 5, 72 – 80, 139; is conceptual, 是观念性的, I:

revelation, 启示, V: 2, V: 8; also V: 83 - 4, 102, 111, 115 - 6, 175, 218

revolution, 革命, IV: 8; legal effect, 法律影响, III: 203 - 5; IV: 21; IV: 2 - 3, 16 - 18, 118, 244 - 5

Rhonheimer, Martin, 隆海默, 马丁, II: 164n, 166n; V: 160n

Richard, 理查德, III II: 52

Richards, David A. J., 理查兹, 大卫·A. J., III: 10, 48, 53 - 7, 58 - 9n, 60, 63n, 66n, 290

Richardson, Alan, 理查森, 艾伦, V: 143

Richardson, Elliot, 理查森, 艾略特, V: 278

Richter, A. L., 里希特, A. L., V: 222n

Rickman, H. P., 里克曼, H. P., V: 144n

rights: absolute, 权利: 绝对, I: 154, 211; logic of, 逻辑, I: 206 - 7; IV: 18, IV: 3

Riker, William, 瑞克, 威廉, IV: 54, 55n

Rinck, Hans - Justus, 林克, 汉斯·贾斯特斯, IV: 189n, 196n, 209n

Roberts, Owen, 罗伯茨, 欧文, I: 278; III: 22 - 3

Roberts - Wray, Kenneth, 罗伯茨·雷, 肯尼斯, IV: 414n

Robinson, John A. T., 罗宾逊, 约翰·A. T., V: 88, 152n

Rodger, Lord (Alan), 罗杰, 勋爵 (阿兰), III: 45n, 144n

Rolland, Romain, 罗兰, 罗曼, IV: 251

Rolph, C. H., 罗尔夫, C. H., I: 296n

Roper, Margaret, 罗珀, 玛格丽特, V: 163n

Rorty, Richard, 罗蒂, 理查德, IV: 125, 331

Roskill, Lord (Eustace), 罗斯基尔, 勋爵 (尤斯塔斯), II: 220n

Ross, Alf, 罗斯, 阿尔夫, I: 66; IV: 415 - 17, 420 - 1, 423n, 428 - 9

Ross, W. D., 罗斯, W. D., I: 71n, 237

Rotello, Gabriel, 罗泰洛, 加布里埃尔, III: 384 - 5n

Roth, Claus, 罗斯, 克劳斯, IV: 214n

Rousseau, Jean - Jacques, 卢梭, 让 - 雅克, I: 13, 275n, II: 126n; V: 4

Royce, Josiah, 罗伊斯, 约西亚, I: 141, 210

Ruff, Wilfried, 拉夫, 维尔弗里德, II: 279n

Rule of Law, 法治, III: 332

rules of law, explained, 法律规则, 解释的, II: 23 - 4

Russell, J. B., 拉塞尔, J. B., I: 60, 74n

Saeed, Abdullah, 萨义德, 阿卜杜拉, V: 53

Saeed, Hassan, 萨义德, 哈桑, V: 53

Sager, Lawrence G., 萨格尔, 劳伦斯·G., V: 18, 20, 29 - 31, 86n, 95

Salaverri, J., 萨尔维利·J., V: 153n

Salmond, John, 萨尔蒙德, 约翰, IV: 376 - 7

Santamaria, B. A., 圣玛丽亚, B. A., III: 114n

Santayana, George, 桑塔亚那, 乔治, I: 289n

sapientia, 智慧, I: 160n

Sartorius, Rolf, 赛多利斯, 罗尔夫, IV: 47n, 72n, 74 - 87, 126n

Sartre, J. - P., 萨特, J. - P., I: 202; V: 183

Scalia, Justice (Antonin), 斯卡利亚, 大法官 (安东尼), IV: 153; V: 18n, 76